国家科学技术学术著作出版基金资助出版

基于网格资源与服务的决策支持方法与决策支持系统

胡小建　张水旺　张进军　著

科学出版社
北　京

内 容 简 介

本书对决策支持系统的概念、决策问题建模与求解方法、决策问题的表达和分解技术等的理论基础进行了系统的阐述；在分析复杂决策问题的形式化、属性变量的获取、属性变量的形式化定义及贝叶斯网分解概述的基础之上，研究了基于蚁群优化算法、遗传算法、模拟退火算法的贝叶斯网分解方法；在分析面向决策问题的多Agent联盟形成机制和面向决策问题的网格资源与服务的数据挖掘方法和算法的基础上，研究了多Agent协同求解机制，包括多Agent系统的协作模式、形式化表达和模型结构与求解过程；在上述研究基础之上又开展原型系统开发与实证研究；最后系统地研究了供应链环境下基于智能决策方法的复杂决策问题的分析与求解和供应链环境下基于多Agent联盟的复杂决策问题的分析与求解。

本书可作为管理科学与工程、决策科学、系统科学控制工程及计算机应用技术等学科高年级本科生、研究生用书，也可供相关研究人员参考。

图书在版编目（CIP）数据

基于网格资源与服务的决策支持方法与决策支持系统 / 胡小建，张水旺，张进军著. —北京：科学出版社，2020.6

ISBN 978-7-03-065378-9

Ⅰ. ①基… Ⅱ. ①胡… ②张… ③张… Ⅲ. ①网络信息资源-决策支持系统-研究 Ⅳ. ①G255.76 ②TP399

中国版本图书馆 CIP 数据核字（2020）第 093638 号

责任编辑：马 跃 / 责任校对：贾娜娜

责任印制：张 伟 / 封面设计：无极书装

科学出版社 出版

北京东黄城根北街 16 号

邮政编码：100717

http://www.sciencep.com

北京盛通商印快线网络科技有限公司 印刷

科学出版社发行 各地新华书店经销

*

2020 年 6 月第 一 版 开本：720×1000 B5

2020 年11月第二次印刷 印张：17 1/4

字数：340 000

定价：156.00 元

（如有印装质量问题，我社负责调换）

作 者 简 介

胡小建（1965—），男，博士，教授，博士生导师，教育部高等学校物流管理与工程类专业教学指导委员会委员，合肥工业大学管理学院物流与物联网研究所所长，中国民主同盟合肥工业大学委员会委员，主要从事物流与供应链管理、云物流及大数据服务等研究工作。先后承担国家高技术研究发展计划（863 计划）重点项目、工信部智能制造专项、国家自然科学基金及企业委托项目等 40 余项，相关研究成果在 *Transportation Research Part E*、*Computers & Industrial Engineering*、《系统工程理论与实践》《中国机械工程》《中国管理科学》等国内外重要期刊上发表学术论文 60 余篇，授权/受理国家发明专利 12 项。

张水旺（1981—），男，博士，讲师，硕士生导师。安徽工业大学管理科学与工程学院任教，主要从事现代物流与供应链管理、数据挖掘、货位优化等研究工作。先后承担省级课题和重大企业委托项目等 6 项，相关研究成果被 SCI/EI/CSSCI/CSCD 检索十余篇，授权国家发明专利 1 项，获省级教学成果二等奖（排名第一）1 项。

张进军（1978—），男，博士在读，讲师，合肥工业大学数学系教师，大学数学教研室副主任，主要从事近似计算、物流与供应链管理等工作。先后参与多项企业委托项目、省级重大教研项目，参与教材编写一项，发表多篇 EI、核心期刊论文，参与并获省特级教学成果奖 1 次。

前　　言

近年来，云计算发展势头迅猛，无论是学术界还是产业界，研究都非常广泛。云计算是网格计算、并行计算和分布式计算的发展，或者说是这些计算机科学概念的商业实现。云计算从网格计算演化而来，能够随需应变地提供资源。网格计算可以在云中，也可能不在云中，这取决于使用它的用户的目的。在不同云平台中，它们的内核其实都是一个个复杂的系统，这些复杂系统表现出开放性、不确定性与动态性等特点。复杂的决策任务更多存在于复杂的决策环境与决策系统中，决策环境与决策系统的复杂性决定着决策任务的建模与求解的不确定性、复杂性与动态性。传统因特网实现了计算机硬件的连通，Web 实现了网页的连通，而网格试图将分散在网络上的各种共享资源，包括计算资源、存储资源、通信资源、软件资源、信息资源、知识资源等，通过虚拟化的方式组织起来，形成动态可扩展的虚拟有机整体，向用户提供强大的计算能力、存储能力、设备使用能力及更有效的信息融合和共享能力，从而实现资源的全面共享和协同工作。

为了更好地研究云计算的基础，本书重点研究网格环境下复杂系统中复杂问题的求解。供应链系统作为典型的复杂系统之一，其凸显的复杂问题一直以来都是重点研究的对象。基于此，本书结合当前的决策理论、网格技术及多 Agent 技术，研究复杂决策问题的表达和分解理论与方法及协同求解机制，以揭示网格环境下利用网格资源与服务进行复杂决策问题的求解规律，并将书中的部分理论应用到复杂的供应链系统中，为复杂决策问题的求解提供新的方式与途径，为决策支持系统提供新的理论、方法与工具。

本书在相关理论的基础上，重点阐述了网格环境下决策支持系统中复杂问题的求解。全书共分七章。第 1 章介绍了决策支持方法与决策支持系统及网格资源与服务的研究背景和研究意义，分析了该问题的国内外的研究现状，介绍了网格技术的发展历程、体系结构、分类等内容，在此基础上提出了决策支持系统研究的新思路；第 2 章介绍了决策支持系统的概念、类型和功能、特点，同时从数学建模和智能决策两个方面介绍决策问题建模与求解方法，分别从多 Agent 技术和贝叶斯网技术两个方面详细介绍决策问题的表达和分解技术；第 3 章介绍了复杂决策问题的表达与分解方法，介绍了网格资源与服务的相关概念，建立了基于本体的网格资源与服务模型和基于多 Agent 技术的网格资源与服务模型；第 4 章介绍了面向复杂决策问题的多 Agent 联盟的形成机制，建立了基于多 Agent 多议题并发协商的博弈模型，介绍了面向复杂决策问题的网格资源与服务的数据挖掘方法和算法，包括网格资源分配模型、序列模式挖掘方法、网格服务发现方法和基于本体的知识获取方法；第 5 章介绍了决策支持系统的功能和系统结构，介绍了网格环境下供应链网格的决策支持系统，并且从决策支持系统（decision support system，DSS）总体框架、工作机理、功能模块、开发环境和运行环境，全面介绍了基于网格的决策支持系统的开发；第 6 章从供应链信任机制和汽车供应链协商机制两个方面，介绍了供应链环境下基于多 Agent 联盟的复杂决策问题的分析与求解；第 7 章从汽车零部件循环取货车辆路径和汽车服务备件的多级库存两个方面，介绍了供应链环境下基于智能决策方法的复杂决策问题的分析与求解。

本书在编写过程中，收集了国内外大量的权威资料，不仅包含了基本理论，还包含了多年来在决策领域解决各种工程问题及进行技术支持时积累的应用经验。本书内容翔实、全面、权威、实例丰富。参加相关专题研究和书稿撰写工作的有合肥工业大学物流与物联网研究所张艳丽、冯爱军、阚艳娇、陈启萍、宫飞翔、常光辉、何柏英、王景刚等同志。同时，本书得到国家科学技术学术著作出版基金、国家自然科学基金项目（项目编号：70971035，71690235）、教育部人文社科项目（项目编号：16YJA630017）和过程优化与智能决策教育部重点实验室项目等资助，在此一并表示感谢。

由于时间仓促，书中难免存在一些不妥之处，诚望广大读者谅解，并希望读者提出宝贵的意见和建议，敬请批评指正。

胡小建　张水旺　张进军

2018 年 10 月

目　　录

第1章 绪 论

1.1 研究背景与意义

随着经济全球化的发展，供应链管理、电子商务、企业流程再造、企业动态联盟等先进的商业模式和管理理念陆续引进到现代企业管理中。现代企业的组织结构正在朝着扁平化趋势发展，企业的高层主管也越来越多地参与到企业底层的问题求解决策和规划工作中；随着企业的发展，企业实体的边界变得不再清晰，面向全球化成为产品与服务市场整体的发展趋势；而企业的决策环境因为这些新的企业模式变得更为复杂，并呈现出一种分布的趋势，越来越强的非结构性、动态性和复杂性已经成为今后企业在进行问题决策时所要面临的主要问题[1]。复杂决策问题及其求解成为当前管理科学、决策科学及计算机科学等领域研究中重要的课题。

经济全球化的发展趋势对复杂决策问题及其求解的研究与发展带来了机遇与挑战，也提出了特殊的要求。

（1）决策支持系统的开放性。集中式决策支持系统并不具备开放式特征[2]，而为建立在基于互联网的决策支持系统提供支撑的开放语言和标准现在还没有真正的建立起来。以结构、标准等都具有开放性的网格作为决策支持系统的支撑环境，也导致了其支撑环境的开放性，系统资源、系统结构与标准及系统应用的开放性是这种开放性的具体表现形式[3]，开放性是决策支持系统作为全球共享资源与服务的基础。

（2）决策问题的复杂性。全球化环境下，现代企业生产经营管理过程中伴随着更加非结构化、更加不确定及更加复杂的战略、战术和作业等决策问题。对决策问题进行分解是实现复杂决策问题求解的一种方式[3]。如何表示与分解复杂的决策问题是实现协同决策的关键，而这种复杂的决策问题求解需要利用网格资源与服务及多 Agent 联盟协同分析。

（3）决策资源与服务共享的充分性。网格管理着跨组织、跨领域的资源与服务，是一种全新的、建立在互联网上的计算平台。网格管理的“海量”的资源和服务是复杂决策问题求解的有力支撑。但决策支持系统如何充分利用“海量”资源与服务，如何从中将与复杂决策问题求解相关的资源与服务发掘出来[3]为复杂决策问题的求解提供支持[4]成为关键。

（4）复杂决策问题求解的协同性。群体决策、跨组织决策和分布式决策正在逐渐取代个人决策，成为企业主要的决策形式。在全球化环境下，决策者或群体常面临着更复杂的决策任务。对于复杂的决策任务，由于能力与知识的局限性，个体决策者或个体 Agent 很难独立地求解，需要在决策者（或群体）之间、多 Agent 联盟之间及决策者（或群体）与多 Agent 联盟之间通过协作与推理协同地求解复杂决策任务。例如，在供应链管理中，为了实现供应链系统的整体优化，就要保证其整条链中的物流、信息流和资金流保持协调和畅通，这其中就涉及了对供应链中的各个成员及其行为进行控制和协调[5]。因而，供应链协调决策问题是一种复杂的决策问题[6]。开放式的全球制造和供应链管理模式下，供应链协调决策问题更加复杂，用来求解此类问题的决策支持系统需要系统具有开放性、资源和服务共享的充分性及求解的协同性。

决策支持系统的上述要求与挑战及协调决策问题的特点，对于决策论来说，不仅改变了复杂决策问题的求解方式、过程，使决策问题求解变得更加复杂与重要，而且改变了决策支持系统的结构和决策支持方法。我们需要寻找出新的决策理论和方法来弥补传统决策支撑系统的不足[7]。

网格将高速互联网、高性能计算机、大型数据库、传感器、远程设备等融为一体，是一种构筑在互联网上的新兴技术，它能够将更多的资源、功能和交互性提供给科技人员和其他用户，使用户在使用计算资源、数据资源、信息资源、知识资源、存储资源等其他资源时更加透明[8]。网格计算作为分布式计算模式，其显著的特征是为复杂决策问题的求解提供全球化资源与服务的共享及协同工作。针对复杂的决策问题，在网格环境下研究决策支持方法与决策支持系统反映了开放式、全球化资源与服务共享及协同工作的需求。

本书研究具有重要意义，将对复杂决策问题及其决策支持系统的理论方法与应用产生深远的影响。具体表现在两个方面：一方面本书结合当前的决策理论、网格技术及多 Agent 技术，研究复杂决策问题的表达和分解理论与方法及协同求解机制，以揭示网格环境下利用网格资源与服务进行复杂决策问题的求解规律，为复杂决策问题的求解提供新的方式与途径，为决策支持系统提供新的理论、方法与工具；另一方面，为应对 2008 年底出现的全球经济危机，国务院出台了钢铁、汽车、纺织、装备制造、船舶、电子信息、轻工、石化、有色金属及物流等“十大产业振兴规划”，本书结合一些实例，研究复杂决策问题的表达与协同求解，研究结果对制造业与物流业中复杂问题的决策支持具有重要的应用价值，甚至产生深远影响。

1.2 国内外研究现状综述

通过对经典的决策支持系统、基于多 Agent 技术的决策支持系统、基于互联网及基于网格技术的决策支持系统等研究阶段的决策支持系统的相关理论、方法与应用等内容的探索，支持决策问题求解的决策支持系统正在逐渐由结构化问题的求解转向非结构化的复杂决策问题的求解。

1.2.1 经典决策支持系统研究

资源组织与用户运行是在 20 世纪 70 年代决策支持系统出现以后出现的两种经典的决策支持系统研究模式。其中，资源组织模式较为重视决策支持系统的组成与结构，包括三种基本类型：①多库系统[9]，这种系统又称为结构化决策支持系统，包含两库（数据库、模型库）系统和三库（数据库、模型库及方法库）系统；②基于知识的系统[10]，通过对知识库的引入对上述库系统的智能化进行补充，形成一套智能化的决策支持系统；③决策支持中心[11]，决策资源中心及一组决策专家组成了决策支持中心。用户运行模式强调的是决策支持系统中用户的交互，包括三种基本类型：①支持群组用户协作参与决策，为群组成员提供可通信交互平台的群组决策支持系统[12]；②支持组织用户协调决策，为组织成员提供增强型、协调型平台的组织决策支持系统；③对不便采用集中方式解决且涉及许多承担不同责任的决策人的大规模管理决策活动，支持分布式决策成员协作求解分布式决策任务的分布式决策支持系统[13]。

1.2.2 基于多 Agent 技术的决策支持系统研究

Agent[14]所具备的自主性、反应性、预动性和社会性等优良特性能够在与用户交互时更好地求解复杂的决策任务，Agent 又被称为智能体或智能代理。在系统结构、多 Agent 之间的协作规划与推理、求解机制及典型应用等决策支持系统的研究中多会采用 Agent 技术。网络技术的发展促进了 Agent 技术在分布式决策支持系统的研究，有人提出一种采用双层方法建立基于 Agent 的决策支持系统：上层为指派层，用于搜索、识别及选择适合于完成指定任务的 Agent，下层为策略层，通过设计适合的协调与协作策略来统筹协调所有个体 Agent[15]。同时，基于多 Agent 技术的决策支持系统是一个面向目标、基于行为的、采用多 Agent 合作的决策支持的体系结构，其组件是软件 Agent，该决策支持系统的关键需求是开放式体系结构，针对这一需求，有学者提出了一种基于 Agent 的开放互连的决策支持系统，这种结构中采用混合型 Agent 网络技术，能克服并行控制和同步通信问题，研究发现，与其他结构相比，采用这种 Agent 结构能提供更高的灵活性和效益[16]。

采用多 Agent 技术构造的分布式智能决策支持系统[17]，将分布式决策支持系统分解为若干个分布在不同网络位置、具有特定功能的单元，通过对各个单元之间的任务分担协作和结果共享协作来完成分布式问题的求解，Hu 等设计了反映型、慎思型及混合型等不同形式的个体 Agent，建立了基于 Agent 的分布式智能决策支持系统模型，在该模型中，由多个不同网络节点的 Agent 组成了分布式智能决策支持系统，通过多 Agent 协作求解复杂问题，为决策提供支持[18]，他们指出协作与推理是决策支持系统对非结构化问题求解与决策的重要基础。之后，又针对非结构化问题求解的复杂性，采用粗糙集理论建立了分布式决策支持系统环境下多 Agent 的推理模型与推理的近似空间，定义了近似空间上粗糙集近似解，指出基于 Agent 的分布式智能决策支持系统可以通过建立决策树推理过程来实现，建立了该环境下多 Agent 对定义集合的理解、集合的合成运算及近似空间的上近似、下近似的求解方法。战略决策方面有人建立了基于 Agent 技术的战略决策支持系统的元模型，采用博弈论原理研究多 Agent 之间的协作，从而通过多 Agent 之间的协作实现对战略决策问题的协同求解[19]。

利用 Agent 技术研究决策支持系统已经应用到了许多重要的领域。例如，企业营销具有分布式特征，需要为营销决策建立分布式决策支持系统，因此，有人对营销决策支持环境进行分析，建立了基于 Agent 技术的营销决策支持系统[20]，设计了客户决策层、决策核心层、决策资源层的三层次决策支持系统结构模型，提出了基于多 Agent 辅助决策的消息通信机制和基于合同网的协作机制；同时，在经验和传统结构化方法的基础上有学者提出了一种基于多 Agent 技术的供应链管理合作伙伴选择的决策支持系统[21]，该系统集成了接口 Agent、模型库、数据库、知识库，形成决策层、管理层及运作层三个层次，采用 Agent 技术的决策支持系统能实现供应链运作的灵活性与智能性。典型应用还可以参照采用多 Agent 技术开发的一种分析美国电力市场动态变化的决策支持系统[22]，该系统能对电力市场进行建模与仿真并为决策者提供动态的决策支持。

1.2.3　网格资源发现机制与方法研究

目前，国内外的许多研究者在研究网格项目时都把目光放在了网格资源上，根据国内外的一些研究成果，本书将对网格资源发现方法的研究现状做相关介绍[23]。

1. “织女星网格”

“织女星网格”是国内在网格项目研究上的一个典型代表。它利用互联网将我国的八个高性能计算中心连接起来，进行统一信息管理、资源管理和用户管理，有望建立起一个支持异构特性、计算资源广域分布的计算网格示范系统。在此基础上，其研究者开发出了多个具有高性能计算能力的网格应用系统并取得其他的一系列的研究成果。

“织女星网格”解决资源发现问题的具体方法与一般的网格是不同的，它将资源封装成服务，以此来降低资源发现实现起来的难度，因此它比一般面对各种各样原始的物理资源的资源发现方法更加简单。在虚拟机体系结构下，主要有三层资源表示模型和基于资源信息路由转发的资源发现模型两个技术来实现资源的发现。三层资源表示模型包括三个层次：有效资源层、虚拟资源层和物理资源层。三层资源表示模型采用分层的虚拟机模型，利用自顶向下的用户层、资源路由器层和资源层三个层次及其中包含的各个层次上资源的表示方法和层次之间的映射来满足资源发现时各个层次对资源表示的不同需求。基于资源信息路由转发的资源发现模型通过在资源路由器上完成资源注册和注销、资源路由信息收集/更新、资源请求的路由/转发等功能来实现资源的发现，该模型是资源发现方法的核心[24]。

2. 元计算目录服务

基于网格计算环境，Globus 项目组①提出了一种动态可扩展的信息服务框架，即元计算目录服务发现方法。该方法能够通过对网格环境中资源信息的发现、描述、监控和更新对网格计算环境进行真实、实时的动态反映。

元计算目录服务主要由一个可配置的网格目录信息服务的集合目录组件和一个可配置的、可称为网格资源信息服务的信息提供者组件两个组件来提供服务。元计算目录服务的主要工作原理如下：与资源一一对应时网格资源信息服务提供相关资源的信息，并利用轻型目录访问协议进行通信，通过网格资源信息服务能够对一个计算网格的状态、能力和当前配置等信息进行查询；资源的注册则由网格目录信息服务来完成，每个网格目录信息服务提供一个类似搜索引擎的缓存服务，完成一个资源的注册。当某个客户端请求某种资源时，若缓存已经失效，网格目录信息服务将从注册的资源中读取信息。

① Globus 项目组，附属于全球网格论坛，其成员联合开发的 Globus Toolkit 标准工具包，已被公认为当前建立网格系统和开发网格软件事实的参考标准。

3. Condor①

Condor的目标资源是空闲的计算资源，它通过聚合起大量在地理上分布的、属于不同所有者的空闲计算资源来满足高吞吐的计算需求。同时，空闲计算资源参与具有不稳定性，因此，又被称为机会资源。Condor的运行机制是对任务和可用资源不断进行匹配，并在匹配到更好的资源时，对任务的执行计划进行更新。为了达到功能要求，Condor允许对任务设置检查点，检查点能够对任务状态进行保存，防止任务失败；同时Condor中存在一个与资源和调度有关的匹配器，它会对周期性提交上来的可用资源和资源请求进行匹配，并通知匹配的双方进行谈判和协作，匹配器只进行资源与任务的匹配，不具体负责任务的执行。Condor中资源属性和任务需求通过Class AD语言来描述，其主要特点为：将查询语言包含在数据模型中，约束表示为属性，使用半结构化数据模型，可以被任意嵌套，可表示资源的聚合或协同分配请求[23]。

4. 对等计算

对等计算类似于网格计算，主要服务内容是对分布在不同地点的人的资源和需求进行整合共享。目前，采用对等计算模型的网格资源发现系统主要分为结构化和非结构化两种，前者在动态环境下难以维护，后者则适用于动态环境。同时，传统的非结构化对等计算模型又分为中央索引模型和泛洪模型两种。这两种模型也各有优劣，中央索引模型由于中央服务器的能力不足，限制了节点数量和系统的可扩展性，会存在单点故障，容错性不高；而泛洪模型采用广度优先搜索方法，虽然避免了上述的一些问题，但是会出现网络带宽占用过大和网络通信开销过大的问题。泛洪搜索模型通过改进，在系统中采用超级节点，成功地消除了不适应大规模的网络、产生过大的网络负载等采用单纯的泛洪搜索所产生的问题[23]。

5. Web服务中的资源发现和集成服务

目前，最有影响力的网格体系结构有两种：一种是开放网格服务体系结构，另一种是五层沙漏模型。开放网格服务体系结构是2002年2月由IBM公司（International Business Machine Corporation，国际商业机器公司）与Globus联合发布的，它结合了Globus标准和商用的Web服务标准，同时在网格研究中引入了Web服务的互操作模型，将服务确立为网格资源新的抽象形式和构造基础。

① Condor是用来管理对计算敏感的作业的批处理队列系统和作业调发器，由威斯康星大学麦迪逊分校University of Wisconsin-Madison开发。

在开放网格服务体系结构中，一切资源都以服务的形式存在，因而资源发现最终归结为服务发现。Web 服务中的服务发现和集成机制为统一的描述、发现和集成。其基本原理就是服务资源的拥有者在平台上进行注册，平台对注册的服务资源进行集成，之后服务资源的需求者通过平台服务器提供的多种不同的服务查找方式对服务资源进行查找，查找方式主要有根据实现的接口来查找 Web 服务实例；根据已知分类来查找 Web 服务的提供者；询问一个给定 Web 服务所采用的安全和传输协议；根据关键词搜索服务等[23]。

1.2.4 基于互联网技术/网格资源与服务的决策支持系统研究

1. 基于互联网技术的决策支持系统的研究现状

在相关的国际决策支持系统会议上或学术期刊上，我们可以找到很多采用互联网技术或 Web 技术研究决策支持问题的论文，由此我们可以看出随着互联网技术的发展，一些国际学术研究者或组织取得了许多在互联网基础上对决策支持系统的研究成果。其中最具有代表性的研究工作有两个，一个是 Bhargava 等[25]研究的决策网，决策网核心技术是为决策技术建立一个电子市场，包括消费者、提供者及连接它们的经纪人，市场有助于为匹配消费者、提供者及决策技术提供服务；另一个是 Goul[26]研究的开放式决策支持系统，和决策网比较，Goul 采用开放式协议代替决策网中经纪人来连通消费者与提供者。Goul 提出并验证了在企业组织之间与组织内部配置与共享专业决策支持系统协议组的设计需求，提出了模块化分层式协议规范与三个样本客户界面，其核心工作是为互联网决策支持系统配置提出一套被称为开放式决策支持系统协议的协议集。就涉及的决策资源来说，基于 Web 的决策支持系统主要提供数据服务、计算服务或模型服务。

也有一些研究者对决策支持系统的 Web 决策机制进行了探索。有研究者在进行了系统性的研究之后将这种决策机制划分成了数据驱动型、模型驱动型、知识驱动型、文档驱动型及通信驱动型这五种类型，而有研究者则利用网上资源对决策进行支持，详细地探索了 Web 技术如何改进组件的功能，建立了网络环境下的决策支持系统的数据——会话的结构，建立了基于 Web 的开放式决策支持系统的框架[27]。除此之外，还有研究者利用不同的软件 Agent 提高现有决策支持系统的功能，提出了基于 Web 的决策支持系统生成器体系结构框架[28]和基于 Web 技术的文本元数据 Web 服务[29]。所有以上的研究对解决决策支持问题都是有价值的，但关于利用互联网来解决决策支持问题仍有许多难点需要研究，尤其大规模互联网日益增加，资源的有效管理与利用更成为挑战。

2. 基于网格资源与服务的决策支持系统的研究现状

信息技术的发展推动着社会前进，而社会和技术的需求孕育着新思维和新技术，网格技术的出现正是如此。网格作为新一代因特网技术，它的发展经历了三个阶段：始于 20 世纪 90 年代初的第一阶段主要完成了千兆位网试验床及元计算方法的研究，是网格的萌芽阶段；从 20 世纪 90 年代中期到晚期的第二阶段主要研究了一些重要的开创性和奠基性的研究项目；21 世纪初，有大量的关于网格的研究、开发和应用的项目涌现，国际与地区间研究机构和商业机构开展了有效的合作，全球网格论坛、地区网格论坛、国家网格论坛、网格协作组织纷纷出现，致力于标准和协议的开发及网格的应用和推广，是网格发展的第三阶段[30]。

中国国家网格是国家 863 计划“高性能计算机及其核心软件”重大专项的重要组成部分，于 2005 年 12 月 21 日开通运行，是聚合了高性能计算和事务处理能力的新一代信息基础设施的试验床，能够通过资源共享、协同工作和服务机制等对科学研究、资源环境、先进制造和信息服务等应用提供有力的支持[31]。中国教育科研网格计划能充分利用中国教育和科研计算机网和高校的大量计算和信息资源，是教育部 211 工程公共服务体系建设的重大专项[32]。从 2004 年开始企业网格是网格技术研究的一个高潮，网格技术在产业、企业和商务上的应用主要集中于制造业、能源工业、金融、服务等领域。企业网格的进一步研究将是未来十年网格技术研究的重要方向，网格的应用与发展为决策科学及决策支持系统的研究带来新的活力。

复杂任务的求解与决策支持系统的研究因为网格技术的研究与应用的深入与成熟所带来的海量资源与服务而变得越来越有活力。例如，分布式飞机维护环境中研究基于网格的决策支持系统[33]是一种基于网格的分布式决策支持系统的体系结构，采用网格技术建立了分布式决策支持系统结构模型，这种模型包括计算层、数据与信息层、服务层、Agent 层与用户层。

随着网格技术的深入研究，特别是企业网格进一步的深化研究与应用，网格资源与服务数据呈海量增长趋势，资源与服务的挖掘与发现成为网格研究中核心技术之一。现有的数据挖掘技术分为预测模型化、聚类、数据归纳、依赖模型化及发现变化和偏差五类[34]。因为互联网/万维网技术的发展与应用，出现了基于异构数据源的数据挖掘，如文档数据挖掘、时态数据库的数据挖掘及空间数据的数据挖掘等。Web 挖掘[35]是指在万维网上挖掘有用的、潜在的、有趣的模式与隐含的信息的过程。Web 挖掘分为 Web 内容挖掘、结构挖掘、用法挖掘等。目前支持向量机、粗糙集、进化算法等技术已经成功地应用到互联网/万维网上的数据挖掘。在 Web 内容挖掘方面，贝叶斯网具有较强的处理不确定问题的能力和良好的因果推理机制，已成为 Web 数据挖掘工具的重要技术[36]。

许多科学与工程计算问题、信息服务、大型跨国企业及远程医疗合作等在网格环境下会产生大量的数据，传统的数据挖掘模式与技术无法完成对这些广域分布的海量数据的分析任务，从而无法获取新的科学知识、规律及决策支持信息，相比于传统的数据挖掘模式与技术，建立在网格基础上的数据挖掘结合网格计算思想及其技术能够很好地满足这些要求[37]。例如，在开放网络体系结构基础上为网格环境下的数据挖掘与集成提出的网格挖掘器 Gridminer[38, 39]建立了基于服务的网格数据挖掘体系结构。

1.2.5 研究现状分析

网格技术与决策支持系统研究现状表明决策支持系统的概念、框架及功能会随着网格/网络技术的每一步发展而产生相应的变化[40]。第一代网络技术使计算机硬件互连，决策支持系统从基于主机的决策支持系统发展为基于客户机/服务器的决策支持系统；第二代 Web 技术的诞生，实现了网站互连，现代最流行的决策支持系统是基于 Web 的决策支持系统，基于客户机/服务器的决策支持系统正在逐渐向基于 Web 的决策支持系统转变[41]。基于 Web 的决策支持系统具有许多优良特性，如友好的用户界面、全球互连、丰富的决策资源，但是 Web 作为决策支持系统平台也具有一些根本弱点。例如，位置和网页的连接是脆弱的，且缺乏管理机制；现在代表第三代互联网的网格为决策支持系统的发展带来了很多革新思想与技术，网格作为一种有效的技术连接地理分布式资源与服务及多 Agent 以解决复杂决策问题，支持开放的标准和动态服务，这些特征很适合决策支持系统平台的构造需求，它将大大改进决策支持系统，在网格环境下采用 Agent 技术研究复杂决策问题的决策支持方法与决策支持系统，对决策支持系统理论、方法与应用带来巨大的变革意义。

1.3 网格技术概述

随着计算机技术和网络的迅速发展，应用领域要求计算机和网络解决的问题越来越复杂，对计算资源和计算能力的要求也越来越高[42]，简单地将各种计算机连接起来实现计算资源的共享已经不能满足人们的需求。要想向社会大众提供一体化的信息服务，我们需要将各种服务器置于高层系统软件的控制下，形成一个具有巨大计算数据处理能力的服务“环境”[43]，因此，网格技术应运而生。

1.3.1 网格

简单地讲，网格可以看成一台巨大的具有无限处理能力的超级计算机，一种能够实现区域或全球合作、协作的虚拟科研和实验环境，支持以大规模计算和数据处理为特征的科学活动，可以为最终实现网络虚拟环境下的资源共享和协同工作提供有效的解决思路[44]。

网格是一组新兴技术，它构筑在互联网上，能够为科技人员和普通老百姓提供更多的资源、功能和交互性，它将高速互联网、高性能计算机、大型数据库、传感器、远程设备等融为了一体。相比于为用户提供电子邮件、网页浏览等通信功能的互联网，网格功能更多更强，能让用户透明地使用计算、存储等其他资源。网格就是在缺少中央控制、没有全知者及强的信任关系的情况下能够协同使用不同地理分布的各种资源。网格更加关注对计算机、软件、数据及其他资源的直接访问，而不仅是简单的文件交换，网格需要在资源提供者和消费者之间详细地定义什么可以被共享、哪些人可以共享、在什么条件下可以共享。因此，我们可以认为网格是一台能够将各种计算资源充分吸收并将这些资源整合成有效的、可靠的、标准的、经济的计算能力，来完成计算资源、数据资源、信息资源、知识资源、专家资源的全面共享和协同并整合了整个互联网的超级计算机[45]。

在计算机网络尚未诞生之前，为了使用超级计算机，人们常常需要提前数月预约，然后从很远的地方赶来运行他们的程序，这在现在几乎不可想象，但是却是那时唯一可行的方法。20 世纪 60 年代末诞生的计算机网络为解决这个问题带来了曙光。当互联网的前身 Aparnet 的第一个节点在加利福尼亚大学洛杉矶分校安装时，互联网的创始人之一 Leonard Kleinrock 就预言未来的计算机设施可能会像电力或者电话设施一样普及[46]。现在这个设想已经部分实现，网线就如同自来水管和电线那样源源不断地向千万台计算机输送着数据，这为计算机资源的远程使用提供了可能。早期的计算机网络一般采用客户机/服务器模式，多个客户共享一个服务器的服务。这样在低档的终端、工作站和个人机上只要通过某种形式的连线与这些机器相连（如通过串口或者网线）也可以使用大型机和巨型机的计算能力[47]。

网格作为新兴的计算平台，能够将各种计算资源整合起来，转化成为一种随处可得的、可靠的、标准的、经济的计算能力，具有自身的一些特点。

（1）分布性和异构性。组成网格的资源在地理位置上是分布的，这些资源可能是分布在地理位置不同的许多地方的计算资源、存储资源、数据资源、仪器资源等。同时，计算资源有不同类型的计算机、不同的计算方式、不同的计算接口、不同的系统架构，存储资源和其他资源也存在类似的问题，所以组成网格的资源又是异构的。因此，网格系统需要解决好资源调度与协同及不同资源间的互操作接口标准等问题。

（2）共享性和集成性。网格的最终目的就是资源共享，任何网格用户都可以非常方便地共享整个网格资源。同时，这种共享是深层次的，远远超出现在的因特网的资源共享程度，可以实现多个共享资源的无缝集成，向用户提供单一的超级计算环境，表现出很强的集成性。

（3）自治性。网格上的资源进行共享的前提是这些资源的拥有者拥有最高级别的管理权限，它能够自由地对其拥有的资源进行管理，根据自身情况随时决定加入或者退出网格。

（4）动态性。网格的自治性会导致网格上的资源具有很强的不稳定性和流动性，这种动态变化的网格资源系统增加了任务调度的复杂性，服务质量也不容易得到保证。

（5）抽象性与虚拟性。网格把实际的物理资源抽象为虚拟的逻辑网格资源，网格用户或是网格的上层应用软件只需要遵循标准网格接口发出资源请求消息，就可以获得符合该请求的资源，但用户得到的只是虚拟的逻辑资源，是物理资源的逻辑抽象，用户和上层应用是看不到物理资源的。网格向用户屏蔽了物理资源的细节，使用户能够只关心“实现什么”，而可以不必在意“如何实现”。

1.3.2 网格的发展历程

网格最初是将电网作为比拟的对象而开始建立和发展的，希望成熟的网格如同电网一样，用户只要将设备的插头接入网格的“插座”，就可以使用网格中的资源。计算网格这个概念是译自英文 computational grid，该术语是由英文中 electric power grid（就是我们熟知的电网）一词而来。随着技术的发展，网格的功能正在逐渐增强，其包含的意义与应用范围均远远超出了其刚被提出的时候，计算网格的名字渐渐被网格所代替，计算能力仅仅成了它的一部分功能，而在开始阶段，网格仅仅是用来计算的，被称为计算网格，它将分布的资源集合到一起，作为一个整体并在其上运行大规模的应用程序[48]。网格上除了有计算资源，还有存储资源、数据资源、传感器等。

从 1990 年到 1993 年再到 1995 年，网格先后经历了网络操作系统和分布式操作系统、异构计算、并行分布式计算，网格的服务也经历了从仅为用户提供可以使用各种资源到跨平台使用计算资源再到并行虚拟机的出现后人们可以用网络连接起来的多台计算机或工作站共同计算一个问题的转变。到了 1996～1998 年，元计算研究非常红火，元计算的研究最终导致了现在的网格。

如前文所述，网格发展经历了萌芽、早期实验、迅速发展三个阶段，在此基础上，Abramson 等按照技术发展的顺序将网格分为三代[49]，如图 1.1 所示。

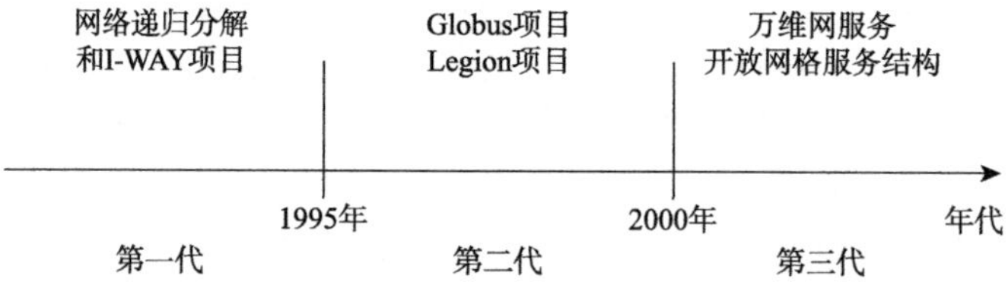

图 1.1　网格技术发展阶段

第一代网格的时间大致是 1995 年以前。当时的网格为了给高性能应用提供计算资源，都是将超级计算机节点连接起来，其中比较典型的代表是网络递归分解[50]和 I-WAY 两个项目，元计算[51，52]的概念就是这个时期提出的。

第二代网格的时间大致是 1995 年到 2000 年。这个时期网格的异构性、可扩展性、适应性及安全性受到了很高的关注，许多研究者对网格的研究都涉及了这些问题的解决，典型代表是 Globus、Legion 等项目，尤其是 Globus 工具集的开发和应用，对网格的研究和发展起到了显著的推动作用。人们逐渐认识了计算网格，并建立了面向协议和模块的网格体系结构。

第三代网格的典型代表是万维网服务和开放网格服务结构。万维网服务是面向商业领域的计算框架，作为万维网服务框架中的基本技术，简单对象访问协议、万维网服务描述语言和统一描述、发现和集成协议规范获得了业界的普遍支持。2002 年 2 月发布的开放网格服务体系结构将万维网服务和计算网格结合起来，建立了以服务为核心的网格结构。

目前，网格技术成为全球的研究热点，并且被普遍看作下一代因特网的核心技术。纵观网格发展的历程，可以看出其未来发展趋势。

（1）标准化趋势。网格系统的最终目的就是实现大范围、异构的资源共享与协作，因此建立一个统一的资源互操作标准势在必行。被公认为是网格的未来的开放网格服务体系融合了 Globus 和 Web 服务技术，统一了学术界和商业界对网格技术的认识，得到业界的广泛支持。

（2）技术融合趋势。2002 年 Globus 项目组将 Globus 的开发转向了有着巨大潜力的 Web 服务平台，从而提出了开放网格服务体系结构。在该体系中网格的一切对外功能都以网格服务来体现，并借助一些现成的、与平台无关的技术来实现服务的描述、查找、访问和信息传输等功能，从而屏蔽了一切平台及所使用技术的异构性。

（3）大型化趋势。一方面，各国政府和许多大公司对网格的研究和建设越来越重视，加大了扶持力度，促成越来越多的规模庞大的网格应用系统的出现，进一步体现出了网格的实用价值。另一方面，网格的目标就是实现大范围的资源共享与协作，网格提供的资源越是丰富就越是能够吸引人才和使用者，人才和使用者增加又会为网格提供更加丰富的资源，形成一个良性的循环，为网格向大型化发展提供了支持。

1.3.3 网格体系结构

网格体系结构是关于如何构建网格的技术，它包括两个层次的内涵：一是要标识出网格系统由哪些部分组成，清晰地描述出各个部分的功能、目的和特点；二是要描述网格各个组成部分之间的关系，即如何将各个部分有机地结合在一起，形成完整的网格系统，从而保证网格有效地运转，也就是将各个部分进行集成的方式或方法，网格系统的基本功能模块如图 1.2 所示。

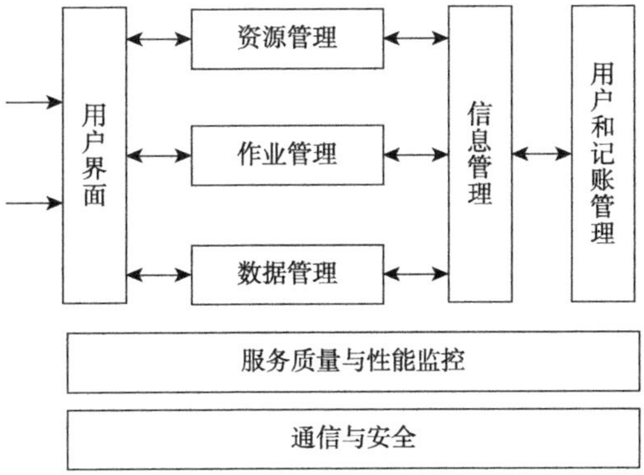

图 1.2 网格系统的基本功能模块

网格用户通过用户界面实现与网格之间的信息交互，实现诸如用户作业提交、结果返回等输入输出功能。网格在提供服务之前要知道哪个资源当前可以向用户提供服务，这就需要网格中信息管理模块提供相应的信息。在这个过程中需要涉及资源、作业、数据的管理。使用网格的用户及其使用时间和费用等的管理则由用户和记账管理模块实现。用户使用网格的整个过程中都需要服务质量保证、通信与安全保障，以提供安全可靠、高性能的服务。

到目前为止，比较重要的网格体系结构有三个，一个是 Foster 等在早些时候提出的五层沙漏结构[53]；另一个是 Foster 等结合 Web 服务提出的开放网格服务体系结构[54]；第三个是由 Globus 联盟、IBM 和惠普于 2004 年初共同提出的 Web 服务资源框架[55]。

1. *五层沙漏结构*

五层沙漏结构主要以协议为中心，同时强调服务与应用程序编程接口和软件开发工具包的重要性。五层沙漏结构根据各组成部分与共享资源的距离，将功能分散在五个不同的层次，从底层到上层依次是：构造层、连接层、资源层、汇聚层和应用层，其结构如图 1.3 所示。越向下层就越接近于物理的共享资源，而且各部分的协议数量是不同的，对于其最核心的部分，要能够实现上层协议向核心协议的映射，同时实现核心协议向下层其他各种协议的映射，因此核心协议形成了协议层次结构中的瓶颈，在五层结构中，资源层与连接层共同组成了这一核心。五层沙漏结构是一种影响十分广泛的结构，它的主要特点就是简单，主要侧重于定位的描述而不是具体的协议定义。其基本思想就是以协议为中心，同时也十分强调接口和工具包的重要性。

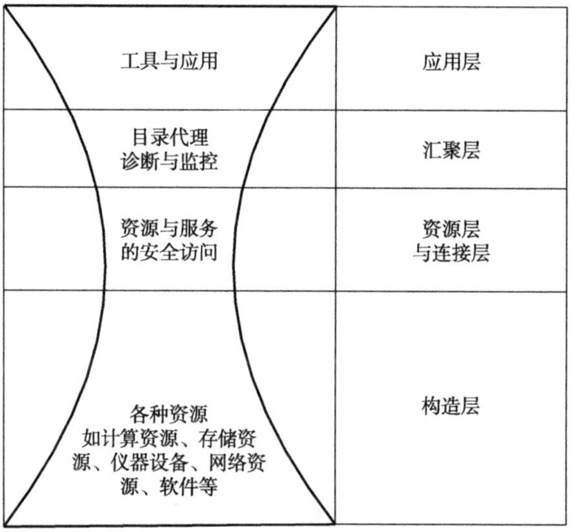

图 1.3　五层沙漏结构

构造层的基本功能就是控制局部的资源，包括查询机制（发现资源的结构和状态等信息）、控制服务质量的资源管理能力等，并向上提供访问这些资源的接口。构造层资源是非常广泛的，可以是计算资源、存储资源、仪器设备、网络资源、软件等。

连接层的基本功能就是实现相互的通信。它通过对核心的通信和认证协议的定义，来完成网格的网络事务处理的功能。通信协议允许在构造层资源之间交换数据，要求包括传输、路由、命名等功能。

资源层的主要功能就是实现对单个资源的共享。它忽略了全局状态和跨越分布资源集合的原始操作，仅对安全初始化、监视、控制单个资源的共享操作、审计及付费等协议进行了定义。

汇聚层的主要功能是协调多种资源的共享。汇聚层协议与服务描述的是资源的共性，包括目录服务、协同分配和调度及代理服务、监控和诊断服务、数据复制服务、网格支持下的编程系统、负载管理系统与协同分配工作框架、软件发现服务、协作服务等。它们说明了不同资源集合之间是如何相互作用的，但不涉及资源的具体特征。

应用层存在于虚拟组织环境中。应用可以根据任一层次上定义的服务来构造。每一层都定义了协议，以提供对资源管理、数据存取、资源发现等相关服务的访问[56]。

2. 开放网格服务体系结构

开放式网格体系结构能够确保异构系统间的互操作性，使不同类型的系统可以相互通信、共享信息，是一种基于网格服务的分布式交互和计算体系结构。开放网格服务体系结构是在五层沙漏结构的基础上，结合 web 服务技术提出来的关键技术，包括网格技术和 Web 服务技术，它们解决了标准服务接口的定义和协议的识别这两个关键的问题。

开放网格服务体系结构最基本的思想就是以服务为中心，在其框架中，将各种计算资源、存储资源、网络、程序、数据库等一切抽象为服务，简而言之，一切都是服务。五层沙漏结构模型的目的是要实现对资源的共享；而在开放网格服务体系结构中则要实现的是对服务的共享，网格服务示意图如图 1.4 所示。

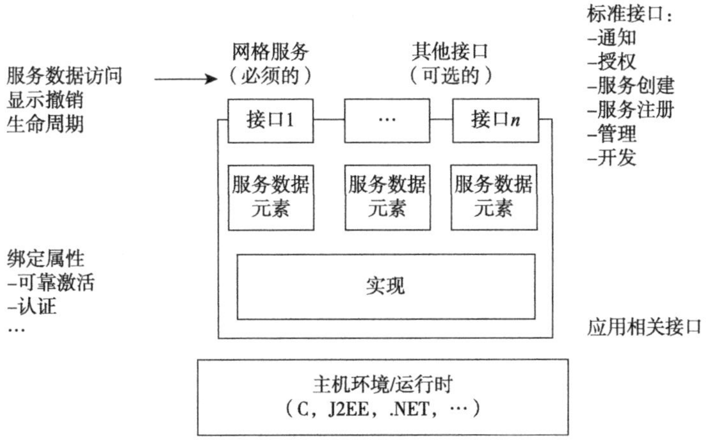

图 1.4　开放网格服务体系结构示意图

开放网格服务体系结构是以服务为中心的“服务结构”，其实现了对服务的共享，这里的服务是指具有特定功能的网络化实体，包括各种计算资源、存储资源、网络、程序等。从资源到服务将资源、信息、数据统一起来，使分布式系统管理具有标准的接口和行为。开放网格服务体系结构中定义了一种能够解决服务发现、动态服务创建、生命周期管理、通知等问题的“网格服务”，这是一种 Web 服务，提供了一组接口，该定义明确并且遵守特定的惯例。

以服务为中心的开放网格服务体系结构具有如下优势。

（1）一切都是服务，通过一组相对统一的核心接口，所有的网格服务都基于这些接口实现，可以很容易地构造出具有层次结构的、更高级别的服务，这些服务可以跨越不同的抽象层次。

（2）网格的虚拟化可以将多个逻辑资源实例映射到相同的物理资源上，可以将通用的服务语义和行为，无缝地映射到本地平台的基础设施之上，因此在对服务进行组合时不必考虑具体的实现，可以以底层资源为基础，在虚拟组织中进行资源管理[57]。

3. Web 服务资源框架概述

Web 服务资源框架提供了一种利用 Web 服务建模和访问有状态资源的通用开放框架。其标准包括一套平等、互操作和有标准组件的规范，使定义和实现一个 Web 服务及整合管理多种服务变得更加简易化。

Web 服务资源框架采用了“资源是有状态的，服务是无状态的”的定义，与网格服务是完全不同的。Web 服务资源框架使用 WSDL 1.1 规范来定义开放网络服务基础设施中的各项能力，以此来充分兼容现有的 Web 服务，避免了对扩展工具的要求，原有的网格服务已经演变成了 Web 服务和资源文档两部分。

Web 服务资源框架是一个服务资源的框架，一个具有五个技术规范的集合，它们根据特定的 Web 服务消息交换和相关的可扩展标记语言定义了 Web 服务资源方法的标准化描述。表 1.1 总结了这些技术规范。

表 1.1　Web 服务资源框架的五个子技术规范及其功能描述

名称	功能描述
Web 服务资源生命周期规范	允许服务请求方销毁或是按预先计划销毁 Web 服务资源从而灵活地设计 Web 服务应用程序以清除不再需要的资源
Web 服务资源特性规范	描述相关的有状态资源和 Web 服务来产生 Web 服务资源及 Web 服务资源的公共可见特性如何被获取、更改、删除；Web 服务资源特性声明是 Web 服务资源装填的一个映射或视图
Web 服务可更新引用规范	为某个 Web 服务寻址端点引用标注相关信息，当目前引用无效时可以重新获得新的端点应用

续表

名称	功能描述
Web 服务组规范	Web 服务和 Web 资源可以为了某个领域的特定目的而聚集或组合；为了让请求者能够根据服务组的内容进行有意义的查询，必须以某种方式来限制组中成员的资格
Web 服务基本错误规范	为基本错误定义一个可扩展标准语言模式类型及 Web 服务如何使用这种错误类型的规则；当来自不同接口的可用错误信息都一致时，请求者理解错误就更加容易；与此同时，开发一种通用的工具来帮助处理错误也变得更加可能

1.3.4 网格分类

网格计算从早期的面向科学研究发展到现在的面向商业应用，网格的应用范围越来越广。从不同的角度出发，网格有不同的分类。而分类的着眼点不同，也有着不同的分类方法。

1. 按网格客体分类

从低到高，网格按照客体的不同层次可以分为资源网格、信息网格和知识网格三个层次，这三个层次又分别对应着处理内容为资源、信息、知识层次的网格，如图 1.5 所示。而根据网格客体内容的不同，又可以将网格分为计算网格、数据网格、服务网格。数据网格主要负责解决数据共享问题，其基本单位是数据；计算网格主要任务是为用户提供共享资源的良好接口和机制，其基本单位是计算资源；服务网络的作用是以服务的形式提供共享的手段，其共享的对象是服务。在服务网格中，可以把不同的资源经过封装用服务的形式提供给网格主体使用[58]。

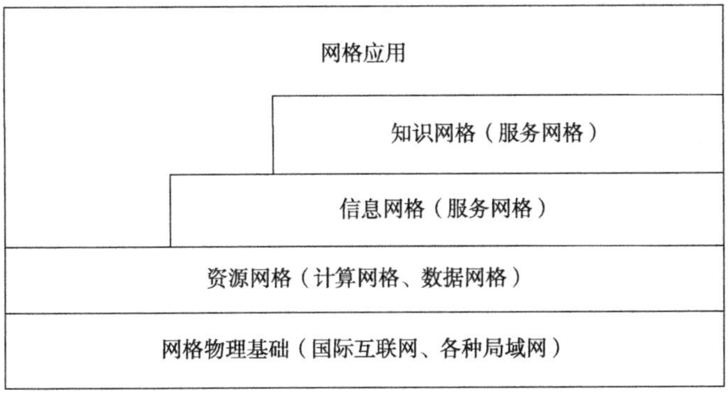

图 1.5　网格的一种层次分类结构

1）计算网格

计算网格实现了将地理上分布、系统异构的各种高性能计算机、数据服务器、大型检索存储系统和可视化、虚拟现实系统等，通过高速互联网络连接并集成起来，是最早的一类以解决计算密集型任务为目标的网格计算，它有着对用户相对透明的虚拟的高性能计算环境，来解决需要超大规模的计算量才能完成的科学研究问题。计算网格系统将目前高效可扩展的分布式并行计算技术、计算机网络技术、面向用户的程序设计技术、可视化技术、高效的程序编译模型和执行引擎技术等诸多方面的最新研究成果融合在了一起，顺应了高性能计算应用发展。资源的管理问题、计算资源的协作问题、动态自适应性问题、安全管理问题、高效的程序编译模型和执行引擎等都是计算网格研究的方向。

2）数据网格[59]

数据网格是继计算网格之后出现的一类以解决数据密集型任务为目标的网格计算。对现代科学研究和应用来说，包括全球气候模拟、高能物理、生物计算、战场仿真、核模拟、数字地球、大规模的信息和决策支持系统等，大量的数据是这些研究和应用发展的重要资源。在现有的数据管理体系结构、方法和技术下，想要满足地理上广泛分布的上述领域的科研工作者或用户对这些资源的访问和分析需求是很难做到的，尤其是对于这些数据的分析往往计算复杂、计算量大，许多数据分析处理要求千亿次或万亿次规模的计算能力。为了解决上述问题，人们在计算网格的基础上提出了数据网格的构想。数据网格的研究内容包括元数据管理和信息服务、数据访问、复制管理、安全技术、高速数据传输机制、资源调度优化与远程执行等多方面的内容。

3）信息网格[60]

继计算网格、数据网格之后，人们提出了一类利用现有的网络基础设施、协议规范、Web 和数据库技术，为用户提供一体化的智能信息平台，来解决信息共享问题的网格计算，被称为信息网格。信息网格建立的目的是要创建一种架构在操作系统和 Web 之上的基于互联网的新一代信息平台和软件基础设施。分布式、协作和智能化是该平台信息处理的基本特征，在该平台上，通过单一入口用户可以访问所有的信息，信息网格追求的最终目标是能够做到按需服务和一步到位的服务。

4）知识网格[61，62]

知识网格是一个智能互联环境，它能使用户或虚拟角色有效地获取、发布、共享和管理知识资源，并为用户和其他服务提供所需要的知识服务，辅助实现知识创新、协同工作、问题解决和决策支持。它包含了反映人类认知特性的认识论和本体论。智能信息处理是知识网格研究的侧重点，语义网、知识管理、知识本体、Agent、一体化智能信息平台等是知识网格研究的主要内容。

2. 按网格主体分类

若将作为网格主体的网格用户作为分类标准，最自然的分法就是将网格用户按照应用领域进行分类。应用网格可分为科学研究网格、地球系统网格、地震网格、军事网格、物理网格、游戏网格、教育网格、制造网格等。这样分类的网格其服务对象要求比较集中，每个应用网格都是一个专用网格。本书选取具有代表性的科学研究网格、游戏网格和制造网格进行介绍。

1）科学研究网格

美国的网格物理学网络和欧洲的数据网格都是科学研究网格。物理学已经进入了一个宏观方面向宇宙天体的太空迈进，微观方面向强相互作用、弱相互作用等领域发展的时代，对实验仪器和计算设备的要求越来越高。人们建造的用于物理学研究的实验仪器大多都是造价昂贵、技术精密的，如天文望远镜、离子加速器、强子对撞机等。而网格物理学网络能够把这些仪器和仪器所产生的数据与广大的用户连接起来，使这些数据能够被世界范围内的物理学家共同分享，为他们提供了一个良好的研究环境。该网格中的原始数据不可修改，网格有不同传输性能的通信线路，直接从仪器出口出来的数据需要很高的传输速率和处理性能，经过几级处理后的数据需要的传输性能相对就降低了，最后到物理学家桌面的传输就可以使用普通的网络传输。

2）游戏网格

目前，在许多商业网站上，游戏已经成为其中的重要内容，计算机游戏也随着计算机技术的发展经历了由简单到复杂的几代的更迭，尤其是网格的出现更是极大地推动了计算机游戏的发展。无论是从游戏的环境和性能上来说，还是从游戏的内容与手段方面来说，都因为游戏网格的出现进入了一个新的层次。游戏网格强大的计算能力和海量的存储资源对游戏的种类有了新的支持。在游戏网格上，人们还可以使用各种数字化设备进行游戏，如手机、电视机等[63]。“蝴蝶网格”是蝴蝶公司和IBM共同开发的一个游戏网格，为大规模、多玩家游戏提供技术基础设施。这两家公司联合宣布已经制作出了一个可以支持100万人以上游戏玩家同时在线的游戏网格网络，已经为大规模、多玩家游戏部署了商业服务器网格，允许世界范围的百万名游戏者一起操纵巨大的三维世界。“蝴蝶网格”是第一个把处理任务分布到网络多播服务器上的系统，它能够有效利用高性能三维图图形化计算资源，极大地降低了开发、部署、维护这类游戏的代价，目前玩家人数不受限制，在此之前，相互交互的玩家人数是受限制的。“蝴蝶网格”的主要组成部分有客户端库、网关服务器、守护神控制器、游戏服务器和数据库管理系统。

3）制造网格

网格技术已经渗透到各个领域，在制造领域，制造网格的出现是网格技术与制造技术相结合的产物。网格化制造有着传统制造方式所没有的特点和优势，制造网格的出现弥补和解决了现存的制造方式的缺陷和不足，是先进制造技术在网络环境下的升级与发展[64]。制造网格将资源封装成标准的、规范的、开放的网格节点，将不同网格节点互连互通形成一体化的制造资源环境——虚拟工厂，并向用户提供透明、一致、优质的制造服务，实现制造资源的社会化共享和优化配置[65]。制造网格是网络化制造的特定的形式，通过引入通用的标准和规范，达到实现资源共享和利用，促进制造系统自组织的目的。

1.3.5 网格对决策过程的支持作用

西蒙在其著名的决策过程模型论著中指出，以决策者为主体的管理决策过程经历情报、设计和选择三个阶段[66]。结合分布式决策支持的特点，我们将设计和选择过程进行了细化，设计过程可以细分为模型计算和联想推理过程；选择过程可以细分为仿真验证和群体协调过程。网格技术对决策支持的整个过程都提供了强大的支持作用，如图 1.6 所示[67]。

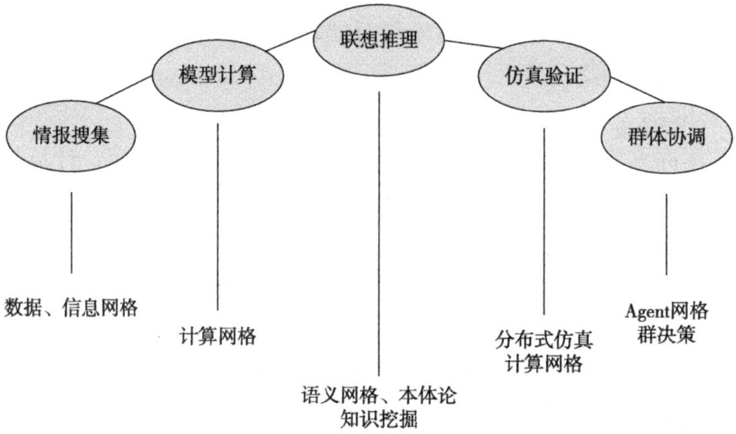

图 1.6 网格技术对决策过程的支持作用

（1）情报搜集阶段。数据网格和信息网格能够对网格中的数据、模型、方法和知识等信息资源进行有效的管理和组织，对与问题有关的情报搜集提供有力的支持。

（2）模型计算阶段。计算网格能够为模型计算提供强大的计算能力，提高模型的计算效率。

（3）联想推理阶段。语义网格、本体论和知识挖掘技术能够对基于知识的推理提供强大的支持，并能使语义层次上的推理成为可能。

（4）仿真验证阶段。计算网格和分布式仿真技术能够实现大规模分布式交互仿真，为可选方案的仿真验证提供有力的支持。

（5）群体协调阶段。Agent 网格和群决策技术能够为群体协调阶段提供理论和技术上的保证。

基于网格的决策支持系统有着以往的决策支持系统所无法比拟的优势，它为决策支持系统带来了许多新的特性，能够很好地解决决策支持系统发展中遇到的问题。首先，网格能够解决决策者缺乏资源的问题，为决策者提供丰富的资源；其次，模型计算速度和决策效率都因为网格技术的很好的并行性得到了很大的提升，同时能够支持多节点的协同工作；再次，网格中决策资源的所有者能够利用系统良好的可扩展性和灵活性，分散控制决策资源，以网格服务的形式提供决策服务，这些服务可以动态地注册和删除，决策者可以根据需要将这些决策服务组织起来，构成动态的决策支持系统；最后，系统有高度的智能性，系统将利用分布式人工智能技术、本体论和语义 Web 等技术提高整个系统的智能性，关于这些技术的使用我们将在后面的章节中提到。

1.4 决策支持系统研究的新思路

针对决策支持系统的上述研究现状和需求，本书的主要研究思路是以汽车制造业供应链协调决策问题为典型复杂决策问题的案例进行分析，提取复杂决策问题的属性变量，采用贝叶斯网技术研究复杂决策问题的表达与分解，研究与决策问题求解所需要的网格资源与服务的数据挖掘方法，并采用多 Agent 研究决策问题的协同求解。

1.5 基于网格资源与服务的智能决策方法的特色与创新

本书的特色与创新点主要体现在以下三个方面。

（1）利用贝叶斯网技术研究复杂的决策问题。在决策支持系统的研究中，决策问题的研究一直是一个瓶颈问题。本书采用贝叶斯网技术研究复杂决策问题的表达与分解。

（2）利用多 Agent 技术研究复杂决策问题的求解。项目组在前期研究中首次提出了采用多 Agent 技术实现复杂决策任务的协同求解，并给出了相应的模型和算法。在本项目中，项目组把这种思想应用于网格环境下开放式决策支持系统的建模中，体现复杂决策任务协同求解的要求。这是一个新的研究思路。

（3）在网格环境下研究决策支持系统。对于复杂决策问题求解来说，网格环境很大的优势在于网格资源与服务是开放的，开放式资源与服务对复杂决策问题的求解提供了有力的支持。因而，在网格环境下研究决策支持系统是一种创新性方法，有利于创新性成果的获得。

1.6 本章小结

本章主要介绍了网格资源与服务及决策支持方法与决策支持系统的研究背景和研究意义，分析了该问题的国内外的研究现状，同时全面介绍了网格技术的发展历程、体系结构、分类等内容，在此基础上提出了决策支持系统研究的新思路。

参考文献

[1] 魏倩倩. 网格环境下基于移动 Agent 的开放式 DSS 分析与设计[D]. 华中科技大学硕士学位论文，2006.

[2] Xie Y，Wang H W，Janet E. A research framework for Web-based open decision support systems[J]. Knowledge-Based Systems，2004，18：309-319.

[3] 王慧. 基于网格的决策支持系统（GBODSS）模型及资源管理研究[D]. 合肥工业大学硕士学位论文，2008.

[4] Filip F G. Decision support and control for large-scale complex systems[J]. Annual Reviews in Control，2008，32（1）：61-70.

[5] 黄光明，刘鲁. IT 制造业契约式供应链协调问题研究[J]. 企业经济，2006,（10）：28-30.

[6] Batyrshin I，Sudkamp T. Perception based data mining and decision support systems[J]. International Journal of Approximate Reasoning，2008，48（1）：1-3.

[7] 杨善林，胡小建，余本功. ABDIDSS 环境下基于多 Agents 协作的任务求解[J]. 合肥工业大学学报（自然科学版），2005，28（9）：1151-1156.

[8] 李琳娜，熊前兴. 网格环境下资源发现机制的研究[J]. 武汉科技大学学报（自然科学版），2007，30（3）：299-301.

[9] Shim J P，Warkentin M，Courtney J F，et al. Past，present，and future of decision support technology[J]. Decision Support Systems，2002，33（2）：111-126.

[10] Zhou F, Yang B, Li L, et al. Overview of the new types of intelligent decision support system[R]. Dalian：International Conference on Innovative Computing Information and Control.

[11] Tian J，Wang Y，Li H，et al. DSS development and applications in China[J]. Decision Support

Systems，2004，42（4）：2060-2077.

[12] Kengpol A, Tuominen M. A framework for group decision support systems: an application in the evaluation of information technology for logistics firms [J]. International Journal of Production Economics，2005，101（1）：159-171.

[13] Zhang S F，Goddard S. A software architecture and framework for Web-based distributed decision support systems[J]. Decision Support Systems，2005，43（4）：1133-1150.

[14] Wooldridge M, Jennings N R. Intelligence agent: theory and practice[J]. Knowledge Engineering Review，1994，10（2）：115-152.

[15] Bui T，Lee J. An agent-based framework for building decision support systems[J]. Decision Support Systems，1999，25（3）：225-237.

[16] Zhang H L，Leung C H C，Raikundalia G K. AOCD：a multi-agent based open architecture for decision support systems[R]. Vienna：International Conference on Computational Intelligence for Modelling，Control and Automation and International Conference on Intelligent Agents，Web Technologies and Internet Commerce，2005.

[17] 杨善林，胡小建，马溪骏. DIDSS 环境下信息 agent 系统任务规范的分解[J]. 系统工程学报，2004，19（5）：489-495.

[18] Hu X J，Yang S L，Ma X J，et al. Reasoning based on rough set among multi-agent under the environment of ABDIDSS[R]. Guangzhou：International Conference on Machine Learning and Cybernetics，2005.

[19] Petit C，Magaud F X. Multiagent meta-model for strategic decision support[J]. Knowledge-Based Systems，2006，19（3）：202-211.

[20] Nichols J，Goul M. Synergizing the Artificial Intelligence and Decision Support Research Streams：over a Decade of Progress with New Challenges on the Horizon[M]//Gupta J N D，Forgionne G A，Mora M T. Intelligent Decision-making Support Systems. London：Springer，2006：45-55.

[21] Zhang Z Q，Xi B. Research on framework of decision support system for partner choice and measurement in supply chain[R]. Guangzhou：International Conference on Machine Learning and Cybernetics，2005.

[22] Sueyoshi T，Tadiparthi G R. An agent-based decision support system for wholesale electricity market[J]. Decision Support Systems，2008，44（2）：425-446.

[23] 乔赞. 网格环境下资源发现方法的研究[D]. 兰州理工大学硕士学位论文，2009.

[24] 阎文博. 网格环境下资源发现机制的研究[D]. 南京航空航天大学硕士学位论文，2007.

[25] Bhargava H K, Krishnan R, Müller R. Decision support on demand: emerging electronic markets for decision technologies[J]. Decision Support Systems，1997，19（3）：193-214.

[26] Goul M，Shane B，Tonge F M. Using a knowledge-based decision support system in strategic planning decisions：an empirical study[J]. Journal of Management Information Systems，1986，2（4）：70-84.

[27] Power D J. Web-based and model-driven decision support systems: concepts and issues[R]. Long Beach：Americas Conference on Information Systems，2000.

[28] 刘宏，袁捷. 一种基于 Agent 的决策支持系统生成器新框架[J]. 计算机工程，1999，25（12）：65-67.

[29] Kwon O B. Meta web service：building web-based open decision support system based on web services[J]. Expert Systems with Applications，2003，24（4）：375-389.

[30] 张燕. 网格资源发现关键技术研究[D]. 国防科学技术大学博士学位论文，2007.

[31] 周国民，周义桃，丘耘. 农业网格建设势在必行[J]. 农业网络信息，2006，（7）：4-7，19.

[32] 朱凌. 基于资源类型的 P2P 网格资源分层发现模型与算法研究[D]. 浙江工业大学硕士学位论文，2009.

[33] Ong M，Alkarouri M，Ren X，et al. Grid-based decision support with pro-active mobile computing[C]. IEEE International Conference on Services Computing，2005.

[34] Srivastava J，Cooley R，Deshpande M，et al. Web usage mining：discovery and applications of usage patterns from Web data[J]. Acm Sigkdd Explorations Newsletter，2000，1（2）：12-23.

[35] Lau R Y K，Li Y，Song D，et al. Knowledge discovery for adaptive negotiation agents in e-marketplaces[J]. Decision Support Systems，2008，45（2）：310-323.

[36] Wong M L，Guo Y Y. Learning Bayesian networks from incomplete databases using a novel evolutionary algorithm[J]. Decision Support Systems，2008，45：368-383.

[37] 侯文国，傅秀芬，谢翠萍. 网格的数据挖掘[J]. 计算机应用研究，2004，21（10）：241-243.

[38] Brezany P，Janciak I，Tjoa A M. GridMiner：a fundamental infrastructure for building intelligent grid systems[C]. IEEE/WIC/ACM International Conference on Web Intelligence，2005.

[39] Guisseppi F，Guo Z L. Internal supply chain coordination in the electric utility industry[J]. European Journal of Operational Research，2009. 196：619-627.

[40] 王慧，付超，赵彬. 网格环境下基于经济模型的开放式决策支持系统资源管理[J]. 合肥工业大学学报（自然科学版），2008，31（6）：914-917，945.

[41] 汤谷. 开放式网格的政府决策支持模型研究[D]. 电子科技大学硕士学位论文，2012.

[42] 胡敏. 基于 Multi-agent 理论的大规模网格分布式计算资源调度方法[D]. 浙江大学硕士学位论文，2006.

[43] 孙宏滨，张大志. 分布计算中间件的特点及发展趋势研究[J]. 黑龙江科技信息，2004，（10）：236.

[44] 黄倩. 基于 SOA 的网格服务平台安全服务的研究与实现[D]. 北京交通大学硕士学位论文，2009.

[45] 刘福泉. 基于 GT4 的校园计算网格研究[D]. 中南大学硕士学位论文，2007.

[46] Foster I，Kesselman C. The grid：blueprint for a new computing infrastructure[M]. Beijing：China Machine Press，2005.

[47] 李茂胜. 基于市场的网格资源管理研究[D]. 中国科学技术大学博士学位论文，2006.

[48] 张勇. 分布式系统中处理机的任务调度算法研究——智能算法在网格任务调度中的研究[D]. 江南大学硕士学位论文，2008.

[49] Abramson D A，Lynch A，Takemiya H，et al. Deploying scientific applications to the PRAGMA grid testbed：strategies and lessons[R]. Washington：Sixth IEEE International Symposium on Computing and the Grid，2006.

[50] Bestavros A，Chen M，Crovella M，et al. Resource Management for Responsive Web Computing[R]. Cas Computer Science Technical Reports. 1996，
[51] Padala P，Harrison C，Pelfort N，et al. OCEAN：The Open Computation Exchange and Arbitration Network，A Market Approach to Meta Computing[C]. International Symposium on Parallel and Distributed Computing，2003.
[52] Sotiriadis S，Bessis N，Xhafa F，et al. From meta-computing to interoperable infrastructures：a review of meta-schedulers for HPC，grid and cloud[C]. International Conference on Advanced Information Networking and Applications，2012.
[53] Foster I，Geisler J，Nickless B，et al. Software infrastructure for the I-WAY high-performance distributed computing experiment[C]. IEEE International Symposium on High Performance Distributed Computing，1997.
[54] Foster I，Kesselman C. Globus：a metacomputing infrastructure toolkit[J]. International Journal of High Performance Computing Applications，1997，11（2）：115-128.
[55] 安雷. 基于WSRF的网格资源监控与发现研究[D]. 华北电力大学（保定）硕士学位论文，2008.
[56] 张会福. 数字制造系统资源共享理论框架及关键技术研究[D]. 武汉理工大学博士学位论文，2007.
[57] 朱民，张德贤. 网格体系结构综述[J]. 网络安全技术与应用，2009，（2）：69-71.
[58] 王翠萍. LSF系统中作业调度的研究与优化[D]. 西安电子科技大学硕士学位论文，2009.
[59] Foster I. The virtual data grid：a new model and architecture for data-intensive collaboration[C]. International Conference on Scientific and Statistical Database Management，2003.
[60] Stevens R D，Robinson A J，Goble C A. ^{my}Grid：personalised bioinformatics on the information grid[J]. Bioinformatics，2003，19（Suppl 1）：i302-304.
[61] Berman F. From TeraGrid to Knowledge Grid[J]. Communications of the Acm，2001，44（11）：27-28.
[62] Cannataro M，Talia D. Knowledge grid：an architecture for distributed knowledge discovery[J]. Communications of the Acm，2002（1）：89-93.
[63] 李敬朋. 校园网格智能代理的研究[D]. 大连交通大学硕士学位论文，2008.
[64] 程念胜. 制造网格环境下企业集成技术研究[D]. 华中科技大学博士学位论文，2009.
[65] 石胜友，莫蓉，杨海成，等. 制造网格环境下的资源建模研究[J]. 计算机工程与设计，2006，27（16）：2925-2927，3027.
[66] 西蒙 H A. 现代决策理论的基石：有限理性说[M]. 杨砾，徐立译. 北京：北京经济学院出版社，1989.
[67] 迟嘉昱. 基于网格的开放式决策支持系统研究[D]. 华中科技大学博士学位论文，2004.

第2章　决策支持系统研究的理论基础

2.1　决策支持系统概述

决策支持系统既是复杂决策任务求解的工具也是求解方法。由模型库、数据库、方法库组成的决策支持系统对数据进行定量分析，为复杂决策任务的求解提供被动形式的支持。将人工智能和决策支持系统结合起来的，由数据库、模型库、方法库和知识库组成的智能决策支持系统将决策者的知识、经验纳入系统，并利用知识进行推理和定性分析，把定性分析和定量分析相结合，具有更强的支持能力，为决策者复杂任务的求解提供主动形式的支持。

先进的制造和管理模式下，决策具有更广泛的分布性和更重要的协同性。决策者提出的任务往往涉及多学科、多部门、多领域的情况和知识，需要多个相对独立的具有某个领域或某方面特定问题求解能力的单元智能决策支持系统。总决策任务分解为一系列相对独立的、适合某个单元智能决策的子任务，这些子任务分配给单元智能决策支持系统。单元智能决策支持系统处理的问题在地理、物理上是相对集中的，知识上是相对专业化的，它用自身的数据、模型、知识和推理机解决领域内的半结构化或非结构化的问题。单元智能决策支持系统分布在不同的地理、物理位置上，通过网络连接起来。因而，分布式智能决策支持系统是由若干个上述结构的单元智能决策支持系统和网络系统构成，对于复杂任务的求解决策不仅需要智能决策支持系统运用知识进行推理而且需要多个智能决策支持系统对任务的协作。

群体决策支持系统是一种交互式的信息系统，建立在计算机网络的基础上，其部件组成主要有私有决策支持系统、规程库子系统、通信库子系统、共享的数据库、模型库及方法库、公共显示设备等，被一群作为一个小组而工作在一起的决策者用于简化非结构化问题的解决方案[1]。群体决策支持系统在决策时要面对不同风格与偏好的个人，要综合决策科学、人工智能、计算机网络、运筹学、数据库技术、心理学及行为科学等多种学科的理论、方法与技术，设计的面很广，所以虽然群体决策支持系统对群体决策是非常有益的手段，但其实用于系统研究与开发的难度非常大。

2.1.1　决策支持系统的概念

早在 20 世纪 70 年代决策支持系统的概念就已经出现，并且根据对该系统的功能、原理、结构与用途的分析，有学者指出了这种系统对决策过程的积极辅助作用，开辟了一个新的应用科学领域。决策支持系统的出现，弥补了一般管理信息系统不能很好地解决现实中决策问题的缺陷，将计算机在信息处理中的应用推向一个新的阶段，显示出了强大的发展潜力，引起了计算机界和管理界广泛的兴趣和重视。

对于决策支持系统，学术界还没有一致公认的定义。

1982 年，Carter 从决策支持系统的结构框架方面提出决策支持系统是一个基于计算机的系统，该系统由语言系统、问题处理系统和知识系统组成[2]。

1998 年，Hunt 等综合其他人的观点指出决策支持系统是一种基于计算机的、具有人机交互功能的决策制定辅助系统，并具有如下的特征：辅助决策制定而不是取代决策者；有效利用数据和模型进行决策制定；对半结构化问题、非结构化或病态结构问题进行求解；注重决策过程的有效性[3]。

由于学术界对决策支持系统没有一个统一的定义，我们不妨从它的特征入手来给出一个多数人认可的概念。决策支持系统是一种辅助决策系统，它并不是代替决策者进行决策活动，该系统的目标是以管理学、运筹学、控制论和行为科学为基础，以计算机技术、人工智能和信息技术为手段，在面对半结构化或非结构化的决策问题时，提高和改进决策者的决策能力和效果。决策支持系统具有以下几个基本特征。

（1）解决上层管理人员经常面临的结构化程度不高、说明不够充分的问题。

（2）把模型或分析技术与传统的数据存取技术及检索技术结合起来。

（3）易于非计算机专业人员以交互会话的方式使用。

（4）强调对环境及用户决策方法改变的灵活性及适应性。

（5）支持但不是代替高层决策者制定决策。

根据上面给出的特征我们可看出，决策支持系统是一个包括数据、预测决策的方法和模型及决策人员三个因素，建立在计算机基础上，以决策者为主体的人机交互信息系统。决策支持系统追求决策的有效性，以半结构化和非结构化问题的支持作为工作对象，利用数据、方法和模型对决策活动提供支持。决策支持系统解决问题的过程本质上是一个人机交互作用的过程，该系统充分发挥和利用了决策者的经验、智慧和观察能力及系统本身所具有的大量丰富的信息和基于对模型计算比较后的分析能力，决策者能够通过该系统对决策问题进行调查、分析和研究，该系统也能够及时回答决策者所提出的问题，这样的工作方式和运行状态，使决策支持系统中的数据、方法和模型及决策者三种资源都能得到充分的利用。

根据上述决策支持系统的工作方式和特点，可以看出决策支持系统应尽可能收集、修改并及时提供与本决策有关的各种外部数据，如市场价值、用户反应等，并且需要及时整理、修改和提供企业系统内部与决策有关的数据，如库存等，同时决策支持系统还要能及时提供常用的数学分析工具和有关模型，如回归分析法、投入产出模型等，决策支持系统的工作依赖于模型的建立及其运行。决策支持系统能灵活地利用模型和方法，对数据进行加工、汇总和分析，迅速得到所需要的综合信息和预测信息，帮助、支持和加强管理人员完成半结构化或非结构化问题的决策任务，改善决策的有效性。除此之外，决策支持系统还具有良好的人机接口，以便决策支持系统和决策管理人员对话，充分发挥决策人员的知识、经验和判断能力[4]。

2.1.2 决策支持系统的类型和功能

从目前发展情况看，主要有如下几种决策支持系统。

（1）数据驱动的决策支持系统[5]。它是建立在数据仓库、数据挖掘和联机分析处理等现代信息技术基础之上的一种计算机交互式系统。它不仅可以利用企业内部的大型数据库，还可以采集外部环境的数据。

（2）模型驱动的决策支持系统[6]。模型驱动的决策支持系统强调对模型的访问和控制，为简单的统计和分析工具提供最基本的功能。一些允许复杂的数据分析的联机分析处理系统可以划分为混合决策支持系统，并且具有提供模型和数据的检索，以及数据摘要功能。一般来说，模型驱动的决策支持系统综合运用金融模型、仿真模型、优化模型或者多规格模型来提供决策支持。模型驱动的决策支持系统利用决策者提供的数据和参数来辅助决策者对某种状况进行分析。模型驱动的决策支持系统通常不是数据密集型的，也就是说，模型驱动的决策支持系统通常不需要很大规模的数据库。模型驱动的决策支持系统的早期版本被称作面向计算的决策支持系统[7]，这类系统有时也称为面向模型或基于模型的决策支持系统。

（3）知识驱动的决策支持系统。知识驱动的决策支持系统是一种具有解决问题的专门知识的人机系统，能够向管理者提出建议或推荐应该采取何种行动。“专门知识”包括理解特定领域问题的知识，以及解决这些问题的技能。数据挖掘工具是一种在数据库中搜寻隐藏模式的、用于分析的应用程序，这种挖掘工具也是与知识驱动的决策支持系统相关联的一个概念。数据挖掘通过对大量数据进行筛选，以产生数据内容之间的关联。构建知识驱动的决策支持系统的工具有时也称为智能决策支持方法[8, 9]。

（4）基于 Web 的决策支持系统[10]。基于 Web 的决策支持系统通过 Web 浏览器向管理者或商情分析者提供决策支持信息或者决策支持工具。运行决策支持系统应用程序的服务器通过 TCP/IP 协议与用户计算机建立网络连接。基于 Web 的决策支持系统可以是通信驱动、数据驱动、文件驱动、知识驱动、模型驱动或者混合类型驱动。Web 技术可用以实现任何种类和类型的决策支持系统。

（5）通信驱动的决策支持系统。通信驱动型决策支持系统最基本的功能是简单的公告板或者电子邮件，同时利用组件支撑和扩大群体的行为。组件是一个更广泛的概念——协作计算的子集。此类决策支持系统强调通信、协作及共享决策支持，能够使两个或者更多的人互相通信、共享信息及协调他们的行为。

（6）基于数据仓库的决策支持系统[11]。数据仓库是支持管理决策过程的、面向主题的、集成的、动态的、持久的数据集合。它能够将来自各个数据库的信息进行集成，从事物的历史和发展的角度来组织和存储数据，当决策者进行决策时，它可以从这些信息中提取出对问题决策有用的信息和知识供决策者进行数据分析并辅助决策。

（7）群体决策支持系统。它是一种混合型的决策支持系统，允许多个用户使用不同的软件工具在工作组内协调工作[12]。在系统环境中，多个决策参与者共同交流以寻找满意和可行的方案，但在决策过程中只能由某个特定的人做出最终决策，并对决策结果负责。它能够支持具有共同目标的决策群体求解半结构化的决策问题，有利于决策群体成员思维和能力的发挥，也可以阻止消极群体行为的产生，限制了小团体对群体决策活动的控制，有效地避免了个体决策的片面性和可能出现的独断专行等弊端。

（8）分布式决策支持系统。随着计算机技术、网络技术及分布式数据库技术的发展与应用，分布式决策支持系统应运而生。分布式决策支持系统是由地域上分布在不同地区或城市的若干个计算机系统所组成，其终端机与大型主机进行联网，以利用大型计算机的语言和生成软件，而系统中的每台计算机上都有决策支持系统，整个系统实行功能分布，决策者在个人终端机上利用人机交互，通过系统共同完成分析、判断，从而得到正确的决策。

（9）智能决策支持系统[13]。专家系统技术的应用使决策支持系统能够更充分地应用人类的知识或智慧型知识，从而产生了智能决策支持系统。该系统在诸多方面具有很强大的能力，如决策问题的描述性知识、决策过程中的过程性知识、求解问题的推理性知识等。智能决策支持系统通过人机交互方式支持决策过程，深化用户对复杂系统运行机制、发展规律乃至趋势走向的认识，并为决策过程中超越其认识极限的问题的处理要求提供适用的技术手段[14]。根据智能决策支持系统的实现方式又可将其分为基于专家系统技术的智能决策支持系统、基于机器学习的智能决策支持系统、基于智能代理技术 Agent 的智能决策支持系统[15]、基于数据仓库、联机分析处理及数据挖掘技术的智能决策支持系统等。

（10）自适应决策支持系统。为了应对信息时代多变、决策环境动态变化的特点，有必要将传统的面向静态、线性和渐变市场环境的决策支持系统扩展为面向动态、非线性和突变的决策环境的支持系统，用户可根据动态环境的变化按自己的需求自动或半自动地调整系统的结构、功能或接口，也即自适应决策支持系统。

2.1.3　决策支持系统的特点及其发展的基础理论

1. 决策支持系统的特点

决策支持系统的主要特点体现在六个方面（如图 2.1 所示），主要包括：数据库类型多，信息来源丰富；针对半结构化和非结构化问题；面向管理者；强调人机交互，决定权在用户；采用用户驱动和模型驱动相结合的方式；用于辅助决策。

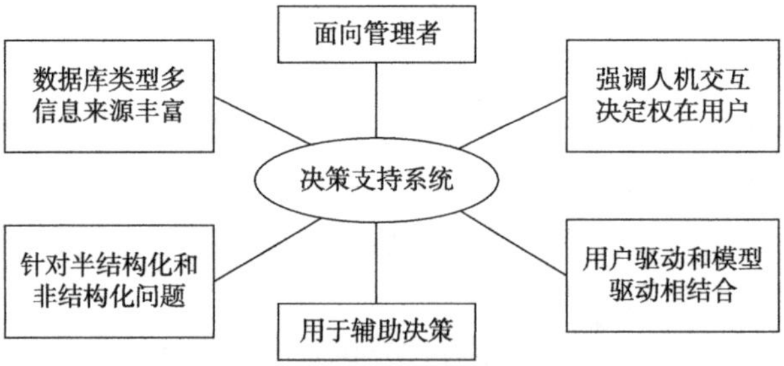

图 2.1　决策支持系统的特点

值得注意的是，决策支持系统是为了改进管理者制定决策的效能，并不是为了取代以提高效率为主要目标的管理信息系统；同时，决策支持系统强调辅助和支持功能，并不是试图提供一个最终的答案和强加给用户一套规定的分析顺序。决策支持系统是在管理信息系统的基础上发展起来的，两者都是对数据进行处理，在不同程度上为用户提供帮助。决策支持系统和管理信息系统有着密切的关系，管理信息系统收集的大量信息是决策支持系统工作的基础，决策支持系统使管理信息系统提供的信息真正发挥作用；管理信息系统收集系统反馈信息以支持决策支持系统的效果检验，决策支持系统的验证为管理信息系统的完善指明了方向。但是，两者还是有着很大的区别，如表 2.1 所示。

表 2.1　决策支持系统和管理信息系统对照表

决策支持系统	管理信息系统
面向高层管理人员、辅助决策（协助人）	面向中层人员，为管理服务（代替人）
通过多个模型的组合计算来辅助决策	电子数据处理系统处理日常事务
以模型库系统为基础、问题驱动	以数据库系统为基础、数据驱动
分析着重于决策者的需求，输出模式复杂	分析着重于总体信息需求，输出模式固定
追求有效性，即决策的正确性	追求效率，即快速查询和产生报表
支持复杂的、模糊的半结构化决策	支持已知的、重复发生的结构化决策
提供决策信息和决策方法，支持企业决策	重点在于组织信息资源，处理日常业务

同时，决策支持系统辅助决策的方式着重于定量分析，专家系统则倾向于定性分析，两种系统有着很大差别，具体如表 2.2 所示[16]。

表 2.2　决策支持系统和专家系统对照表

对照类别	决策支持系统	专家系统
目标	辅助人	提供“专家”查询
决策者	人	系统
询问类型	人向机器提问	机器向人提问
问题域	复杂、广泛	狭窄的领域
数据库	包括事实性的知识	包括过程和数据
发展演化	适应于变化的环境	支持固定的问题域

2. 决策支持系统发展的理论基础

决策支持系统的理论发展及其开发与许多学科相关，涉及信息论、计算机软硬件、管理科学和运筹学、信息经济学、行为科学、人工智能等，这些学科构成了其发展的理论框架，也称为理论基础。

1）信息论

人们对信息的获取、加工、处理的要求越来越高，以及通信技术和电子计算机的异军突起，都促进了信息论的形成与发展。信息论通过运用信息的观点，把系统视为借助于信息的获取、传递、加工、处理而实现其有目的性行为的研究方法。在决策支持系统中，虽然人们在刚接触时看不出信息论与其有何联系，但实际上决策支持系统的主要概念和基本理论只有靠信息论提供的分析方法才能得出结论[17]。

2）计算机软硬件

以计算机技术为理论支持的决策支持系统是计算机领域的一个很重要的应用，因而计算机软硬件也成为决策支持系统开发的制约因素。可是在谈到决策支持系统时，许多计算机专家往往会忽视决策系统，只关心计算机系统，希望能够开发出更“有效”的计算机系统。实际上，任何决策支持系统都有其特定范围、特定目标，几乎不存在万能的决策支持软件，软件脱离了决策支持的特定范围和目标都会失去对决策者的支持作用[18]。

3）管理科学和运筹学

管理科学比较强调应用，它通常用计算机解决一类特殊问题。某些管理科学家对运筹学提供的一系列优化、仿真、决策模型十分重视，而系统工程工作者则注重解决某些领域的管理问题的模型体系，故决策支持系统是系统工程所要研究和开发的重要领域。

4）信息经济学

信息经济学形成于 20 世纪 60 年代，是从事微观经济理论和方法研究的研究者在解决计算机产生的软件问题时使用的理论和方法。研究者认为信息值的增加与格式、语言和满足用户愿望的详细程度、获取方便性和使用权的增加、从获取到使用的时间等因素有关。

5）行为科学

系统模型所表现的缺陷甚至失败多是脱离实际导致的，技术上的原因很少，故行为科学对管理信息系统和决策支持系统的研究主要集中在信息系统不是一个抽象的研究课题，而是由人来建立和运转的社会系统上。近年来，一些学者和开发人员认为决策支持系统是完成一种过程，并将其解释为对社会变化的管理，强调过程的动态性、变化中所碰到的阻力和构造变化程序的需求。行为科学详尽地考察了计算机技术随着组织的变化而发展的历史，指出了变化的阻力和因素也许是一种合理的响应，并不是一种病态的反应。

6）人工智能

人工智能技术的蓬勃发展将决策支持系统也带入了一个新的发展阶段，为决策支持系统带来了许多新的发展机遇。人工智能技术最诱人的成果是专家系统的实用化。专家系统是一组具有人类领域的权威性知识的智能计算机程序，被用于解决现实中的困难。当今世界上应用于医学诊断、探矿、军事调度、质谱分析、计算机配置、辅助教育等各个领域的专家系统不计其数，这些专家系统涉足财政分析、计划管理、工程评估、法律咨询等管理决策领域。决策支持系统运用的是数据和模型，专家系统运用的是知识和推理，两者处于不同学科范畴，有不同的解决问题的方法，在管理科学运用领域内一个方兴未艾，一个后起之秀，各具特色，并且人工智能将为决策支持系统提供有效的理论与方法。二者的互相结合与互相渗透，将会把计算机用于决策支持的技术推向新的高度。

2.2 决策问题建模与求解方法

在决策问题建模与求解和决策支持系统研究中，数学建模因其精确性和可计算性，一直占据着重要地位，在定量决策领域具有不可替代的优势[19]。随着决策对象、决策环境的不断变化，定量决策模型也随之不断改进，越来越多的智能决策方法被深入地应用于决策问题的建模与求解中，以解决决策过程中频繁出现的大量的定性的、不确定性的半结构化、非结构化问题，从而促进了智能决策方法研究的不断深入。

2.2.1 数学建模基本方法

1. 运筹学

运筹学作为一门现代科学，是在第二次世界大战期间首先在英美两国发展起来的。当时迫切需要把各项稀少的资源以最有效的方式分配给各种不同的军事策略及在每一策略内的各项活动，所以美国及随后美国的军事管理当局都号召大批科学家运用科学手段来处理战略与战术问题，要求他们对种种策略进行研究，这些科学家小组正是最早的运筹小组。第二次世界大战期间，运筹学成功地解决了许多重要的作战问题，显示了科学的巨大威力，为运筹学后来的发展铺平了道路。第二次世界大战以后，以线性规划的应用及计算机的发明为契机，运筹学中的定量决策模型被成功地应用到军事以外的很多领域，如管理科学、经济学等领域。

运筹学中的决策数学模型可以根据参与决策的专家数目和目标数目分为单人单目标、单人多目标、群体单目标、群体多目标等四种类型。运筹学中的决策数学模型还可以按决策面临自然状态的确定性与否分为确定型决策模型、风险型决策模型和不确定型决策模型。这两种分类反映了决策数学模型在决策需求的驱动下随着决策环境的复杂化处于不断地演化之中。

2. 管理信息学

管理信息学专门研究管理中的信息运动规律，它将决策过程视为一个信息收集、加工、决策、产生新的信息及反馈的闭环系统。管理信息学所建立的信息决策模型对复杂问题的决策有很大的支持作用。

3. 系统学

系统学模型被应用于智能决策支持系统的体系结构构建和实际的决策问题求解中。系统论分为简单系统、简单巨系统、复杂系统、复杂巨系统理论，简单系统学模型如系统动力学模型、大系统模型、系统辨识模型等已应用于决策中，复杂系统理论与方法的研究还不够成熟，人脑系统的思维过程研究属于复杂系统的研究范畴，这方面的研究成果将会使智能决策支持系统的研究取得实质性的进展。

4. 控制论

控制论中用的比较多的是哈密顿函数、极大值原理和随机最优控制。哈密顿函数的作用量因其与经济系统的目标函数有相同的形式，而被用于最优经济系统的研究；极大值原理被广泛应用在计划、库存、市场、广告和设备维修等各个方面；随机最优控制等也被广泛应用到管理决策领域[20]。

2.2.2 智能决策方法

对决策过程中所得到的大量知识的充分运用已经成为人工智能和决策任务建模与求解支持研究的重要内容。在当前的智能决策支持系统中已经应用了多种智能决策方法，如机器学习、软计算方法、数据挖掘、基于范例推理等[21]。近年来，人工智能研究在遗传算法、模拟退火算法、证据理论、蚁群算法等方面取得了尤为突出的研究成果，研究者正在探索性地将最新研究成果应用于智能决策支持系统中，并对由此产生的新的智能决策支持系统结构及智能决策支持系统的应用进行研究，形成了智能决策支持系统的新的研究方向。

1. 机器学习

除却一些无关紧要的情况，人们很难直接从原始数据本身获得所需信息。例如，对于垃圾邮件的检测，侦测一个单词是否存在并没有太大的作用，然而当某几个特定单词同时出现时，再以此考察邮件长度及其他因素，人们就可以更准确地判定该邮件是否为垃圾邮件。简单说，机器学习就是把无序的数据转换成有用的信息。它横跨计算机科学、工程技术和统计学等多个学科，需要多学科的专业知识，甚至可以说，机器学习对任何需要解释并操作数据的领域都有所裨益。

2. 软计算方法

软计算方法是模糊逻辑、神经计算、概率推理、遗传算法、混沌系统、信任网络及其他学习理论等一类方法的集合。其本质是适应现实世界普遍的不确定性，与传统的智能计算方法是不同的。在解决那些无法精确定义问题的决策、建模和控制时，软计算方法用到的也是与传统的符号逻辑完全不同的方式，例如，神经计算是受神经生物学研究的启发，采用并行计算结构模拟人的大脑结构，通过映射实现知识处理过程的一种方法[22]。

3. 数据挖掘

数据挖掘是一个从大量数据中析取有用的、前所未知的和最终可理解的知识的过程。20 世纪 90 年代中期以后，数据驱动知识发现方法利用人工神经网络、决策树、机器学习等方法，发现已知和未知的知识，使数据挖掘成为不需人工干预的自动过程，许多国内外的研究者都将研究重点转移到了这些方面。目前这种方法在用于知识发掘时往往需要与工程知识相结合，通过数据挖掘获得知识，再把知识放入知识库中用于推理，IBM 的 Neggets 就采用了这种方式。这种方法还不够成熟，需要与用户驱动的知识发现结合使用。数据仓库和数据挖掘直接从历史数据中获得对决策至关重要的信息，又称为数据驱动的决策支持方法。

4. 基于范例推理

基于范例推理是从过去的经验中发现解决当前问题线索的方法。过去事件的集合构成一个范例库，即问题处理的模型。基于范例推理在处理问题时，要先以当前待处理的问题为目标范例在范例库中搜索与目标范例具有相同属性的源范例（源范例由记忆的问题或情境组成），之后再通过范例的匹配情况进行调整。基于范例推理复用了过去问题的求解过程，能够简化知识获取的过程、提高问题求解效率，可以很好地解决一些难以通过计算推导来求解的问题。

5. 遗传算法

1967 年，“遗传算法”一词首次被提出[23]，1975 年是遗传算法研究历史上十分重要的一年，这一年 Holland 出版了他的著名专著 *Adaptation in Natural and Artificial Systems*，这是第一本系统论述遗传算法的专著，因此有人把 1975 年作为遗传算法的诞生年。Holland 在该书中系统地阐述了遗传算法的基本理论和方法，并提出了对遗传算法的理论研究和发展极其重要的模式理论，该理论首次确认了结构重组遗传操作对于获得隐并行性的重要性。同年，de Jong 完成了他的博士论文 *An analysis of the behavior of a class of genetic adaptive systems*，该论文所做的研究工作可看作是遗传算法发展进程中的一个里程碑，这是因为，de Jong 把 Holland 的模式理论与他自己的计算实验结合起来。尽管 de Jong 和 Holland 一样主要侧重于函数优化的应用研究，但他将选择、交叉和变异操作进一步完善和系统化，同时又提出了诸如代沟等新的遗传操作技术[24]。可以认为，de Jong 的研究工作为遗传算法及其应用打下了坚实的基础，他所得出的许多结论，迄今仍具有普遍的指导意义。近年来，工业、经济管理、交通运输、工业设计等许多领域都已经成功应用了遗传算法，并且运用遗传算法解决了诸如可靠性优化、流水车间调度、作业车间调度、机器调度、设备布局设计、图像处理及数据挖掘等实际问题。

6. 模拟退火算法

模拟退火算法最早由 Kirkpatrick 等应用于组合优化领域，它是基于 Monte-Carlo 迭代求解策略的一种随机寻优算法，其出发点是基于物理中固体物质的退火过程与一般组合优化问题之间的相似性。模拟退火算法从某一较高初温出发，伴随温度参数的不断下降，结合概率突跳特性在解空间中随机寻找目标函数的全局最优解，即局部最优解能概率性地跳出并最终趋于全局最优。模拟退火算法是一种通用的优化算法，理论上算法具有一定概率的全局优化性能，目前已在工程中得到了广泛应用，诸如超大规模集成电路、生产调度、控制工程、机器学习、神经网络、信号处理等领域。目前，关于退火算法的研究通常分为两类。基于有限状态奇异马尔可夫链的有关理论是第一类，这一类理论给出了模拟退火算法的某些关于思想收敛模型的充分条件或充要条件，这些条件在理论上证明了当退火三原则（初始温度足够高、降温速度足够快、终止温度足够低）满足时，模拟退火算法以概率 1 达到全局最优解；针对某些具体问题给出的模拟退火算法的成功应用则是第二类[25]。

事实上，正是由于专家和学者对该算法的钻研，才让该算法从经典的模拟退火算法走到了今天的多样型的模拟退火算法，比如，使该算法的速度和收敛性都得到较大提高的快速模拟退火算法；再比如，使该算法具有智能性的适应性模拟退火算法；现在学者提出的遗传–模拟退火算法，就是将遗传算法和模拟退火算法二者的优越性结合起来。

7. 证据理论

证据理论诞生于 1978 年 Inglis 出版的 *A Mathematical Theory of Evidence*[26]。

Dempster 曾经给出过上、下概率的概念，第一次明确给出了不满足可加性的概率；1967 年，Dempster 探讨了统计推理的一般化问题，针对统计问题给出了两批证据合成的原则[27]。Shafer 证据理论的核心内容是将 Dempster 证据合成规则推广到一般的情形，为了纪念 Dempster 对该理论的贡献，也称证据理论为 Dempster-Shafer 理论。之后有学者从数学形式上研究了信度函数，得出了信度函数是模糊测度的结论；在信度理论与可能性理论的联系中也得出了许多有益的结果；他们又以集合论观点分析、研究了证据，得到了证据的并、交、补及包含等概念[28]。Dubois 和 Prade 建议除去 Dempster 合成法则的归一化常数，将真值范围拓展到框架之外；他们还研究了证据理论与可能性的关系[29]。Smets 是另一位对证据理论做出过贡献的人，他将信度函数推广到框架的所有模糊子集上，得出了许多有益的结果[30]。我们可以将证据理论理解成根据证据做决策的理论，它强调依据证据为一个命题赋予真值，而为一个命题赋予一个真值本身可以看成一种决策模型[31, 32]。

8. 蚁群算法

1992 年 Dorigo 在他的博士论文中提出了一种以蚂蚁在寻找食物过程中发现路径的行为[33]为灵感来源而建立的用来在图中寻找优化路径的概率型算法，也就是蚁群算法。蚁群算法是一种模拟进化算法，研究者针对控制器参数优化设计问题，比较了蚁群算法设计的结果与遗传算法设计的结果，根据数值仿真结果我们可以看出，蚁群算法作为一种新的模拟进化优化方法，具有有效性和应用价值，有着许多优良的性质[34]。

以蚁群算法为代表的蚁群智能已成为当今分布式人工智能研究的一个热点，许多源于蜂群和蚁群模型设计的算法越来越多地被应用于企业的运转模式的研究中。美国五角大楼资助了关于群智能系统的研究工作——群体战略，它的一个实战用途是通过运用成群的空中无人驾驶飞行器和地面车辆来转移敌人的注意力，让自己的军队在敌人后方不被察觉地安全行进。英国电信公司和美国世界通信公司以电子蚂蚁为基础，对新的电信网络管理方法进行了试验。群智能还被应用于工厂生产计划的制订和运输部门的后勤管理。美国太平洋西南航空公司采用了一种直接源于蚂蚁行为研究成果的运输管理软件，结果每年至少节约了 1000 万美元的费用开支。英国联合利华公司已率先利用群智能技术改善其一家牙膏厂的运转情况。美国通用汽车公司、法国液化空气公司、荷兰公路交通部门和美国一些移民事务机构也都采用这种技术来改善其运转的机能。鉴于群智能广阔的应用前景，美国和欧盟均于近几年开始出资资助基于群体智能模拟的相关研究项目，并在一些院校开设群体智能的相关课程。

2.3 多 Agent 技术与贝叶斯网技术

2.3.1 多 Agent 技术

1. Agent 概念

弱定义：Agent 用来最一般地说明一个软硬件系统，具有自治性、社会性、反映性、能动性等特性。

强定义：Agent 除了具备弱定义中的所有特性外，还应具备一些人类才具有的特性，如知识，信念，义务，意图等[35, 36]。

一般认为 Agent 是一个处于一定环境下的封装的计算机系统，为了设计目的，它能在那种环境下灵活、自主地活动[37]。Agent 是处于一个环境之中，能够对这个环境进行感知并采取相应的行为，同时，作为这个环境的一部分，也可以建立自己的行动规范并影响环境变化的软件智能体[38]。

Agent 的特性一般包括自主性、反应性、预动性、社会能力，除此之外，Agent 还具有理性、推理能力和规划能力[39, 40]。Agent 技术被认为能有效地简化分布式系统设计、实现、维护及协同工作；同时，多 Agent 系统放松了对集中式、规划顺序控制的限制，提供了分散控制、应急和并行处理，为复杂的决策任务的建模支持提供新的有效的方法。

2. Agent 理论模型

Agent 理论模型的研究主要从逻辑、行为、心理等角度出发刻画 Agent 的本质。逻辑是描述 Agent 的心智状态的重要工具，信念、愿望、目标、意图等心智状态的逻辑描述与演算问题的研究[41]是在 Bratman 哲学分析模型[42]基础上开展的，以可能世界为基础以线性时序逻辑为工具建立了 Agent 的心智状态形式化模型。在此模型中分层地引入并表示了时间、事件、行为、信念、愿望、目标、意图等概念，以及建立了概念之间的关系、演化规则与约束。

再如比较著名的理性 Agent 的心智状态模型[43]，该模型建立在 B（belief）、D（desire）、I（intention）三个采用非线性分支时态逻辑刻画的模态算子的基础上，使用了经典的可能世界语义模型，是对计算树逻辑的扩充。同时该模型阐述了思维属性之间的约束关系，并给出了一些模型的约束与公理、状态公式、路径公式，用模态连接词定义信念、愿望、目标与意图等，这些都是理性 Agent 的心智状态模型的重要组成部分。

Agent 可以看作一个具有自主能力、有心智态度的拟人化的对象，其内部的行为之间具有天然的并发性，是一种类似于进程的、并发执行的实体。Agent 内部行为的这种并发性经典逻辑与非经典逻辑都难以刻画，采用 π 演算却相当容易，采用 π 演算不仅能动态地刻画 Agent 的信念、愿望、目标与意图，而且能刻画 Agent 之间的协作与通信。

3. Agent 结构模型

Agent 的作用就是能在特定环境下运作并能根据环境的变化对自身的状态进行变更，能对环境信息做出反馈，信息经过加工处理后又反作用于外界环境[44]，Agent 的基本结构如图 2.2 所示。

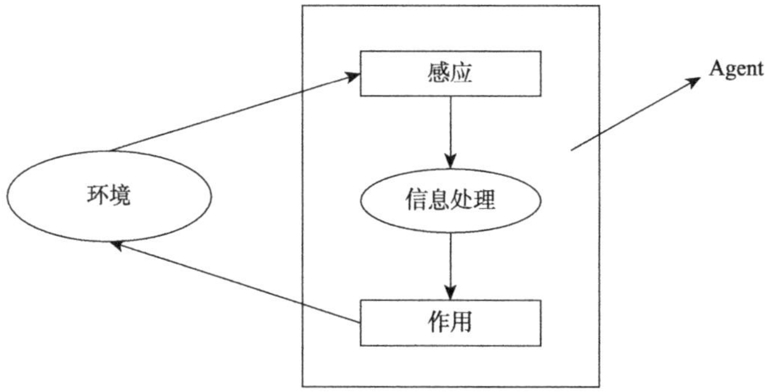

图 2.2　Agent 的基本结构

系统能够利用的资源都是有限的，所以如今研究的重点都放在了充分利用资源实现最大化利益上，针对这个问题，研究者提出了思考型 Agent、反应型 Agent 和混合型 Agent 这三种类型的 Agent。

思考型 Agent 是对现实世界通过符号的抽象，加以学习和进行逻辑推理，进而对目标进行决策。具体如图 2.3 所示。

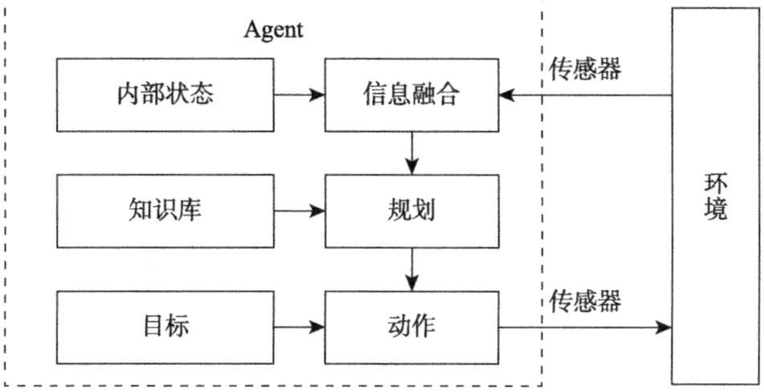

图 2.3　思考型 Agent

思考型 Agent 的工作顺序：首先，对外部世界进行符号抽象，对目标的模型进行表达；其次，根据当前的环境与自身的资源情况进行逻辑推理与规划；最后，产生目标结果。

反应型 Agent 由多个具有独立功能的模块组成，每个模块都能完成从系统对外界的感知到作用于环境的整个过程。如图 2.4 所示，每个模块相互竞争，都试图对整个系统产生作用，最终由一个成为仲裁者的模块做出决策。反应型 Agent 每个模块经过匹配一定的规则产生与该规则相应的动作，像一个反应过程，不需要经过很强的逻辑推理。这种反应机制在某种程度上改善了系统对有限资源的充分利用情况。

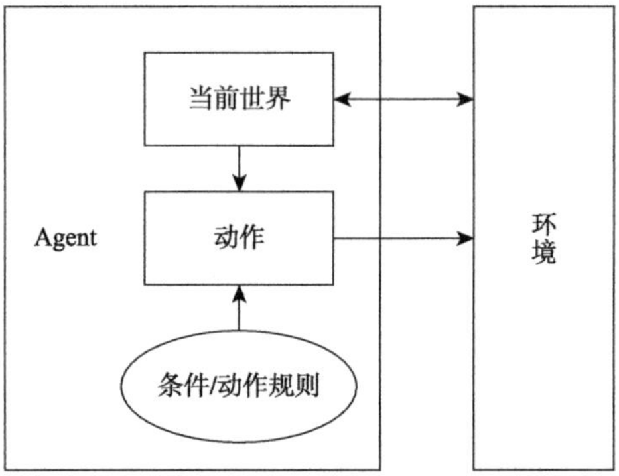

图 2.4　反应型 Agent

混合型 Agent 由思考型 Agent 与反应型 Agent 混合而成，既有思考型 Agent 的特点，又具有反应型 Agent 的特点，为了兼顾两者的优势，研究者提出了两种混合型 Agent 的实现方式——层次结构和融合规划机制结构。

层次结构至少需要反应层和思考层两部分来完成。反应层用来处理短期的、需要快速实现的目标，长期的、比较复杂的目标则需要思考层来处理，这种目标单个 Agent 几乎是无法实现的，需要与其他 Agent 合作共同实现。不同层次的运作机制各不相同，部分与部分、层次之间的顺利沟通和交流成为顺利实施层次结构的前提，所以如何使各个部分协调工作成为层次结构的关键。

融合规划机制结构的典型系统为过程推理系统，其构成有五个部分：目标集、规划库、数据库、解释器和意图结构。过程推理系统既可以快速灵活地反映实时要求，又可以实现系统的规划功能。

以上三种类型 Agent 的结构和运作机制都不相同，根据 Agent 的属性各有特点，在实际应用中，我们要根据系统所处的实际环境来确定选择哪种类型的结构。对处于多变的、开放的、复杂的环境中的系统，应选择反应型 Agent，对处于封闭的、未来的情况是可知的环境中的系统，思考型 Agent 比较适合。

4. Agent 组织

在复杂环境中解决更加复杂、更加不确定的问题，需要借鉴现代社会组织理论，从 Agent 组织的角度研究多 Agent 系统。利用现代社会组织理论研究多 Agent 系统成为多 Agent 系统新的理论基础，也代表了未来 Agent 理论与技术的发展方向。

从结构上看 Agent 组织是合作求解问题的 Agent 的集合，它是多 Agent 系统的一种特殊的结构形式，Agent 组织通过任务分解与合作使组织成员采取协调的联合行动，实现目标求解。组织的形成可以通过 Agent 交互而形成，也可以是根据问题求解要求预先设计，但不管组织的形成机制如何，每个 Agent 要在组织中承担一定的角色，完成角色所规定的任务。

基于协商的合同网协议方式，基于依赖关系的社会推理方式，基于对策论的联盟形成方式及面向结构的组织形成方式等都是有效的 Agent 组织的形成方式。

基于协商的合同网协议方式是当 Agent 执行的任务很复杂或者单个 Agent 不能独立求解或者通过合作求解更有效时，通过一个合同网的方式与其他 Agent 进行协商将部分或全部任务委托其他 Agent 来完成，这种委托与被委托 Agent 之间形成组织。

基于依赖关系的社会推理方式是通过对 Agent 之间的社会依赖关系进行推理，发现与目标有依赖关系的其他 Agent，并与之形成不同的合作组织。

基于对策论的联盟形成方式是以对策论中 n 个人合作为理论基础，通过计算联盟的效用与分配，根据 Agent 个体、群体、联盟的理性原则在 Agent 之间形成联盟。

面向结构的组织形成方式指出多 Agent 在问题求解过程中表现的组织形态是组织结构，以组织结构为前提进行角色的分配与调整，把一个组织结构定义为目标、角色与角色关系的集合。这种显式的组织结构可以根据角色的要求招募 Agent 加入组织，并在组织的形成过程中考虑组织的要求、候选 Agent 能力与收益等问题。

5. 现有 Agent 系统建模方法

在基本的系统建模方法的基础上，当前国内外很多学者根据 Agent 的性质提出了许多面向 Agent 的系统建模方法。主要概括为以下三类：基于知识工程的建模方法、基于面向对象的建模方法和基于 Agent 技术的方法[45]。

在开放式环境下，系统的外部资源往往是受限的，这样仅仅从对 Agent 的角色划分方面描述一个系统是远远不够的，系统之间的各个部分都是有机组合的，必定有一定的组织规则，这就要求 Agent 建模还必须附有组织规则、组织结构和组织模式来描述一个组织图像。

6. 多 Agent 系统概述

多 Agent 系统可看作是多个可执行网络计算的 Agent 集。系统中每一个单个的 Agent 都是一个具有特定功能的实体。每一个 Agent 既能独立地作用于内部和外界环境，能动地改变外界的部分环境，又能够与其他 Agent 协同工作，共同完成自身无法完成的任务[46]。因此，多 Agent 系统是一个有自己的目标，并时刻以目标为导向改变自身的行为，能根据自身的条件通过与其他的 Agent 进行通信、交互来改变内部环境以适应外界的环境变化完成求解同一问题的分布式智能系统。如图 2.5 所示，可以看出，多 Agent 系统具有以下四个基本特征。

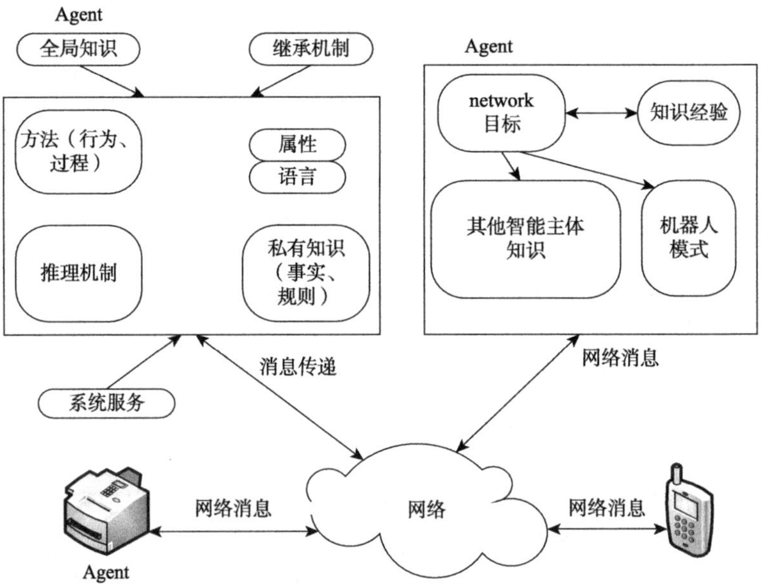

图 2.5　Agent 与多 Agent 系统协同工作图

1）开放性

多 Agent 系统是一个可扩展的、柔性的智能系统。多 Agent 系统中每个环节的 Agent 之间存在符合一定规范的通信协议，只要新加入的 Agent 符合协议的通信规范，就完全可以和多 Agent 系统协同工作。

2）分布性

多 Agent 系统中每个 Agent 处于不同的地理位置，各司其职。它们不仅在地理位置上是分布的，其逻辑结构在不同架构的平台上工作时也是分布的。多 Agent 系统的内部机制使各自的 Agent 分工明确，和谐工作，实现了很好地异步处理问题的能力，提高了系统的效率。

3）适应性

多 Agent 系统中有协调和自学习机制，当系统的内外环境多变且不确定性较强的时候，它可以根据内外环境的变化，随时进行协调与自我学习，以适应新的环境。

4）鲁棒性

多 Agent 系统中各自的 Agent 都是自治的，各自内部也有运行机制，它们在物理上和功能上都是松散耦合的，因此，多 Agent 系统在运作时不会出现因某个 Agent 代理出现问题而使整个系统出现问题的情况。

7. 多 Agent 之间的协作

在计算机科学领域，最具挑战性的目标之一是如何建立能够在一起协同工作的计算机系统。随着计算机系统越来越复杂，将 Agent 集成起来更具挑战性。而多 Agent 之间的协作是保证系统能在一起共同工作的关键。对 Agent 的协作研究大体分为两大类：一类是将博弈论、经典力学理论研究多实体行为的方法和技术应用到 Agent 协作研究中；另一类是从 Agent 的目标、意图、规划等心智状态研究多 Agent 协作，如精确/协作模型、联合意图框架、共享规划等。协调与协商是协作过程中常伴随的现象。

一种以进行随机的自适应的任务分配为目标的系统——合同网[47]，引入了招标—投标—中标的机制，通过合同网协议完成任务的分配，实现问题协作求解组织结构的动态构造。在这种多层次的问题协作求解组织结构中，Agent 既是下层的管理者，又是上层的承包者，控制基于 Agent 之间的合同关系。该模型在执行时需要经过任务通知处理、投标处理、授予处理及请求与告知等流程。合同网被认为是一种完全精确/几乎自治的问题协作求解模型，是分布式人工智能研究中最具有代表性的模型之一。

分布式车辆监测试验床是最早的和最有名的多 Agent 系统试验床之一，由同构的 Agent 组成，Agent 之间的关系由地理分布形成，与合同网不同之处在于分布式车辆监测试验床是一种功能精确/协作的问题求解模型。它面对不完全、不精确的数据时通过协作消除不确定性，从而得到一致解。为了协调分布式车辆监测试验床中多 Agent 的动作，Durfee 提出了由目标、规划活动图、求解结构图与状态四个部分组成的局部全局规划算法，处理问题包括四个过程：①每个 Agent 创建局部规划；②Agent 之间通信与交换规则；③创建部分局部规划；④修改和优化部分局部规划[48]。

在任务分析环境建模与仿真测试床中，Decker 和 Lesser 通过对局部全局规划算法协调机制的扩展和完善得到了通用局部全局规划[49]，相比于局部全局规划算法，通用局部全局规划算法中增加了非局部观点的更新、结果的沟通、简单冗余处理、硬协调关系处理与软协调关系管理。

在协调模型基础上提出的分布式合作问题求解的四阶段模型包含以下四个阶段：①针对复杂问题的求解，Agent 辨别潜在的合作者的识别阶段；②识别出存在可能合作活动的 Agent 并向其寻求帮助的队形成阶段；③形成队的 Agent 集体一起通过协商形成联合规划的计划形成阶段；④Agent 执行新的达成一致的联合活动规划，并维持编织完全紧密的关系的执行阶段。

多 Agent 间的协作是多 Agent 系统与其他相关研究领域区别开来的关键性概念之一，也是保证多个智能系统能在一起共同工作的关键。焦文品和史忠植将规划、竞争、约束、协调纳入一个协作框架之中对多主体间的协作过程进行了研究，并将协作过程分为：①产生需求、确定目标；②协作规划、求解协作结构；③寻求协作伙伴；④选择协作方案；⑤实现目标；⑥评估结果等六个阶段[50]。在规范描述主体间的协作行为时，还将逻辑和进程代数方法巧妙地融进了一个统一的形式化框架之中。

8. 多 Agent 之间的推理

1）演绎推理

在符号机制下，用符号表示 Agent 在一个系统中对系统环境与期望的行为，用句法规则处理这种符号表示来产生智能行为，这些符号表示的实质就是一些逻辑公式，而句法规则处理的实质就是逻辑演绎或定理证明。

2）实用推理

实用推理由至少两个不同的行为过程组成。第一个行为过程决定要达到什么状态，即慎思过程；第二个行为决定如何实现这个状态，即手段—目的推理。

从信息或知识的确定性程度上看，多 Agent 之间的推理通常有精确推理（确定性推理）和近似推理（不确定性推理）两种办法。精确推理是运用确定性的知识进行的推理，它是一种准确的推理，包括演绎推理、归结推理、基于规则的推理等；近似推理是在事实或知识存在不确定性情况下的推理，是从不确定性的初始证据出发，通过运用不确定性的知识，最终推出具有一定程度不确定的，但是却是合理（或近似于合理）的结论的推理过程，包括证据理论、可能性理论、粗糙集推理及贝叶斯网络推理等。

因为多 Agent 所处的可能世界与信息存在不确定性，Agent 本身的信念也存在不确定性，所以多 Agent 在充满不确定的可能世界中相互合作时必将涉及不确定信息与知识的推理，即多 Agent 合作时存在不确定性推理。

9. 多 Agent 技术的应用领域

在多任务规划与调度、资源能力划分等方面多 Agent 技术已经有了很多的应用，而且近年来随着大量的研究与应用，多 Agent 技术越来越成熟，其应用领域也已经扩展到了开放的、分布式决策系统中。

1）分布式感知系统

分布式感知系统是多 Agent 技术早期的典型应用，主要思想是将系统构造为由空间分布的传感器组成的网络。传感器可以是声学传感器，或在空间分布的雷达，系统的全局目标是实现对所有经过传感器范围的车辆进行检测和跟踪。如果网络中的感知节点可以与其他感知节点合作，将使任务变得更为简单，传感器之间可以变换有关车辆通过的预测信息，例如，车辆何时会经过一个传感器到达另一个传感器的感知范围。Agent 技术在这一领域的应用取得了很好的结果，为多 Agent 系统开发提供了验证的基础。

2）人机界面 Agent

人机界面 Agent 是一个直接和人交流和沟通的系统，它与目前采用直接操作的交互风格、只能执行命令它去做的动作的计算机用户界面是不同的。它以人和人之间协同工作时需要进行大量的双向交互为原理，实现了主动地为人服务，实现需求的功能，而不是等待用户清楚地表明应该做什么，这样可以使计算机程序和用户合作共同完成任务，而不是被动地作为用户的“仆人”。

3）社会仿真系统

多 Agent 系统可以作为社会学中的实验工具，用 Agent 来模拟人类社会行为。简单地说，单个 Agent 可以代表单个人，也可以代表组织或类似的实体。多 Agent 社会仿真可以解决用对策论或经济理论这样技术难以求解的问题，可模拟或理解个体对整体发展的影响方式。多 Agent 系统社会仿真的另一个应用领域是政策的模拟和研究，对政府机构和部门提出的政策能否产生某种预期效果进行仿真模拟实验。这方面的例子有根据温室气体排放引起环境变化而提出限制温室气体排放政策的多 Agent 系统社会仿真系统，以确定有关政策能否真正起到改善环境的目的。

4）信息检索和管理

互联网上存在着大量半结构化的、分布式的信息源，这些信息源虽然便于查询，但是由于信息超载和信息爆炸的存在，对信息搜索引擎的性能也提出了更高的要求。在用户或其他信息 Agent 发出查询请求时，信息 Agent 可以同时访问多个信息源，并对得到的信息进行处理，用以回答用户或其他信息 Agent 的请求。信息源包含传统的数据库及其他信息 Agent 等多种类型，为了解答查询请求，Agent 要访问网上的信息源，这样，经过多个 web 站点的仔细搜索，返回一个结果，可以有效解决信息超载和信息爆炸的问题，因此，许多研究者提出用 Agent 技术解决这些问题。

10. 多 Agent 技术在供应链管理中的优势

目前，科学技术飞速发展、日新月异，致使企业所处的市场环境变化很快，企业无法预料的问题越来越多。这种复杂的市场环境导致供应链成员之间的关系时刻都在动态地发生着变化，不再像以往那样长期保持着稳定，企业与企业之间需要更多的协调与合作，以往的电子数据交换、E-mail 等技术由于比较简单、缺乏适当的柔性，很难应对这种复杂多变的外部环境。消费者对产品的要求越来越高，包括产品的性能、功能、价格等，所以企业要以更先进的技术不断改善企业内部的组织机构，提高供应链管理效率，使企业在行业中更具竞争力。

由于 Agent 有着智能性、自治性、合作性与社会性等诸多优点，它已经被应用到了许多相关领域。近几年，一些国内外的研究人员将多 Agent 技术也引入到了供应链管理当中，并且取得了很大的成功。多 Agent 技术的引入为供应链管理提供了一种更加先进的方法，其优势主要体现在以下几个方面。

（1）Agent 具有良好的合作性，能够进一步加强供应链成员之间的协调与合作，促进供应链向集成化方向发展，迅速提高供应链的运作效率。

（2）Agent 的智能性可以促进供应链成员之间的任意交互，使它们具有自主协商能力，从而很容易选择其合作伙伴组成联盟。

（3）多 Agent 系统有很强的灵活性，既可以随时改变自身的结构来应对外界环境的变化，又能够通过协调各子部分工作来整合自身能力，而且它还可以很容易地与其他优化算法相结合，从战略的角度上得到系统整体的最优解决方案。

（4）多 Agent 系统不但可以增强供应链成员间的相互交流能力，而且可以动态形成供应链与供应链间的协调，可以实现供应链的柔性管理，从企业长期战略的角度，不但可以增强企业快速响应市场的能力而且可以使供应链长期处于稳定状态，使企业长期稳定盈利。

2.3.2 贝叶斯网技术

随着数学理论和人工智能技术的发展，针对不确定问题的处理，研究者提出了证据理论、贝叶斯网、模糊集和粗糙集等多种处理方法。其中最具有代表性也最有效的就是贝叶斯网，它是以概率理论为数学基础的图模式，同时又解决了概率理论的局限性，能够很好地解决随机性决策问题。贝叶斯网自被提出以来，其在不确定问题的处理上一直是研究热点，并取得了大量研究成果，被成功地应用到了许多领域。

1. 不确定问题及处理方法

在客观世界中，不确定性才是其主要特征，只有在一定的前提和特定的边界条件下才会出现确定的、规则的现象，并且这种确定的、规则的现象只会在局部或者较短的时间内存在。或者说，不确定性是绝对的，确定性是相对的。现在，随着不确定研究的深入，学术界已经普遍认可了世界的不确定性[51]。

人类是解决不确定问题的专家，通常能够在条件不确定的情况下做出决策，但是当涉及的因素过多，要处理的信息量过大时，就需要使用计算机进行处理。计算机在出现的初期，只是用于科学计算，不具备处理不确定问题的能力。随着人工智能理论的提出和不断发展，如何使计算机具有智能，分析、处理不确定问题，在不确定条件下做出推理成为人们感兴趣的研究方向，因而出现了大量的理论成果和成功的实践。例如，1997 年，IBM 公司研制的超级计算机“深蓝”战胜了国际象棋特级大师加里·卡斯帕罗夫，标志着计算机的智能水平在某些方面能够达到或者超越人的水平。

不确定性有着很广泛的含义，随机性和模糊性只是其最基本的特征，此外，它还应该包括不完全性、不稳定性和不一致性等方面。

1）随机性问题

随机性是指事件发生的条件不充分，使条件与结果之间没有明确的因果关系，在事件的结果上表现出的不确定性质。例如，抛一枚硬币，落地后正面朝上还是反面朝上？问题的答案只有一个，非此即彼，不可能既正面向上又反面朝上，只不过我们在事先无法给出肯定的答案。

描述随机性的数学方法是概率理论，用 0～1 之间的数值刻画对事物发生与否的预期，必然事件的概率为 1，不可能事件的概率为 0。典型的例子有：“硬币落地后正面朝上的概率是 50%”“骰子掷出 5 的概率是 1/6”等。

在概率理论的基础上，人工智能的研究者又提出了贝叶斯网、证据理论和置信度方法等若干处理随机性问题的方法和工具。贝叶斯网以贝叶斯方法为理论基础，用节点表示变量，用有向边表示变量间的影响关系，用条件概率分布表达影响关系的强弱，是用来表示变量间连接概率的图形模式。变量具有先验的概率分布，并能根据证据进行推理，得到后验概率，并作为决策的参考条件。证据的效用是由后验概率与先验概率之间的差别来表明的，已知的证据越多，后验概率就越接近真实状况。贝叶斯网的理论研究自 20 世纪 80 年代以来得到了极大的发展，许多成功的应用不断涌现。可是它也有着一定的缺点，一个是建模过程较为复杂，还有就是其结果的正确性难以保证。

证据理论基于人们对客观世界的认识，引进信任函数的概念，对经典概率加以推广。利用信任函数，人们无须给出具体的概率值，只需要根据已掌握的知识就能够对不确定事件的概率分布加以约束。证据理论满足比概率理论更弱的公理系统，当概率值已知时，证据理论就变成了概率理论。当出现多个证据时，证据理论对证据合成给出了系统的合成公式，使多个证据合成后得到的基本可信数依然满足证据基本可信数的性质。证据理论的缺点是要求辨别框中的元素满足相互排斥的条件，这在实际系统中不易满足，同时基本概率分配函数要求赋的值太多，计算过程比较复杂。

2）模糊性问题

模糊性的出现是由于概念本身模糊，一个对象是否符合这个概念难以确定，在质上没有明确定义，在量上没有明确界限。这种性质不是由人的主观认识造成的，而是事物的一种客观属性，例如，形容某人身高很高，到底多高才算高？昼夜的交替是在哪一个时刻完成的？这些问题本身没有非常明确的答案，很多时候表现出既此又彼的性质。

在模糊集合的基础上发展起来的模糊逻辑能够使用自然语言中许多意义模糊的词进行推理，被用来处理客观世界的模糊性。在模糊集理论中，使用隶属函数描述模糊概念，一个对象可以部分地属于一个集合，用隶属度度量其属于这个集合的程度，从而将经典二值逻辑推广到多值逻辑。

2. 概率理论的局限性

概率方法是处理随机问题的传统方法，概率分布反映了对事件各种状态出现的预期程度。传统的概率理论认为概率是客观的，它反映了事物的统计特征，是一种频率的反映。例如，抛一枚硬币落地后正面向上的概率是 50%，这个结论的得出是基于大样本的实验，在大量的独立性实验中，硬币正面向上的频率接近 50%，根据大数定律，这个频率反映了其概率分布。传统的概率理论存在一些局限性，如：①概率获取困难，因为不可能对所有的问题都做出大量的实验，尤其是涉及多个变量的联合概率分布时，采用实验方法几乎不可能；②不能够预测未发生事件的概率，有的学者认为，频率都是对过去事件的反映，是等事件状态确定后进行统计的结果，不能用来预测未发生事件。以前的实验结果并不能用来预测未发生事件的概率值[51]。

概率论中的另一学派是贝叶斯学派。贝叶斯学派认为概率是主观的，是人们的主观思想对事件状态的一种置信度，这种置信度会随着外界条件的变化不断调整。例如，掷骰子游戏中，出现单数点或偶数点的概率一般都为 50%，但是如果前面几次连续出现单数，人们就会认为下一次出现偶数的概率非常大，远远高于 50%。贝叶斯学派的思想符合人类的思维模式，自提出后便引起了大量的关注，被广泛地用于决策中。按照这种理论，获取概率是人们的主观行为，并不需要大量的实验，解决了概率获取难的问题，同时这种主观置信度可以用来预测未来事件，弥补了上述传统概率方法的两个不足之处。然而，现实世界中的问题并不总是像掷骰子这样简单，很多复杂问题会涉及很多的变量，各种变量之间交叉影响，在进行概率推理时，如果都使用变量的联合概率分布，依然存在计算复杂度太高而难以实现的问题。

3. 贝叶斯网的结构及其特点

虽然概率方法是解决不确定问题的重要方法，但是其也存在着很明显的计算难度高的缺点。经过研究发现，如果既想要降低计算的复杂度，又想要保持概率的一致性，利用变量之间的条件独立性，使用条件概率分布代替联合概率分布是一种非常有效的策略。随着图论的发展，人们又在此基础上引入了图论的研究成果，试图用图形的方法表达变量之间的条件独立关系，并研究基于图形的概率推理方法。

一个图是由若干个节点组成的集合和若干个用来表示节点之间的相关关系的边的集合组成的，因此用图形表达概率模型会有如下的一些优点：①直观的问题描述能力；②简易地表达变量的联合概率分布；③高效的推理方法。典型的图形模式包括马尔可夫网模型，贝叶斯网模型和决策网模型等。

马尔可夫网是一种用来表示变量之间的条件独立关系，并提供了高效的推理方法的无向图，不过它也有着很明显的缺点，即不能表达诱导独立和非传递独立。当一个变量同时对另外两个变量有依赖关系时，即使另外两个变量相互独立，这两个变量之间也必须有一条边相连。

贝叶斯网的出现克服了这个缺点，贝叶斯网又称概率网或信度网等，是一种有向无环图，图中的节点表示随机变量，有向边表示变量之间的相关关系，并用条件概率分布表达相关的程度。贝叶斯网以贝叶斯方法为理论基础，既有数学上的严谨性，又有表达上的直观性。在 Pearl 的经典著作 *probabilistic reasoning in intelligence systems: networks of plausible inference* 中，详细阐述了贝叶斯网理论[52]。总的来说，贝叶斯网中的知识比较容易表示和解释，容易维持概率分布的完整性和一致性，简化了知识获取和领域建模过程，降低了推理过程的复杂性，提高了运算效率。

4. 贝叶斯网在决策及决策支持系统中的应用

从一个备选行动方案集中选择一个方案的过程称为决策。在现实生活中，无论是企业、政府或者个人，总会遇上各种各样需要决策的问题，这些问题中很多都是随机性决策问题。求解一个随机性决策问题通常包括以下四个步骤[53]。

第一步：针对决策问题和行动方案，建立贝叶斯网模型，设定目标（查询节点）和证据（已知条件）。

第二步：输入已知条件，进行概率推理，获得查询节点中各种状态的后验概率（后验概率代表了对当前形势的预测或诊断结果）。

第三步：确定不同备选方案的效用。

第四步：根据后验概率和各个备选方案的效用，从中选择最优方案。

从上面的步骤中可以看出，贝叶斯网能够清晰地展示决策中各种变量错综的相互关系，同时其成熟的推理技术能够简单化计算后果发生的概率，能够更好地为决策服务，较好地应用于供应链管理领域[54]。

供应链管理是一个具有复杂性、动态性、交叉性等特点的复杂的管理过程，涉及很多不确定性问题的范畴，如需求管理、库存管理、物流组织等多项环节。要解决这些问题，我们必须用科学的决策方法。针对供应链管理过程建立基于贝叶斯网的求解模型，是解决这些问题的一个新思路。供应链是一个网链结构，由围绕核心企业的供应商、供应商的供应商和用户、用户的用户组成。一个企业是链中的一个节点，企业和企业之间是一种需求与供应关系。随着社会分工的不断细化，供应链上的合作伙伴越来越相互依赖，因此供应链管理也越来越引起企业的重视。对我们国家来说，加入世界贸易组织以后，企业之间的竞争变得更加激烈，如何以有效的供应链管理提高企业竞争力是事关企业生死存亡的重大问题之一。

2.4 本章小结

本章旨在介绍决策支持系统研究的理论基础。主要介绍了决策支持系统的概念、类型、功能和特点，同时从数学建模和智能决策两个方面介绍了决策问题建模与求解方法，分别从多 Agent 技术和贝叶斯网技术两个方面详细介绍了决策问题的表达和分解技术，为后续章节奠定理论基础。

参考文献

[1] 徐山鹰，张效成. 高层管理决策支持系统[M]. 北京：科学出版社，2002.

[2] Carter H. Foundations of decision support systems[J]. Journal of the Operational Research Society，1982，33（6）：590-591.

[3] Hunt D L，Haynes R B，Hanna S E，et al. Effects of computer-based clinical decision support systems on physician performance and patient outcomes：a systematic review[J]. Jama，1998，

280（15）：1339-1346.
[4] 高洪深. 决策支持系统（DSS）：理论·方法·案例[M]. 3版. 北京：清华大学出版社，2005.
[5] 汪日康. 计算机决策支持系统[M]. 上海：上海科学普及出版社，1993.
[6] 胡东波，陈晓红，胡东滨. 模型驱动的决策支持系统开发组件研究[J].系统工程，2004，（4）：77-81.
[7] Bonczek R H，Holsapple C W，Whinston A B. Developments in decision support systems[J]. Advances in Computers，1984，23（91）：141-175.
[8] 史忠植. 知识工程[M]. 北京：清华大学出版社，1988.
[9] Stein R，Stein R. Intelligent Decision Support Methods：The Science of Knowledge Work[M]. Upper Saddle River：Prentice-Hall Inc.，1997.
[10] Chen W C，Hong T P，Rong J. A framework of decision support systems for use on the World Wide Web[M]. Pittsburgh：Academic Press Ltd，1999.
[11] 于永玲，史瑞芬. 数据仓库在决策支持系统中的应用[J]. 郑州航空工业管理学院学报（社会科学版），2001，20（3）：78-80.
[12] 汪永红，罗军宏，张有为. 决策支持系统的研究现状与发展[J]. 西安通信学院学报，2006，（2）：11-13（17）.
[13] 黄梯云. 智能决策支持系统[M]. 北京：电子工业出版社，2001.
[14] 陈氢. 几种新型决策支持系统的比较研究[J]. 情报科学，2005，23（1）：102-105，110.
[15] 王兆红，肖冬荣. 基于多 Agent 技术的 DDSS 研究[J]. 计算机应用研究，2002，19（8）：10-12.
[16] 杨士哲. 基于数据仓库的决策支持系统的研究与开发[D]. 浙江大学硕士学位论文，2002.
[17] 韩永祥. 基于粗糙集的决策支持系统模型研究[D]. 大连交通大学硕士学位论文，2010.
[18] 曹宇. 陕西省电力基础设施项目融资决策支持系统研究[D]. 西安建筑科技大学硕士学位论文，2003.
[19] 任明仑. 企业级智能决策支持系统体系结构研究[D]. 合肥工业大学博士学位论文，2003.
[20] 石浩. 基于案例推理的城市应急决策支持系统的研究[D]. 浙江工业大学硕士学位论文，2005.
[21] Conway D，White J. Machine Learning for Hackers[M]. Sebastopol：O'Reilly Media，2012.
[22] 任明仑，杨善林，朱卫东. 智能决策支持系统：研究现状与挑战[J]. 系统工程学报，2002，17（5）：430-440.
[23] Bagley J D. The Behavior of Adaptive Systems Which Employ Genetic and Correlation Algorithms[M]. Ann arbor：University of Michigan，1967.
[24] 冯天宇. 中厚板淬火水处理改造控制系统设计与节能优化研究[D]. 东北大学硕士学位论文，2012.
[25] 黄丽韶. 基于模拟退火算法的 TSP 研究[J]. 电脑与电信，2012，（4）：36-38，47.
[26] Inglis J. A Mathematical Theory of Evidence[J]. Technometrics，1978，20（1）：242.
[27] Dempster A P. Upper and lower probabilities induced by a multivalued mapping[J]. Annals of Mathematical Statistics，1967，38（2）：325-339.
[28] Dempster A P. A generalization of Bayesian Inference[J]. Journal of the Royal Statistical Society，

1968，30（2）：205-247.
[29] Dubois D，Prade H. Consonant approximations of belief functions[J]. International Journal of Approximate Reasoning，1990，4（5-6）：419-449.
[30] Smets P. The Combination of Evidence in the Transferable Belief Model[J]. IEEE Transactions on Pattern Analysis and Machine Intelligence，1990，12（5）：447-458.
[31] 吴英. 证据理论在飞机电气系统性能评审中的应用[J]. 科技创新导报，2013，(15)：82-83.
[32] 朱厚任，朱卫东，杨善林. 基于证据理论的证券组合优化分析[J]. 合肥工业大学学报（自然科学版），2005，28（10）：1296-1298.
[33] Dorigo M. New perspectives about default hierarchies formation in learning classifier systems[C]. Congress of the Italian Association for Artificial Intelligence on Trends in Artificial Intelligence，1991.
[34] 顾远亮. 集成电路测试生成的算法研究[D]. 江南大学硕士学位论文，2012.
[35] Conrad J. The Secret Agent[M]. New York：Bantam Books，1984.
[36] Wooldridge M，Müller J P，Tambe M. Agent theories，architectures，and languages：a bibliography[M]//The Workshop on Agent Theories. New York：Springer-Verlag，1995：1-39.
[37] 雷威，张玉继，李文博. 一种基于用户行为的多 Agent 信息推荐系统研究[J]. 软件导刊，2017，16（9）：167-169.
[38] 陈永，党建武，胡晓辉. 基于多智能体理论的列车追踪运行建模与仿真[J]. 计算机应用，2014，34（5）：1521-1525.
[39] Wooldridge M，Jennings N R，Kinny D. The Gaia methodology for agent-oriented analysis and design[J]. Autonomous Agents and Multi-Agent Systems，2000，3（3）：285-312.
[40] 胡小建. ABDIDSS 环境下多 Agent 之间协作与近似推理机制研究[D]. 合肥工业大学博士学位论文，2005.
[41] Cohen P R，Levesque H J. Intention is choice with commitment [J]. Artificial Intelligence，1990，42（2-3）：213-261.
[42] Bratman M. Intention，Plans，and Practical Reason[M]. Cambridge：Harvard University Press，1987.
[43] Rao A S，Georgeff M P. Asymmetry thesis and side-effect problems in linear-time and branching-time intention logics[C]. International Joint Conference on Artificial Intelligence，1996.
[44] 胡立山，石纯一. 给定界限要求的联盟结构生成[J]. 计算机学报，2001，24（11）：1185-1190.
[45] 常光辉. 供应链环境下基于蚁群算法的多 Agent 联盟研究[D]. 合肥工业大学硕士学位论文，2012.
[46] 杜曼玲，王耀球. 基于 MAS 供应链管理的研究[J]. 北京交通大学学报（社会科学版），2010，9（1）：36-40.
[47] Bundy A，Wallen L. Distributed Problem Solving[M]. Berlin：Springer，1984.
[48] Durfee E H，Lesser V R. Partial global planning：a coordination framework for distributed hypothesis formation[J]. IEEE Transactions on Systems Man & Cybernetics，21（5）：1167-1183.
[49] Decker K，Lesser V. Designing a family of coordination algorithms[R]. San Francisco：First International Conference on Multi-Agent Systems，1995.

[50] 焦文品，史忠植. 多主体间的协作过程研究[J]. 计算机研究与发展，2000，37（8）：904-911.
[51] 胡笑旋. 贝叶斯网建模技术及其在决策中的应用[D]. 合肥工业大学博士学位论文，2006.
[52] Pearl J. Probabilistic reasoning in intelligent systems：networks of plausible inference[M]. San Francisco：Morgan Kaufmann，1988.
[53] 岳超源. 决策理论与方法[M]. 北京：科学出版社，2003.
[54] Chen Y，Peng Y. An extended bayesian belief network model of multi-agent systems for supply chain managements[C]. International Workshop on Innovative Concepts for Agent-Based Systems，2002.

第3章　面向复杂决策问题的网格资源与服务模型

3.1　引　　言

复杂系统表现为开放性、不确定性与动态性等，复杂的决策问题更多存在于复杂的决策环境与决策系统中，决策环境与决策系统的复杂性决定着决策问题的建模与求解的不确定性、复杂性与动态性。作为继传统因特网、Web之后的第三个大浪潮，网格也被称为第三代因特网。传统因特网实现了计算机硬件的连通，Web实现了网页的连通，而网格试图将分散在网络上的各种共享资源，包括计算资源、存储资源、通信资源、软件资源、信息资源、知识资源等，通过虚拟化的方式组织起来，形成动态可扩展的虚拟有机整体，向用户提供强大的计算能力、存贮能力、设备使用能力及更有效的信息融合和共享能力，从而实现资源的全面共享和协同工作[1]。

在这种虚拟化的环境中，网格系统以其固有能力把异构分布的资源映射为虚拟组织中的逻辑资源，从而让应用开发者可以不必关心地域分布的异构资源的使用细节，而把注意力集中到应用逻辑本身，并通过对虚拟组织中逻辑资源的管理系统自动实现对物理资源的管理，因此，虚拟组织在网格系统中起着重要的作用。虚拟组织是一些独立的个体或机构为了实现资源共享或协同工作而构成的虚拟的逻辑组织，虚拟组织中的成员可以动态地加入或离开。由于不同的虚拟组织成员代表着不同的网格资源，虚拟组织成员的动态变化将会导致虚拟组织中资源的动态变化，同时，由于虚拟组织成员提供的资源是共享资源而不是网格专用资源，资源负载的动态变化也会导致资源性能的动态变化。网格资源这两方面的动态变化是网格的一个重要特征。在网格环境中，虚拟组织和资源的动态、异构、分布、演化特征及共享模式、协同方式的实时变化使动态性成为网格系统首要面对的问题，而这也是一项复杂的决策任务。

3.2　复杂决策问题的表达与分解方法

3.2.1　复杂决策问题的形式化分析

问题的形式化是指对问题特性的描述与表示，其目的是正确理解并准确描述所面临的决策问题，把一个非结构化问题转化为结构化问题，以便用于问题定量分析模型的构造，使复杂决策问题也能像结构化问题一样进行定量求解，实现对复杂问题决策的数字化。

对于复杂决策问题，必须从整个过程着手，采用定性与定量相结合的综合集成方法。一般来说，问题的形式化过程主要包括三个阶段：复杂问题的描述、复杂问题的结构化分解、问题结构的表示。形式化的最终结果主要是用于问题定量分析模型的构造。复杂决策问题形式化过程作为问题求解的初级阶段，是运用定性化方法分解问题的过程，是复杂决策问题求解的一个重要环节，同时也是决策过程数字化的基础。

具体地说，问题形式化是指确定个人、群体或组织问题域中所包含的变量及变量之间关系的过程。问题形式化的目的是最大限度地使用已有的结构化方法对复杂问题进行准确、规范的描述，从而对所面临的决策问题能够正确而充分地理解，这样有利于计算机对决策问题进行自动化求解。要实现复杂决策问题形式化，必须解决以下几个关键问题。

（1）复杂决策问题表达与分解是问题形式化的基础。如何有效地分解与表示复杂决策问题，既能使用户也能使机器易于理解和接受，是一项值得研究的课题。本书在复杂决策问题形式化概念的基础上，借助人工智能中知识表示法的问题归约理论，将复杂决策问题归约为子问题的集合，通过对各子问题的理解和表示，获得解集，最终得到原始复杂决策问题的解。

（2）问题领域知识的组织。问题领域知识的表示、组织与推理策略，是复杂决策问题形式化的关键。一方面，这是因为明确问题目标与识别问题所处的状态空间，需要进行大量的人机交互，这一过程要求计算机具有丰富的问题领域知识；另一方面，在问题结构的细化过程中，需要明确问题的组成及其之间的相互关系，这就要求问题领域知识的组织具有良好的结构，并采取更为有利的推理策略。采用贝叶斯网分解，使问题领域知识网络层次性、结构性更强。

（3）构造定量分析模型综合框架是复杂决策问题形式化的结果，主要用于问题定量分析模型的构造。在构造模型过程中，既需要理论方法又需要经验知识，还需要真实的统计数据和有关信息资料。对结构化强的问题，有各种定量规律，建模较为容易处理。但对非结构化的复杂问题，并没有定量规律可循，只能从对问题的真实理解甚至经验知识出发，借助于问题的形式化结果，以及人机对话过程中获得的信息，再通过大量的实际统计数据，去提炼出问题的某些内在定量联系，然后借助数学或计算机手段，将问题描述出来。

3.2.2 复杂决策问题的表达与分解

复杂的决策任务是由一系列的与之相关的属性集组成，这样决策任务可以转变为一个用决策表描述的决策系统。决策表由论域和属性集组成，属性集包括条件属性与决策属性[1]。多 Agent 系统可抽象为由 Agent 标识的节点和 Agent 任务规范所组成的树状物理结构，根节点标识为根 Agent，叶标识为叶 Agent，非根、非叶标识为客 Agent。因而，对于决策任务而言，把描述决策表的 Agent 又称为决策 Agent，把用决策表描述的决策任务称为决策 Agent 任务规范。

分布式系统[2]可由不同网络节点的 Agent 组成，因而是一个多 Agent 系统，分布式环境下复杂的决策问题是一个多属性系统，隐含着不同类型的属性集及其之间的关系。任务规范分解的目的是对多属性集所对应的根 Agent 进行任务规范分解，找到相应的叶 Agent 及其任务规范，并将其作为知识单元存储而用于局部推理。因而，分布式环境下对任务规范的决策表现为根 Agent 将其任务规范分解成一系列的子任务规范，把得到的子任务规范分配给对应的叶 Agent，叶 Agent 对子任务进行决策，并且把决策结果提交给根 Agent，由根 Agent 对子任务的决策结果进行集结。关键问题是任务规范的分解，其分解方法可以采用基于扩展决策函数和贝叶斯网的任务规范分解方法[3]。

扩展决策函数[4]能对多属性、多论域的决策表进行分解，生成不同的子系统，并且在分解过程中不致产生全局信息丢失。利用扩展决策函数得到的分解模型等价于概率论中条件独立规则，因而多属性决策表分解成子系统的过程等价于寻找贝叶斯网的分解过程。

对于一个由多 Agent 组成的决策表，可用一个大的变量集描述，每个 Agent 具有一个变量子集对应的知识。对于单个 Agent 的情况下，可用贝叶斯网表示领域知识，并且在给定的观察情况下进行推理。当决策表很大（变量多）时需对系统进行分解，利用多 Agent 协同解决问题。关键问题是如何把一个大的决策表在多 Agent 之间进行分解及每个 Agent 如何表达自己的子问题。

多模块贝叶斯网为大决策表对应的决策 Agent 任务规范分解提供了一个有效

方法[5]，它是由一组相关的贝叶斯子网组成，贝叶斯子网表示一个 Agent 子系统所对应的知识。多 Agent 之间组成一个超树结构，这样 Agent 之间的推理能以分布式进行，因而决策 Agent 的任务分解问题可归结为建立一个与决策 Agent 任务规范相对应的多模块贝叶斯网及求解对应的贝叶斯子网问题。

3.3　网格资源与网格服务

3.3.1　网格资源

网格资源是指网络上能够被共享和利用的任何能力，包括传统意义上的物理资源，如计算资源、带宽资源、存储资源、传感器、特殊仪器等，也包括虚拟的服务，如数据库、数据传输、仿真等软件应用。

1. 网格资源的定义

与一般的计算机系统中的资源相比，网格资源的含义要广泛得多。本书将网格资源的定义表述为网格资源是网格中所有可以向用户提供服务的实体的总称。从用户的角度看，网格中的一切都是资源，服务是资源的另一种表现方式，网格就是资源的集合。从物理上看，网格资源包括计算机、集群、并行分布式系统、存储设施、大型数据库、高速互联网、仪器、设备、传感器、数据、软件和人员等实体。从逻辑上看，网格资源的类型包括计算资源、存储资源、网络资源、仪器设备资源、数据软件资源、信息资源和人力资源，其中，人力资源是网格中具有能动性和主动性的特殊资源。

对于种类繁多、形态各异的网格资源，我们可以从不同的角度来进行划分。根据资源的可移动性可以分为可移动资源和不可移动资源，前者如数据、程序代码等，后者包括计算机硬件、仪器设备等。根据资源的可重用性可以分为可重复使用资源和不可重复使用资源，前者如 CPU、存储器等，后者包括计算周期、通信带宽等。根据资源的可复制性可以分为可复制资源和不可复制资源，前者如数据、信息服务等，后者如硬件设备等。

2. 网格资源的特点

和以往计算机系统中的资源相比，网格环境下的资源具有如下特点。

（1）异构性。网格上的资源有着不同的种类，从 CPU 到存储器，从通信网络到仪器设备，从数据库到程序代码，从信息服务到人类资源，表现出显著的差异。即便是同一类资源，也可能在体系架构、运行方式和接口标准上各不相同。

（2）自治性。网格上的资源首先是属于某一本地的个人或者组织，网格资源的拥有者对资源具有最高级别的管理权限，网格管理系统应该遵从本地管理策略，不能把网格的策略强加在网格资源上，更不能替换本地管理系统，网格只能根据资源加入网格时约定的协议或规范来合法地使用网格资源。

（3）动态性。网格中的资源可以自由地随时加入或离开网格系统，网格资源的可获得性、贡献给网格用户使用的能力及它的负载都是随时间而动态变化的。这种动态性给网格资源管理带来了很大的困难。

（4）二分性。网格资源最终都是由具体的资源拥有者提供的，除了一部分专用的网格资源是专门提供给网格用户使用的之外，大部分的资源都同时作为网格用户可以使用的网格资源和资源拥有者自己使用的本地资源。网格用户远程使用资源不能损害资源拥有者和本地用户的利益，一般地，本地作业相对于网格作业而言具有较高的优先级。

3. 网格资源描述方式

资源描述是资源发现、任务调度和资源共享的前提，是联系资源提供者和资源用户之间的纽带。网格资源描述可以分为三类：资源描述、请求描述、响应回答描述。资源描述由登记在网格资源注册服务器中的所有资源属性组成，请求描述用于描述用户的资源服务需求，响应回答描述由资源请求描述和资源描述的并集组成，它是资源请求的最终结果。人们在资源描述方面已经做了大量的工作，但是目前还没有一种通用的描述方法得到广泛的使用。下面介绍一些较有影响力的资源描述方法和资源描述语言。

1）接口定义语言

接口定义语言，由对象管理组织于 1991 年提出，广泛地应用于分布式编程技术。它独立于编程语言、下层网络和具体实现，各厂家的产品之间只要遵从相同的接口，无论它们用何种语言实现、运行在何种操作系统之上，都可实现互联互通。它借鉴了 C++语言的语法，去掉了其中涉及实现语义的内容，同时添加了若干应用于分布式系统的特征。通过语言的描述，特定对象能够告诉它潜在的客户什么是有效的操作及如何调用这些操作等信息。

2）资源描述框架

资源描述框架（resource description framework，RDF）是一个用来处理元数据的语言，它基于可扩展标记语言（extensible markup language，XML）技术。一个资源描述框架文件包含多个资源描述，而一个资源描述是由多个语句构成，每个语句又是由资源、属性类型、陈述构成的三元体。资源描述框架具有以下几个方面的特点：①通用性，即它对资源的描述是与领域和应用相关的，对于不同资源的描述需要采取不同的词汇表，通过资源描述框架，人们可以使用自己的词汇表描述任何资源；②智能和准确性，由于使用的是结构化的可扩展标记语言数据，资源搜索可以理解元数据的精确含义，使搜索变得更为智能和准确；③独立性，即资源描述框架把数据存储模型问题与数据存储和恢复问题分离开来，有助于模型在不同技术基础上的实现。

3）资源规范描述语言

资源规范描述语言是Globus工具包中用到的规范语言，用于描述任务配置和服务需求，为不同平台的资源描述提供一种公共的描述交换语言。资源规范描述语言提供用于组合复杂资源的语法，它的基本语法是关系，通过关系把属性和值联系起来。Globus资源管理框架中的不同组件之间通过描述完成管理功能，并与系统中的其他组件协调地工作。

4）Web服务描述语言

Web服务描述语言是用于描述Web服务的一种可扩展标记语言。Web服务描述语言将Web服务描述定义为一组服务访问点，客户端可以通过这些服务访问点对面向文档信息或面向过程调用的服务进行访问。一个Web服务描述包含对一组操作和消息的一个抽象定义、绑定到这些操作和消息的一个具体协议及这个绑定的一个网络端点规范。开放网格服务体系结构对Web服务描述语言进行了一些扩展，增加了对特殊类型端口集合的描述，并且增加对服务实例的描述机制。

4. 网格资源发现机制

资源发现是把资源和资源请求者之间联系起来的重要环节，是网格计算的一个基本服务，为网格计算环境下的其他服务中间件的正常运作奠定了基础，如资源监控、资源匹配、资源调度等。但由于网格环境下存在着大量资源和用户，再加上资源在地理位置的广域分布性及资源类型和用户请求的异构性，网格资源发现与其他系统环境下的资源发现有着明显的区别，最大的问题是网格资源状态的动态变化很难预测，增加了资源发现的难度和复杂性。目前，关于资源发现算法的研究主要有以下几种。

1）基于图论的资源查找算法

该类方法包括洪水算法、沼泽化算法、随机指针跳算法、名字滴管算法、吸收算法等，把网络看作有向图，网络中的资源看作图中的节点，资源之间的联系看作边。这样资源信息分发的过程就可以模型化为由网络初始拓扑图演化成完全图的过程。

2）基于智能体的资源查找算法

典型的例子是分布式感知算法，该算法中各个资源节点中都包含了一个自主智能体，且通过该智能体进行相互之间的信息交换和信息更新[6]。

3）基于参数的资源查找算法

在特殊感知算法中用到了网格潜力参数，它用于描述资源节点的计算能力、存储能力等属性。资源节点的网格潜力的大小决定了该节点信息传播的距离。同样，资源节点也依据“网格潜力”来筛选接收到的其他资源节点信息。该算法与通用感知算法、邻居感知算法相比，大大降低了通信复杂度，提高了信息分发效率。

4）基于路由转发机制的资源查找算法

在该算法中，每个资源节点均存储着资源信息和资源位置信息。各资源节点定期地将它所知道的资源路由信息发送给其相邻的资源节点，在资源查找时，首先进行资源匹配，找出满足要求的资源，其次按照资源的路由信息访问该资源。资源查找过程就是从起点到资源所在节点的路径，因此时间耗费比穷举查找算法与集中查找算法都要低。

5）请求推进方法

当前有四种请求推进方式：随机推进方式，也就是根据请求随机地选择节点；基于学习的方式，一个请求被首先推进到以前回答过类似问题的节点；如果没有这类节点，就随机选择最佳邻接方式，请求被发送到回答请求最多的节点；基于学习的最佳邻接方式，将基于学习的方式与最佳邻接方式结合起来。

3.3.2 网格服务

开放网格服务结构是继五层沙漏结构之后最重要、目前最新的一种网格体系结构。它考虑到了 Web 技术的发展与影响，被称为是下一代的网格结构。五层沙漏结构是以协议为中心的“协议结构”，而开放网格服务结构是以服务为中心的“服务结构”，这里的服务是指具有特定功能的网络化实体[7]。五层沙漏结构强调的是被共享的物理资源（或者是这些资源所支持的服务）。在开放网格服务结构中，服务所指的概念更广，包括各种计算资源、存储资源、网络、程序、数据库等。五层沙漏结构模型试图实现的是对资源的共享，而在开放网格服务结构中，实现的将是对服务的共享。从资源到服务，这种抽象将资源、信息、数据等统一起来，十分有利于灵活、一致、动态的共享机制的实现，这使分布式系统管理有了标准的接口和行为。网格服务可以以不同的方式聚集起来满足虚拟组织的需要，虚拟组织自身也可以部分地根据它们操作和共享的服务来定义。

然而，在面向服务的网格环境下，由于资源的动态变化和虚拟化技术的使用，网格有着不同于多媒体信息网络的服务质量特征[8]。

1. 资源虚拟化

分散在网络中的共享资源是异构多样的，为达到充分的资源共享和协作使用的目的，在面向服务的网格环境中采用了虚拟化技术将不同的资源封装成一个通用的服务接口并规范了统一的服务语义。服务质量最终是以用户可理解的语言表述为一组参数，因此不同种类的资源服务应该有与应用相关的不同的服务质量参数列表，例如，对计算资源而言，用户更关心资源的运算速度、可负载能力等计算能力方面的服务质量参数，对存储资源而言，用户更关心资源的存储容量、存储速度等存储性能方面的服务质量参数。在网格环境下，资源虚拟化技术使所有的资源都统一虚拟抽象成服务，因此，如何合理的对网格中的异构资源进行分类，并针对不同种类的资源制定一个较通用的服务质量参数列表是网格服务质量领域一个重要而迫切的工作。只有在资源种类划分和相关种类资源的服务质量参数集上形成一个相对统一的标准之后，才可能在这些核心接口的定义上支持网格服务质量方面的需求。

2. 动态的逻辑资源

网格中物理资源相对用户而言是透明的，因此网格用户只关心虚拟组织中逻辑资源的服务质量。但逻辑资源服务质量又不完全决定于物理资源的服务质量。例如，资源共享有时分共享（time-shared）和空分共享（space-shared）两种类型，不同的共享类型对应不同的资源使用方式。另外，网格环境中的资源不仅要响应网格任务的资源请求，还要响应本地任务的资源请求，这可能会导致资源对网格任务服务性能的下降甚至网格任务的中断。因此，物理资源的服务质量特性并不能直接代表虚拟组织中逻辑资源的服务质量特性，本地任务的负载情况、资源共享策略等都直接影响着逻辑资源的服务性能。

3. 网格服务的访问控制

为保证网格服务的安全性，网格服务提供者需要确定网格服务的访问控制策略。简单的全有或全无（all-or-nothing）的访问控制策略显然不能很好地满足网格应用的需要，理想情况应该是网格服务能够针对不同类型的网格用户提供不同安全级别的服务，即可采用基于角色的授权控制策略。在网格环境下，不同的虚拟组织可制定不同的安全控制策略，因此相同的角色在不同的虚拟组织中可能会得到不同安全级别的授权。因此，安全性参数作为网格服务质量的高级特性是必不可少的。

4. 网格服务的跨层抽象

在服务网格中，服务开发者可利用已有服务很方便地构造出所需的服务，并且新构造的服务又可被抽象成具有层次结构的级别更高的服务。但在跨层抽象的过程中，底层的子服务可能来自不同的虚拟组织，而不同的虚拟组织在安全控制策略、用户优先级的定义及服务满意度的参数值索引等方面都可能不同。因此，对于服务的跨层抽象，需要在高层服务与低层服务之间建立起基于语义的映射转换关系，以使低层服务之间能够很好地协同工作，从而保证高层服务能够准确地表达和获得相应的服务质量。

由此，我们可以看到网格服务质量需求已逐渐成为面向服务的网格环境下一个关键性的因素，虚拟化技术的使用使网格有着不同于多媒体信息网络的服务质量特征。

开放网格服务体系结构的基本组件是开放网格服务基础结构。这是一项基于新兴的 Web 服务标准的网格软件基础结构的标准化工作，用于为开放网格服务体系软件组件提供最大的互操作性。开放网格服务基础设施创建了一个新的服务描述语言扩展模型，名为网格服务描述语言。描述基于开放网格服务基础设施的 Web 服务有两项核心需求：一是描述接口继承的能力，这是大多数分布式对象系统的核心概念；二是利用接口定义描述其他信息元素的能力。

跟大多数 Web 服务一样，开放网格服务基础设施服务使用 Web 服务描述语言作为服务描述机制，但是当前的 Web 服务描述语言规范在其定义中不能满足上述两项核心需求。所以，开放网格服务基础设施在新的名称空间定义下开发了新的用于 protoType 定义的模式——网格服务描述语言。

开放网格服务基础设施的另一个重要方面是为 protoType 操作采用的命名约定，但缺乏对运算符重载的支持。在这些情形中，开放网格服务基础设施遵从的约定与建议的 Web 服务描述语言规范中描述的约定相同。

使用开放网格服务基础设施规范实现的所有网格服务都包含下列内容。

（1）一个或多个网格服务实例句柄。一个网格服务实例由一个句柄或多个句柄表示，这些句柄在该网格服务的整个生命周期内都是有效的。但是句柄所携带的信息不足以使客户机与服务实例直接通信。

（2）客户机通过使用由服务提供程序提供的机制或者通过委派给第三方解析器将网格服务实例句柄信息解析成特定的网格服务引用。

（3）客户机可以通过使用网格服务引用访问网格服务，网格服务引用可被当成是指向特定网格服务实例的指针，其格式由客户机与服务通信的绑定机制决定。

（4）网格服务实例可能拥有一个或多个可用的网格服务引用，这些网格服务引用与网格服务实例的生命周期相关联。当网格服务引用不再有效时，客户机应当使用可用的句柄获取到服务的引用。开放网格服务基础设施规范推荐服务使用网格服务引用的 Web 服务描述语言编码。该引用把 Web 服务描述语言定义元素（带有一个服务）作为子元素。

3.3.3　网格资源的网格服务化

网格资源的网格服务化以资源为对象。将资源转化为网格服务的转换过程涉及五个主要内容：①物理资源的抽象化，实现对物理资源的逻辑抽象，包含资源及资源属性的描述，对外以资源属性文档的形式提供；②逻辑资源的共享接口，实现逻辑资源对外部访问所提供的接口，如获取资源属性、资源属性的更新、资源状态通知等；③服务与逻辑资源的绑定，实现服务与逻辑资源的关联，具有一对一、一对多、多对一和多对多四种形式，对同一服务具有不同实现；④逻辑资源与物理资源的映射，当外部访问时，可以实现一个由服务提供的逻辑资源的实例与物理资源之间的映射，完成外部提交的任务；⑤服务组合，实现多种服务的组合。

网格资源的网格服务化过程通过以下三个步骤实现。

（1）资源功能的开发。网格是以实现具体功能为主要任务的，依赖于资源的功能，因此需要进行资源功能的开发。资源功能的开发一方面可以对现有资源的功能进行改进；另一方面，也可以进行新型资源的开发与设计。

（2）资源的描述。为了进行本地资源的共享，必然要对外提供本地资源的描述（资源描述的模型及方法见下节），包括属性、能力等，通过资源的描述，形成资源描述文档。

（3）资源的服务封装。资源描述文档为资源的访问提供了资源及资源属性的描述，在资源描述文档的基础上，进行资源的服务封装。通过 Web 服务描述语言来完成服务与资源的绑定，一个服务可以有一个或多个端口，一个端口对应一个逻辑资源，同时对应一个绑定，可以通过端口进行资源的访问，获得资源的属性、状态及实现对资源的控制；绑定服务与端口操作，包括应用的协议、传输协议、消息格式等。

在完成网格资源的网格服务化过程后，共享资源成为网格上的一个节点，这样资源可以在网格平台上被发现，从而成为一个服务提供者，当资源服务被发现进而建立服务请求时，服务需求者需要对服务提供者进行访问，服务需求者通过简单对象访问协议向网格服务发送资源访问请求，网格服务通过工厂模式，建立被访问资源的一个实例，向服务需求者返回逻辑资源的标识号，服务需求者通过服务标识号与被访问资源建立逻辑连接，利用网格服务提供的接口，对资源进行访问与操作。

3.4 基于本体的网格资源与网格服务模型

3.4.1 本体描述方法

本体是用于描述或表达某一领域知识的一组概念或术语，它可以用来组织知识库较高层次的知识抽象，也可以用来描述特定领域的知识。近年来，本体逐渐成为计算机领域研究的一个热门问题，尤其是随着语义网的提出，本体作为 Web 信息在语义层次上共享和交换的基础，更是显示出其不可忽视的重要作用。目前，本体已经广泛应用于软件工程、自然语言理解、多问题求解、多 Agent 系统等领域，它已经成为知识表示、知识管理、知识共享、知识复用的主流技术之一，正成为自然语言处理、Web 信息检索、数据库和知识库的管理、异构数据集成、数字图书馆、地理信息系统、多 Agent 系统、语义网等研究领域共同关心的一个核心。

在本体开发过程中，非常关键的一步是本体语言的选择。过去多年中，产生了许多用于本体开发的语言，如 Ontolingua、Loom、OCML①、Flogic 等，Ontolingua 是这些语言中最具代表性的一个。近些年产生了一些应用于万维网的新的语言——XML、RDF、RDF Schema，同时还出现了另外一些新的本体表示语言——SHOE、XOL、OIL、DAML+OIL、OWL②，它们都是基于前面各种本体表示语言的。

1. 传统本体表示语言

Ontolingua 是一种基于知识交换格式和框架本体的语言，斯坦福大学人工智能实验室的 Ontolingua 服务器就是采用 Ontolingua 作为其本体表示语言。

基于知识交换格式语言是由斯坦福大学人工智能实验室专家在研究本体时提出的一种基于谓词演算的形式化语言，主要功能包括解决知识表示语言的异质性，定义对象、函数和关系，另外，它还可以表示元知识和非单调推理规则，具有描述性语义，成为采用不同知识表示的程序之间通信的桥梁。

一般来说，Ontolingua 可以用以下三种方式建立本体：①仅使用框架本体语

---

① OCML（operational conceptual modelling language，可操作概念建模语言）。

② SHOE（simple html ontology extensions，简单 HTML 的本体扩展）；OIL（ontology interchange language，本体交互语言）；DAML 是由美国国防高级研究计划局资助，美国多个研究机构和工业组织参与研究建立的一种描述语言；OWL（web ontology language，网络本体语言）。

言词汇(不能表示公理);②使用知识交换格式表达式;③同时使用上述两种方式。无论采用哪种表示方法，Ontolingua 都包括三个组成部分：定义头部分、用自然语言描述的非形式化定义部分、用知识交换格式或者框架本体语言定义的转换器。这些 Ontolingua 转换器可将由 Ontolingua 表示的本体转换为 LOOM 等语言。

目前，Ontolingua 已经开发出一个推理引擎。如果用户想要开发一个专用的推理引擎，就必须使用开放知识库链接应用程序接口。开放知识库链接协议曾经被称为通用框架协议，它具体描述了一个协议而非一种语言。这个协议对其底层的知识表示系统作了假定，对于支持知识共享的语言是一个有力的补充。

最大不动点语义知识模型是位于开放知识库链接底层的隐式表示方式，它能够用以对象为中心的方法来表示知识，还提供了一组具有代表性的构件，包括常量、框架、槽、面、类、个体和知识库，这些构件都常常出现在框架表示系统中。同时它还提供了一个问答界面，以便用开放知识库链接协议访问知识库，另外，还定义了一些用类 Lisp 语言编写的函数，这些函数可以描述在知识库内部所进行的一些复杂的操作。

目前，已开发出完全符合开放知识库链接协议的本体，并已应用到 Ontolingua 中。操作概念建模语言是一种基于框架的语言，能够表示诸如关系、函数、规则、类和实例等项。为了使这种语言更为有效地执行，它还另外增加了一些逻辑机制以增强推理的有效性。它还提供了一个问答界面，而且可以将它作为阐明事实、检验操作概念模型内容的一种机制。

Flogic 综合了基于框架的语言和一阶谓词演算，它能够清楚明白地说明面向对象和基于框架语言的大多数结构方面，如对象属性、合成对象、继承、多态、查询方法、封装等[9, 10]。在推理演绎方面，Flogic 有一个理论模型和一个完整有效的基于决策的证明机制。Flogic 的应用领域很广，从面向对象、推演数据库一直到本体。如果将它与其他一些专门的逻辑（如事务逻辑）结合起来，还可以利用本体中的信息改进推理机制。

2. Web 标准和万维网联盟推荐本体语言

XML 是从标准通用标记语言发展而来，由万维网联盟的 XML 工作小组开发，现在几乎已成为了一种标准。

XML 作为本体表示语言的基础，其主要的优点在于以下五个方面：①用文档类型定义通用句法规范；②用户能够理解包含在 XML 内的信息；③XML 可以嵌入网页中，因此它可以表示包含在多个页面中的分布式信息；④允许缺省 XML。标记符之间的信息结构，这样要在文档内部发现本体成分就很困难；⑤有许多现成的分析和处理 XML 文件的标准工具，但没有推理工具。为了用基于 XML 的语言进行推理，必须开发出新的工具。

XML 本身对于本体的规范并没有什么专门的特性，它只是提供了一个简单而有效的方式来详细指明本体表示语言的语法。

RDF 是一种基于 XML 的语言，万维网联盟为了创建描述网络资源的元数据而开发出这种语言。RDF 与 XML 之间的关系非常紧密，事实上，它们是互为补充的，RDF 的一个目的就是以一种标准的、可共用的方式来描述基于 XML 数据的语义。

RDF 数据模型（基于语义网络）包含三种类型：资源（主语）——由 WWW 地址表示的实体；属性（谓语）——定义了用来描述资源的具体特征、属性和关系；声明（宾语）——为某个资源的一个属性赋值。

3. 基于 Web 的本体表示语言

基于 XML 的本体交换语言是由斯坦福大学人工智能实验室开发的本体交换语言，为交换本体定义提供了一种格式，因此，它并不能用来开发本体，但却可以作为在不同数据库系统、本体开发工具和应用程序之间转换本体的中间语言。

基于 XML 的本体交换语言用 XML 语法定义了一个子集，称为开放知识库链接子集。相比而言，开放知识库链接为访问基于框架的系统定义了协议，而基于 XML 的本体交换语言更适合通过万维网交换不同系统之间的信息。不过，基于 XML 的本体交换语言有一个主要的障碍——只能定义类、槽、方面，而不能定义框架。

目前，已经有许多 XML 编辑工具可以生成基于 XML 的本体交换语言文件。

简单 HTML 本体扩展最初只是 HTML 的一个扩充，其目的是在 HTML 或其他 WWW 文件中加入机器可理解的语义，以使 Agent 能从网页和文件中收集有用的信息，以改善搜索机制和信息收集。要达到这个目标需要经历两个阶段：①定义一个本体来描述正确的对象类别及对象之间的关系；②给 HTML 子页面加上描述其本身及其他网页的注释。在简单 HTML 本体扩展中，本体是一个指令集体系结构的层次关系，包括类、类之间的关系、推理规则。除此之外，简单 HTML 本体扩展的另一个重要特征是它可以声明信息。

Web 本体语言是专门为语义网而开发的一种本体语言，由万维网联盟发起，它的第一个官方版本出现于 2003 年。

Web 本体语言有三个层次的语言：OWL Lite，OWL DL，OWL Full。这三种语言的表达性依次增强，较高的层次包含了较低的层次。

（1）OWL Lite 可以定义类、属性及类的实例，它是一种比较简单的语言，适用于只需要分类层次和简单的限制条件的用户。例如，当它限制集合时，只能给集合赋值为 0 或 1。

（2）OWL DL 是 OWL Lite 的扩充，适用于那些希望在保持计算完整性和可判定性的情况下获得最强的表达性的用户。OWL DL 包含了 Web 本体语言的所有构件，但它只能在某种条件下使用，只能定义一个集合的属性而不是一个个体的属性。

（3）OWL Full 又比 OWL DL 更高一级，它不仅可以定义一个集合的属性，也可以定义某个个体的属性，它适用于那些只需要最大的表达性和 RDF 语法自由度而不需要任何计算保障的用户。

3.4.2　基于本体的网格资源描述

网格的资源描述是资源共享、资源发现等关键环节的重要信息源，合理、有效地描述资源是资源管理的前提，也是网格运行的基础。网格的资源描述是以网格的资源模型为基础，利用统一的描述语言，进行资源、资源属性、资源能力的描述。通过添加基于本体的资源描述，可以使用户和应用程序之间直接通过基于本体的服务交互，从而增强资源和服务的访问透明性。实现这一过程需要三方面的工作：首先，需要在科学数据网格的体系结构中增加本体层；其次，实现资源的本体描述，提供更加精确的网格资源信息；最后，利用该本体提供一个网格服务。

1. 构建含有本体层的网格体系结构

基于本体的网格体系结构如图 3.1 所示，分为资源层、数据层和本体层。用户的请求通过本体层向数据层发出，数据层与资源层的交互对用户透明。用户的查询到达模型的本体层，本体层利用元数据和语义视图来获得与资源有关的信息。由于本体层的加入，用户可以更透明或更友好地进行资源的访问。

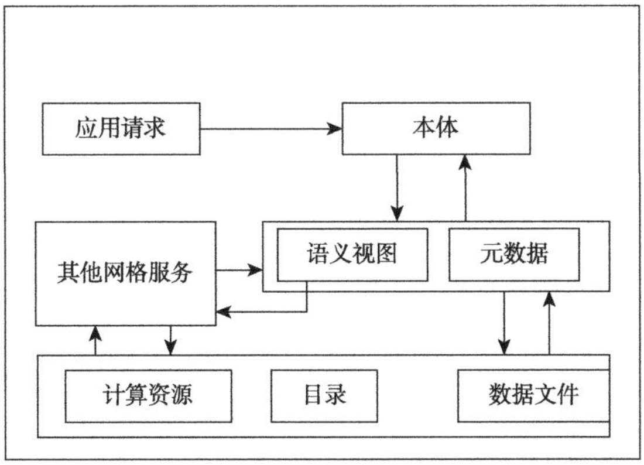

图 3.1　基于本体的网格体系结构

本体层直接工作在网格配置的目录中，有关资源的查询被应用在本体定义的词汇上，可以排除在搜索和阅读环境信息时产生冗余信息的可能。应用软件（如消费者和生产者）用到的所有概念、陈述的参考及信息的搜索都只有唯一的含义。

数据层包括两个组件：元数据和语义视图。元数据是表示数据属性的信息。以物流科学数据网格为例，元数据存储物流网格有关资源的信息，如运输车辆资源信息，包括车辆型号、车载量、车辆使用时间、车辆司机、司机工作年限、信息化程度等。语义视图存储目前资源的状态信息，当请求到来后，它就返回那一刻的资源状态，即资源是否可用、是否工作中或者其他状态。元数据是通过基于本体的资源概念来定义的（如类、属性和实例），而语义视图不断地在系统上产生。它们作为本体的附加参考，帮助本体描述资源。这两个组件动态地描述了资源信息。因而，当新的资源加入或者退出网格时，这个资源的元数据会被更新，从而反映网格资源真实情况。

2. 实现网格资源的本体描述

复杂系统网格中基于本体的资源描述步骤包括以下几点：搜集复杂系统网格中的信息资源，形成并建立本体所需的文档；然后使用 Protégé 2000 编辑器，以 Web 本体语言复制（再现）这个文档；使用语法产生公理，让使用者可以查询所需的资源内容；用 Protégé 2000 和 Web 本体语言产生元数据。其中，建立本体所需的文档有以下内容组成。

1）数据字典

数据字典收集本体中所有的类和实例，以及它们的含义。其中计算资源是该本体的主类，其他类均是它的子类。在复杂系统网格中，主类为科学数据网格资源，包括计算资源、数据资源、软件工具、任务等。

2）概念分类树

概念分类树以树的形式描述所有类和子类之间的关系，概念分类树的建立如图 3.2 所示。

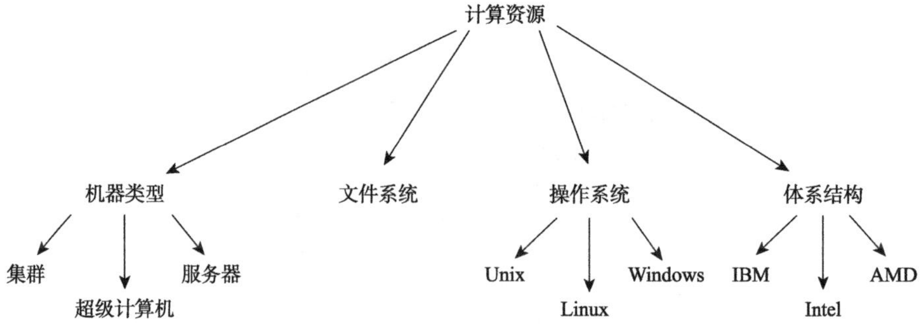

图 3.2 概念分类树

3）类和实例的属性表

类和实例的属性表描述了每一个类和实例的所有属性，包括：关系逻辑、最小值、数据类型、度量单位等。

4）实例表

实例表描述了本体中每个实例的属性及取值。

5）属性分类树

属性分类树以图形来描述属性之间的分类关系。图 3.3 是参考了属性操作系统类型和体系结构而创建的属性分类树，包括操作系统、体系结构和超级计算机。

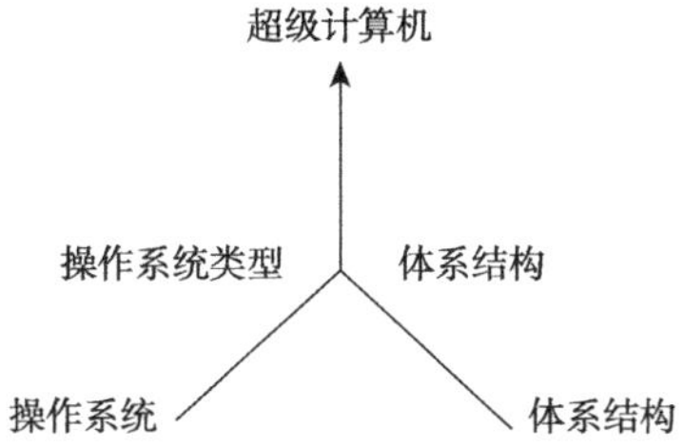

图 3.3　属性分类树

3. 网格资源的描述模型

我们采用资源描述框架对网格资源进行本体描述，本体按照类、属性及语义关系构成，可以用一个五元组来表示，其形式定义如下：

$$G\_Resource = \{class, profile, property, port, service\} \quad (3.1)$$

其中，G_Resource 表示网格资源；class 表示网格资源的类型或种类的通用基类；profile 表示网格资源的基本信息及所能提供的功能；property 表示网格资源的属性值；port 表示该网格资源所能提供的网络端口，供服务器访问；service 表示该网格资源所能提供的网格服务的集合，它由该资源的属性和功能等决定，因此，它又可以表示成一个可扩充的形式，具体如下：

$$service = \{网格服务1, 网格服务2, \cdots\} \quad (3.2)$$

4. 网格资源与网格服务的关系

网格服务资源将网格服务和资源分离，一个网格服务可以与多个资源关联，一个资源也可以与多个网格服务相连，物理资源经过抽象成为逻辑资源，网格服务访问与操作的是逻辑资源的一个实例。网格服务通过服务的虚拟化，允许多种不同平台间进行一致的资源访问，并且具有本地或远程透明性，允许将多个逻辑资源映射到同一物理资源，允许将服务组合，以形成更复杂的服务，它们之间的映射关系包括一对一、一对多、多对一和多对多四种情况，具体如图 3.4 所示。

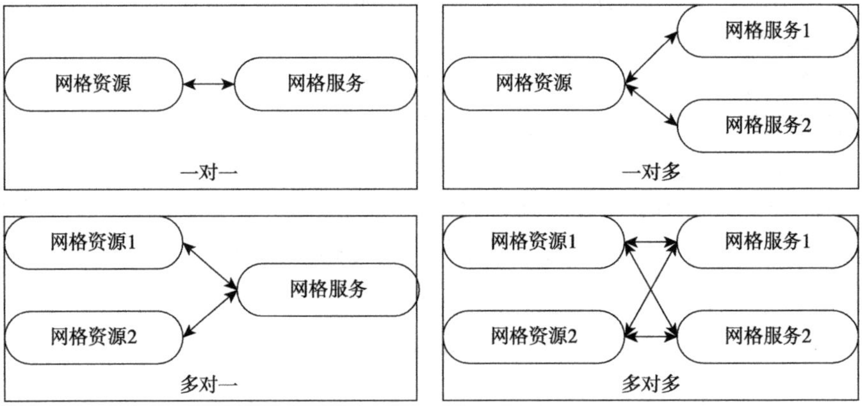

图 3.4　网格资源与网格服务的映射关系

其中，一对一表示该网格资源只提供与之相对应的一种网格服务；一对多表示该网格资源提供两种或两种以上的网格服务；多对一表示多种网格资源都提供一种相同的网格服务；多对多是最复杂的一种情况，表示多种网格资源提供多种相同的网格服务。

3.4.3　基于本体的网格服务描述

网格是面向服务的，资源是以服务的形式体现并产生作用的。网格服务通常是无状态的，它提供一种标准且容易的方法，从一个系统到另一系统通过交换的头部信息获得信息，不依赖于特定平台或语言，无状态的服务可以增强可靠性和可扩展性。无状态的网格服务处理的对象或资源是无状态的，也就是每个服务请求及处理是独立的，不与之前或之后的发生关系。但是，复杂系统网格是通过网格服务的消息交换来访问（或操作）资源，涉及资源的当前状态，如当前加工队列、预期完成时间等，资源具有动态属性，是一个有状态的资源。因此，通过无状态的网格服务无法对有状态的资源进行访问。由此，产生了有状态的 Web 服务资源。

1. 网格服务描述语言

网格服务描述语言是网格服务架构的基石之一，主要包括语法级描述语言和语义级描述语言，语法级描述语言采用 Web 服务描述语言，而语义级描述语言可采用服务本体 Web 语言。

1）Web 服务描述语言

Web 服务描述语言是一种基于 XML 语言的 Web 服务描述语言，它描述了 Web 服务的服务调用方法，实现了服务请求者与服务需求者之间的交互，其模型的基本元素描述如下：①数据类型：用来定义数据类型的容器，主要为提供交互信息的数据进行定义，一般使用如 XML 架构定义类的类型系统。②消息：用来对交互数据进行抽象化定义。③操作：抽象化描述服务中支持的操作，用来描述访问入口的请求/响应消息对。④端口类型：通过一个或多个服务访问点支持的可被执行的操作的抽象集合，定义了指向某个 Web 服务的连接点。⑤绑定：用来绑定端口类型的数据的数据格式与具体协议。⑥端口：用来绑定 Web 访问地址的服务访问点，是单个通信终端。⑦服务：所有相关服务访问端口的集合。

2）服务本体 Web 语言

服务本体 Web 语言是 Web 服务的上层本体语言，它使用本体技术对语义 Web 服务进行描述，规范地描述了 Web 服务的能力和属性，建立了可理解和易用的语言标识，能够有效地支持 Web 服务发现的执行，实现 Web 服务自动组合与计算。服务本体 Web 语言包括三部分：服务概要、服务模型和服务基础，如图 3.5 所示。

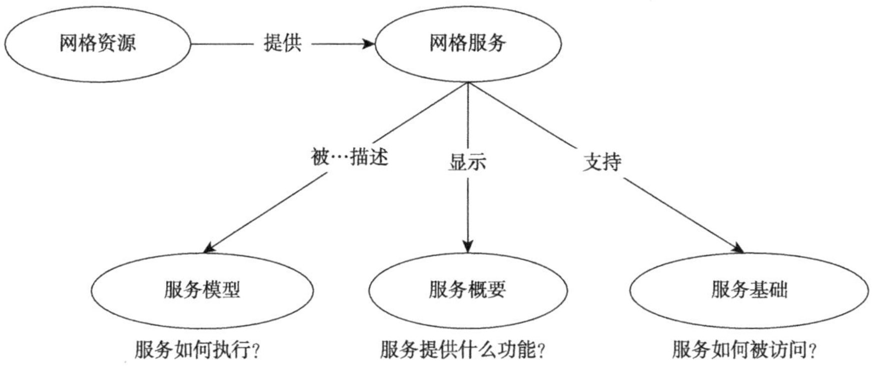

图 3.5　服务本体 Web 语言基本框架

服务概要：服务提供者能够用服务概要对服务的功能进行描述，服务请求者能够用服务概要对所需服务的要求进行描述，因此具有双向性。服务概要主要包括：①服务提供者的黄页信息和白页信息。②服务的功能信息，如输入、输出、前提条件、效果等。③服务所属的类别及服务的服务质量信息等。

服务模型：服务模型是用来描述服务的内部流程。它定义了服务的执行过程。

服务基础：服务概要和服务模型都是对服务进行抽象化描述，而服务基础是服务的具体规范。它指定了服务访问方法（包括访问协议、消息格式、访问端口等）。在服务本体 Web 语言中是利用 Web 服务描述语言规范来进行具体消息的描述。

2. 基于服务本体 Web 语言的网格服务本体模型

在网格中，由于网格任务的复杂性及不同的服务要求，网格服务与网格任务的有效发现必须建立在对网格服务的概念的精确定义及描述上。因此，必须通过一种能够在不同的建模方法、语言及软件工具之间进行映射和翻译的语言来实现不同系统之间的相互操作及集成。而本体能够实现不同系统之间的相互映射与翻译，并且能够形成规范化、统一化的定义。

从不同的维度，本体的分类标准有很多。通常地，按照本体的研究层级性来分，本体可分为上层本体（也叫做服务本体）、领域本体、任务本体和应用本体。领域本体是对某一特定领域中的重要的概念、概念之间的关系属性进行定义域描述；服务本体是在领域本体的基础上定义服务的提供信息，如服务提供内容、服务访问方法等；任务本体是在领域本体基础上定义任务的基本信息，如任务的内容、要求等；应用本体是在领域本体基础上定义的为满足计算、匹配、组合等应用程序的信息，如应用功能、应用规则等。采用服务本体 Web 语言提供的服务本体框架，建立基于服务本体 Web 语言的网格服务本体模型，并对网格中的网格服务进行描述。

1）基于服务本体 Web 语言的网格服务定义

用以下三元组给出一个网格服务的定义。

$$G\_Service = \{service\ profile, service\ model, service\ grounding\} \tag{3.3}$$

其中，G_Service 表示网格服务；service profile 表示服务的总体信息和服务能力信息（含服务功能方法、服务对象特征和服务质量信息）；service model 表示网格服务的实现过程模型；service grounding 表示访问服务的方法，如数据接口，指明与此服务数据接口进行信息交换时，应采用的具体通信协议及所使用的消息等细节。所以，网格服务是由服务信息数据、过程模型和接口三部分组成，即

网格服务=服务信息数据+服务过程模型+服务接口

2）网格服务描述模型

根据物流网格服务定义，构建网格服务的本体基础架构，如图 3.6 所示。

服务的功能信息或需求信息由 service profile 进行描述，而 service profile 可以从服务总体信息、服务动态信息、服务功能方法信息、服务对象特征信息和服务质量信息五个方面描述，故网格服务描述模型可采用以下五元组表示。

$$\begin{aligned} G\_Service = \{&resource\ service\ provider, service\ profile, service\ model, \\ &service\ grouding, resource\} \end{aligned} \tag{3.4}$$

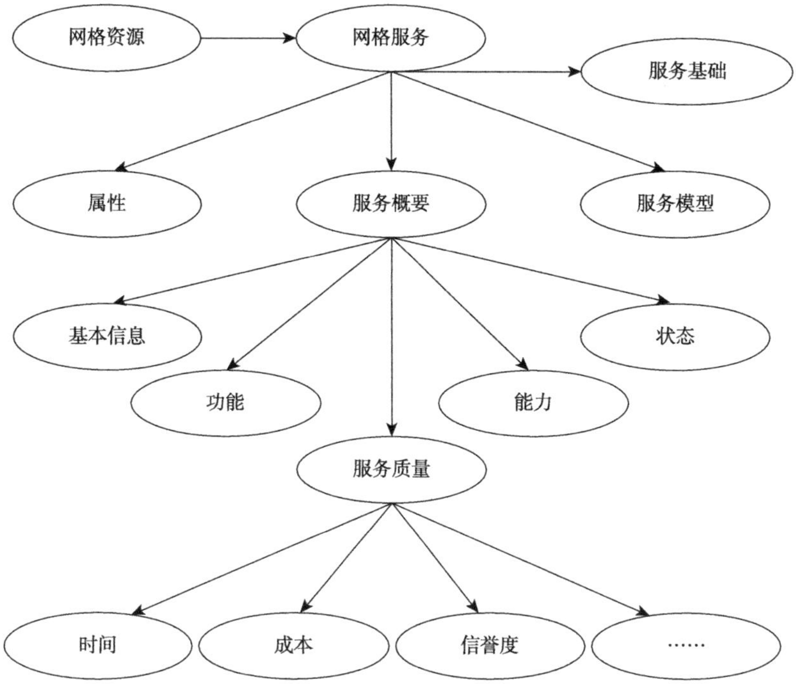

图3.6　网格服务本体的基本框架

其中，

（1）resource service provider 表示网格资源服务提供者，即网格服务提供商。网格服务提供商的属性分别对应当前状态下的网格服务本体中的主要属性，如网格服务提供商的名称、网格服务提供商的类型等。

（2）service profile 表示网格服务的基本信息（包括网格任务、网格对象、网格服务质量等）及所能提供的功能。

（3）service model 用来描述网格服务的服务过程，即网格服务的服务实现细节。

（4）service grouding 用来描述网格服务提供者的访问方法，包括访问地址、消息格式、访问端口等。

（5）resource 表示该 resource service provider 提供该网格服务的资源。

在 G_Service 中，service profile 的匹配是实现网格服务匹配的重要部分，下面对 service profile 进行定义。

service profile 的形式化描述用五元组表示

$$\text{service profile} = \{\text{generalInfo, functional, QoS, capability, state}\} \tag{3.5}$$

其中，

（1）generalInfo 表示网格服务的基本信息，如网格服务提供商的名称、网格服务提供商的地址、网格服务提供商的联系方式、网格服务提供商的网站等。

（2）functional 表示网格服务的功能性信息，表示了网格服务的输入、输出、执行的条件及结果。

（3）QoS 表示网格服务的服务质量，由于资源的多样性，在不同的网格服务中 QoS 属性同样具有多样性。本部分主要考虑网格资源来度量网格服务的 QoS 因素。

在网格服务中，由于服务质量衡量的可变性，定义 QoS 的形式化描述为可扩展的模型

$$\text{QoS} = \{\text{time}, \text{cost}, \text{reputation}, \cdots\} \tag{3.6}$$

其中，time 表示使用网格服务的执行时间；cost 表示网格服务的服务所需费用；reputation 表示网格服务的信誉度，可以通过对用户的评价进行统计计算，对信誉度进行分级。

（4）capability 表示网格服务的服务能力，不同的网格服务代表的是不同的网格资源，不同的网格资源具有的能力是各不相同的。同时，这些能力还能够进行细分。在网格环境下，这些服务能力是在不断变化的。

（5）state 表示网格服务的状态，包括可用或不可用。

3.5 基于多 Agent 技术的网格资源与网格服务模型

3.5.1 网格计算与 Agent 技术

网格计算与 Agent 计算是两种并行发展的分布式计算范型。网格侧重于解决多个机构组成的动态虚拟组织间实现安全协作式资源共享的体系结构、协议和规范。而 Agent 技术侧重于不确定和动态环境下的自治问题解决的概念、方法学和算法。随着两种技术的不断发展和成熟，两种技术都遇到了一些问题，而这些问题可以通过两种技术的融合得到解决。目前的网格技术在交互方面显得僵硬、不灵活。因此，网格需要自治和灵活的行为能力。Agent 技术在可扩展性、健壮性及安全方面需要某种基础设施的支撑。将网格技术和 Agent 技术进行融合可以克服二者的不足。Agent 技术和网格技术的融合可以使二者在以下方面得到相互提高[11]。

（1）Agent 技术可以增强网格的灵活性和敏捷性，现有网格技术缺乏灵活的协作和协商机制，而协作和协商机制是 Agent 计算领域致力解决的问题之一。

（2）Agent 需要建立在一个健壮的、安全的基础设施上，而网格提供了这样的基础设施。

（3）在面向服务计算的网格环境中，网格需要组织和聚合多个可用的资源（服务）来满足用户的动态需求或环境的动态变化。而网格服务的动态合成可以运用 Agent 技术实现。

（4）网格环境下，各资源提供方是自治的，同时又要相互协作达到共同目标。多个自治 Agent 通过协作和协商机制达到全局目标是多 Agent 系统着力解决的问题。

（5）虚拟组织是网格的核心概念，Agent 技术提供的分布决策、非集中控制和协调能力可以满足构建虚拟组织的需求。

（6）Agent 系统需要一个安全可靠的平台来提供发现、请求、组合和管理其执行决策能力的平台。网格是满足其要求的平台。

3.5.2　多 Agent 技术与网格技术融合的方式

1. 网格服务的 Agent 化

网格服务的 Agent 化是指将 Agent 的特性加入到网格中，以使基于开放网格服务体系结构或 Web 服务资源框架的网格服务的交互变成 Agent 之间的交互。从而利用 Agent 的能力提高网格服务交互和协作的能力。如 Ding 和 Tong 设计的模型[12]，其主要思想是通过将现有的多 Agent 开发平台如 JADE 集成到网格开发平台如 Globus Tookit 中，从而使网格具有 Agent 的性质，该模型的实现就是通过将 JADE①的核心类库加入到 Globus Tookit 类库目录下，扩展 Globus Tookit，从而将基于 JADE 所开发的 Agent 的特性加入到网格服务中，在此基础上开发出的模型同时具有 Agent 和普通网格服务的特性。

2. 协议转换方式

该方式是在现有网格平台和多 Agent 开发平台间提供标准的转换接口，以使在不改变现有两种技术各自所采用的标准协议和平台的基础上通过协议转换接口让 Agent 和网格服务平滑交互。

一方面，在基于 Web 服务技术的开放网格服务体系结构及 Web 服务资源描述框架规范的网格开发中，一些重要的 Web 服务协议如 SOAP，WSDL，UDDI②等

---

① JADE（Java agent development framework）是基于 Java 语言的 Agent 开发框架。

② SOAP（simple object access protocol，简单对象访问协议）；WSDL（Web service definition language，万维网服务定义语言）；UDDI（universal description discovery and integration，通用描述、发现与集成）。

仍是网格应用开发的基础。另一方面，Agent 也遵循 Agent 通用语言、目录 Agent 描述、目录等标准协议和规范。网格服务和 Agent 在通信语言、服务描述、服务注册方式上有着重大差异，这些差异表现为：①运用不同的通信语言，Agent 用 Agent 通用语言，而 Web 服务/网格服务用 SOAP 进行通信；②运用不同的服务描述语言,Agent 用目录代理描述而 Web 服务/网格服务用 Web 服务描述语言进行服务的描述；③运用不同的服务注册方式，Agent 用目录而 Web 服务/网格服务用 UDDI 进行服务的注册[13]。

为了充分利用现有网格和 Agent 领域各自的标准协议、规范及开发平台，将多 Agent 中间件和 web 服务/网格中间件进行集成需要解决不同规范所造成的差异，就要在两者的协议之间进行协议转换。目前这方面的研究有 Agent Grid Gateway[14]，WSIG[15]，WS2JADE[16]等，这些成果的研究焦点都致力于在 Web 服务/网格服务协议和 Agent 协议之间提供协议转换接口[17]。

3.5.3 多 Agent 结构模型

1. 供应链本体的表达

本体表达即用本体论的方法分析事物，把事物的组成部分进行抽象，并建立相应的对应关系。供应链本体是指在供应链运作过程中对所涉及的供应商、制造商、销售商和最终客户及信息流和资金流所做出的统一规定和规范。对供应链本体进行表达可以规范供应链节点企业的行为，为其通信交互提供统一的接口，便于供应链领域知识的整理、存储和利用，对供应链进行更有效的管理。

2. Agent 角色划分

基于 Agent 的供应链模型首先要根据供应链组成部分对 Agent 进行角色划分，即明确各 Agent 的功能含义，与实际的供应链各企业节点之间的联系。传统的对 Agent 的角色划分有两种方法：功能划分和物理划分。

1）功能划分

将供应链的整个运作过程（包括原料采购、生产计划、生产调度、订单处理、库存管理和运输管理等）分解为许多并行的或交叉的单独个体，就是功能划分。根据每个个体的属性设计相应的 Agent，在整个系统中用 Agent 实现这些个体的功能。

2）物理划分

供应链中存在着管理部门或职能实体，如采购部门、销售部门、生产计划部门、生产设备、运输设备等，物理划分是指严格按照这些管理部门或职能实体设计 Agent。物理划分方法得到的 Agent 与实际的供应链中的职能实体有着一对一的关系，更能详细直观地表达供应链实际运作情况。这种情况下，Agent 之间的交互更为频繁，要求 Agent 有多重状态变量，以解决供应链节点间的相互协调，对 Agent 的功能设计要求较高。

本书采用物理划分法对 Agent 进行角色划分，重点解决供应链各节点企业相互协调、组成联盟、共同完成任务过程中产生的问题，提高供应链的能力。因此，在建模过程中，Agent 之间的相互协调显得极为重要。

3. 多 Agent 协调机制

为使多 Agent 之间能够有效地进行合作，它们之间的有序协调就显得极为重要，多 Agent 之间形成统一的协调规范、默契的协调关系就成为多 Agent 合作亟待解决的问题。多 Agent 协调机制是内部每个 Agent 能根据目标、外界环境及自身的能力自主地调节自身的行为及思维状态，与其他 Agent 进行有效的合作，以调整各自的决策和行为，最大限度地实现各自目标，国内外学者对 Agent 的协调机制研究主要集中在任务分配与规划、分布式计划调度这两个方面。

供应链被人们认为是一个在满足多个约束条件的前提条件下完成既定目标的网络。任务分配与规划是在任务需求能力和其他约束条件下选择合适的企业节点 Agent，使这些 Agent 共同合作完成任务。并且如果这些 Agent 不能完成任务时要及时返回信息，以供下次的任务分配。基于合同网协议的协商被认为是 Agent 协调机制的有效方法，当面临一个复杂任务时，单个 Agent 认为自己无法独立完成，它便向其他的 Agent 寻求帮助以求合作，与其他 Agent 经过协商后，Agent 会根据实际情况将自己不擅长的部分任务交由其他 Agent 承担。这样，Agent 间便形成了委托与被委托的关系，在实际供应链中这种组织关系可以看作顾客与服务员的关系。但是，基于合同网协商分配任务时不提供任何报酬，供应链成员间可能会因利益而出现分歧，最终导致供应链不稳定。

4. 基于多 Agent 的供应链模型

考虑到供应链的一般性，本章就针对最基本的供应链进行表述。图 3.7 是五层供应链的结构图，包括了供应链中所涉及的最重要的几类实体：供应商、制造商、分销商、零售商和顾客。在实际的供应链中，可以根据实际需求增删相应的实体。供应链的开始运作都是以顾客的需求为前提，制造商根据顾客的需求设计制造相应的产品，由供应商提供产品所需要的原材料，制造出的产品经过分销商、零售商最终到达顾客手中，这一活动涉及了不同企业之间的协调与合作，形成一个复杂的网络结构，每个企业以不同的角色参与到供应链中，企业自身都会有个协调中心，负责与其他企业进行交流、协商，最后组成稳定的联盟实现供应链的运作。

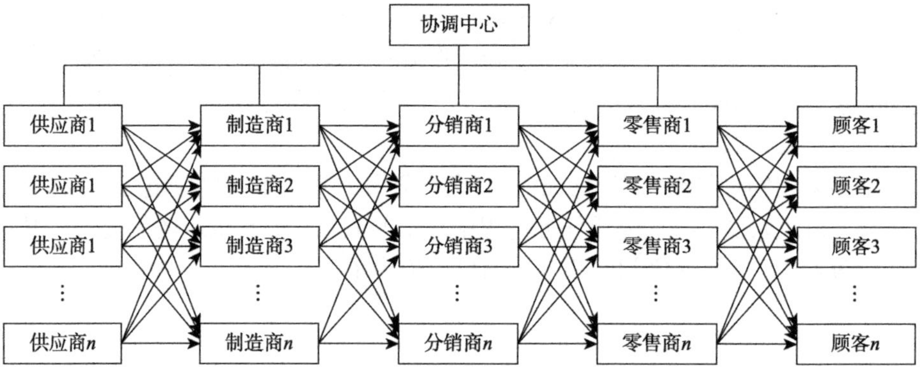

图 3.7 五层供应链结构图

借助 Agent 技术来表述这种复杂的网络关系是一个有效的方法，使用物理划分法对整个供应链的运作设计 Agent，图 3.8 是基于多 Agent 的供应链结构图。

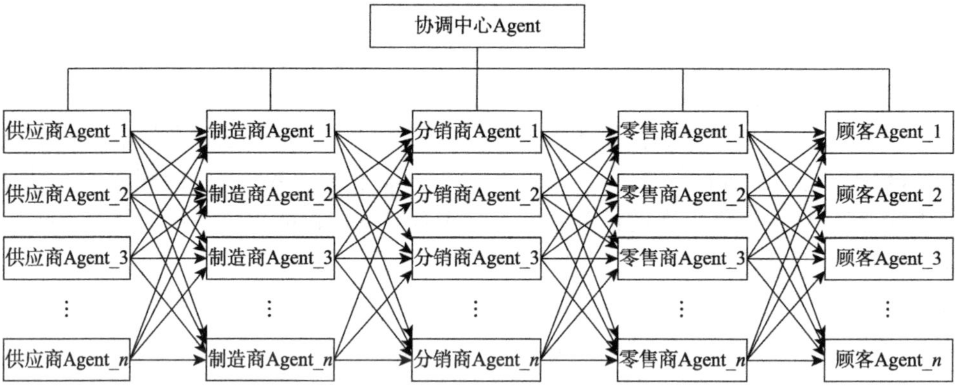

图 3.8 基于多 Agent 的供应链结构图

图中每类实体均为 n 个。顾客 Agent 根据实际需求，将需求信息以订单的形式向供应链的上一级传递，制造商 Agent 根据反馈来的顾客信息对需求进行分析，设计生产需求产品，并将产品需要的原材料信息传递给供应商 Agent，供应商 Agent 根据材料信息向制造商提供所需求的原材料或半成品。制造商将产品分配给每一个分销商 Agent，经过零售商 Agent 最终到达顾客 Agent。这些实体间根据实际情况，考虑到最优化目标与其他实体进行组合构成稳定的联盟，保证了供应链的稳定运作。

整个供应链的运作由协调中心负责信息的交互与协调，协调中心 Agent 是供应链和谐运作的灵魂，如图 3.9 所示。协调中心 Agent 全面负责成员 Agent 之间的交流、协调与控制，从宏观上指导供应链的正常运作，从微观上根据环境的变化对供应链进行实时的动态调整，主要由自适应/自学习模块、通信管理器、控制器、推理机和知识规则库组成。自适应/自学习模块不断检测中心所处的环境变化，当接收到其他 Agent 的消息时，通信管理器会对其进行拦截与校验，同时将过滤后的信息传达给控制器，控制器再将信息交给推理机，推理机会从知识规则库中获得以往与该信息类似的决策规则，并进行规划管理，得出新的决策规则方法，并将新的方法存入知识规则库以备下次使用。

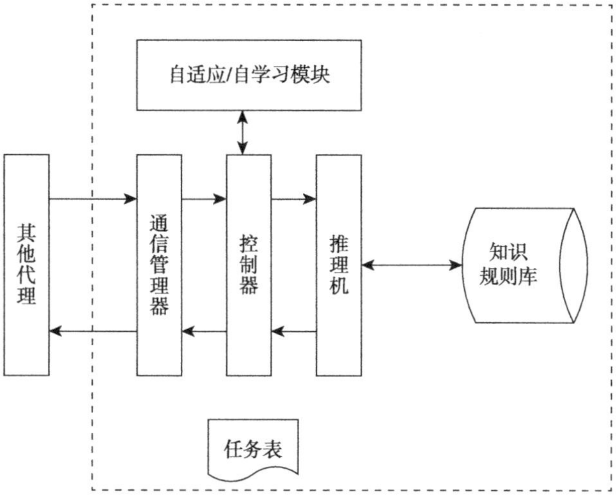

图 3.9　协调中心 Agent 模块图

协调中心 Agent 的任务执行过程如图 3.10 所示，客户将需求以订单的形式发出请求，控制器接收到客户的订单需求时产生任务信息，并回执客户消息的接受情况。控制器经过处理将需求信息以数据的形式存入任务表，请求下一步的执行，并时时查看任务表中任务的执行情况，如果还有未处理的任务时，将其交给推理机负责。推理机收到任务时将会在知识规则库中寻找对任务进行求解的知识，如果没有找到任务求解的方法，任务没能得到解决，推理机则返回任务求解失败的消息，控制器接收到消息后会对任务进一步进行分解，控制器对任务进行分解后会发出询问信息，询问是否有其他的 Agent 能够完成分解后的任务。如果有合适的 Agent 能完成该任务，就与该 Agent 进行联系，进行协商，否则进行进一步的询问。

Agent 之间的交互需要靠数据的顺畅传递，XML 作为可扩展的标记语言，被很多企业作为数据传递与交换的主要开发语言。供应链的运作中，不同企业的信息数据结构有所不同，而 XML 语言可以将不同的数据结构转换为统一的形式，保证节点 Agent 的数据交换顺利进行。

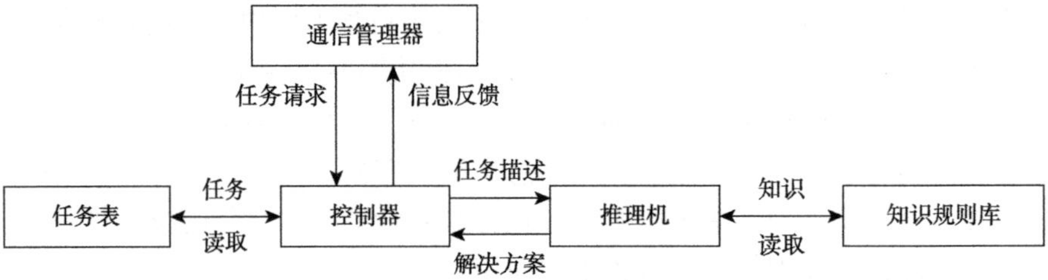

图 3.10　协调中心 Agent 任务执行过程图

3.5.4　网格资源与服务的多 Agent 模型

基于上面的分析，构建网格资源与服务的多 Agent 模型，该模型中的各 Agent 所担任的角色不同，主要包括资源 Agent、目录和代理 Agent 三类，它们交互模式如图 3.11 所示。

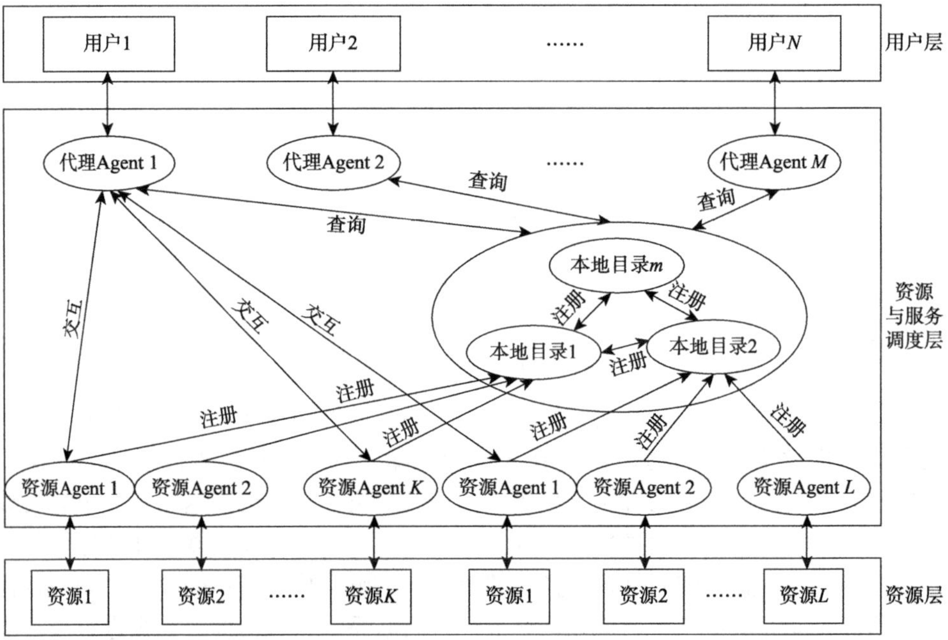

图 3.11　网格资源与服务的多 Agent 模型

1）资源 Agent

一个资源 Agent 代表一个参与到网格中的资源。资源 Agent 充当本地资源管理器的角色，如图 3.12 所示。

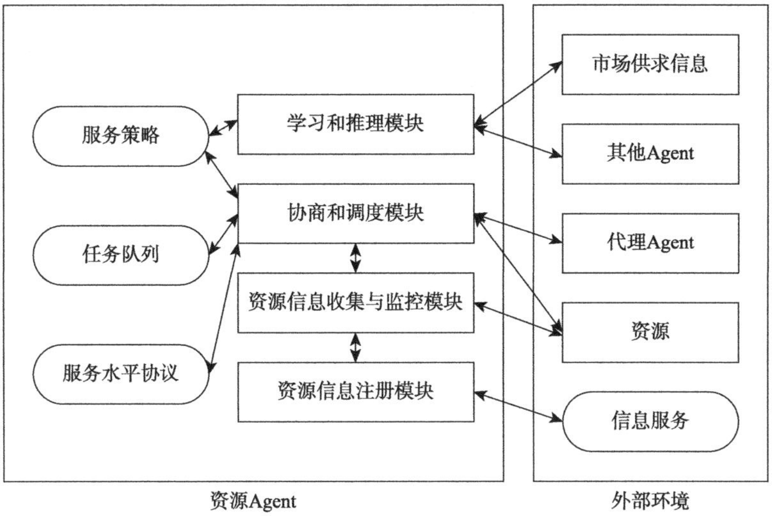

图 3.12　资源 Agent 内部结构及其与外部环境的交互

其主要功能包括以下几点。

第一，资源信息收集与监控模块负责获取资源的各种信息，如资源的类型、功能描述等，还负责监控资源的运行状态，如资源忙闲情况及故障情况。

第二，学习和推理模块通过感知外部市场环境的变化从而制定服务策略。

第三，协商和调度模块负责与代理 Agent 进行交互协商。若协商成功，则将代理 Agent 分配给它的任务在适当的时刻下达到对应资源执行。

第四，资源信息注册模块将所获取的资源信息在信息服务（本地目录）中进行注册。

第五，每个资源 Agent 都维护着一个任务队列。当需要接收新任务时，通过任务队列查看当前任务的完成情况，以便估计出新任务能够开始执行的最早时间等信息。

第六，每个资源 Agent 都有自己的局部知识和策略库，每当资源 Agent 与代理 Agent 交互协商时，根据自身的服务策略进行报价和决定所提供的服务等级，根据先前完成任务所需时间的经验估计完成新任务所需时间。如果协商成功，则与代理 Agent 签订服务水平协议，它显式规定了资源消费者能从资源提供者得到的服务类型及质量，资源提供者按照服务水平协议的条款为资源消费者提供有服务质量保证的服务[18]。同时更新任务队列，从而为新任务预留资源。

2）目录

假定在制造网格环境的每个自治域都有一个本地目录为每个自治域的各个 Agent 提供信息服务，各个自治域的目录都可以相互注册形成目录联盟体[19]。目录联盟体为网格中的各个 Agent 提供信息注册服务。当任务到达代理 Agent 并经过分解后，首先在本地目录中查找可用资源信息，若找不到，则通过目录联盟体查找所需资源信息。每个资源 Agent 将其提供的资源信息在本地目录联盟体中进行注册。

3）代理 Agent

代理 Agent 用于代表用户完成与相关代理 Agent 的复杂交互并保证用户多目标的实现。如图 3.13 所示，其主要功能包括：①任务分解模块负责接受用户提交的制造任务说明书（任务说明书中包含了用户对所需资源的基本功能需求和对任务完成的服务质量要求）。通过咨询领域专家或根据自身的知识和经验将复杂任务分解成一系列具有依赖关系的子任务。②维护任务队列，代理 Agent 将任务分解形成的子任务插入到任务队列中。当某任务被完成后，代理 Agent 将该任务从任务队列中删除。③协商和调度模块负责从任务队列中取出各个子任务并通过信息查询模块获得对应于各子任务的候选资源。通过与多个候选资源对应的资源 Agent 交互协商并利用一定的资源优选算法策略计算出最优的资源组合。与选出的各个资源对应的资源 Agent 签订服务水平协议并将其登记到服务水平协议库中，给选出的各个资源分配相应的子任务，同时还负责将任务分解、调度结果信息及任务完成进度等报告给用户。

此外，出于信息可靠性考虑，可以引入可信任的第三方 Agent，主要负责维护基于专家评估和用户反馈的关于每个资源 Agent 的质量和可靠度等信息及由代理 Agent 和资源 Agent 签订的服务水平协议信息。

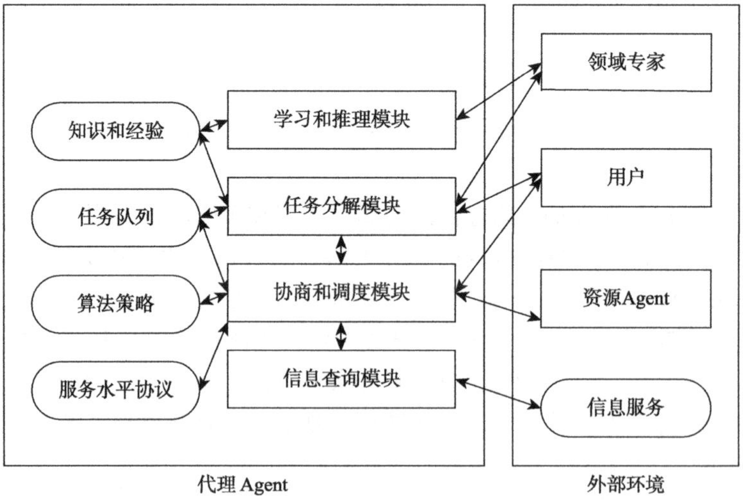

图 3.13　代理 Agent 内部结构及其与外部环境的交互

3.6 本章小结

网格是在异构、动态环境中实现资源共享和协作的技术。网格技术及其基础设施可实现不同组织内部及彼此之间的资源和服务的高度集成，它可以为高性能计算和问题解决带来新的方法和途径。在网格中，用户和资源是跨组织的，资源可能属于不同的机构，有不同的使用约束，可以动态地加入或离开，而用户也会提出对资源的特定需求。计算网格中的资源选择问题是指在满足资源约束的条件下，将符合用户需求的资源分配给作业。本章首先介绍了复杂决策问题的表达与分解方法，既而全面介绍了网格资源与服务的相关概念，建立了基于本体的网格资源与服务模型和基于多 Agent 的网格资源与服务模型。

参考文献

[1] Polkowski L，Skowron A. Rough mereology：a new paradigm for approximate reasoning[J]. International Journal of Approximate Reasoning，1996，15（4）：333-365.

[2] 胡小建. ABDIDSS 环境下多 Agents 之间协作与近似推理机制研究[D]. 合肥工业大学博士学位论文，2005.

[3] 杨善林，胡小建. 复杂决策任务的建模与求解方法[M]. 北京：科学出版社，2007.

[4] Qian Y，Liang J，Li D，et al. Approximation reduction in inconsistent incomplete decision tables[J]. Knowledge-Based Systems，2010，23（5）：427-433.

[5] Xiang Y. A probabilistic framework for cooperative multi-agent distributed interpretation and optimization of communication[J]. Artificial Intelligence，1996，87（1-2）：295-342.

[6] Brabazon A，Cui W. Distributed Perception Algorithm[R]. Chiang Mai：Advances in Swarm Intelligence，2016.

[7] 江舞山. 基于网格的分布式数据挖掘体系结构的研究[D]. 重庆大学硕士学位论文，2006.

[8] 张金泉. 网格环境下满足 QoS 控制的任务调度模型与算法研究[D]. 同济大学博士学位论文，2006.

[9] Corcho Ó，Gómez-Pérez A. A roadmap to ontology specification languages[C]. European Workshop on Knowledge Acquisition，2000.

[10] 顾芳，曹存根. 知识工程中的本体研究现状与存在问题[J]. 计算机科学，2004，31（10）：1-10.

[11] Foster I T，Jennings N R，Kesselman C. Brain meets brawn：why grid and agents need each other[C]. International Joint Conference on Autonomous Agents and Multiagent Systems，2005.

[12] Ding J, Tong W. An agent model for managing distributed software resources in grid environment[J]. Lecture Notes in Computer Science, 2003, 2658: 971-980.

[13] Grau J P P, Sanz A C, Crespo R G. An Evaluation of Integration Technologies to Expose Agent Actions as Web Services[M]. Berlin: Springer, 2014: 259-270.

[14] Liu G. USI-uniform secure interoperation in grid service and computing system[C]. International Conference on Information Engineering and Computer Science, 2010.

[15] Bellifemine F, Caire G, Greenwood D. Developing Multi-Agent Systems with JADE[M]. Hoboken (New Jersey): John Wiley & Sons, Ltd, 2007: 181-205.

[16] Naugen X T, Kowalczyk R. WS2JADE: integrating web service with jade agents[C]. AAMAS International Workshop and SOCASE 2007 Conference on Service-Oriented Computing: Agents, Semantics, and Engineering, 2007.

[17] 李瑞生. 基于多 Agent 的制造网格资源管理与调度[D]. 兰州理工大学硕士学位论文，2008.

[18] 沈彬，刘丽兰，俞涛，等. 制造网格中基于 SLA 的资源管理模型研究[J]. 计算机应用，2006，26（2）：512-514.

[19] Ghosh D, Jin F, Maheswaran M. JADE: a unified programming framework for things, web, and cloud[C]. Internet of Things, 2014.

第4章　基于网格资源与服务的数据挖掘方法

4.1　引　　言

目前在经济全球化、网络化的大环境下，企业需要创建一个随需应变的运行环境——一个具有集成、开放、虚拟和自主特性的基础设施，这需要一个强劲的IT运作环境来支持，但就目前国际上各企业的规模和能力来看，要想构建一个这样的属于企业自己的决策环境几乎是不可能的，那将涉及庞大的经济开支，对任何企业来说都是无法承担的。

网格技术，正好能够应对上述的挑战，是企业构筑集成、开放、虚拟和自主的决策环境的支撑技术。网格技术以互联网上的“大规模资源共享和协同”为核心，具有支持并行处理和异地协同工作，支持开放标准，支持动态变化服务，可实现高度智能人机对话等优秀特性，是企业构筑随需应变环境的组成模块，它使各类组织在提高效率的同时，降低运行成本。利用网格技术，IT部门可以汇聚不同的各种资源，如计算资源、数据资源、模型资源、知识资源等，创建统一的系统。在网格计算的核心，它能够以虚拟的方式在一个企业、行业的内部对各种资源进行共享、管理和访问。通过这种资源的虚拟化，可以对那些需要快速解决的复杂的决策难题进行研究，提供随需应变的决策支持系统。

网格技术给决策支持系统带来了许多新的特性，很好地解决了决策支持系统发展中遇到的问题，基于网格的决策支持系统具有的很多优势是以往的决策支持系统无法比拟的。首先，网格提供了丰富的决策资源，决策者再也不会感到“资源匮乏”；其次，网格技术具有较好的并行性，能够提高模型计算速度和决策效率，同时能够支持多节点的协同工作；再次，系统有良好的可扩展性和灵活性，决策资源采取分散控制，决策资源的所有者以网格服务的形式提供决策服务，这些服务可以动态地注册和删除，决策者可以根据需要将这些决策服务组织起来，构成动态的决策支持系统；最后，系统有高度的智能性，系统中将利用分布式人工智能技术、本体论和语义 Web 等技术提高整个系统的智能性。

4.2 面向复杂决策问题的多 Agent 联盟形成机制

4.2.1 复杂决策问题协同求解的必要性

目前关于决策支持系统的研究主要集中在群/组织决策支持系统、分布式决策支持系统、智能决策支持系统及基于新技术（数据仓库、联机分析处理、数据挖掘）的决策支持系统几个方面。

与群/组织决策支持系统相比，协同求解决策支持系统的参与者不仅可以作为决策者，而且还提供决策所需的知识和技能。群/组织决策支持系统中问题的非结构化程度还是可以处理的或比较清楚的，而复杂决策问题面临的复杂巨系统问题往往结构不清或无结构，更需要专家群体的猜想、直觉、灵感和模式识别能力等。

分布式决策支持系统是对传统集中式决策支持系统的扩展，是由多个物理上分离的信息处理节点构成的计算机网络，网络的每个节点至少含有一个决策支持系统或具有若干复杂决策的功能[1]。因此，分布式决策支持系统不适合处理复杂决策问题，而协同求解决策支持系统则可以有效支持上述过程。

智能决策支持系统是决策支持系统和人工智能相结合的产物，它综合了传统决策支持系统的定量分析技术和专家系统的符号处理优势，能更有效地处理半结构化与非结构化问题。不过，现有的智能决策支持系统对定性知识在问题求解过程中发挥的作用、对决策者形象思维范畴的定性知识的集成、对基于分布环境中知识的集成与处理能力的拓展等还有待深入与加强。另外，目前众多学者都将智能决策支持系统的研究重点放在模型的自动选择、自动生成上，而事实上，当前的智能系统还不能有效地建立复杂决策问题的模型，与分布式决策支持系统一样，需要群体专家的智慧和经验。协同求解决策支持系统可充分利用人工智能的成就，其协同的思想将为智能决策支持系统提供更有效的解决途径。

基于新技术的决策支持系统中，数据仓库能够实现对决策主题数据的存储和整合及对时间趋势的分析；联机分析处理可实现多维数据分析；数据挖掘能开采数据库和数据仓库的知识，专家系统可利用知识推理进行定性分析，这些技术的应用大大提高了决策支持的能力，但同群/组织决策支持系统、分布式决策支持系统、智能决策支持系统一样，都是以计算机为主，不是解决复杂决策问题的有效途径。

总之，群/组织决策支持系统、分布式决策支持系统、智能决策支持系统和基于新技术的决策支持系统，尚不能有效地处理复杂决策问题，而以协同求解思想为指导的综合集成型决策支持系统，能综合现有群/组织决策支持系统、分布式决策支持系统、智能决策支持系统及数据仓库、数据挖掘等各种决策支持新技术和成就，必将成为处理复杂决策问题的有效途径和技术路线，成为决策支持系统发展的一个新方向。

4.2.2　多 Agent 联盟机制

在多 Agent 系统中，由于待求解的问题常常比较复杂，单个 Agent 的能力是有限的，往往要与其他的 Agent 合作完成。当问题规模给定时，从备选的多个 Agent 中选择几个或者多个 Agent 去完成，当其中一个 Agent 觉得与其他 Agent 通过协作可以提高效率或能够得到更大的效益时，就有意愿与其他 Agent 进行合作结成同盟。

多 Agent 联盟是多 Agent 系统协同工作的重要合作方法，通过多 Agent 的联盟可以实现单个 Agent 无法实现的功能，联盟中的 Agent 共享目标、可以根据环境的变化化解冲突、共享资源、能力互补、共同构造优化求解方案，实现多 Agent 系统对资源的优化配置[2]，从而不仅增强了单个 Agent 的能力，而且使整个系统具有了更好的灵活性，以获得更大的利益。因此，有关多 Agent 联盟的研究一直是 Agent 技术研究的重点。

设 Agent 集 $A^a=\{\text{call, request, propose, agree, reject, quit}\}$，资源集 $Q=\{q_1,q_2,\cdots,q_n\}$，其中 $q_i=\{q_i^1,q_i^2,\cdots,q_i^j\}$，$q_i^j$ 表示 Agent A_i 第 j 种资源的数量；任务集 $T=\{T_1,T_2,\cdots,T_n\}$，其中 $T_i=\{t_i^1,t_i^2,\cdots,t_i^j\}$ 是 Agent A_i 的任务集，t_i^j 是 Agent A_i 的第 j 个任务，每一个任务都有资源成本，即完成该任务所需的最低资源，参与完成任务的每个 Agent 都有一个能力指标，call 为发出协商请求；request 为响应协商请求；propose 为发出提议；agree 为接受提议；reject 为拒绝提议；quit 为退出协商。

多 Agent 系统就是在有限的资源下，为了完成既定的任务为每个 Agent 划分子任务，使多个 Agent 经过合作在最节省资源的情况下共同完成任务，完成相应的任务后每个 Agent 又能得到满意的报酬[3, 4]。这可通过联盟方法来解决。任意联盟 C 可以用 $\langle N_c,q_c,Q_c',T_c,T_c',V(C),Uc\rangle$ 表示，其中 N_c 是 N 的子集，q_c 是联盟 C 拥有的资源，Q_c' 是多 Agent 系统将资源分配给每个 Agent 的结果，T_c 是联盟 C 的任务集合，T_c' 表示分配的每个子任务，$V(C)$ 表示联盟值，$Uc=(u_1,u_2,\cdots,u_{|c|})$ 是经

过联盟后对所有参加联盟的成员的效用分配。联盟问题是求一个$\{Uc,\mathrm{CS}\}$，并且必须满足稳定性要求。$\{Uc,\mathrm{CS}\}$为联盟形成的中间变量或者最终结果，$\mathrm{CS}=\left\{C_1,C_2,\cdots,C_p\right\}$是一个联盟结构，根据联盟规模$N$得到。

函数$V(C)$是$2^N\to\mathrm{R}$的映射，如果对N的子集S、T，当$S\cap T=\varnothing$，有$V(S\cup T)\geqslant V(S)+V(T)$，称$V$满足超加性，否则$V(S\cup T)<V(S)+V(T)$，称$V$满足次加性。Agent 组成的联盟$\mathrm{CS}=\{N\}$必须满足超加性。在超加性情况下，每个Agent都能充分利用资源，得到满意的报酬，都不愿意和其他的Agent组成联盟，最后形成的联盟为$\mathrm{CS}=\left\{\{A_1\},\{A_2\},\cdots,\{A_n\}\right\}$。

4.2.3 多 Agent 多议题并发协商的博弈模型

供应链成员间的协商中，由于信息的不对称性和各种动态不确定因素（如市场环境的动态变化所引起的价格、交货日期的变化等）的存在，本书规定协商时间有限，协商参与Agent在一定信誉基础上进行并发协商，达成共识。

多Agent多议题并发协商的博弈模型为一个六元组$\varGamma=\left\langle A_g,G,T,U,S,F\right\rangle$。

其中，A_g为参与协商的制造商和供应商Agent的集合，$G=\left\{g_1,g_2,\cdots,g_n\right\}$ $(n\geqslant 2)$为协商议题向量，T为有限时间，U表示效用，S表示行为策略空间集，F表示综合信誉评价。

对于$\forall a\in A_g, I^a=<\mathrm{IP}^a,\mathrm{RP}^a,V^t_{a\to\hat a},T^a,W^a,A^a>$表示Agent a关于协商的信息状态，其中，$\mathrm{IP}^a=(\mathrm{IP}^a_1,\cdots,\mathrm{IP}^a_n)$、$\mathrm{RP}^a=(\mathrm{RP}^a_1,\cdots,\mathrm{RP}^a_n)$分别表示Agent a关于n个议题的初始值和保留值向量；$V^t_{a\to\hat a}=(v_1,\cdots,v_i,\cdots,v_n)$为Agent a在t时刻向其对手Agent $\hat a$发出的一个提议值向量；T^a为 Agent a的协商截止时间；$W^a=(W^a_1,\cdots,W^a_n)$为 Agent a关于n个议题的权重向量，且$\sum W^i_a=1(i=1,\cdots,n)$；$A^a=\{\text{call, request, propose, agree, reject, quit}\}$为Agent a所有可能的行动集合。

若IP^a_i、RP^a_i分别表示Agent a对议题g_i的初始值和保留值，则$D^a_i=[\mathrm{IP}^a_i,\mathrm{RP}^a_i]$为Agent a对议题g_i可接受的取值范围。于是，在$D^a_i=[\mathrm{IP}^a_i,\mathrm{RP}^a_i]$中$g_i$的取值均为Agent a与Agent $\hat a$所接受，即D_i为议题g_i的值域。

并发协商过程中，规定协商在有限时间T内完成，否则，令协商以失败结束。

定义4.1：协商Agent a对提议向量$V^t_{a\to\hat a}=(v_1,\cdots,v_i,\cdots,v_n)$的效用函数$U$为

$$U=U_a(V^t_{a\to\hat a})=\begin{cases}\sum\limits_{i=1}^{n}w^a_i u^a(v_i)f(t), & t\leqslant T^a\\ 0, & \text{其他}\end{cases}\tag{4.1}$$

其中，$f(t)$ 表示时间折扣函数，与协商回合 r 有关；$u^a(v_i)$ 表示协商 Agent a 关于协商议题的效用函数，定义如下：

$$u^a\left(v_i\right)=\begin{cases}\dfrac{\max\left\{\mathrm{IP}_i^a,\mathrm{RP}_i^a\right\}-v_i}{\left|\mathrm{IP}_i^a-\mathrm{RP}_i^a\right|}, & \text{偏好递减}\\ \dfrac{v_i-\min\left\{\mathrm{IP}_i^a,\mathrm{RP}_i^a\right\}}{\left|\mathrm{IP}_i^a-\mathrm{RP}_i^a\right|}, & \text{偏好递增}\end{cases} \tag{4.2}$$

$S=(S^1,S^2,\cdots,S^m)$ 表示协商 Agent 的行为策略空间集，在协商过程中，Agent 提出提议的策略规则是 Agent 按照对不同协商议题的权重分配进行让步。假设序列 $\left\{w_{ij}^a\right\}=\left\{w_{i1}^a,w_{i2}^a,\cdots,w_{in}^a\right\}$ 是 Agent a 关于议题权重分配 $W^a=(w_1^a,w_2^a,\cdots,w_n^a)$ 的一个升序序列，即 $w_{i1}^a\leqslant w_{i2}^a\leqslant\cdots\leqslant w_{in}^a$，$i_1,i_2,\cdots,i_n$ 是对应的 1 至 n 的一个排列，则 Agent a 就按照权重的升序序列所对应的议题顺序依次进行一定的让步，向 Agent $\hat{a}$ 给出反提议。

定义 4.2：买方 Agent B 对协商线程输出的均衡解的综合信誉评价函数 F 为

$$F=\max(U_B(V_{ij})-RU_B)\times D^{ai} \tag{4.3}$$

$$\text{s.t.}\begin{cases}Z=\left\{V_{ij}\right\},V_{ij}\in\left\{X_{ij}\right\}\wedge\left\{Y_{ij}\right\}\wedge\left\{0\right\}\\ D^{ai}=R_{Bi}\Big/\sum\limits_{i\in\{1,2,\cdots,m\}}R_{Bi}\\ a_i\in\left\{a_1,a_2,\cdots,a_m\right\}\\ i=1,2,\cdots,m;\ j=1,2,\cdots,h\end{cases} \tag{4.4}$$

R_{ij} 表示 Agent a_i 对 Agent a_j 的直接信任度，

$$R_{ij}=\begin{cases}\sum\limits_{k=1}^{r}\left[d_{ij}^k t^k\Big/\sum\limits_{l=1}^{r}t^l\right], & n\neq 0\\ R_{\text{initial}}, & n=0\end{cases} \tag{4.5}$$

其中，R_{initial} 表示对于没有交易历史的 Agent 的初始信任值。

设 $\forall a_i$、$a_j\in A_g$，当 Agent a_i 和 Agent a_j 就议题向量 G 进行协商时，a_i 会对 a_j 提供的服务做出满意度评价，由 d_{ij}^r 表示，$d_{ij}^r\in[0,1]$，0 表示完全不满意，1 表示完全满意，0.5 是满意与不满意的临界值。$<d_{ij}^r,t^r>$ 为 Agent a_i 对 Agent a_j 的一次评价信息，t^r 为从 a_i 的角度第 r 回合的老化时间，随时间递减，当值为 0 时，$<d_{ij}^r,t^r>$ 被删除。t^r 表示为

$$t^r = \begin{cases} t, & \text{初始时刻} \\ t^{r-1} - 1, & \text{每秒更新} \\ 0, & \text{无效被删除} \end{cases} \tag{4.6}$$

由此，协商 Agent 于提议与反提议的交互中，通过效用比较和博弈矩阵获得协商均衡解为 $Z = \{V_{ij} | i = 1,2,\cdots,m; j = 1,2,\cdots,h\}$，并对其进行综合信誉评价，获得最优协商均衡解，判定最佳交易伙伴。

本书将企业的评价指标作为 Agent 的属性，定性地建立了供应链下多 Agent 联盟的计算模型，并借助蚁群算法在求解资源组合方面的优势，给出了供应链下多 Agent 联盟形成算法，最后通过汽车行业供应链的例子，验证建立的模型的合理性，详见第 7 章。

4.3　面向复杂决策问题的网格资源与服务的数据挖掘方法

复杂决策问题往往涉及面广，时间跨度大，其数据呈现结构复杂、规模庞大、多维性等特征。随着电子技术、计算机技术、通信技术等先进技术的引入，日常的业务活动中积累了大量的、以不同形式存储的相关信息数据，通过对这些数据深层次的探索，可以发现对复杂问题决策提供支持的知识，从大量的数据中发现这些潜在的知识，具有重要意义。

数据挖掘作为一门交叉学科，融合了统计学、数据库和人工智能等学科。数据挖掘可以发现的知识模式有以下几种：分类知识、关联知识、时序型知识、偏差型知识。分类知识反映同类事物之间的共同性的特征知识和不同事物之间的差异性的特征知识。关联知识反映一个或多个事件和其他事件之间依赖或关联的知识。时序型知识根据时间序列型数据，由历史的和当前的数据去推测未来的数据。偏差型知识是对差异和极端特例的描述，揭示事物偏离常规的异常现象。数据挖掘也称为“数据库中的知识发现”，它是从数据中识别出有效的、新颖的、潜在有用的及最终可理解的模式的高级过程。即数据挖掘要解决的问题就是从海量的数据中寻找有价值的隐藏信息，加以分析，并将这些有意义的信息归纳成关系或模式结构，提供给有关部门在进行决策时参考。数据挖掘作为一门新型技术，集成了多个不同学科领域的技术与成果。数据挖掘的主要方法有：人工神经网络方法、粗糙集理论方法、关联规则方法、遗传算法方法、决策树方法及统计分析方法等。

4.3.1 网格资源分配模型

1. 网格资源分配问题描述

网格资源分配问题可以看作在一定约束条件下将一组任务分配给不同资源的过程。在这个过程中，每个任务都可以从一组备选资源组中选择一定的网格资源，而每一个网格资源也可以选择是否接受系统提交的任务[5]。网格资源分配的目的就是使所有任务被安排后所得到的效用最大化，即

$$\max(U)=\max\sum_{i\in n}\sum_{j\in R}u_{ij}\left(\sum_{q=1}^{N_{ip}}x_{ij}^{q}\right) \tag{4.7}$$

其中，u_{ij} 表示任务 T_i 在资源 R_{ij} 执行后得到的效用；x_{ij}^{q} 表示任务 T_i 在资源 R_{ij} 上的第 q 个时间窗 tw_{ij}^{q} 内执行时，$x_{ij}^{q}=0$ 根据实际要求还需要为目标函数增加多种约束条件，如资源容量约束条件为

$$\sum_{j\in R}\sum_{q=1}^{N_{ip}}x_{ij}^{q}\leqslant 1,\quad \forall i\in T \tag{4.8}$$

该条件限制了每一个待分配的任务 T_i 只能执行一次，并且在执行时只能使用一个资源，此外，该模型中还要求占用相同资源 R_i 的多个任务时间窗之间不能有重合，并且这些任务是顺序执行的，不能出现子环。

2. 基于联合意图的网格资源分配模型

在网格环境中，由于系统中的可用资源在某一时刻可能处于紧缺或不足的状态，在资源的使用上会出现冲突的现象，在系统运行过程中，当资源提供型 Agent 和资源协调型 Agent 拥有相关联且不变的目标时，这两种角色的 Agent 必须进行相互的协作来实现其目标[6]。如果资源提供型 Agent（或资源协调型 Agent）认为这个目标已经实现、不能够实现，或者与对方是不相关的，那么资源提供型 Agent（或资源协调型 Agent）必须让资源协调型 Agent（或资源提供型 Agent）也了解到自己的这种认识。这时，这两种 Agent 之间的共同目标虽然不复存在，但仍然有一个较弱的共有的目标，这使它们各自的认识可以被对方所了解。根据联合意图理论，建立基于联合意图的网格资源协商分配协议，如图 4.1 所示。

当资源需求型 Agent 在运行时需要某个资源 (R_i) 时，向资源协调型 Agent 发送寻找资源的请求。

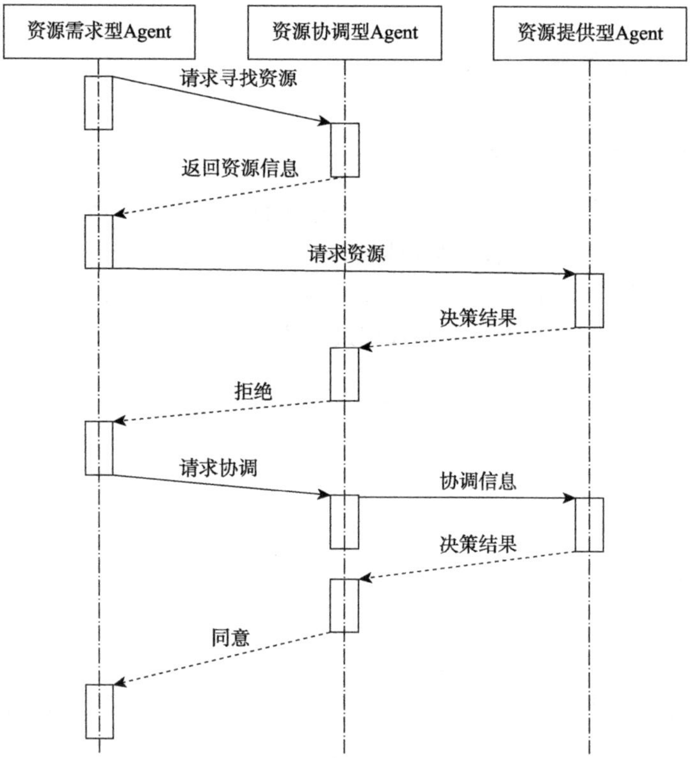

图 4.1 多 Agent 协商分配协议

当资源协调型 Agent 收到资源需求型 Agent 的请求后，根据资源使用情况将可能被使用的资源信息列表发送给资源需求型 Agent。资源需求型 Agent 根据资源协调型 Agent 所提供的资源信息列表，分别向各个资源提供型 Agent 发送资源服务的请求，等待其响应。

在收到资源协调型 Agent 的资源服务请求后，资源提供型 $Agent_i$ 根据自身的状态确定是否提供资源，并将决策的结果返回给资源协调型 Agent。

若所有的资源提供型 $Agent_i$ 均不同意为资源需求型 Agent 提供服务，资源协调型 Agent 将根据资源服务队列中的使用情况，向资源提供型 $Agent_i$ 发出资源协调的请求，让资源提供型 $Agent_i$ 在下一个时刻 t 再次对资源协调的请求进行决策。

若资源提供型 $Agent_i$ 同意为资源需求型 Agent 提供服务，在收到资源协调型 Agent 的协调结果后，开始向资源需求型 Agent 提供服务；若不同意为资源需求型 Agent 提供服务，同时拒绝资源协调型 Agent 的协调请求时，资源提供型 $Agent_i$ 拒绝资源需求型 Agent 的服务请求。

该协议利用多 Agent 之间的共有目标，将它们之间的共有的信息进行交互，从而确保了资源提供型 Agent 高效、有序地为系统提供服务，增强了系统求解全局问题的效率。

4.3.2 序列模式挖掘方法

1. 基本概念

Pei 等[7]给出关于序列模式的主要概念如下：给定一个顾客交易数据库 D，每项交易包含如下字段：顾客标识、交易时间，以及在每次交易中购买的商品项。假定在同一交易时间同一顾客只进行一次交易，每次交易不考虑所购买项的数量，只考虑是否购买。

定义 4.3（项集）：设 $I=\{i_1,i_2,\cdots,i_m\}$ 是项的集合，其中 i_k 是数据项（item）。项集是非空的项的集合。

定义 4.4（序列）：序列是由若干项集组成的有序队列，记作一条序列 S，S 为 $<s_1,s_2,\cdots,s_n>$，其中 S_k 是一个项集。

定义 4.5（子序列）：$A=<a_1,a_2,\cdots,a_m>$，序列 $B=<b_1,b_2,\cdots,b_m>$，若存在一组正整数，$i_1<i_2,\cdots,i_n$，满足 $a_1\subseteq b_{i_1}$，$a_2\subseteq b_{i_2}$，…，$a_m\subseteq b_{i_m}$，则序列 A 包含于序列 B，或称 A 是 B 的子序列。例如，$<(4)(5,6)(2,3)>$ 包含于序列 $<(4,5)(5,6,8)(2,3,4)(2)>$，因为 $(4)\subseteq(4,5)$，$(5,6)\subseteq(5,6,8)$，$(2,3)\subseteq(2,3,4)$。在一个序列的集合中，若序列 S 不包含于任何其他的序列，则称序列 S 为极大序列。

定义 4.6（序列长度）：一条序列所包含项集的个数为序列的长度。长度为 k 的序列称为 k 序列。

一个顾客的所有交易可以组成一条序列，将每次交易看成是一个项集，所有的交易按照时间升序排列，则称之为顾客序列。记 $T_1,T_2,\cdots,T_n$ 为顾客的交易时间，T_i 记为第 i 次交易时间。记 $\text{ItemSet}(T_i)$ 为 T_i 时间的交易项。则该顾客的顾客序列为 $<\text{ItemSet}(T_1),\text{ItemSet}(T_2),\cdots,\text{ItemSet}(T_n)>$。所有顾客的顾客序列构成顾客序列数据库，如表 4.1 所示。

表 4.1　顾客序列数据库示例

顾客标识	顾客序列
1	$<(d),(c)>$
2	$<(a,b),(d),(e,f,g)>$
3	$<(d,h,g)>$
4	$<(d),(e,g),(c)>$
5	$<(c)>$

定义 4.7（支持度）：若序列 S 包含于某顾客序列中，则称该顾客序列支持序列 S，序列 S 的支持度（support）定义为顾客序列数据库中支持 S 的顾客数［也称 S 的支持数，记为 $\text{count}(S)$］与顾客序列数据库中顾客总数量之比，数据库中顾客总数量用 N_{DB} 表示，即

$$\text{Support}(S)=\text{count}(S)/N_{\text{DB}} \tag{4.9}$$

定义 4.8（频繁序列）：在一个顾客交易数据库中，给定一个最小支持度阈值（min_sup），支持度大于阈值的序列，成为频繁序列。在一个交易数据库中，用户指定一个最小支持度阈值，序列模式挖掘问题就是找出所有满足最小支持度阈值的序列中，发现最大序列，这种最大序列也称为序列模式。

2. 序列模式数据挖掘算法

序列模式挖掘算法主要分为两大类：一类是基于 Apriori[8]性质的，如 AprioriAll、GSP①算法等；另一类是由 Han 等提出的基于模式增长方法[9]，如 Prefixfan 等。

AprioriAll 类算法，主要分为两大步，第一步扫描数据库，生成候选序列，第二步基于 Apriori 性质进行剪枝。

频繁项集的所有非空子集也是频繁的，这是 AprioriAll 算法的性质。在顾客序列中，则表现为频繁序列的非空子序列也是频繁的。基于以下观察，若某顾客序列支持序列 S，则必然支持 S 的子序列，因此子序列的支持度不小于 S 的支持度。

AprioriAll 算法主要分为以下几个阶段。

（1）排序阶段。这一阶段通过排序将顾客交易数据库转换为顾客序列数据库，排序规则是以顾客标识为主键、交易时间为次键排序。

（2）大项目集阶段。这一阶段用于发现所有的频繁 1 序列，首先扫描数据库，对每个项集的支持度进行计数，通过与最小支持度阈值比较，找出所有的频繁项集（也称大项集），由每一个频繁项集构成的长度为 1 的序列则为频繁 1 序列。在进行关联规则挖掘时，也需首先找到所有的频繁项集。两者的计算过程类似，区别在于对项集的支持度定义不一样。因此，可以采用关联规则挖掘算法来发现频繁项集，不过因为前者的支持度定义为序列数据库中支持该项集的顾客数，而后者的支持度定义为支持该项集的交易个数，因此在支持数计数上应做相应的改动。对发现的所有频繁项集。每次扫描数据库时，为了降低检查一个候选序列是否包含于一个顾客序列的时间，可以将发现的频繁项集映射至一个连续整数的集合。假定最小支持度阈值为 25%，则表 4.2 顾客序列数据库的大项目集和一个可能的连续整数映射如表 4.3 所示。

---

① GSP（generalized sequential pattern，广义序列模式）。

表 4.2　顾客交易数据库示例

顾客标识	交易时间	商品项
2	2013-01-10	a,b
5	2013-01-11	c
2	2013-01-13	d
2	2013-01-14	e,f,g
4	2013-01-15	d
3	2013-01-16	d,h,g
1	2013-01-18	d
1	2013-01-20	c
4	2013-01-22	e,g
4	2013-01-26	c

表 4.3　大项目集

频繁项集	映射
(d)	1
(e)	2
(g)	3
(e,g)	4
(c)	5

（3）转换阶段。在序列阶段，需要重复地判断一个给定候选序列集合中的哪一个被包含于一个顾客序列[10]。为了快速地完成这个过程，可以将顾客序列进行转换。转换的规则如下：在一个转换后的顾客序列中，每个交易被该交易中所有频繁项集替换。若一个交易不包含任何频繁项集，则在转换后的序列中不保留该交易；若一个顾客序列不包含任何频繁项集，则从转换后的数据库中删除该顾客序列（但是总的顾客数不变），转换后的数据库如表 4.4 所示。

表 4.4　转换后的数据库

原始顾客序列	转换后的顾客序列	映射后
$<(d),(c)>$	$<\{(d),(c)\}>$	$<\{1\},\{5\}>$
$<(a,b),(d),(e,f,g)>$	$<\{(d)\},\{(e),(g),(e,g)\}>$	$<\{1\},\{2,3,4\}>$
$<(d,h,g)>$	$<\{(d),(g)\}>$	$<\{1,3\}>$
$<(d),(e,g),(c)>$	$<\{(d)\},\{(e),(g),(e,g)\},\{(c)\}>$	$<\{1\},\{2,3,4\},\{5\}>$
$<(c)>$	$<\{(c)\}>$	$<\{5\}>$

（4）序列阶段：用符号 L_k 表示所有 k 频繁序列集合，C_k 表示所有候选 k 序列集合。

每次计算都利用前一次计算的频繁序列来产生候选序列，然后通过遍历整个数据库后计算每个候选序列的支持数，从而判断是否为频繁序列，在第一次计算中，大项目阶段输出的用来初始化频繁 1 序列集合。

候选序列产生，主要是借鉴 Apriori 性质的反单调性，即若一个序列不是频繁的，则包含它的任意序列也不是频繁的。生成候选序列函数 apriori-generate 以所有的 $k-I$ 频繁序列作为其输入参数，主要通过自连接和剪枝两步来实现。

对产生的候选序列集的每个序列，通过扫描顾客序列数据库，进行计数。每扫描到一条顾客序列，则对其包含的所有候选序列的支持数增加 1。因此，对于给定的一个顾客序列 S 和候选序列集合 C_k，子序列函数须对所有属于 C_k 且被 S 包含的候选序列进行扫描。算法主要利用 hash 函数来组织候选序列，从而减少待检查候选序列的数量。哈希树的叶节点包含了候选序列的列表，hash 函数的内部节点包含一个 hash 表。

若序列模式挖掘的目的是要挖掘出所有的最大频繁序列，则算法将包含最大序列阶段。在序列阶段，所有的频繁序列的集合 L 都能被发现[8]。

3. 网格环境下路径频繁模式挖掘

1）MapReduce 计算原理

MapReduce 的计算原理如下。

（1）划分阶段，用户程序根据所在的分布式环境和数据集特点，合理地将大数据分成 M 个数据块。

（2）任务分配阶段，MapReduce 框架为每一个数据块产生一个 Map 任务，同时产生 R 个 Reduce 任务，主节点将 M 个 Map 任务和 R 个 Reduce 任务分配到空闲的工作节点（此处 M 的大小取决于数据块的个数，即一个数据块产生一个 Map 任务，R 的大小取决于工作节点的个数）。

（3）Map 阶段，被分配任务的节点进行 Map 运算，根据用户定义的 Map 函数，处理输入的数据键值对（key，value），同时解析出中间键值对（key，value）。

（4）Combine 阶段，当 Map 阶段输出的数据量很大时，用户可设置 Combine 函数，对具有相同 key 值的中间键值对进行汇总，降低数据传输的开销。此过程不是必需的，应视具体应用场景而定。

（5）Reduce 阶段，用户程序接受 Map 阶段的输出键值对（key，value），对结果进行合并。

Map 和 Reduce 阶段的输入输出键值对应满足如下要求：

Map（k_1，v_1）→list（k_2，v_2）

Reduce（k_2，list（v_2））→list（v_2）

当设置了 Combine 函数时，应满足：

Map（k_1，v_1）→list（k_2，v_2）

Combine（k_2，list（v_2））→list（k_2，v_3）

Reduce（k_2，list（v_3））→list（v_3）

2）MapReduce 处理数据流程

MapReduce 框架通常有一个主节点和若干个工作节点构成，MapReduce 中，一个应用程序称为一个工作，一个工作分解成若干个任务，主节点负责调控一个工作的任务构成、任务分配和任务执行情况监督；任务分配发生在工作节点上，从节点负责任务执行。MapReduce 处理数据集过程如图 4.2 所示。

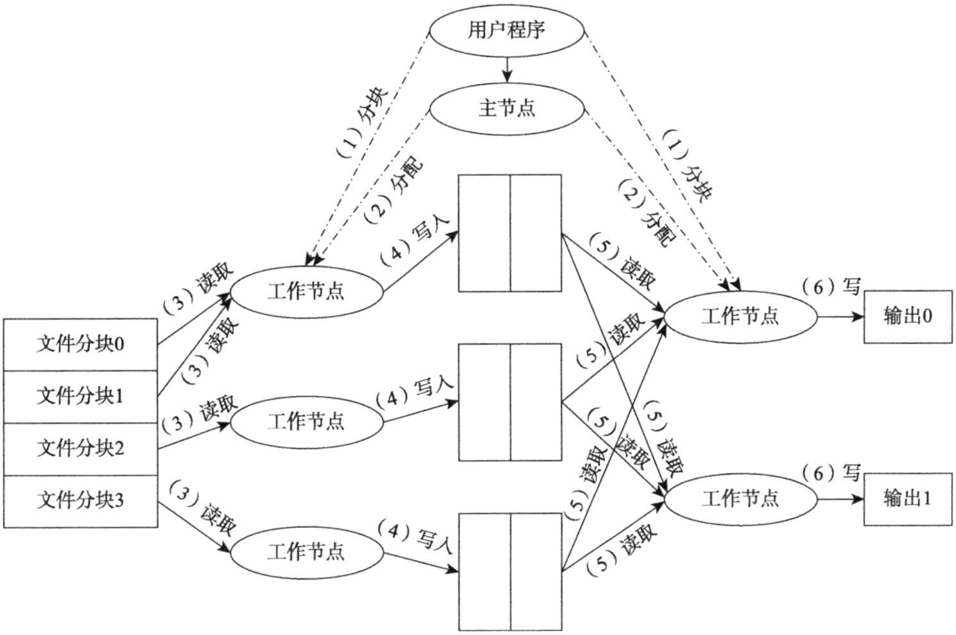

图 4.2　MapReduce 处理数据集过程

（1）MapReduce 将输入文件分块，每个数据分块规模相当，彼此独立。

（2）主节点根据任务的执行情况和每个工作节点的空闲情况，分配任务。

（3）被分配了 Map 任务的工作节点读取数据（MapReduce 采取本地计算方式，这是因为通常计算节点和数据节点置于同一计算机上），将输入的数据块解析成（k_1，v_1）形式，交给用户定义的 Map 函数进行处理，得到输出结果（k_2，v_2）形式，并写入本地的缓存。

（4）写入缓存中的中间结果会定时被写入到本地硬盘。

（5）执行 Reduce 任务的工作节点接到主节点的指派后，从主节点处获取相应的 Map 任务的输出信息，调用远程程序获取执行 Map 任务工作节点的本地文件，当获取所有 Map 输出后，进入排序过程，将所有 Map 输出合并为较大的排序好的文件，最后将数据以（k_2，v_2）的形式交给 Reduce 函数进行处理。

（6）将 Reduce 函数处理后的结果写入到文件中。

3）基于 MapReduce 的序列模式算法改进

基于 MapReduce 的 AprioriAll 算法并行改进思路如下。

（1）数据划分，将数据库合理地分割成 M 个数据块。

（2）产生 k 序列，每个工作节点扫描一个数据块，产生候选 k 序列集合，每个 k 序列的支持度计数为 1。

（3）分配节点，将 M 个节点生成的 k 序列集合按照相同序列发送到 R 个工作节点，一般选用 Hash 函数。

（4）产生频繁序列，R 个节点对结果进行汇总，将相同序列的支持度计数进行累加，产生最终的实际支持度计数，与用户给定的支持度阈值进行比较，判定是否为频繁序列。

（5）产生频繁 k 序列集合，把 R 个站点输出结果进行合并，产生频繁 k 序列集合。

改进的 AprioriAll 算法，充分借鉴了 MapReduce 计算模型，利用了云计算提供的分布式并行计算功能。这里的 k 取值从 1 开始，直到所有频繁序列被找出的整数，也可以取其中的某个数值，进行 k 频繁序列查找。其优势体现在，产生 k 序列和 $k+1$ 序列是并行的，是完全独立的。

4）改进的算法与 MapReduce 结合

具体过程如下。

（1）用户程序将待处理的序列数据库划分为 M 个规模相当的数据分块。

（2）并行计算的 Map 任务对每个数据分块进行 Map 函数运算，扫描数据分块，生成 k 序列集合，记为 L_k，每个 k 序列支持度计数为 1。Map 函数运算后解析出的键值对形式为 $<L_k,1>$。可见 Map 函数的算法可以描述成：输入为某数据分块的序列数据库，输出为<所有 k 序列,1>。

（3）对 Map 运算阶段输出的结果进行合并。当序列数据库的数据量庞大时，划分后的数据分块会产生大量相同的 k 序列，即可能会产生大量的 $<L_k,1>$ 重复数据。Map 输出的结果会先存储在某个服务器的硬盘，Reduce 通过网络传输协议请求 Map 输出文件，因此可以在某个执行 Map 任务的服务器中添加一个 Combine 过程，先在本地对 Map 输出结果中重复的项进行合并，这样可以有效地减少中间结果数量，从而减少数据传输过程中的网络开销。Combine 过程运算后的输出是 $<L_k,n>$，n 为某 Map 任务中 L_k 出现的个数。可见 Combine 过程可以描述成：输入为 Map 阶段的输出结果，输出为 $<L_k,n>$ 。

（4）将 Combine 过程后的输出结果按照 key 值，分成 R 份（ R 是预先定义的 Reduce 的个数），每份会作为 Reduce 函数的输出进行处理。MapReduce 计算模型一般采用 Hash 函数，Hash 函数定义如下： $\text{Hash}(i_1,i_2,\cdots,i_k)=\left(\sum_{j=1}^{k}10^{k-j}i_j\right)\text{mod}(R)$ 。

（5）负责 Reduce 任务的工作节点，接收经过 Map 任务节点和 Combine 过程处理后的数据 $<L_k,n>$ 。多个不同的 Map 任务节点的数据可能会对应到一个 Reduce 任务节点，因此，先依据 L_k 对 $<L_k,n>$ 进行排序，这样具有相同 L_k 值的任务节点聚在一起，形成 $<L_k,\text{list}_n>$ 。负责 Reduce 任务的工作节点，将数据传递给 Reduce 函数进行处理，Reduce 函数对 k 序列的支持度进行计数，获取 k 序列在序列数据库的实际支持度计数，并与给定的支持度阈值 min_sup 进行比较，判定是否为频繁 k 序列，对所有 k 序列进行判断，则获得局部频繁 k 序列集合。

（6）将 R 个负责 Reduce 任务的工作节点的输出结果进行合并，获得所有的频繁 k 序列集合。

（7） k 值进行递增直到候选 k 序列为空，至此所有频繁 k 序列被找出。

4.3.3　网格服务发现方法

随着网格技术的发展，客户和服务提供商之间的双向关系日趋明显，然而，迄今为止，还没有形成一种标准的、开放的协议和服务发现机制以在众多服务中发现满足自身需求的服务。

1. 网格服务发现流程

网格服务发现流程分为两个阶段：第一个阶段是描述阶段，采用基于上下文的描述方法，建立上下文感知系统，获得物流任务和发布的物流服务后，形成物流任务上下文信息和服务上下文信息，然后结合服务使用者和服务提供者对物流任务和物流服务的描述，对网格任务和网格服务进行描述，进入第二个阶段；第二个阶段是语义上下文匹配阶段，这一阶段分为三个步骤，每个步骤均需要计算相似度，并且都设置相应的阈值，将不满足阈值的服务过滤掉，使其不参与下一步骤的相似度计算，整体流程设计如图 4.3 所示。

从图 4.3 中可以看出，匹配中心包括以下三个模块。

（1）服务本体 Web 语言解析器：对网格服务上下文和网格任务上下文进行解析，提取相关要素，为后续匹配过程提供依据。

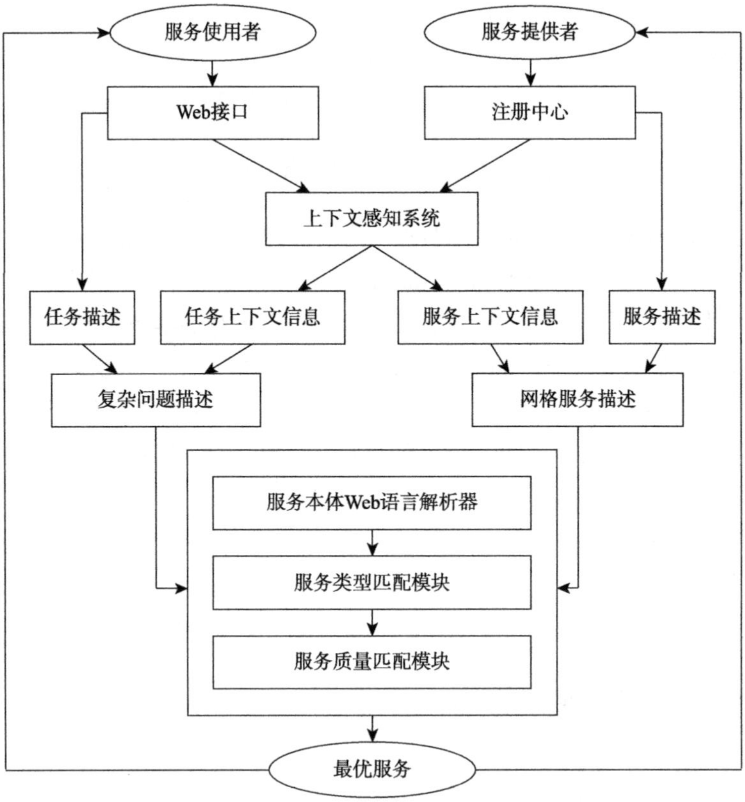

图 4.3　基于语义上下文的网格服务发现流程图

（2）服务类型匹配模块：利用解析结果，对服务类型及相关属性进行匹配，过滤掉一些不满足需求的服务。

（3）服务质量匹配模块：在过滤后的服务中，进行服务质量匹配，匹配出满足需求的服务。

2. 网格服务发现算法描述

服务发现过程是指对服务请求者所需的服务进行语义解析，从而得到该服务的服务类型，然后据此在注册中心进行查找，返回匹配度最高的服务。将语义解析、本体推理、基于语义的功能匹配和非功能匹配整合在一起，最终达到网格服务发现的目的。具体过程如下所示。

（1）从解析器中提取服务类型、服务属性和上下文等相关信息。

（2）提取所有服务的服务配置。

（3）继而提取服务配置中的类别和属性相关信息。

（4）使用服务类型匹配算法对服务类型进行匹配，过滤掉不满足条件的服务。

在解析器中，服务类型用于描述网格服务的类型，在进行分类匹配时采用关键字精确匹配。在进行匹配时，构造相似度函数 sf，以语义距离 $\mathrm{dis}(R_i,S_i)$ 为基础，计算概念之间的相似度。

（5）使用服务质量综合匹配算法对网格服务的服务质量进行匹配，输出匹配度最优的服务。

鉴于网格服务的应用特点，本节将网格服务质量参数细化为五类：A、B、C、D 及 E，这样做的优点是可以依据需求的不同，根据属性对匹配度影响的大小来分配不同的权重，然后把这五部分的质量匹配度的加权和作为网格服务质量匹配度，计算步骤如下。

1）数学符号设定

QoS 表示网格服务属性综合匹配度；S_j 表示请求的网格服务对应的属性参数需求值，如 S_1、S_2、S_3、S_4、S_5 分别是 A 要求、B 要求、C 要求、D 要求及 E 要求的度量值，其相应的权重为 ω_j，且 $\omega_j \geqslant 0, \sum_{j=1}^{5}\omega_j = 1$；$j$ 表示第 j 个属性参数，$1 \leqslant j \leqslant 5$；$i$ 表示发布的第 i 个网格服务，$1 \leqslant i \leqslant n$；ps 表示网格服务各个质量参数的度量指标数值。

2）计算指标数值

五个参数有些是度量值越大代表该质量参数越优，如 S_1、S_2；而有些是度量值越小代表该质量参数越优，如 S_3、S_4、S_5。为了便于计算和统一，计算过程中考虑 S_1、S_2 的倒数，用 $(s_1)^{-1}$、$(s_2)^{-1}$ 分别表示 S_1、S_2。这样，所有参数统一考虑度量值越小越优，五者的指标数值计算公式如下：

$$\mathrm{ps}_{ij} = \begin{cases} \dfrac{S_j^{\max} - S_j}{S_j^{\max} - S_j^{\min}}, & S_j^{\max} - S_j^{\min} \neq 0 \\ 1, & S_j^{\max} - S_j^{\min} = 0 \end{cases} \tag{4.10}$$

其中，$S_j^{\max}$ 表示第 j 项属性参数度量的最大值；$S_j^{\min}$ 表示第 j 项属性参数度量的最小值。

3）计算网格服务属性综合匹配度

得到对应的指标后，对每个服务进行规范化统计，服务属性综合匹配度的值越接近于1，表示网格服务的服务属性越匹配。其计算公式如下：

$$\mathrm{QoS}_i = \sum_{j=1}^{5}(\mathrm{ps}_{ij}, \omega_j) \tag{4.11}$$

一般来说，元数据定义时，属性有名称、描述及数据类型。为了计算属性相似度，需要将两个属性的所有信息进行比较，把属性的数据类型设置成一个简单的数据类型（本书定义为 long），这样属性相似度的计算可以依据其数据类型进行计算[11]。

4.3.4　基于本体的知识获取方法

1. 基于本体的知识构建方法

对于不同类型的知识范畴，选用不同的知识表示方法对知识处理的影响很大。传统的知识表示方法主要有逻辑表示法、语义网络表示法、框架表示法、规则表示法，但是它们都存在着一定的局限性。近年来，国内外对本体做了大量研究并将其运用于知识工程领域，基于本体建模和表达。

本体原本是哲学中的一个概念，研究客观事物存在的本质。本体表达了概念的结构、概念之间的关系等领域中实体的固有特征，即“共享概念化”。与语义网络表示法最为接近，都是结构化表示法；它综合了传统知识表示的优点，并且具有丰富的知识表示语言，能够很好地实现知识的共享和重用。本体构造的四个准则包括：概念化，客观世界现象的抽象模型，其表示的含义独立于具体的环境状态；明确，概念及它们之间联系都被精确定义；形式化，精确的数学描述，计算机可读；共享，本体中反映的知识是其使用者共同认可的，是相关领域中公认的概念集，它所针对的是团体而不是个体。本体建模时需要用到的五个基本元语：概念或类、关系、函数、实例、公理。

本节提供一种基于本体的知识构建方法，是运用本体的概念，对复杂决策问题的信息和数据等提供共享概念模型并进行明确的形式化规范说明；同时也对复杂问题决策过程中的相关关系进行描述，把数据之间的逻辑、数据存储及数据操作方法结合成一个整体，建立知识本体库，实现复杂决策问题知识的共享、重用和集成，如图 4.4 所示。

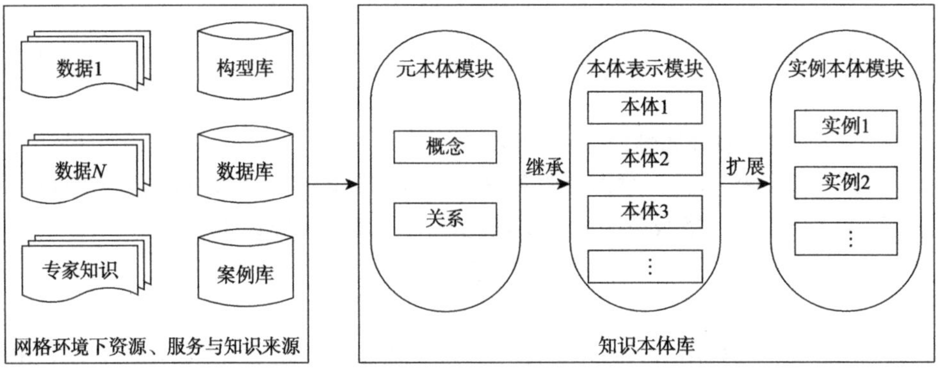

图 4.4　知识本体库示例

其主要特征如下所示。

（1）知识分类。针对复杂决策问题的知识分为构型库、数据库、案例库三大类。构型库包括复杂问题本身的一些数据信息；数据库主要存储问题求解过程、问题求解方法等信息；案例库主要是由专家知识得出，包括问题求解经验、实例等。

（2）知识本体。将知识来源基于本体进行表达后，可以形成知识本体。根据本体表达的过程及知识来源，可将知识本体分为三大模块：元本体模块、本体表示模块和实例本体模块。元本体模块是基础，它由概念和关系组成，这些概念和关系主要从构型库和数据库中抽取，它拥有本体模型中的所有基本的概念及其关系，是下面进行知识表示的前提和依据，元本体独立于其他具体数据资料因而能重用；本体表示模块是主体，它继承元本体中的概念和关系，对构型库及数据库中的知识进行详细而具体的本体表示，这些本体下面往往会有一个或多个子本体；实例本体模块是扩展，是在上述本体表示的基础上，根据案例库的知识，对知识本体的延伸说明。实例知识对于确定最佳求解方案具有重要意义，在基于实例的复杂问题求解中，无须对知识进行规制提取，降低了知识获取的难度。

本书提供了一种基于知识构建的方法，主要内容如图 4.5 所示。

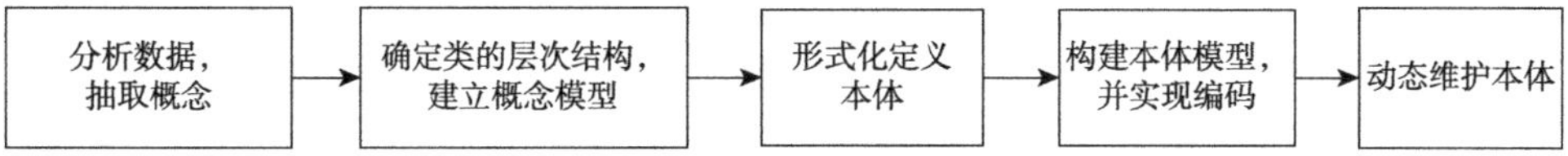

图 4.5　本体构建步骤

（1）分析数据，抽取概念。对构型库和数据库中的知识进行分析，抽取相关概念及关系，对其中一些难懂的或有歧义的概念可以用自然语言定义。然后根据这些概念及其关系，建立各种相应的概念图或概念表，这些概念图或概念表可以借助各种绘图工具来完成。

（2）确定类的层次结构，建立概念模型。我们把具有相同特征及性质的概念，定义为类。类具有继承性，并以层次结构的形式组织，最高层的类代表着最抽象的实体概念，子类继承其父类的抽象特性，代表比其父类更具体或范围更小的实体概念。我们使用自顶向下的方法来确定类的层级，从最一般的类开始，一步步具体化向下分级，最后形成一个完整概念模型。

（3）形式化定义本体。根据本体的五个基本元语来定义本体。对于一些简单的本体可以只有类 C 和关系 R 组成，表示为 $O:=\{C, R\}$；而那些概念繁杂、关联复杂的本体就可以用类 C、关系 R、函数 F、实例 I、公理 A 来定义，表示为 $O:=\{C, R, F, I, A\}$；还有一些更复杂的本体，可以抽出概念中的属性 P、属性的关系 P^C 及关系的属性 C^P 来定义，如 $O:=\{C, P, P^C, C^P, F, I, A\}$等。这里的类和关系主要来源与依据是前面得到的概念模型；函数是一个推理过程；公理是根据常识定理或经验知识，对概念、关系及属性的约束性的规范说明；属性是二元关系，表示类之间关系及类的取值。

（4）构建本体模型，并实现编码。在形式化定义本体后，就可以利用本体编辑工具和本体描述语言来构建本体。本体编辑的工具有 WebODE、OntoEdit、OilEd、Protégé 等，本体描述语言有 RDF、OML、OIL、OWL 等。它们各有千秋，使用者根据所要表示的知识的特点，选择其中合适的一种来构建和描述本体。

（5）动态维护本体。这是个漫长的循环阶段。问题解决方法的不断改进、新的复杂问题的不断出现等，都会产生新的知识和知识需求，我们就要对本体知识体系进行相应的调整。例如，若增加了新的知识概念，就要分析现有概念是需要修改还是删除，并修改原概念模型或增加新的概念模型，然后创建新增加的类的实例，对所做的修改之处实现编码，从而更新本体库。

2. 基于数据挖掘的知识获取方法

本节引入轿车维修知识获取的例子，说明基于数据挖掘的知识获取方法。

由于轿车结构复杂、零部件多，从轿车的系统设计、开发、实施、维护过程直至生命周期终结，时间周期长，构型变化多。维修知识的获取是实现精益求精的维修管理的重要基础，对于轿车维修决策支持和执行具有重要意义。在该模式下，轿车的维修服务主要由制造厂提供。现代制造企业，正在由设计制造型向制造服务型转变，设计制造人员要求获得轿车的维修数据，以提高产品质量，而维修人员需要获取准确的轿车信息以支持维修活动，以提高轿车的可维修性。维修决策是围绕轿车维修核心业务过程，确定维修需求、制订维修计划、分配维修资源和完成维修任务。相关的维修知识能为维修决策提供信息支持。

轿车结构复杂，构成部件繁多，涉及面广，生命周期长，其数据呈现结构复杂、规模庞大、多维性等特征。随着电子技术、计算机技术、通信技术等先进技术的引入，轿车保障部门在日常的业务活动中积累了大量的、以不同形式存储的维修信息数据。维修数据实际上是与维修活动相关的信息集合，蕴含了维修过程的客观规律和操作人员丰富的经验等大量有用的信息，通过对这些数据深层次的探索，可以发现对轿车维修决策提供支持的知识，可以对提高维修质量、改进生产质量等提出针对性很强的建议。从大量的维修数据中发现这些潜在的知识，具有重要意义。

对轿车生命周期中产生的大量数据，通过数据挖掘技术可以发现隐含的模式和趋势，继而发现有关轿车维修和质量的重要信息，对维修具有重要意义，还可以反馈到设计环节和轿车保障等环节，为改进生产质量提供依据。由于历史数据的不断更新，需要经常进行数据挖掘，从数据中获得知识。

本书提供了一种基于数据挖掘的轿车维修知识获取方法，如图 4.6 所示。该方法实现技术方案如下所示。

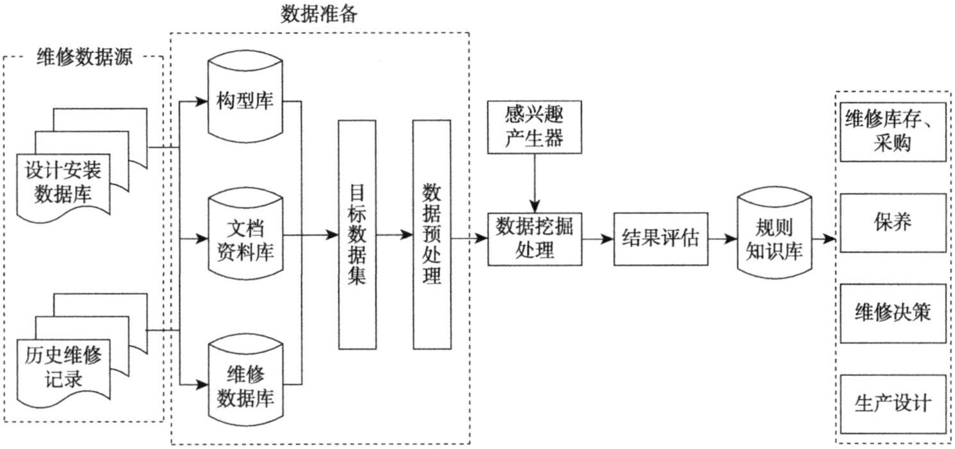

图 4.6　基于数据挖掘的轿车维修知识获取方法层次结构图

（1）构建感兴趣产生器模块。提供所需要的与维修相关的维修知识任务，如机车发动维修等级决策、零部件维修关联（一个或多个零部件引起其他零部件的损坏）、易损零部件、故障预测等维修知识任务。感兴趣产生器由领域专家和维修工程师建立，领域专家和维修工程师提出感兴趣的与维修相关的数据挖掘任务并建立包含与维修相关的数据挖掘任务的感兴趣产生器模块。轿车结构复杂，从轿车的系统设计、开发、实施、维护过程直至生命周期终结，时间周期长，构型变化多，相关的维修知识也很复杂。同时，维修领域知识完备，领域专家和工程师的兴趣度较为稳定，因此采用感兴趣产生器提供所需的知识类型。这样，数据挖掘是在感兴趣产生器的指导下进行的数据分析，只挖掘那些用户感兴趣的知识，从而使搜索空间减小，挖掘速度加快。

（2）构建数据准备模块。从维修数据源（轿车的设计安装数据和历史维修记录中）获取可供数据挖掘分析的数据集，包含对数据进行采集、选择和预处理。数据采集，即从维修数据源获取数据以构建包含轿车组成部件和部件更换记录的构型库、轿车技术手册和维修经验的文档资料库、具体维修信息的维修数据库；数据选择，即依据感兴趣产生器模块提出的数据挖掘任务，从构型库、文档资料库和维修数据库中选择与当前数据挖掘任务相关的记录和特征，得到对应的目标数据集；数据预处理，即对目标数据集中的数据进行清理，消除噪声和不一致的数据，使目标数据集中的数据可供数据挖掘分析。

构型库包含轿车的部件组成和部件更换记录的数据库，其字段包含轿车的机型、核心部件、一般部件、部件更换次数、部件维修次数、部件剩余生命周期等。

文档资料库包含生产商提供的轿车技术手册，以及大型历史维修经验的数据库，其字段包含维护技术文档、维修计划、维修策略、维修方法、排故措施、送修标准等。

维修数据库包含具体的历史维修信息的数据库，其字段包含轿车机型、故障部件、故障代码、故障时间、故障现象、故障率、故障原因、维修时间、维修成本、维修所需器材、地理环境、维修级别。

（3）构建数据挖掘处理模块。根据感兴趣产生器模块提供数据挖掘任务，对数据准备模块预处理后的目标数据集，利用基于粗糙集、关联规则挖掘和统计分析等方法对目标数据集进行数据挖掘分析，生成新的模式。例如，以 CF6-80C2A5 发动机的单元体燃烧室为例，对航空发动机维修等价决策进行分析，其送修等级有一般检查、性能恢复和翻修三类，选取故障情况、故障部件、故障原因、运行时间等为条件属性集，以一般检查、性能恢复和翻修为决策属性，从而可以构造条件属性和决策属性组成的信息系统，采用粗糙集中分辨矩阵的方法可以获取维修等级决策规则。

对于零部件维修关联，选取某机型轿车在每次维修中的所需器材数据，采用关联规则挖掘中经典的 Apriori 算法对目标数据集进行分析，设置置信度，得到频繁项集，从而获取维修关联规则。

为分析某机型轿车故障发生与运行时间和环境等的关系，可选用线性回归模型。可以采用统计分析中的多元回归分析进行挖掘分析。

例如，选取轿车故障率（y）为因变量，选取运行时间（x_1）和温度（x_2）作为自变量，线性回归模型为 $y=\alpha_0+\alpha_1x_1+\alpha_2x_2$，$\alpha_0$、$\alpha_1$、$\alpha_2$ 为参数，采用最小二乘法可以获取参数的值，从而得到经验回归方程，可以对故障进行预测。

（4）构建结果评估模块。结合专家意见和用户感兴趣度，对数据挖掘处理模块得到的新模式进行评估，以剔除新模式中冗余或无关的模式，得到符合要求的模式就是维修知识。

（5）构建规则知识库。规则知识库以产生式规则的形式存储结果评估模块得到的维修知识，规则知识库中存储的维修知识还反馈至所述文档资料库，完善维修技术文档，补充和丰富维修经验。产生式表示法的一般形式为

R#：if *A* then *B*

其中，#为规则号，*A* 是一组前提的合取式，*B* 只能是一个结论或操作，或者是多个结论或操作的合取式，表示如果 *A* 满足就推出结论 *B*。例如，

*R*1：if 部件 *A* 损坏 AND 部件 *B* 损坏 then 部件 *C* 损坏

4.4 本章小结

互联网技术的升级产生了大量的、复杂的海量数据，如何从这些数据中提炼

出支持决策的有用信息成了复杂决策支持系统首要解决的问题。针对此目的，本章重点介绍了基于网格资源与服务的数据挖掘方法。首先，介绍了面向复杂决策问题的多 Agent 联盟的形成机制，建立了基于多 Agent、多议题并发协商的博弈模型；然后重点介绍了面向复杂决策问题的网格资源与服务的数据挖掘方法和算法，包括网格资源分配模型、序列模式挖掘方法、网格服务发现方法和基于本体的知识获取方法，为网格服务的进一步研究提供理论基础。

参 考 文 献

[1] 杨善林. 智能决策方法与智能决策支持系统[M]. 北京：科学出版社，2005.
[2] 张新良，石纯一. 多 Agent 联盟结构动态生成算法[J]. 软件学报，2007，18（3）：574-581.
[3] 易伟华. 基于多 Agent 协调的资源调配研究[D]. 华中科技大学博士学位论文，2006.
[4] 赵翔. 基于信任机制的多 Agent 系统协同研究[D]. 北京交通大学博士学位论文，2010.
[5] 李志洁，程春田，黄飞雪. 基于合作博弈的网格资源分配[J]. 大连理工大学学报，2007，47（6）：909-913.
[6] 钟珊，殷旭东，夏开建，等. 一种通用的表示多 agent 协作规划的形式化方法[J]. 常熟理工学院学报，2010，24（2）：119-124.
[7] Pei J, Han J, Mortazaviasl B, et al. Mining sequential patterns by pattern-growth：the PrefixSpan approach[J]. IEEE Transactions on Knowledge and Data Engineering, 2004, 16(11): 1424-1440.
[8] Bodon F. A fast APRIORI implementation[R]. Melbourne：Workshop on Frequent Itemset Mining Implementations（TR03-14），2003.
[9] Han J，Pei J，Mortazavi-Asl B，et al. FreeSpan：frequent pattern-projected sequential pattern mining[R]. ACM SIGKDD International Conference on Knowledge Discovery and Data Mining, 2000.
[10] Jacquemont S，Jacquenet F，Sebban M. Sequence mining without sequences：a new way for privacy preserving[C]. IEEE International Conference on TOOLS with Artificial Intelligence, 2006.
[11] 黄宏斌，刘震，邓苏. 基于语义的信息聚焦服务[M]. 北京：电子工业出版社，2012.

第 5 章　基于网格资源与服务的决策支持系统

5.1　引　　言

科技创新不断地发展为经济社会的发展提供了强有力的支撑，人们越来越深刻地感受到新技术给生活带来的巨大变革。而互联网的飞速发展与信息数量的急剧膨胀，使管理者所面对的决策问题与决策环境变得日益复杂，这就迫使决策者对决策支持系统的依赖性越来越强。决策支持系统经过多年的发展，在理论研究、系统开发和实际应用等方面均取得了长足的发展，但理论框架和原有技术平台的不足，使得决策支持系统目前面临“孤岛现象”严重、结构僵硬、模块化差、生命周期短等一系列问题。网格技术作为互联网的第三次技术浪潮，其平台所具有的优秀特性使其非常适合作为决策支持系统的支撑平台，为决策支持系统的发展带来了机遇与挑战。将网格技术与决策支持系统相结合，不但能为决策支持系统带来新的机遇，而且也会对网格技术的应用起到推动性作用。

5.2　决策支持系统基本结构

5.2.1　决策支持系统的功能

决策支持系统的目标就是通过将计算机强大的信息处理能力和人的灵活判断能力相结合，以交互方式支持决策者对半结构化和非结构化问题进行有序决策，尽可能获得令人满意的客观方案。其功能可以归纳为以下几点。

（1）决策目标、参数和概率的规定：需要有容易使用的用户界面、非程序化建模语言、概率函数、目标搜索和模拟能力。

（2）数据检索和管理：能够建立多维数据结构、数据字典和数据库，具有数据文件合并，交互式数据录入和编辑，与其他用户或系统间进行数据传输，以及数据安全性与完整性维护管理功能（较好的数据库管理系统具有这些管理功能）。

（3）决策方案的生成：具有“如果……则……”（what if）和敏感性分析功能。

（4）决策方案后果的推理：能自动求解联立方程，具有“IF…THEN…ELSE”的建模语言和逻辑推理机制，具有各种数学库函数、预测与时序分析函数及影响分析函数。

（5）方案后果的评价：具有经济评价功能、优化功能和风险分析功能。

（6）决策的解释和执行：具有根据模型（用命令和建模语言表示）方便求解的标准化程序和逻辑算法，灵活有力的报表格式和图形处理能力。

（7）战略构成：具有包含业务知识和推理规则的机内辅助存储（即知识库），能够辅助问题的生成和战略研究。

5.2.2 决策支持系统的系统结构

1. 三角式结构

这种结构是把决策支持系统的三大构件组成一个三角式的网络结构，如图 5.1 所示。用户通过对话管理部分以各种对话形式直接与数据管理和模型管理部分对话，查询或操作数据库，或运行模型获得结果。查询数据库时，根据对话管理部分送来的命令信息，由数据管理部分进行查询，然后再将结果经对话管理部分送回用户。运行模型时，或直接从外界（用户）获得输入参数，或以数据库中查出的数据作为输入，模型运行后产生的结果通过对话管理部分直接送给用户，或先放入数据库以便继续处理，或作为其他模型的输入。

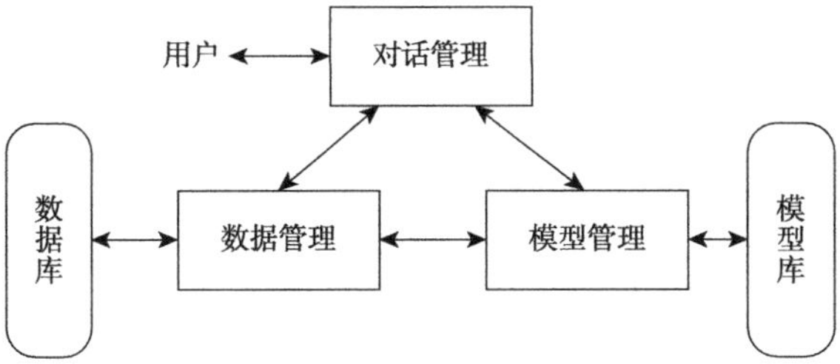

图 5.1　三角式结构

2. 串联结构

这种结构是把决策支持系统的三大部分连成如图 5.2 所示的串联结构。它跟三角式结构的区别是对话管理部分不再与数据管理部分直接联系。对话管理部分与数据管理部分传达命令或接收数据都通过模型管理部分来间接转达。这样尽管稍增加了一点模型管理功能，但却省去了一套接口，使结构更加简单，更易于开发与维护。

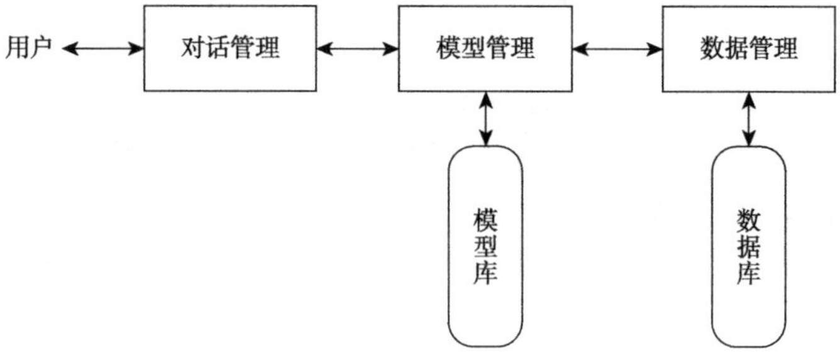

图 5.2　串联结构

3. 熔合式结构

在这种结构中，数据管理部分被熔合在模型管理之中，所以二者之间互不独立，既可以说是模型管理建立在数据管理的基础上，也可以说是数据管理被嵌入模型管理之中。熔合结构如图 5.3 所示。在这里，模型管理与数据管理之间没有明显的接口。数据库与模型库的维护和管理都统一由一个数据库管理系统来实现，而模型管理主要负责模型的建立、选择、拼接、组合、运行控制及数据库接口的转换等。

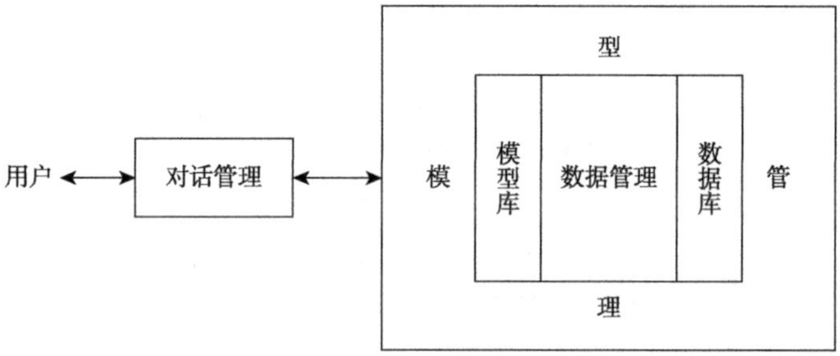

图 5.3　熔合式结构

4. 以数据库为中心的结构

以数据库为中心的决策支持系统的结构如图 5.4 所示。这种结构与熔合式结构的主要区别是增加了一个“模型管理接口部分”。由这个接口部分把各种具体数据库管理系统的功能转换成一个统一的标准调用接口，供各个模型使用。这就避免了各模型对具体数据库管理系统的依赖。

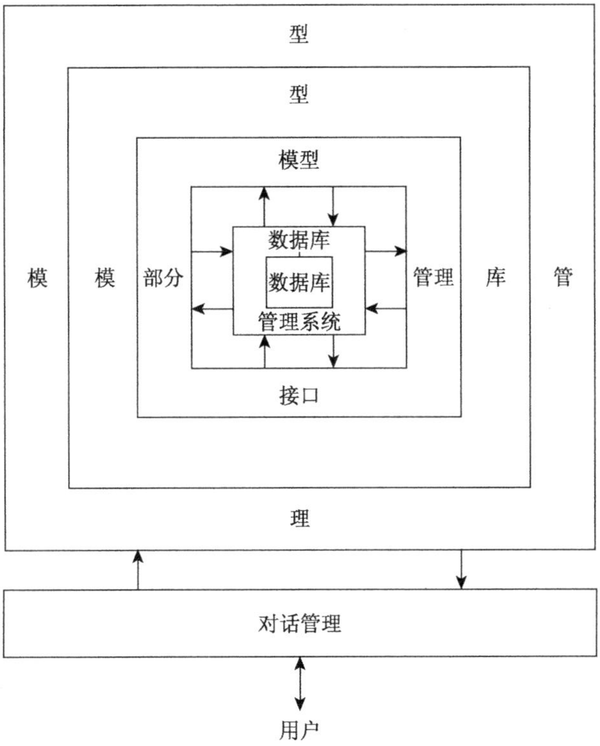

图 5.4　以数据库为中心的结构

5. 四库三功能的系统结构

四库三功能的系统结构如图 5.5 所示，这是一种初级的智能决策支持系统。由于增加了知识库及相应的推理系统，决策支持系统对于决策者的支持能力大大增强。从知识的获取、理解、表示和推理所使用的基本技术来看，它与专家系统几乎没什么区别，主要原因是它引入了知识库和推理机的应用。

从图 5.5 可以看出，它对自然语言的处理能力很弱，甚至谈不上具有这样的功能。而用户友好是决策支持系统非常重要的部分，故比较理想的决策支持系统应具有自然语言处理能力。若将四库三功能的决策支持系统称为初级的智能决策支持系统，则具有自然语言处理能力的决策支持系统可称为高一级的智能决策支持系统。

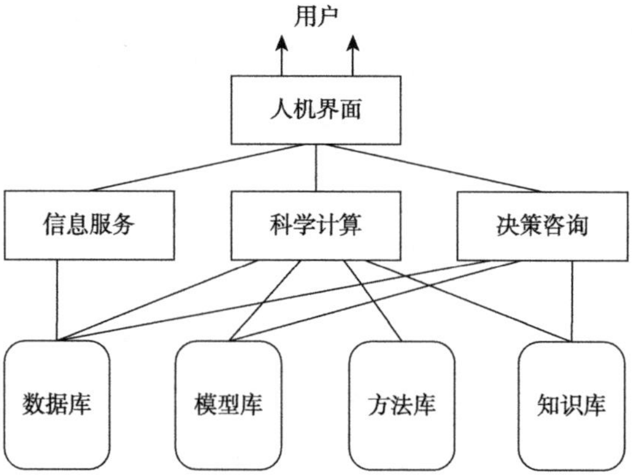

图 5.5　具有四库三功能的决策支持系统

6. 智能决策支持系统的结构

最典型的智能决策支持系统结构由三个子系统构成，分别是语言系统、问题处理系统和知识系统，如图 5.6 所示，其关键技术是自然语言处理，这项工作是由语言系统和问题处理系统共同完成的。

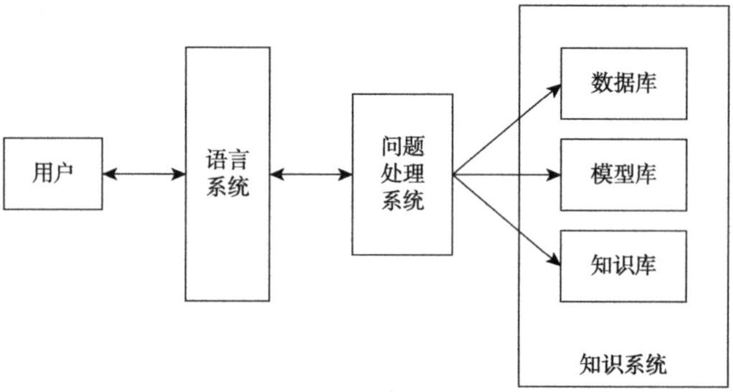

图 5.6　智能决策支持系统的基本结构

5.2.3　知识发现系统

知识发现是指识别出存在于数据库中的有效的、新颖的、具有潜在效用的、最终可理解的模型。知识发现的整个过程包括在指定的数据库中用数据挖掘算法提取模型，以及围绕数据挖掘进行的预处理和结果表达等一系列计算步骤。知识发现是一个众多学科（如人工智能、机器学习、模式识别、统计学、数据库和知识库、数据可视化等）相互交叉、融合所形成的新兴的且具有广泛应用前景的领域。

1. 数据挖掘与知识发现的区别及联系

数据挖掘是从大量数据中挖掘出隐含的、先前未知的、对决策有潜在价值的知识与规则，这些规则蕴含了数据库中一组对象之间的特定关系，揭示出一些有用的信息，为经营决策、市场策划、金融预测等提供依据。数据挖掘往往处理的数据规模十分庞大；查询时一般是决策制定者（用户）提出的即时随机查询，往往不能形成精确的查询要求，需要靠数据挖掘技术寻找可能感兴趣的数据。在一些应用中，数据变化迅速，可能很快就会过时，因此，要求数据挖掘能够快速做出反应，以提高决策支持。数据挖掘中规则的发现主要基于大样本的统计规律，发现的规律不必适用于所有数据，当达到某一阈值时便可认为有此规律。

知识发现的一般步骤包括以下几点。

（1）熟悉应用领域、背景知识及用户的知识发现任务的性质。

（2）确定与发现任务相关的数据集合。

（3）数据清理和预处理，包括除去错误和冗余数据、处理丢失数据、更新数据和时序信息并将其准备成数据挖掘工具所需的表达式。

（4）数据缩减转换，通过降低维数和数据转换减少数据量，降低数据复杂性。

（5）确定数据挖掘任务，如聚类、分类、线性回归等。

（6）选择数据挖掘算法，选择适当的模型和参数。

（7）执行数据挖掘过程，发现模式并表达成易于理解的形式，如分类规则和树等。

（8）评价和理解发现的模式，必要时反复执行（1）～（7）。

（9）将模式提交给用户或应用系统。

由此可见，整个过程是一个以知识使用者为中心、人机交互的探索过程。

知识发现系统是从存储在现实数据库的数据中发现并抽取未知的、有价值的模式的一系列结构的综合体。由一组功能各异而又相互作用的子系统组成，基本结构包括：控制器控制其他部件的请求和参数；数据库界面生成数据查询及返回发现结果；知识库存储领域信息；集中器确定相关数据；模式抽取器包括若干知识索取算法；评价器评价所发现知识的价值。知识发现系统的结构如图 5.7 所示。

数据挖掘是知识发现系统的一个关键步骤，它包括特定的数据挖掘算法，具有可接受的计算效率，能够生成特殊的模式，利用数据挖掘算法，按指定方式和阈值抽取有价值的知识，包括数据挖掘前对数据的预处理、抽样及转换和数据挖掘后对知识的评价解释过程。

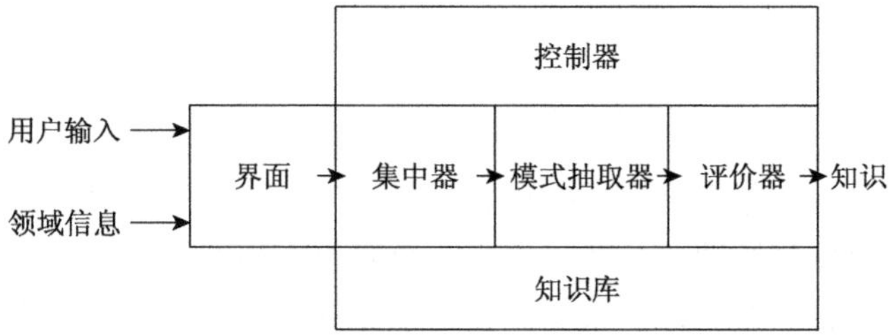

图 5.7　知识发现系统的结构

2. 知识发现系统特点

知识发现系统是利用机器学习的方法从数据库中提取有价值的知识的过程，是数据库技术和机器学习两个学科的交叉学科。数据库技术侧重于对数据存储处理的高效率方法的研究，而机器学习则侧重于设计新的方法从数据中提取知识。知识发现系统利用数据库技术对数据进行前端处理，利用机器学习方法从处理后的数据中提取有用的知识。

知识发现系统是从现实世界中存在的一些具体数据中提取知识，这些数据在知识发现系统出现之前早已存在；而机器学习所使用的数据是专门为机器学习而特别准备的数据。首先，知识发现系统使用的数据来自实际的数据库，所要处理的数据量可能很大，故知识发现系统中的学习算法的效率和可扩充性显得尤为重要；其次，知识发现系统所处理的数据来自现实世界，数据的完整性、一致性和正确性都很难保证；再次，知识发现系统可以利用目前数据库技术所取得的研究成果来加快学习过程，提高学习效率；最后，由于知识发现系统处理的数据来自实际的数据库，而与这些数据库数据有关的还有其他一些背景知识，这些背景知识的合理运用也会提高学习算法的效率。

3. 知识发现方法与算法

1）数据挖掘的方法

大部分的数据挖掘方法都是基于机器学习、模式识别和统计学三个领域中的方法，主要包括归类、回归分析、聚类、简约、构造依赖关系、变化和偏差分析等。归类就是对数据库中的每一类数据，挖掘出关于该类数据的描述或模型；回归分析就是利用回归分析的方法产生一个将数据项映射到一个实值预测变量函数，发现变量或属性间的依赖关系；聚类是识别出一组聚类规则，将数据分成若干类；简约是给出一个数据子集，寻找对它的紧缩描述，如可采用关联规则、可视化技术及商用图表等描述；构造依赖关系就是构造一个描述变量之间函数依赖关系或相关关系的模型；偏差包括很大一类潜在的有趣的知识，变化和偏差分析的基本思想是寻找观察结果与参照量之间有意义的差别。

2）数据挖掘算法

数据挖掘算法是对上述数据挖掘方法的具体体现。数据挖掘算法一般包括模型表示、模型评价标准和发现方法三个构件。

模型表示是用于描述要发现的模型的语言。常用的模型表示方法有决策树、非线性回归、基于事例的推理、贝叶斯网络和归纳逻辑程序设计等。

模型评价标准是对一个所发现的模型在多大程度上符合发现目的的要求做出定量的评价。

发现方法分为参量发现和模型发现。在上述模型表示和模型评价标准被确定后，数据挖掘就完全变成了一个优化任务，即从数据的描述中发现（就是在确定数据集合和模型表示之后）寻找最适合模型评价标准的参量；模型发现是一个循环的试探过程，需要不断更改模型表示，最后确定出恰当数量的模型。

3）关联规则的发现方法

关联规则就是描述数据库中数据项（属性、变量）之间存在的（潜在的）关系的规则。以“百分之八十的顾客如果购买了牛奶，那就一定会再购买面包”为例，用关联规则表示成“milk-bread（80%）”，其中 80%是构筑的信念因子，其意义主要体现在以下三个方面。

（1）发现所有以 bread 作为后件的关联规则，这将有助于商场决策者采取相应措施促进 bread 的销售。

（2）发现前件中含有 milk 的关联规则，这将使商场决策者了解如果终止销售 milk 将会影响其他什么商品的销售。

（3）发现商场里货架 *A* 上和货架 *B* 上的商品之间的关联规则，这会帮助确定两个货架上商品之间的销售关系。

4）关联规则的发现算法

有学者提出了关联规则的发现算法 AIS[1]①和 SETM[2]②，之后又提出了改进算法 Apriori 算法[3]和 AprioriTid 算法[3]，后两者与前两者不同之处在于：在对数据库的一次遍历中，哪些候选数据项集被计算及产生候选数据项集的方法。AIS 和 SETM 算法都是在将交易数据读入数据库的过程中迅速生成候选数据项集的，在读入新的交易数据之后，就要决定前次过程中的大的数据项集中的哪些应该和这些读入的交易数据中的数据组合，以产生新的候选数据项集，这种方法的缺点是会导致许多不必要的数据项集的生成和计数。而 Apriori 算法和 AprioriTid 算法只

---

① AIS 算法由 Agrawal、Imielinski 和 Swami 在 1993 年提出，是最早的关联规则算法。

② SETM（set-oriented mining）算法实际上是 Apriori 算法的 SQL 变形，它被设计成仅适用标准的数据库操作来发现频繁项集。

利用前次过程中生成的大的数据项集来生成新的候选数据项集。

5）基于符号推理的知识发现算法

符号推理是知识发现中应用的最为广泛的技术，很多学者都运用了层次概念上的符号推理，以概念包容关系的分类树为基础，逐层分析归纳出相关规则。

6）基于信息论思想的知识发现算法

在传统的模式识别中，两个主要问题引起了学者很大的关注，一个是欧拉空间中数据表示的尺度和距离，另一个是混合多种类型数据的复合类型数据的发现。有学者运用信息论的方法着重就以上两点展开工作，迭代地划分结果空间，产生一个层次模式以提供最小信息丢失的知识分析与合成[4]。

7）基于进化计算的知识发现算法

K 最邻近算法是一种代数空间分类方法。测试集的每一个特征作为分类空间的一维。当前数据向量的归属依赖于它的最近的 K 个向量的归属。传统的 K 最邻近算法对各维一视同仁，不区分其重要性，而且计算量很大。有人把遗传算法和 K 最近邻算法结合，通过弯曲特征空间以使类间相似最大，这样改善了特征提取和分类优化的性能[5]。

8）基于统计方法的知识发现算法

启发式搜索与统计方法相结合使算法中的搜索被分成三种：当启发搜索-1 失败时，启动启发式搜索精确的函数关系；当启发搜索-1 失败时，启动启发搜索-2 来发现强函数关系；另一种是基于回归分析的搜索，这是一种统计推理，主要用来依据属性计算对假设函数关系进行评论，寻找可能的弱函数关系。

4. 基于数据库的知识发现方法

随着数据库技术和机器学习技术的发展，同时为了满足人们实际工作的需要，数据库中的知识发现技术逐渐发展起来。

1）基于数据库的知识发现处理过程

基于数据库的知识发现是一个多步骤的处理过程，在处理过程中有可能会有很多反复，主要包括数据选择、预处理、转换、数据挖掘、模式解释/知识评价等，如图 5.8 所示。

数据挖掘是其中最重要的一个步骤，它主要是利用某些特定的知识发现算法，在一定的运算效率限制内，从数据中发现有关知识，因此人们往往不加区别地使用知识发现和数据挖掘。

2）数据挖掘的目标及方法

根据发现知识的不同种类，可将数据挖掘的目标分为特征、区分、分类、关联规则、聚类和预测等。

3）数据库中的知识发现

数据库中的知识发现又称数据挖掘，即对数据库中蕴含的、未知的、非平凡的、有潜在应用价值的模式的提取。基于数据库的知识发现具有如下一些基本特征。

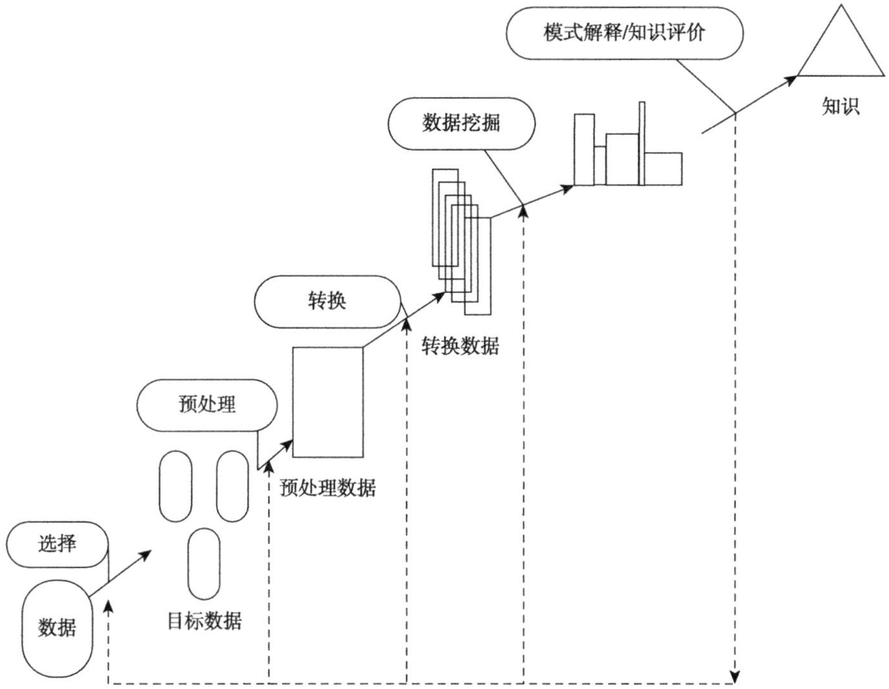

图 5.8　基于数据库的知识发现处理过程

（1）模式。模式是用高级语言表示的表达一定逻辑含义的信息，这里通常指数据库中数据之间的逻辑关系。

（2）知识。一个满足用户兴趣度和置信度的模式。

（3）置信度。一则知识在某一数据域上为真的度量。置信度涉及许多因素，没有足够的确定性，模式不能成为知识。

（4）兴趣度。一则在一定数据域上为真的知识被用户关注的程度。

（5）有效性。知识的发现过程必须能够有效地在计算机上实现。

（6）非平凡性。能够以确定的计算过程提取的模式称为“平凡知识”。“平凡知识”（如根据数据库中的薪水字段求得职员的平均薪水）不是知识发现的目标。在基于数据库的知识发现中，知识的发现过程都应具有某种不确定性和一定的自由度，也就是要发现不平凡的知识。一个知识发现系统的基本输入是数据库中的原始数据。知识发现系统需要特别关注数据本身固有的一些性质。数据库中存在着与知识发现相关的一些问题，其中每一个问题在机器学习中都有一定程度的涉及，但很少有系统全部透彻地阐述过。总的来说，处理这些问题是对基于数据库的知识发现的一大挑战。

（7）动态数据。大多数数据库的内容经常变化。在一个在线系统中，必须采用预警机制来保证这些变化不导致错误的发现。

（8）噪声和不确定性。错误的数据对现实世界中的数据库来说是在所难免的，这主要在于数据采集的各个环节。另一种不确定性存在于发现的模式只可能在一部分数据上有效。

（9）不完整数据。不完整的数据域和数据域上值的缺少所造成的不完整数据当然会影响发现的结果。数据库的设计并不考虑发现，模式的发现、评价、解释很可能需要数据库中不存在的信息。

（10）冗余信息和稀疏数据。冗余信息指同一数据在数据库中的多处出现。冗余信息有时会误导知识的发现过程，用户对这样发现的知识缺乏足够的兴趣度。同时，数据库中的信息在实例空间中可能是稀疏的，会严重影响发现的效率。

5. 基于数据库知识发现的决策支持系统基本结构

基于数据库知识发现的决策支持系统的目标是对与决策相关的各种数据进行抽取、转换和加载等处理后，建立统一规范和高度共享的数据仓库，并在此基础上采用数据挖掘和联机分析处理等技术多角度分析数据，从中提取潜在的知识，并对发现的知识实施进一步的管理、求精、深化，从而建立高效的决策支持系统。根据系统的设计目标，给出基于知识发现和知识管理的决策支持系统的模型，其基本结构框架如图 5.9 所示，箭头方向为控制流。

该系统由数据仓库管理模块、知识发现模块、知识管理模块、人机交互模块四大模块组成。数据仓库管理模块将不同来源的、结构不一致的数据进行概括和聚集，抽取其面向决策支持的部分并加载到数据仓库中，对其实行统一管理。当需要查询时，就可以直接访问数据仓库而无须再访问其他信息源。数据仓库是知识发现的基础，是面向主题的、集成的、稳定的、随时间不断变化的数据集合，用以支持决策管理的制定过程。

知识发现模块是在数据仓库的基础上，运用数据分析工具，从数据中提取对决策有用的知识，模块中提供了大量的知识发现引擎抽取算法，针对所要发现任务的所属类别，如分类、回归分析、聚类、关联规则等，设计或选择有效的数据挖掘算法并加以实现。数据挖掘和联机分析处理技术是知识提取的有力工具。从数据仓库中选择的数据在知识发现引擎里得到处理，生成辅助模式和关系，对发现的模式进行解释，在此过程中，为了取得更为有效的知识，可能会返回到前面处理步骤中的某些步骤以反复提取，从而提取出更有效的知识，测试与评价所发现的知识，对知识进行一致性、效用性处理以确保本次发现的知识不会与以前发现的知识相抵触，并将发现的知识存放在知识库中，以最终用户能了解的方式呈现给用户。

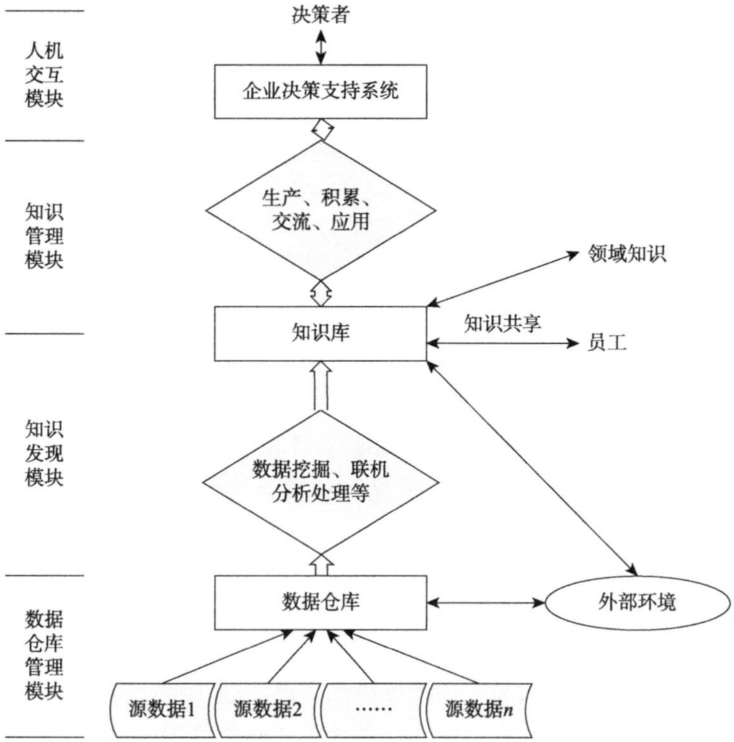

图 5.9　基于知识发现和知识管理的决策支持系统基本结构框架

经过上一模块提取的存放在知识库中的知识必须以一种有效的方式来进行管理，才能更好地为决策服务，经过知识生产、知识积累、知识交流和知识应用四个管理环节，以及与领域知识、员工的隐性知识、外部环境的交互，知识得到进一步的优化，以供决策使用。

决策者通过友好的人机界面，可以与系统进行交流，用户向系统发出决策请求后，系统将为用户展示分析后的结果，并可对展示的数据进行再次分析利用，形成最后的分析报表等。

5.3　供应链网格与网格环境下决策支持系统

随着经济全球化，竞争日趋加剧，企业面临着新的经营环境：消费者需求多样化，产品周期不断缩短，信息技术迅速发展并得到广泛应用。在此背景下，随着企业管理实践的不断深入，供应链管理逐渐成为企业增强竞争力的重要途径之一。特别是互联网和电子商务的发展，赋予了供应链管理新的形式和内涵。

就目前而言，现有互联网的信息传递和共享的效率低下，无法满足供应链管理大量规范信息传递的需求，无法实现供应链伙伴之间真正的信息联盟，无法对供应链上各种资源进行有效的管理和配置，从而造成供应链上大量资源的浪费，达不到整体利用的最优化。随着网格技术的深入发展，网格应用于互联网的优势和特点不断显现。

5.3.1 网格计算对供应链的影响

现有互联网本身暴露的一些缺陷，如资源利用率低、信息标准不统一、难以实现互操作等，无法彻底满足未来供应链管理的需求；而且，随着网格技术的深入发展，网格应用于互联网的优势和特点不断显现。网格体现出的超强的信息处理能力、协调工作、高度抽象等优势和特点天生就是适用于供应链管理需要的。

网格计算环境下的供应链管理通过网格技术，能满足集团型企业跨国、跨区域的物流管理和应用，满足远程企业经营管理者对系统在线实时地查询和应用，并向客户提供一致的反应时间，从而成功地实现对企业资源、信息的实时掌握和控制利用，它能跨越企业内部管理和外界沟通的范畴，形成以企业自身为链主，连接生产厂商与顾客的全球供应链，从而使企业收获巨大的效益。网格计算对供应链管理的关键影响有以下几点[6]。

（1）数据处理能力超强。网格具有对复杂数据的超强处理能力，能适应未来供应链管理数据处理的需求。

（2）实现资源全面共享。网格使所有资源实现共享，不会使企业产生信息孤岛，从而能够加强企业之间信息的共享效率，改善供应链伙伴之间的相互交流情况，保持操作的一致性。这是网格的特性，也是网格的目的。

（3）良好的可扩展性。系统开放网络服务架构的组建和设计，使系统具有良好的扩展性，为用户提供强大的二次开发支持，适应企业持续不断发展的业务要求，实现企业的“随需应变”。

（4）平台式整体服务。基于面向网格服务技术，服务提供商能为企业提供从国外先进的管理软件到巨型服务器集群的平台式整体服务。

（5）高度集成和共享。网格技术能以更方便、更低成本的方式来集成各类信息系统，实现模块之间、表单之间、不同的业务数据之间的无缝连接和高度集成。企业通过网格计算环境下的供应链管理软件使内外部信息环境集成为一个统一的整体平台。

（6）提高系统安全性能。通过充分利用网格的高级特性和安全机制，系统的安全更有保证。

（7）提高决策效率。网格能对数据进行分类整理、分析和利用，采用数据挖掘技术，提高决策支持系统的性能。

5.3.2　供应链网格

供应链网格是一个智能互联环境，网格计算为实施供应链网格提供了一个实现平台，从而使用户或虚拟角色能有效地获得、发布、共享和管理所需信息。在网格计算环境下，企业关系将更为复杂，彼此联系交错，形成网状，也就是供应链网格。同时，更多的供应链信息将被共享和处理，所有的单位信息就像节点一样分布在供应链网格上。简言之，供应网格就是在网格计算环境下供应链管理的新趋势[7]，其特点主要体现在以下几个方面。

（1）供应链网格使企业间的竞争更加复杂和多元。供应链网格能够融合一切资源，每个企业是网格中的一个节点，节点通过链路连接，链路表示企业之间的竞争合作关系。在供应链网格环境下，企业与企业之间的关系将更为多元化和复杂化。

（2）供应链网格从全球角度有效配置资源。为了减少企业成本，各个企业都尽力优化资源配置。供应链网格的作用在于充分利用网格计算的相关技术，从全球角度搜索信息，并能站在全球资源配置的高度去进行资源的优化配置。

（3）供应链网格必须具有高度的安全性和实时性。供应链网格必须建立在一个高度安全的平台下，以防止信息的窃取和更改。同时，由于全球市场环境和竞争环境的瞬息万变，供应链网格提供的信息必须具有实时性。

（4）供应链网格适应动态的管理需求。企业的管理已经从静态管理转向动态的灵活管理。供应链网格的建立更有利于企业适应动态的环境变化，实现动态管理。

5.3.3　网格环境下供应链网格的决策支持系统

供应链网格以各种技术（Globus 元计算工具包）为支持，尤其以网格技术为依托，使供应链各企业能全面、准确、动态、实时地把握散布在全球或全国各处的数据，并对数据进行收集、加工、存储处理，以便得到某些更加符合需要或更能反映本质的信息，或者更适合于各级管理人员使用的信息，实现企业全球化的信息资源网络[8]。网格环境下的“供应链网格”系统模型图如图 5.10 所示。

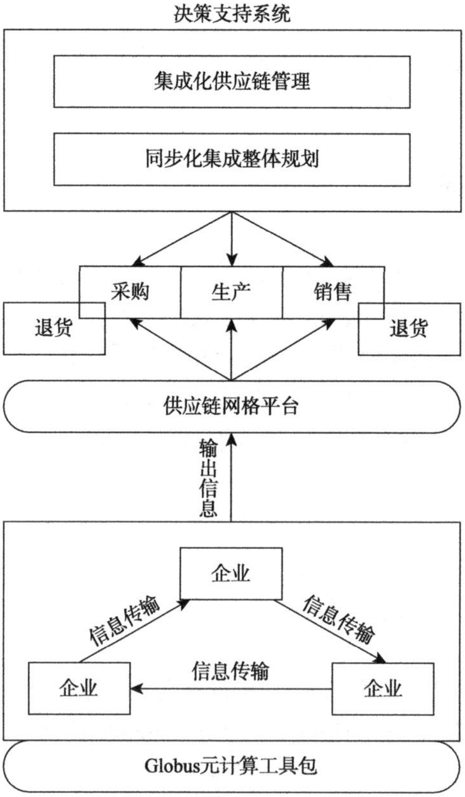

图 5.10　供应链网格系统模型图

5.3.4 供应链网格工作流分析

供应链网格工作流是指在供应链网格中全部或者部分由计算机支持或自动处理的业务过程，业务过程中各活动的执行是利用供应链网格中的资源来完成的。供应链网格工作流是建立在网格这一平台基础之上的一种技术，它假设网格作为底层的基础设施，自身已经解决了诸如异构环境下各种资源的发布、查找、管理和调度，并提供一些基本的工具，如资源发现等，供供应链网格工作流管理系统使用[9]。供应链网格工作流并不关心某个网格服务的具体实现，它更多关注的是如何将网格环境下的业务过程用计算机能理解和执行的形式表达出来，如何对多个利用网格资源来实现的活动进行协调，如何对运行在网格环境下的流程进行监控等一系列在工作流生命周期中应该解决的问题。我们可以把供应链中的跨组织工作流分为活动、局部工作流和全局工作流三个层次。

活动：活动是供应链网格工作流中最小的元素。通常供应链网格工作流中的活动是程序的运行、数据的传输或者大量数据的存储。每个活动由一个特定的网格资源提供的服务完成。本书中活动等同于网格资源提供的网格服务。

局部工作流：局部工作流是密切相关的活动的序列，它们在子网格中（在一个企业中）的网格资源上按预先定义的顺序执行，例如，运输局部工作流就是指利用运输公司的网格服务来完成的活动的集合。局部工作流用 LW 表示，可以被定义为活动的集合，即 $LW=\{A_i|i=1,2,\cdots,n\}$。

全局工作流：全局工作流可被定义为多个不同任务的序列，每个任务由一个局部工作流完成。这些任务是松散耦合的，一般按功能分类，如销售、生产计划、运输任务等。每个任务可以由某个成员企业的子网格中的资源来完成。全局工作流用 GW 表示，可以被定义为局部工作流的集合，即 $GW=\{LW_i|i=1,2,\cdots,n\}$。

网格环境给工作流带来的最大变化是使其执行过程具有跨组织的特性，这一特性使供应链网格工作流管理系统需要具备以下特性[10]。

（1）在工作流的定义阶段，供应链资源的差异性和多样性使它们在使用成本、可靠性等方面存在很大差异，这就导致工作流计划的制定者无法手动选择某项活动的实现部件，即工作流系统需要提供一种自动选择机制。同时，工作流程的制定者与所调用的资源往往不是处于同一个组织的，不同组织的资源在命名规则上存在着差异，因此工作流系统需要能够识别不同资源的命名规则。

（2）在工作流的生成阶段，需要将流程中对部件的描述绑定到具体的资源，这样才能形成一个实际可执行的工作流程，这个实例化过程通常取决于网格工作流定义时的服务绑定方式。在供应链网格工作流中，一般采用动态资源绑定方式，它是指在流程执行时绑定具体的服务，虽然它绑定过程开销较大，但能够给流程带来更大的灵活性，因此也更适合网格环境动态变化的特性。工作流管理系统需要在动态绑定时识别不同服务提供商对服务描述的异构性，以及从分布的可用的服务和资源中选择最优的服务和资源。

（3）在工作流的执行阶段，供应链网格中的资源具有相当的自治性，因此流程的执行需要具有高度的自适应性及相应的容错机制。工作流实例化后，交给工作流引擎即可执行，根据工作流引擎在执行环境的部署情况，可将传统工作流的体系结构分为集中式与分布式。在供应链网格环境中，应该采取混合式的体系结构，由一个或多个工作流引擎相互协同来管理和监控工作流中所有任务的执行。该工作流引擎逐步地解释工作流的定义，并在合适的位置初始化任务管理器，使它们开始任务、管理任务、并向工作流引擎通告任务状态的变化。如果有必要，混合式工作流系统可以在工作流过程执行时激活多个引擎，以消除发生在集中式体系结构中的单点失效。

根据供应链网格中工作流的层次结构及网格工作流系统的特点，并结合 Agent 技术，设计基于 Agent 的供应链网格工作流系统，如图 5.11 所示，这些 Agent 自动运行，并与其他 Agent 相互协同执行工作流中的各种任务、越过组织边界分配和使用网格资源。

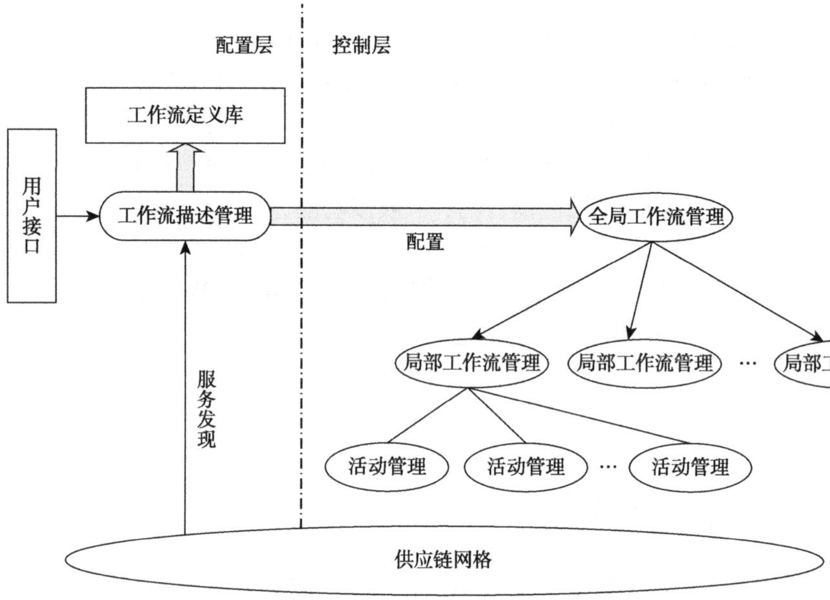

图 5.11 基于 Agent 的供应链网格工作流系统模型

在配置层，Agent 接受新的工作流定义并根据相应的策略配置控制层的 Agent。该层由工作流定义库、工作流描述管理 Agent 和用户接口组成。工作流描述管理 Agent 接受来自工作流设计者输入的工作流描述和定义，同时能够调用供应链网格所提供的工具，发现所需的网格服务（网格服务的发布、发现和调度由供应链网格自身完成）。工作流描述管理 Agent 接受这些输入并将工作流描述写入工作流定义库，然后配置全局工作流管理 Agent 来对某工作流进行管理。

控制层是实际的工作流执行发生的层次。控制层由三种 Agent 组成，包括全局工作流管理 Agent、局部工作流管理 Agent 和活动管理 Agent。全局工作流管理 Agent 相当于一个工作流引擎 Agent，负责整个工作流的执行及监控工作流执行状态，对工作流异常进行处理。当一个工作流开始时，全局工作流管理 Agent 根据工作流的定义和描述，将全局工作流分解成多个实现特定功能的局部工作流，并初始化相应的局部工作流管理 Agent。局部工作流管理 Agent 是执行和控制局部工作流的 Agent，特定的局部工作流管理 Agent 完成特定的子功能（如销售 Agent、生产计划 Agent、运输 Agent 等）。当一个新的局部工作流开始时，局部工作流管理 Agent 将局部工作流分解为多个活动，并初始化相应的活动管理 Agent。活动管理 Agent 根据工作流规则调用合适的网格服务完成活动。活动管理 Agent 之间通过通信和合作，完成相应的局部工作流管理 Agent 分配的任务，而局部工作流管理 Agent 之间通过通信和合作，完成整个工作流的执行。

5.4　原型系统开发

5.4.1　基于网格的决策支持系统总体框架

基于前文对网格及决策支持系统的概念分析与认识，本书提出一个基于网格的复杂问题决策支持平台的总体框架，该体系结构分为网格资源服务构造层、网格核心中间件层、数据管理层、应用控制决策层、网格用户层五个大的层次，具体如图 5.12 所示。

（1）网格资源服务构造层。该层基本功能是以互联网为核心，控制局部资源管理，并将其封装成资源服务，向上提供访问这些资源的接口，为网格决策支持系统的运行提供共性和基础的资源和相关协议。

（2）网格核心中间件层。该层采用基于开放网格服务体系结构的 Globus Toolkit 作为网格平台，为实现基于网格的服务和服务协议提供基本功能。包括通用网格的各种功能，如服务注册、资源管理、工作流管理、安全管理、数据管理、数据传输等。同时提供一个公共的框架，不同类型的服务可以根据自身的特点添加不同的内容和实现方法。为开发基于网格的决策支持系统应用提供语言/编译器、类库、应用编程接口、集成开发环境等。

（3）数据管理层。该层在网格核心中间件提供的编程环境和网格服务的基础上开发网格应用系统相关的工具包，是网格核心中间件层功能的补充和扩充，提供适合虚拟环境下所需的各类服务，由关系型数据及多维数据组成，并通过数据仓库处理存储在数据仓库中的数据。平台将收集的数据按照一定的处理方式对数据进行清洗、转换，将处理后的数据存入数据仓库。

（4）应用控制决策层。提供方法库、知识库、模型库、算法库，将其与数据仓库相结合，以对象的方式进行存储，采用多维数据分析工具、数据挖掘工具、知识发现工具等对数据进行分析和处理，保证平台有效地对数据进行调度。

（5）网格用户层。该层包含两部分：一部分是网格用户，平台面对的不同决策成员或决策群体通过网络和应用工具包使用网格平台的各种资源，提交各种任务，享受网格服务；另一部分是应用接口，它们是基于 Web 模式的网格用户接口工具，负责提供友好、易操作的协同交互接口，如在线订单、复杂问题求解、多方协同应用、供应链管理、工作流应用等用户接口。

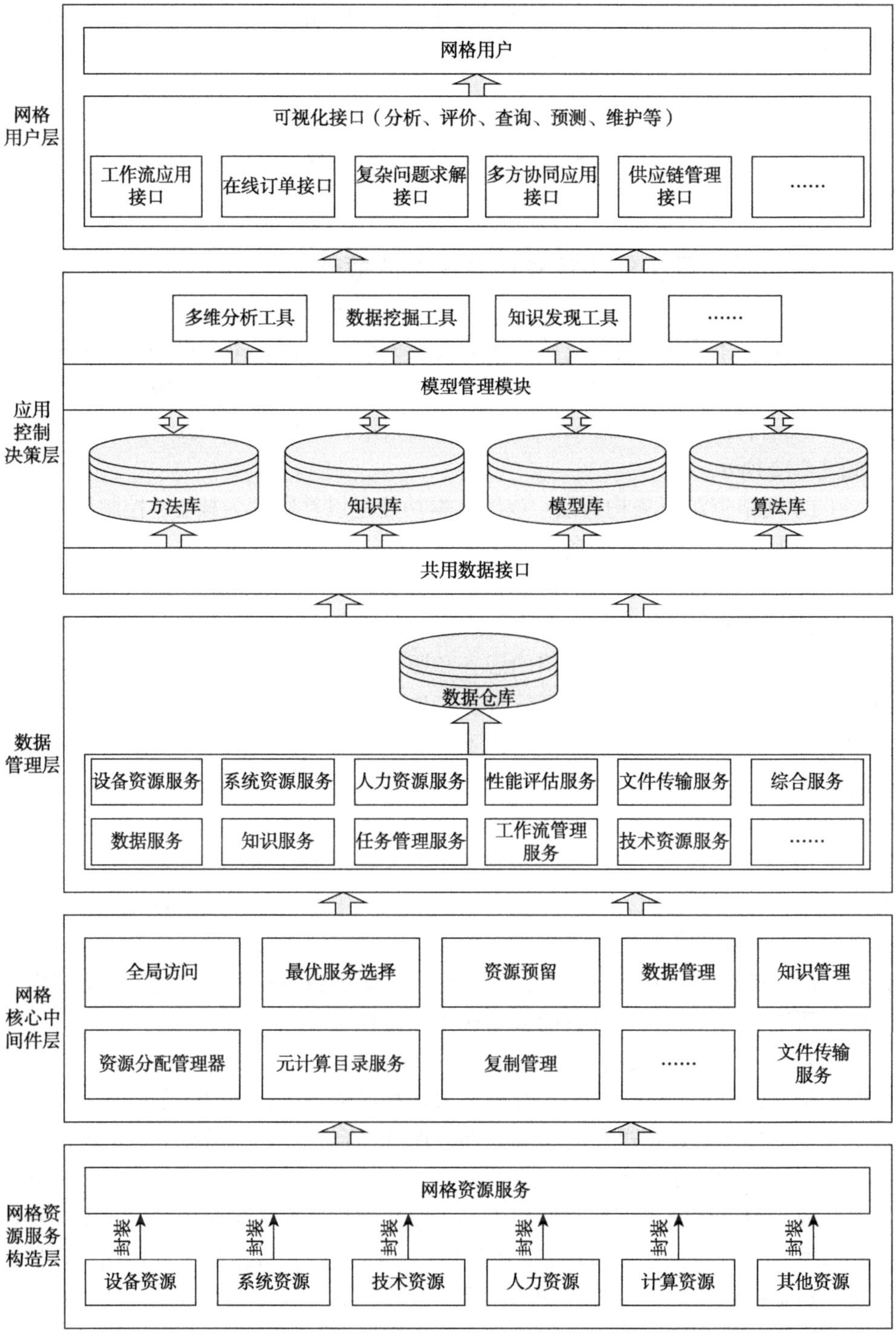

图 5.12　基于网格的决策支持系统体系结构

5.4.2 基于网格的决策支持系统工作机理

总体框架是对基于网格的决策支持平台的静态描述，而工作过程则是对决策支持平台的动态描述。基于 5.4.1 节构建的总体框架，本节构建了一个基于网格的决策支持平台的工作过程示意图，如图 5.13 所示。

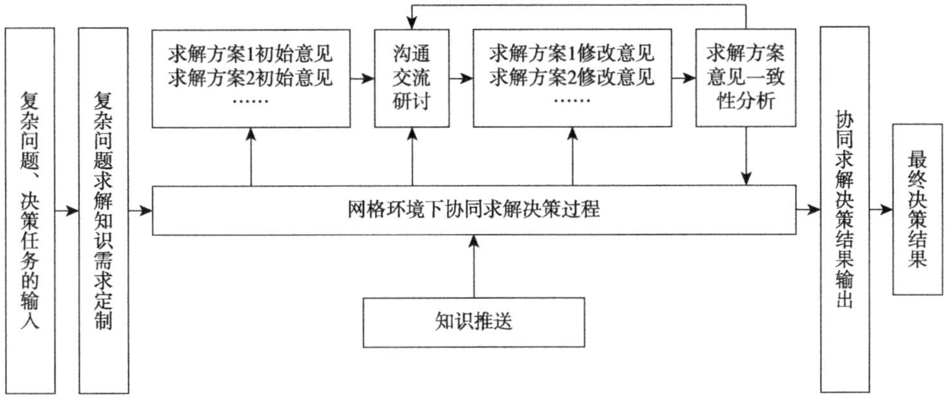

图 5.13　基于网格的决策支持平台的工作过程

基于网格的决策支持平台的工作过程可以分为复杂问题、决策任务的输入、复杂问题求解知识需求定制、网格环境下协同求解决策过程和协同求解决策结果输出四个阶段[11]。

（1）复杂问题、决策任务的输入。这个阶段决策支持平台记录并处理与决策任务相关的信息，包括识别决策问题、明确决策目标、收集数据、明确决策约束条件和决策准则等信息。现有研究中一个主流的并被认可和应用的任务分类方案把任务分为四类：行为描述任务、能力需求任务、作为任务和行为需求任务[12, 13]。

（2）复杂问题求解知识需求定制。知识需求定制为知识推送提供指导和准则。在这一阶段中，平台首先采集不同方法的领域知识和其偏好的推送方式，其次决策支持平台分析并处理定制信息，将定制信息结构化后存储到数据库中，并将这些信息与相应的求解方法关联起来。这个阶段是下一阶段中知识推送的必要前提和准备。

（3）网格环境下协同求解决策过程。这个阶段是基于网格的决策支持平台工作过程的核心部分。基于网格的决策支持平台首先记录求解方案的初始意见；然后提供协同交互的网格环境，利用网格环境提供的虚拟空间进行信息沟通、意见交流和方案研讨。在协同求解决策过程中，分享各个求解方案并充分理解其他求解方案的意见。经过一轮的群体交互，个体方案形成对决策问题新的意见，即修改意见。基于网格的决策支持平台针对每一轮的群体意见进行一致性分析，如果达到一致性要求，则进入下一个阶段——协同决策输出；否则，决策群体进行下一轮的交互过程，做更深层次的信息交流和知识共享，直到群体意见达到一致性要求为止。因此，协同求解决策的过程是一个迭代的、反复的过程，同时也是一个递进的、收敛的过程。需要指出的是，在整个群体虚拟交互过程中，平台实时地及时主动地将求解方法定制的知识推送给群体成员，从而提高组织知识利用和知识转移的效率，也为各个方案更好地理解其他方案的意见和分析决策问题提供良好的支持。

（4）协同求解决策结果输出。这一阶段是基于网格的决策支持平台工作流程的最后一个阶段。

5.4.3 基于网格的决策支持系统功能模块

原型系统的具体功能主要用来求解复杂问题。整个原型系统的功能体系主要分为门户导航、决策知识管理、网格决策环境、求解记录管理、内容管理、复杂问题管理、用户管理等七大部分，如图 5.14 所示。

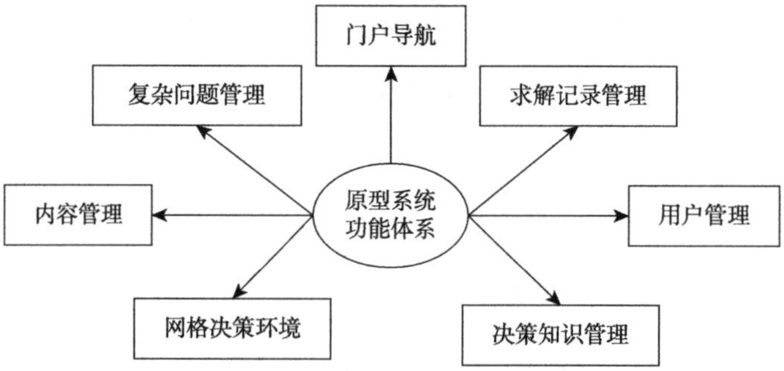

图 5.14　原型系统功能体系

门户导航主要提供决策支持平台页面布局的相关信息，为平台使用者提供直观、系统的向导服务；决策知识管理通过决策案例信息和检索到的与复杂问题相关的信息为用户协同制订求解方案提供原始资料和信息；网格决策环境是协同决策支持平台的核心功能之一，最终的求解方案在多个分布式的用户协同交互后产生；内容管理为用户提供知识和案例的搜索和定制知识的知识推送，是网格决策支持平台的核心功能之一；复杂问题管理是对复杂问题的分解和描述；求解记录管理和用户管理是对决策案例信息和用户信息进行相应的增加和维护操作。基于此，在开发基于网格的决策支持平台时，主要功能模块包括以下几种。

1. 用户管理模块

用户管理模块是决策支持系统平台的基本模块，主要负责对用户信息及其权限进行管理。其中，用户信息包括用户自然信息和用户定制信息两个方面。用户发布和决策任务相关的信息，如决策问题描述、决策目标、约束条件及参与决策的决策成员等。部门主管一般不参与决策过程；决策成员针对决策任务，利用自身的领域知识，积极参与整个决策任务解决的全过程。

对于复杂问题发起者（主持人），用户管理模块主要是对其自然信息的管理，如用户名、密码、角色等。对于其他用户，用户管理模块除管理其自然信息外，还对其定制的信息进行管理，如关注的领域知识、政策法规等。对用户定制信息的管理是用户管理模块最主要的功能。由于用户的角色不同，协同决策支持平台中用户的权限也各异，所有用户在其权限允许范围内可以对系统各类信息进行访问。

2. 资源组织模块

资源组织模块主要为群体成员协同交互解决复杂问题提供工具和技术支持。基于网格的决策支持平台为决策成员提供丰富的决策支持技术和工具，主要有以下几类。

（1）信息沟通类工具。这类工具包括文本信息沟通、音视频沟通和电子白板交互三种工具。基于网格的决策支持平台支持公共交流和私人交流两种模式。在公共交流模式下，所有决策成员都可以看到文本内容，听到当前的求解并看到整个求解的步骤。在私人交流模式下，只有作为信息收发双方的决策成员才可以看到和听到交流内容，而其他决策成员则无法看到和听到。电子白板除了具备音视频沟通的功能外，还引入了绘画图形交流功能。某些表述能够借助白板更加快捷、直观地表达出来，弥补了文本交流及音视频交流的不足。

（2）定性分析工具。定性分析工具用来辅助决策群体对备选方案进行系统全面的分析。常用的定性分析工具和方法有问卷调查器、德尔菲法、名义小组法等。基于网格的决策支持平台将决策成员对备选方案的定性评价结果存入数据库，待到被查询时以表格的形式一一对应显示。

（3）定量计算工具。决策成员在评估一个备选方案的优劣时，需要采用一些计算模型，如风险评估模型等。复杂问题的性质不同，因而需要采用不同的计算模型。一方面，平台中已经存在一些计算模型，它们采用服务形式实现，供专家直接调用。另一方面，如果模型库中现有的模型无法满足专家评估计算的需要时，专家可以选择新的计算模型或者对现有计算模型进行修改，生成新的模型。这些新的模型可以通过定量计算工具计算得到最终的评估结果。

（4）查询类工具。协同决策支持平台为决策成员提供方便快捷的查询工具，如术语查询工具、案例查询工具和记录查询工具等。由于决策参与者所属的领域、知识层次各不相同，决策成员对某些专业术语不够熟悉，这使其无法全面理解一些交互信息，决策成员可以使用查询工具对专业术语进行查询。决策成员利用案例查询工具可以对过去实例进行查询，借鉴其失败的教训和成功的经验。记录查询工具为查询正在进行的决策问题交互记录提供了有力的支持。

3. 任务控制模块

基于网格的决策支持系统平台中的任务控制采用人机交互和问题求解法相结合的方式，可实现半自动化的流程控制。任务控制模块具体可分为决策议程建模和决策议程控制两个模块。

（1）决策议程建模。由组织者根据决策问题预先建立议程，并编辑议程的基本信息，这些信息包括议程名称、议程描述等。将所建议程进一步细分层次，平台支持父子两个层次的议程分解，并可以用树状图显示所有议程。可以为议程建立串行和并行两种逻辑关系，但是只允许父议程间或同一父议程下的子议程间存在这种逻辑关系。为保证层次关系及这些逻辑约束下议程的正常流转，每个父议程下的子议程流程图都有一个虚拟开始议程和一个虚拟结束议程。为实现后续流程控制，需要设定议程的约束条件，这些约束条件包括：议程自动类型约束条件和交互类型约束条件、议程开始约束条件和议程结束约束条件。对于交互类型的议程，议程的开始约束条件和结束条件都体现在议程的描述信息中，由组织者通过与决策成员的交互研讨决定是否满足这些约束条件。对于自动类型的议程，由自动完成该议程的模块执行，但必须在建模阶段明确定义议程的开始约束条件和结束约束条件。

（2）决策议程控制。如果自动议程执行完毕后能满足约束条件，则自动转到议程节点，否则给出异常提示，由组织者根据情况决定是否继续往下执行还是指定从某个先前的议程节点开始重新研讨。对于交互类型议程由组织者决定议程是否结束及后续议程是否开始。议程的状态包括“进行中”“完成”“冻结”和“就绪”。“进行中”指议程正在讨论。“完成”指议程已经完成。“冻结”指议程还没有开始也不能在当前议程结束后进行。“就绪”指议程还没有开始但是可以马上开始。议程状态随着研讨流程的进行自动变化。在协同交互过程中，为保证其他专家及时跟进参与研讨，平台提供相应界面来显示议程的状态图，从而使群体决策成员了解决策任务的进度。

4. 知识推送模块

知识推送模块及时主动地为决策成员提供个性化的知识服务。由于决策问题的复杂性，在决策过程的每一阶段中，决策成员都可能需要大量的信息和知识来对备选决策方案进行分析和判断。如果依赖传统的知识获取方式来获取所需信息和知识，必将耗费决策成员大量的工作时间，从而也会影响整个决策的效率。因此，基于网格的决策支持平台利用智能技术为分布式群体成员提供知识推送服务，从而使决策成员的工作更集中和更有效率。知识推送中有两个关键技术：知识需求建模和知识匹配算法。知识推送的需求信息来源两个方面：一是每个决策成员定制的自身关注和需要的知识，如决策成员关注的领域知识等，这一部分的知识需求建模采用基于用户定制的知识需求建模方法；二是与决策任务相关的知识需求。通常情况下，决策成员面对的复杂决策问题带有很多的不确定性，这种不确定性随着环境变化和决策过程逐步进行会不断演化，由此带来决策问题的变化。同时，每一个决策阶段会产生大量的新的群体知识，为使决策成员更好地理解每个阶段的决策成果，以促使下一阶段的决策更有质量，需要把这些知识及时推送给每个决策参与人员。这一部分的知识需求建模采用基于决策任务的知识需求建模方法。知识需求建模方法的不同决定了知识匹配算法的差异。

5. 协同交互模块

网格环境下的协同交互模块，为地理位置不同的群体成员提供在线的虚拟研讨空间，并及时分析群体意见的一致性。通过决策支持平台，群体成员积极主动地参与决策问题求解的全过程。一方面，个体成员结合自身的领域知识，针对决策问题给出自己的看法和见解；另一方面，每一个个体成员都解读和剖析其他成员的观点，从而形成对决策问题新的看法和认识，并在下一轮的发言中表述自己修正后的看法。通过协同交互，群体成员的个体知识能快速地转化为组织知识，并为群体成员所接受和吸收。协同交互模块实时分析群体意见的一致性，为群体协同交互提供方向引导，使群体的协同交互具有收敛性，而不是朝着个别的、极端的和发散的方向发展。协同交互模块在分析群体意见一致性后，会给出具体的引导机制和引导策略，对那些极端的意见及时给出终止研讨的提示，减少群体成员协同交互的时间消耗，使群体成员的交互更有目的性和方向性。

5.4.4　基于网格的决策支持系统开发环境

原型系统的软件开发工具采用 Microsoft.NET 系列开发工具，简要介绍如下。

Microsoft.NET 可以被理解为是一种基于网络服务的应用软件开发与运行环境，是 Microsoft 提供的新一代分布式计算的应用系统开发平台。在技术上，Microsoft.NET 体系的核心其实就是向开发者提供了一系列开发、部署和运行互联网通用组件的工具。而这个以互联网为基础的通用组件就是以 XML 为标准信息载体的 Web 服务[14]。

在.NET 开发平台上创建的应用程序都需要运行通用语言运行环境和统一类库，具体包括以下几点。

（1）通用语言运行环境。从程序运行的角度看，通用语言运行环境是一个软件执行引擎，在 Microsoft 的中间语言和最后机器运行编码之间起了一个中间角色的作用。其主要的功能包括对应用程序的正确性进行必要的确认，进行相应的安全许可验证，统一分配系统资源，执行完应用程序后将它们从系统中清除[15]。通用语言运行环境的主要组成部分包括编译器、内存管理器、安全校验、通用语言定义和类加载器等。

（2）多语言环境编译过程。引擎执行过程基本上经历了四个步骤。

步骤一：开发人员用自己喜欢的语言，如 C\C++\VB\VJ++\C#编写应用源程序。然后，多语言环境的编译器根据对特定语言的定义将源程序汇编成语言中立的 Microsoft 通用编码。

步骤二：类加载器进一步将应用程序所链接的其他功能集进行共同汇编，使程序全面整合成中立语言。与此同时，类加载器还使用可以由应用程序的开发者或者系统管理员指定的版本政策来确定汇编的版本标识，这样就消除了过去普遍存在于 Microsoft 的 Windows 运行环境的版本冲突问题。

步骤三：应用源程序及链接的支持类库汇编完毕后，利用汇编校验器检查它的内容是否符合类型安全要求，并且给应用程序确定适当的安全许可。

步骤四：符合版本政策及安全要求的语言中立编码，最后由本机编译器按照系统运行的具体操作系统和机器类型将通用编码转换为可控制的本地机器代码，这是处理器执行代码。本机代码与多语言环境提供的各种环境服务，如可以定期清理内存，避免死机的内存管理服务，特别声明内存不再为应用程序和多语言安全控制系统服务等，可以使应用程序安全地、不间断地运行。

（3）.NET 应用架构的联合类库。.NET 应用架构的联合类库是一个在通用语言运行环境下向开发人员提供的用来编写在通用语言运行环境控制下运行的代码的功能组件的集合。它们按照单一有序的分级组织提供了一个庞大的功能集。在联合类库所提供的众多的类中，用于互联网应用开发的 ASP.NET 类最受瞩目，ASP.NET 提供了 Web 应用开发的基础结构，其主要内容包括 Web 应用、网格服务、基础运行环境等。

（4）.NET 开发工具：Visual Studio.NET

Microsoft 提供的 Visual Studio.NET 图形集成开发环境使用户界面更加友好，程序员使用各个图形化工具，可以很容易地实现查找代码组件、跟踪任务、编辑和编译代码、指导调试，以及小组协调开发等。Visual Studio.NET 增加了大量方便、实用的新特性，具体包括：①控件方面——新增数十个服务器控件；②页面框架方面——增加母版页、主题和皮肤、编译机制和本地化改进；③服务与应用程序编程接口方面——增加成员资格管理、角色管理、用户配置、数据缓存、配置与管理工具等。

5.4.5　基于网格的决策支持系统运行环境

并行计算系统是由多处理器系统演化而来的一种分布式并行计算系统。它通常采用消息传递方式来进行并行计算，较适合于大粒度的并行处理问题。形式主要有专业的超级并行计算机，如日本电器股份有限公司每秒 35.86 万亿次的高运算速度的“地球模拟器”，还有就是采用普通个人计算机组建的集群系统，在这种系统中，同构或异构的计算机系统经过局域网相连。这些计算机系统本身，既可以是小型机或巨型机，又可以是工作站或服务器，可以同时对并行操作系统支持细粒度并行计算、实时处理、分布式计算，对多用户环境也进行了改造，对操作系统中的加锁策略、锁类型的选择、死锁的预防等也进行了重新设计。

大型计算机通常分为五种实际物理机模型：并行向量处理机、对称多处理机、大规模并行处理机、工作站机群及分布共享存储器多处理机。其中，并行向量处理机系统含有为数不多并功能强大的定制向量处理器、定制的高带宽纵横交叉开关及高速的数据访问。但是，这种系统通常不使用高速缓存，而是使用大量向量寄存器及指令缓存，这使得该系统对程序编制的要求较高。只有那些充分考虑了向量处理特点的程序才能在该系统上获得较好的性能。对称多处理机系统采用商品化的处理器，这些处理器通过总线或交叉开关连接到共享存储器。将计算机节点通过高性能网络或者局域网物理互连便构成一个集群。典型的情况下，每个计算机节点可以是一台普通计算机、一台工作站或是一台对称多处理机服务器，当所有节点依赖单一集成的资源一起工作时，则可认为这些节点处于同一集群。

基于网格的决策支持系统平台的运行环境建立在分布式、并行环境下，其运行环境示意图如图 5.15 所示。

可以看出，基于网格的决策支持系统满足了如下要求。

（1）网格需要能在异构环境下进行资源共享、实现设计协同、求解协同、商务协同等功能，并且需要能够跨越多个组织，因此，它至少需要安装两套 Globus Toolkit 4，进行网格平台的构建，实现 Web 服务资源框架标准，提供应用程序编程接口来构建有状态的 Web 服务。

（2）另外，还需要有数据库服务器、文件传输服务器、Web 服务器、应用服务器，还必须有些计算机作为客户端、浏览器端、普适设备等终端使用。

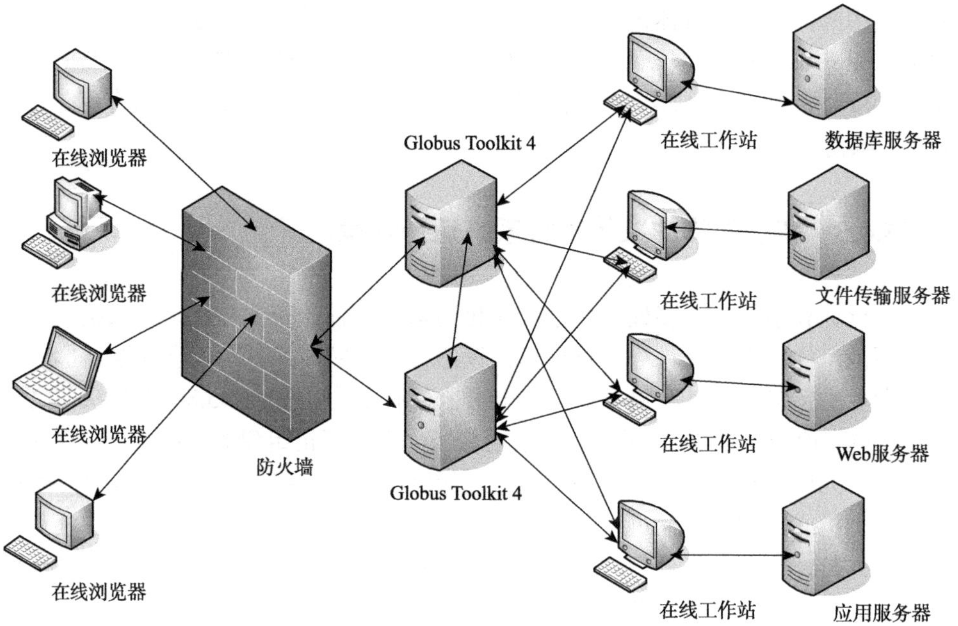

图 5.15　基于网格的决策支持系统运行环境示意图

（3）其中，一套 Globus Toolkit 4 安装在 Linux 平台下，一套安装在 Windows 平台下。Linux 是开源代码，相对 Windows 安全一些，另外，目前开放源码的 Globus Toolkit 4 的 Linux 版本功能更完善；Windows 操作系统，作为大多数人使用的操作系统，使用便捷，图形界面人性化，弥补了部分数据库系统没有 Linux 版本的缺陷。若条件紧缺，Web 服务器、Globus Toolkit 4 和数据库服务器可以部署在一台 Windows 操作系统的服务器上。

5.5　本 章 小 结

针对复杂决策问题的求解，本章介绍了基于网格资源与服务的决策支持系统开发相关的内容。首先，全面介绍了决策支持系统的功能和系统结构，重点描述了基于知识发现方法的决策支持系统流程；接着以供应链网格为背景，介绍了网格环境下供应链网格的决策支持系统，并分析了供应链网格工作流；在此基础上，从决策支持系统总体框架、工作机理、功能模块、开发环境和运行环境方面全面介绍了基于网格的决策支持系统的开发，为在系统中实现智能算法提供了现实基础。

参 考 文 献

[1] 蔡伟杰，张晓辉，朱建秋，等. 关联规则挖掘综述[J]. 计算机工程，2001，27（5）：31-33.
[2] Jamil H M. Bottom-up association rule mining in relational databases[J]. Journal of Intelligent Information Systems：Integrating Artificial Intelligence & Database Technologies，2005，19（2）：191-206.
[3] Srikant R . Fast algorithms for mining association rules and sequential patterns[M]. San Francisco：Morgan Kaufmann Publishers Inc. 1996.
[4] 丁世飞. 基于信息理论的数字模式识别及应用研究[D]. 山东科技大学博士学位论文，2004.
[5] 陈东莉. 基于GA和KNN的SVM决策树分类方法研究[J]. 计算机与数字工程，2012，40（3）：21-23.
[6] 罗作民，张景，李军怀，等. 网格计算及其关键技术综述[J]. 计算机工程与应用，2003，39（30）：18-22.
[7] 石声波，张润彤，樊宁. 供应网格——网格计算环境下的供应链管理[J]. 物流技术，2007，26（4）：76-79.
[8] 赵新娟，谭国真，王寻羽. 基于网格计算的供应链管理系统模型研究[J]. 计算机应用研究，2004，21（4）：82-84.
[9] 余波，周龙骧，钟锡昌，等. 网格工作流技术综述[J]. 计算机工程，2006，32（2）：4-6，36.
[10] 陈志圣，黄立平. 网格供应链中工作流系统的设计[J]. 计算机工程与设计，2007，28（24）：5949-5950，5954.
[11] 康峰. 网络环境下协同决策支持平台构建研究[D]. 东北大学博士学位论文，2010.
[12] 刘培刚. Web挖掘技术在电子商务中的应用研究[J]. 情报学报，2002，21（6）：680-685.
[13] 刘翔. ERP协同决策方法及模型实现研究[J]. 计算机科学，2006，33（8）：144-147.
[14] 顾长生. 面向CMM的多媒体需求管理系统[D]. 南京大学硕士学位论文，2001.
[15] 罗铁清，王莹，王如龙. 软件项目管理流程分析与设计[J]. 计算技术与自动化，2005，24（3）：106-108.

第 6 章　供应链环境下基于多 Agent 联盟的复杂决策问题的分析与求解

6.1　供应链环境下基于蚁群算法的多 Agent 联盟研究

6.1.1　联盟的研究

联盟是合作伙伴中一种重要的合作方式。供应链中的合作伙伴为了特定的利益和目标而组成联盟，通过联盟可以降低联盟企业的库存水平，节约成本，同时可以提高成员间信息共享程度，以及企业快速响应市场的能力。在供应链中，企业形成的联盟是企业从长期战略的角度建立的一种稳定的互惠互利的合作关系，联盟存在的必要性就是使各方都存在一定的商业优势，各方都认为组成联盟创造的财富大于不结盟创造的财富。

现代公司经营朝着一种新的经营理念发展，组织之间不再是从各自的理念出发，而是讲求团队合作，以合作提高企业的核心竞争力，合理创造价值，这种新的经营理念被认为是组织的联盟关系。供应链中的各种企业包括供应商、制造商、销售商及顾客基于特定的产品，在一定时期内为了降低风险、共同获利、共享信息而组成一个稳定有效的联盟。这种联盟能够降低整个供应链的总成本，降低企业的库存水平，增强企业与企业之间及企业与顾客之间的交流，提高供应链节点企业的能力，包括产品质量的提升、产量的增大、交货期的大大缩短、用户满意度的提高等，同时使供应链具有更大的竞争优势。

综上所述，联盟是企业间的重要合作方式，企业通过联盟组成有效的供应链，可以极大地提高供应链的竞争优势，有效改善供应链节点企业的财务、经营状况。随着分布式人工智能的发展，Agent 技术成为研究节点之间关系的一种重要工具，已经得到了广泛应用。其中，在多 Agent 的联盟方面，已经产生大量的研究成果。在军事任务分工方面，李宪港等[1]考虑到 Agent 完成任务的信用度，以利他型 Agent 为基础，提出了一种军用的基于信任度的 Agent 联盟形成策略。陈莉等[2]考虑到 Agent 对外界环境的感知能力，将产业链协同中的情感 Agent 引入多 Agent 的联盟研究中，提出了一种基于情感组织 Agent 的联盟形成策略。

综合国内外学者对供应链的研究，以及有关联盟的技术理论，将供应链节点上的企业看作一个对应的 Agent，并将企业的评价指标作为 Agent 构成的联盟的基本属性，借助 Agent 技术来研究供应链节点企业的联盟是一种有效的方法。

6.1.2 蚁群算法

1. 蚁群算法概述

蚁群算法是受大自然中蚂蚁群体生活规律的影响而产生的一种新的仿生类算法[3]。蚂蚁的行为有其很强的内部搜索机制，这种搜索机制经过研究人员的努力与总结，后来成为解决随机优化问题的有效方法。因为在计算中要人为地设置“蚂蚁”，所以在系统应用方面，将蚁群算法也称为蚁群系统，后来在大型工程计算中尤其是涉及资源组合优化问题方面取得了很高的成效。

生物学家经过大量研究发现，生物界的蚂蚁在出行的时候往往都是成群结队，而且在觅食过程中，不管食物距离巢穴有多远，在没有任何帮助或标志性提示下可以准确、快速地找到食物距离巢穴的最短路径，并且如果外界环境改变时，它们会重新调整路线并最终会找到新的最优路径。蚂蚁之所以会自如地改变路径并且准确找到最优路径，是因为它们在行动过程中会在经过的路径上散发一种彼此能识别的物质——信息素，信息素可以使周围的蚂蚁发觉，并且会提示它们对路径的选择。在所有路径中，经过其中一条路径的蚂蚁如果多于其他路径，则这条路径上残留下的信息素也就多于其他路径，在以后的选择过程中，蚂蚁就会以更大的概率选择该路径。这种路径的选择来自信息的反馈作用，因此也称这种现象为正反馈机制。

经过多年的发展，蚁群算法成功地解决了很多问题，如著名的旅行商问题和二次分配问题，后来也延伸到了机械设计、车辆工程、通信网络等领域中。像工件排序、车辆调度、多任务规划与调度等问题都是其典型应用。

2. 蚁群算法的群体智能性

蚁群算法能获得问题的理想解，但很难获得最优解。但是对于那些复杂问题，在很难获得最优解的情况下，用蚁群算法完全可以达到理想的效果。蚁群算法在解决复杂的大规模难题时表现出了惊人的群体智能性，这样的智能系统主要有以下特点。

1）非线性和自组织性

蚂蚁个体虽小，但整体表现出来的智能是惊人的，蚁群系统是一个非线性系统，也就是系统的整体大于每个部分之和，具有极强的合作性，虽然在蚁群系统中没有一个控制设备，每只蚂蚁都根据自身的行为规则自组织地达到整个系统的和谐统一。

2）正反馈机制

蚂蚁在选择路径时总是选择信息素浓度最大的路径的概率最大，当蚂蚁选择该路径时，还会在该路径留下自身的信息素，此时的信息素浓度就更大。依次循环，该路径的蚂蚁就会更多，这种选择路径的方式类似信息的反馈，后面的蚂蚁选择路径总是以前面的信息素为准，因此，称这种现象为蚁群算法的正反馈机制[4]。

3）随机因子

由于蚂蚁在经过的路径上会留下自身的信息素，当系统发现了最短路径时，蚂蚁还是倾向于选择以前走过的较长的路径，为了避免这种情况，可以在系统中人为地加入信息素的干扰策略，使得经过的路径上的信息素快速蒸发，从而能够让较短路径更快速地被找到。对系统加入随机因子，可以有效提高系统的运作效率，快速找到满意解[5]。

4）部分与整体、部分与部分及与环境相互影响

蚂蚁选择路径时都受到信息素的影响，因此，蚂蚁释放信息素先影响环境，进而环境又影响蚂蚁。所以，蚁群系统中部分与整体、部分与部分，以及与环境相互作用，相互影响。

5）宏观与微观的统一

每只蚂蚁在微观的层面上对环境产生影响，这种影响只是出于生理上的反应，是随机而盲目的。蚂蚁在宏观上构成一个整体，经过相互合作可以解决常规方法无法解决的问题。

3. 蚁群算法的流程和基本步骤

信息素记忆了路径的相关信息，可以利用其反馈机制解决路径的优化、可行解的质量评价等问题。蚂蚁在移动过程中按照某种概率规则选择，并根据初始状态条件选择邻域的下一个节点，当蚂蚁走过了所有节点时，便构造一个解，此时，蚂蚁按原路返回并更新路径上的信息素浓度。如果在搜索过程中其中一个蚂蚁满足了至少一个终止条件时，搜索过程结束，算法终止。我们借助经典的旅行商问题具体阐述蚁群算法的求解流程和基本步骤。

Q 表示表征蚂蚁选择路径数量的一个常数，m 表示初始状态下蚂蚁的个数，

η_{ij} 表示节点 i 与节点 j 连线上的能见度，一般用距离的倒数表示，即 $1/d_{ij}$，τ_{ij} 表示节点 i 与节点 j 连线上的轨迹强度，$\Delta\tau_{ij}^{k}$ 表示蚂蚁 k 在节点 i 与节点 j 连线上留下的单位长度轨迹信息素数量。按 $\Delta\tau_{ij}^{k}$ 的不同取法，可形成不同类型的蚁群算法，最基本的为 ant-cycle 模型，即

$$\Delta\tau_{ij}^{k}=\begin{cases}Q/Z_k, & \text{若节点}i\text{与节点}j\text{在最优路径上，}Z_k\text{为目标函数值}\\ 0, & \text{其他}\end{cases} \tag{6.1}$$

另外还有如下两种模型。

ant-density 模型：

$$\Delta\tau_{ij}^{k}=\begin{cases}Q, & \text{若节点}i\text{与节点}j\text{在最优路径上}\\ 0, & \text{其他}\end{cases} \tag{6.2}$$

ant-quantity 模型：

$$\Delta\tau_{ij}^{k}=\begin{cases}Q/d_{ij}, & \text{若节点}i\text{与节点}j\text{在最优路径上}\\ 0, & \text{其他}\end{cases} \tag{6.3}$$

P_{ij}^{k} 表示蚂蚁 k 的状态转移概率，与 $\tau_{ij}^{\alpha}\cdot\eta_{ij}^{\beta}$ 成正比，j 是尚未访问的节点。轨迹强度的更新方程为 $\tau_{ij}^{\text{new}}=\rho\cdot\tau_{ij}^{\text{old}}+\sum_{k}\Delta\tau_{ij}^{k}$。这里，各参数的含义如下：$\alpha$ 表示路径相对重要程度（$\alpha\geqslant 0$），β 表示路径上能见度的重要程度（$\beta\geqslant 0$），ρ 表示信息素的稳定性（$0\leqslant\rho\leqslant 1$），$1-\rho$ 为信息素挥发状态，Q 表示表征蚂蚁选择路径数量的一个常数。

蚁群算法的主要步骤包括以下七步。

步骤 1：$N\leftarrow 0$，其中 N 为算法迭代次数；初始化参数 τ_{ij} 和 $\Delta\tau_{ij}$；把 m 只蚂蚁随机放置于 n 个节点上。

步骤 2：初始化解集，先将初始点放入解集中，按照状态转移概率 P_{ij}^{k} 将蚂蚁 k 移至节点 j，并将节点 j 放入解集中。

步骤 3：根据解集中的值计算当前最好解 Z_k，并记录最好解。

步骤 4：根据信息素更新规则表达式并更新轨迹上的信息素。

步骤 5：对节点 i 与节点 j 进行连线，置 $\Delta\tau_{ij}\leftarrow 0$，$N\leftarrow N+1$。

步骤 6：若 $N<$最大的迭代次数且得到的都是相同解，则转到步骤 2；否则转到步骤 7。

步骤 7：输出当前最好解。

整个算法的时间复杂度为 $O(N\times n^2\times m)$，若 $m\approx n$，则算法的时间复杂度为 $O(N\times n^3)$。由算法的相关理论可知，这个时间复杂度在科学计算和应用中是可行的。

4. 蚁群算法的应用

从提出到现在，蚁群算法的实验验证和理论论证已经形成了一个体系完备的智能优化算法，并已成功应用于各个领域，这些成功的应用奠定了蚁群算法的有关基础。下面列举四个其最典型的应用。

1）系统工程

单个蚂蚁的能力是极其有限的，通过多个小蚂蚁可以解决非常复杂的问题，这体现了一种整体的思想，是一个系统工程。蚁群算法的这种系统工程的思维方式在大型的工程、生产调度、多任务的规划等方面都有着大量的应用。在蚁群系统中，每个人工蚂蚁被当作一个 Agent，在分布式人工智能的领域，多个 Agent 协同完成复杂任务，因此，许多研究人员也将其应用于经济、管理等方面。

2）组合优化

蚁群算法的思想最早应用在路径优化、资源组合等问题上。这些问题到目前为止仍然是学术界研究的热点问题。通过经典的旅行商问题验证了蚁群算法的有效性。后来蚁群算法相继在很多领域都有所应用，如离散优化问题，蚁群算法表现出了极其优秀的效果。自从蚁群算法成功地解决了旅行商问题以后，蚁群算法的基本模型就有了很大的改进，在以后的研究工作中，人们往往都是以旅行商问题来研究蚁群算法。在求解资源优化一类问题时，蚁群算法都是首要考虑的方法之一。

与旅行商问题不同，二次分配问题是另一种资源优化问题。在企业、工厂的实际生产活动中，必须在规定时间内完成一定数量的产品，怎样合理安排时间、库存水平及其他设备的使用情况等被看作二次分配问题，很多国家都应用蚁群算法开发了相关的管理系统，有效解决了二次分配问题，提高了管理水平。

近几年，蚁群算法在车辆路径优化问题、信带频率分配问题、度约束最小树问题等另一类资源组合优化问题上也取得了很好的效果。这些成果都充分体现了蚁群算法的价值。

3）自动控制

在自动控制系统中，每一个环节都是有机联系在一起的，下一环节的工作要以上一个环节的工作情况作为导向。蚁群算法中存在正反馈机制，和自动控制系统的性质很相似，将蚁群算法应用于自动控制系统中，在内部的正反馈机制下使系统不断进化，适应外界的环境。任务分配问题也是一类资源组合优化问题，将自动控制系统应用于任务分配问题中，使问题得到了更好的解决。这一成功应用使蚁群算法在任务分配问题上有了新的应用。

机器人作为自动控制与人工智能研究的典型代表，已成为学术界乃至各国高新技术研究的热点。其中，机器人的路径规划是研究的重点内容之一，即机器人要从起始地点出发，在有障碍的情况下，无碰撞地顺利找到目标地点的最优路径。将蚁群算法应用到机器人的路径规划中，根据具体问题通过调整适当的轨迹能见度参数值和信息素衰减度参数值，可以使机器人像蚂蚁一样协同工作，顺利解决有障碍物的路径规划问题。

4）通信网络路由选择

通信网络路由选择问题是通信网络中的核心问题，其实质也是资源组合优化问题。与一般的路径优化不同的是路由选择问题加入了空间的概念，并且随着空间节点的增多，这种选择也处在动态变化中。可以用蚁群算法来解决这一问题，根据路由节点选择模型对蚁群算法进行细化处理，使蚁群算法具有动态和重载等特点。

6.1.3　供应链环境下基于蚁群算法求解单任务 Agent 联盟

供应链由企业组成，包括供应链的上游与下游的企业或部门组成的联盟，这些企业或单位经过相互沟通与协调，形成一个整体的包括从客户（或消费者）需求开始到原材料的供应、产品的设计与开发生产、销售最后到达客户的整个活动的功能网链。供应链呈现复杂的网络结构。供应链上的企业通过稳定的联盟完成一系列的任务，本节就从单一任务的角度分析，即一个企业只要求加入一个联盟，这样便形成一个单条供应链[6]。将企业选择的指标作为 Agent 的属性，各 Agent 之间经过一定的规则，既自主学习，又可以根据环境的变化进行合作，组成联盟，建立新的合作模式，实现供应链的重新整合，以利于企业间物流、信息流和资金流的自由流动，从而提高供应链的能力[7]。

1. 供应链下单任务 Agent 联盟模型

1）单任务 Agent 联盟问题描述

图 6.1 是一个基于智能体 Agent 的供应链模型，将供应链的每一个主体看作一个 Agent，$\{S_1, S_2, \cdots, S_n\}$，$\{M_1, M_2, \cdots, M_n\}$，$\{W_1, W_2, \cdots, W_n\}$，$\{R_1, R_2, \cdots, R_n\}$，$\{C_1, C_2, \cdots, C_n\}$分别代表 n 个供应商、n 个制造商、n 个销售商、n 个分销商和 n 个顾客。整个供应链的运作可以看作需求和供应的双向交互。需求方为产品或原材料的消费者，供应方为产品或原材料的提供者，其目的是实现将需求由消费者转移到提供者，再将产品或原材料由提供者转移到消费者的整个过程。在这个过程，处于供应链低层的 Agent 不断地和高一层的 Agent 进行合作，体现

整个供应链的业务活动。如果顾客的需求量非常大，以至于单个或者几个 Agent 不能完成，这时就需要多个 Agent 组成联盟来共同完成任务。在这一过程中，如果顾客的需求量不大，或者说任务比较小，这样每一个实体过程只需要一个企业参与便可完成。每个企业只参与这一个任务，或者说只加入一个联盟，便组成一个单一的供应链，该条供应链的运作就是为了完成这个比较简单的任务，这样形成的供应链可以认为是单任务下构成的联盟，如图 6.1 中的粗线条 $S_2 \to M_1 \to W_i \to R_1 \to C_i$ 表示的企业构成的联盟。

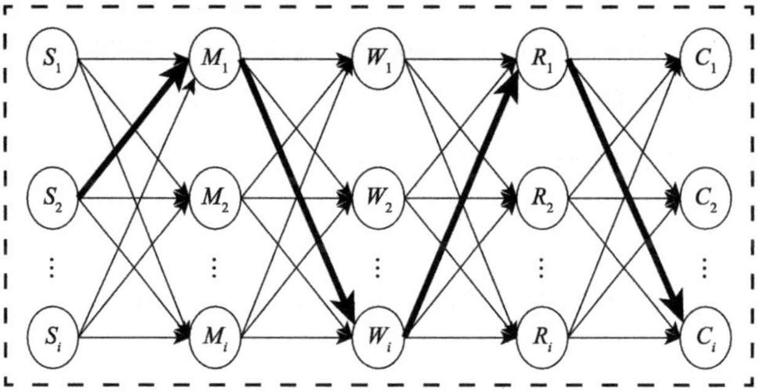

图 6.1　供应链模型

2）模型的建立

假设要完成任务 T ，$A_i = \{a_{ij} \mid j \in [1, m_i]\} (i = 1, 2, \cdots, n)$ 表示参与联盟的所有 Agent 的集合；m_i 为候选 Agent 的数量。$P_{a_{ij}} = \{t_{a_{ij}}, q_{a_{ij}}, c_{a_{ij}}, r_{a_{ij}}, \cdots\}$ 表示 Agent a_{ij} 所持有的性能指标集合，其中，$t_{a_{ij}}$ 为时间，$q_{a_{ij}}$ 为质量，$c_{a_{ij}}$ 为成本，$r_{a_{ij}}$ 为信任度，Agent 可以根据实际需要增加合适的指标。

资源集 $Q = \{Q_i \mid i \in [1, n]\}$ ，其中，Q_i 表示完成任务 t_i 所能消耗的最大资源量。$V(C)$ 表示完成任务所能带来的收益，Z 表示完成任务总折合成本，D 表示 Agent 之间的通信成本。则在供应链环境下 Agent 的联盟问题就是选择一组 Agent 构成联盟 $C = \{\text{Agent}_1, \text{Agent}_2, \cdots, \text{Agent}_n\}$ ，且 $C \cap A_i = \{\text{Agent}_i\}$ ，并使联盟值 $V(C)$ 最大。我们设想，组成联盟的 Agent 在诚信度最高、质量最好的情况下以最短时间和最低通信成本完成任务，则总折合成本最小，于是得到

$$V(C) = Q_i - Z \tag{6.4}$$

$$Z = W_1 T + W_2 Q' + W_3 C + W_4 R' + W_5 D \tag{6.5}$$

其中，W_k 表示指标权重，$k = 1, 2, \cdots, 5$ ，可根据专家评分法、层次分析法确定，且 $\sum_{k=1}^{5} W_k = 1$ 。

$$\begin{cases} T = \sum_{i=1}^{n}\sum_{j=1}^{m_i}\dfrac{t_{a_{ij}}}{t_{\max}} \times u_{ij} \\ Q' = \sum_{i=1}^{n}\sum_{j=1}^{m_i}\left(1-\dfrac{q_{a_{ij}}}{q_{\max}}\right) \times u_{ij} \\ C = \sum_{i=1}^{n}\sum_{j=1}^{m_i}\dfrac{c_{a_{ij}}}{c_{\max}} \times u_{ij} \\ R' = \sum_{i=1}^{n}\sum_{j=1}^{m_i}\left(1-\dfrac{r_{a_{ij}}}{r_{\max}}\right) \times u_{ij} \\ D = \sum_{i=1}^{n-1}\sum_{j=1}^{m_i}\sum_{q=1}^{m_{i+1}}\dfrac{d_{ij,(i+1)q}}{d_{\max}} \times u_{ij} \times u_{(i+1)q} \end{cases} \tag{6.6}$$

其中，$u_{ij} = \begin{cases} 1, \text{选择Agent } a_{ij} \text{加入联盟} \\ 0, \text{否则} \end{cases}$ ；$t_{\max}$、$q_{\max}$、$c_{\max}$、$r_{\max}$、$d_{\max}$ 分别表示所有候选 Agent 性能指标的最大值。

供应链环境下的 Agent 联盟问题就是为 n 项任务在 $\sum_{i=1}^{n} m_i$ 个候选 Agent 中寻找一个联盟 $C^* = \{\text{Agent}_1, \text{Agent}_2, \cdots, \text{Agent}_n\}$，属于一类组合优化问题。蚁群算法被大多数学者认为是解决组合优化问题最有效的方法之一，蚂蚁在选择 Agent 的过程中倾向于选择以前合作过且合作较好的 Agent 进行结盟，体现了“熟人机制”。随着循环次数的不断增加，蚂蚁会以正反馈的方式逐渐形成最佳的联盟。

2. 单任务 Agent 联盟的蚁群算法

1）算法设计

设 m 是蚁群中蚂蚁的数量，满足 $m \leqslant \sum_{i=1}^{n} m_i$ ，$t_{ij,pq}(t)$ 表示 t 时刻蚂蚁在 Agent a_{ij} 与 Agent a_{pq} 路径上残留的信息素量，其物理含义表示 Agent a_{ij} 与 Agent a_{pq} 之间的熟悉度，蚂蚁开始遍历时各路径上的信息素量相等，并初始化为 0，$\tau_{ij,pq}(0) = \tau_0$ 。将 m 只蚂蚁随机不重复地放在 m_i 个候选 Agent 上，然后 m 只蚂蚁开始遍历所有节点，当遍历完所有任务集时，一次循环结束，形成 m 个联盟，蚂蚁 $k(k=1,2,\cdots,m)$ 根据上次蚂蚁留下的信息素量选择下一个节点 Agent，在选择过程中，蚂蚁 k 从 Agent a_{ij} 选择 Agent a_{pq} 的概率是 $P_{ij,pq}^{k}(t)$ 。

$$P_{ij,pq}^{k}(t)=\frac{\left[t_{ij,pq}(t)\right]^{\alpha}\left[\dfrac{1}{d_{ij,pq}}\right]^{\beta}}{\sum_{n=1}^{m_n}\left[t_{ij,pn}(t)\right]^{\alpha}\left[\dfrac{1}{d_{ij,pn}}\right]^{\beta}},\quad q=1,2,\cdots,m_n \tag{6.7}$$

其中，α 表示信息启发式因子，代表轨迹的相对重要性；β 表示期望值启发因子，代表能见度的相对重要性，反映了选择 Agent 的确定性因素的强弱。

蚂蚁 k 在 t 时刻选择了 Agent a_{ij} 加入联盟，计算该时刻的联盟值 $V(C_k)$，如果这时的联盟值能够完成任务，即停止遍历，如果遍历所有的 Agent 仍不能完成任务，则放弃该任务。所以，每增加一个 Agent 都要增加该 Agent 的成本，并计算这时的联盟值。

完成一次循环后，根据“熟人渐忘规则”各条边上的信息素浓度减少，对各条路径的信息素进行更新，规则为

$$\tau_{ij,pq}(t+1)\leftarrow\rho\times\tau_{ij,pq}(t)+\sum_{k=1}^{m}\Delta\tau_{ij,pq}^{k} \tag{6.8}$$

其中，ρ 表示蚂蚁残留信息素的保留程度；$\Delta\tau_{ij,pq}^{k}$ 表示在本次循环中蚂蚁 k 对 Agent a_{ij}、Agent a_{pq} 路径上信息素的增量，有

$$\Delta\tau_{ij,pq}^{k}=\begin{cases}\dfrac{V(C_k)}{\sum_{k=1}^{m_i}V(C_k)}, & \text{如果蚂蚁}k\text{组成的联盟包含}a_{ij},a_{pq}\\ 0, & \text{否则}\end{cases} \tag{6.9}$$

其中，$V(C_k)$ 表示 t 时刻蚂蚁 k 形成的联盟值。

2）算法描述

步骤 1：$\mathrm{nc}\leftarrow 0$（nc 为迭代步数或搜索次数），初始化各条边的 $\tau_{ij,pq}$ 和 $\Delta\tau_{ij,pq}$，一般 $\tau_{ij,pq}(0)=\tau_0$，$\Delta\tau_{ij,pq}=0$。

步骤 2：将 m 个蚂蚁随机不重复地放在 $\sum_{i=1}^{n}m_i$ 个候选 Agent 上。

步骤 3：蚂蚁 k 开始向前寻径，按照每个任务的要求选择一个 Agent，直到遍历所有的任务，形成一个联盟。

步骤 4：根据式（6.4）～式（6.6）计算第 k 只蚂蚁形成的联盟值 $V(C_k)$，如果 $V(C_k)<0$ 则算法终止，放弃任务，如果 $V(C_k)$ 大于以前循环找到的最大联盟值，则更新找到的联盟值和 Agent。

步骤 5：由式（6.8）、式（6.9）更新各条边上的信息素 $\tau_{ij,pq}(t+1)$。

步骤 6：设置 $t=t+1$，$\mathrm{nc}=\mathrm{nc}+1$，其中 nc 表示迭代次数。

步骤 7：如果 nc 小于预定的迭代次数且无退化行为（找到的都是相同解），转

至步骤 2。

步骤 8：输出目前的最大联盟值 $V(C_k)$ 和节点 Agent，终止算法，退出程序。

3. 实验及分析

假设某条供应链由供应商（S）、制造商（M）、销售商（W）、分销商（R）和顾客（C）组成。他们的数量分别为 3、4、3、3 和 2。根据本书中的模型，将其分别用相同数量的 Agent 表示，各 Agent 的性能指标值如表 6.1 所示，各组 Agent 之间的通信成本由下面的矩阵给出，目标函数为 $V(C)$，资源 $Q = 3500$，完成任务后的收益值为 1700。式（6.5）中各指标的权重分别取 0.28、0.24、0.30、0.16 和 0.02。现要在既定的 Agent 中找出一组 Agent 组成联盟，使 $V(C)$ 最大。

表 6.1　Agent 的性能指标

类型	$t_{a_{ij}}$	$q_{a_{ij}}$	$c_{a_{ij}}$	$r_{a_{ij}}$
供应商 1	7.1	0.45	93	0.28
供应商 2	7.5	0.41	90	0.23
供应商 3	6.9	0.38	96	0.25
制造商 1	5.3	0.37	59	0.47
制造商 2	5.5	0.41	67	0.52
制造商 3	4.5	0.35	63	0.45
制造商 4	5.1	0.33	54	0.49
销售商 1	7.1	0.45	93	0.28
销售商 2	7.5	0.41	90	0.23
销售商 3	6.9	0.38	96	0.23
分销商 1	3.1	0.25	74	0.43
分销商 2	3.9	0.28	77	0.49
分销商 3	3.7	0.31	79	0.41
顾客 1	3.3	0.35	82	0.45
顾客 2	3.5	0.30	83	0.47

通信成本矩阵为

$$(S_i \times M_j) = \begin{bmatrix} 11 & 17 & 14 \\ 10 & 19 & 14 \\ 18 & 18 & 12 \\ 16 & 10 & 11 \end{bmatrix}, (S_i \times W_j) = \begin{bmatrix} 9 & 7 & 15 \\ 16 & 14 & 17 \\ 18 & 15 & 13 \end{bmatrix}, (S_i \times R_j) = \begin{bmatrix} 12 & 14 & 10 \\ 15 & 13 & 17 \\ 19 & 20 & 18 \end{bmatrix}$$

$$(S_i \times C_j) = \begin{bmatrix} 16 & 17 & 14 \\ 13 & 10 & 8 \end{bmatrix}, (M_i \times R_j) = \begin{bmatrix} 11 & 13 & 10 \\ 19 & 18 & 10 \\ 12 & 15 & 14 \end{bmatrix},$$

$$(M_i \times W_j) = \begin{bmatrix} 13 & 16 & 12 \\ 14 & 11 & 10 \\ 9 & 17 & 12 \end{bmatrix}, (M_i \times C_j) = \begin{bmatrix} 15 & 14 & 17 \\ 12 & 11 & 10 \end{bmatrix}$$

其中，$S_i \times M_j$ 表示第 i 个供应商与第 j 个制造商之间的通信成本；其他矩阵的含义如同供应商和制造商的表示方式。

该算法的关键在于选取适当的参数[8]，从式（6.7）可以看出，α 值越大，蚂蚁的转移概率越大，但是 α 值过大会使算法极易陷入局部搜索，产生局部最小值；β 值的大小反映了启发式信息受重视的程度；从式（6.8）得知，参数 ρ 表示蚂蚁残留信息素的保留程度，其大小影响算法的收敛速度，过大则残留信息素需要经过很长时间才能“挥发”，算法运行速度过慢，极易产生停滞现象，过小则残留信息素在极短的时间就能“挥发”，导致优良的结果不易发现。本书通过实验确定合适的参数值，图 6.2 是本算法中的三个参数 α 、β 和 ρ 分别对算法性能的影响曲线。如图 6.2 所示，$\alpha = 0.3$ 、$\beta = 10$ 、$\rho = 0.5$ 是较合理的选择。

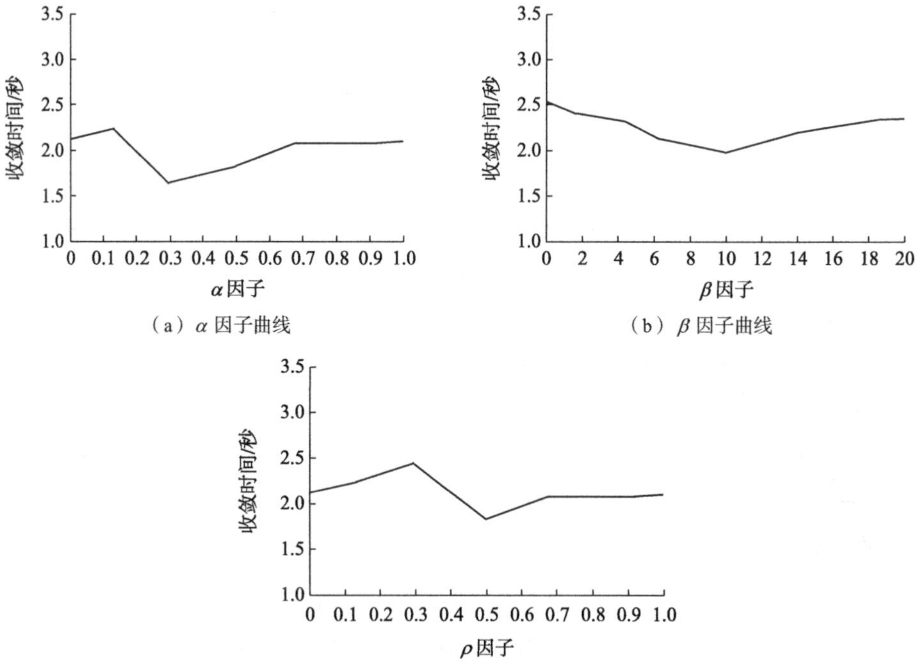

（a）α 因子曲线　　（b）β 因子曲线

（c）ρ 因子曲线

图 6.2　参数影响结果曲线

综上所述，当$\alpha = 0.3$、$\beta = 10$、$\rho = 0.5$时，其他常量初始化为$N_{\max} = 100$、$m = 20$。以 MATLAB 为仿真平台[9]对实例进行实验得到结果如图 6.3 和图 6.4 所示。

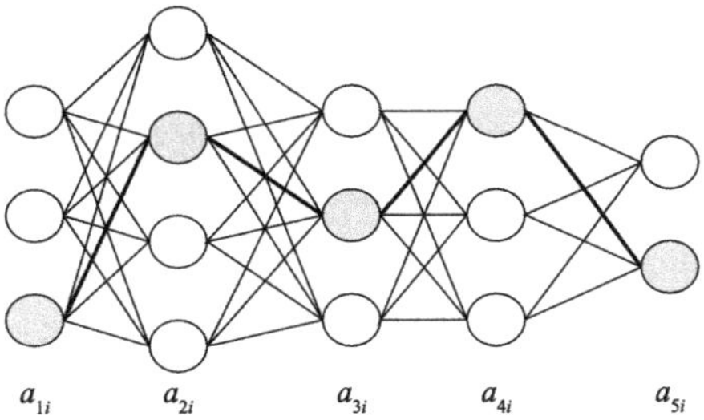

图 6.3　蚂蚁搜索路径

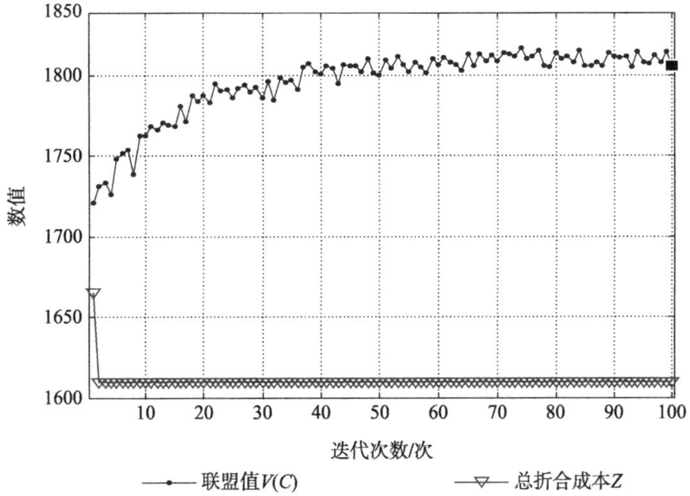

图 6.4　实验结果

蚂蚁按照图 6.4 开始寻径，蚂蚁从供应商开始依次选择制造商、销售商、分销商和顾客，最后由a_{13}、a_{22}、a_{32}、a_{41}、a_{52}组成联盟。由图 6.4 可以看出，经过 3 次迭代后，总折合成本趋于稳定，保持在 1610 左右，算法在迭代 20 次之前联盟值迅速增长，说明算法的收敛速度很快。在经过 20 次迭代后，联盟值上升幅度变小，基本处于稳定，经过 50 次迭代后，联盟值就稳定在 1810 左右。

6.1.4　供应链环境下基于蚁群算法求解多任务 Agent 联盟

每个企业所拥有的资源都是有限的，面面俱到的发展思路肯定会被行业淘汰。要想在行业中取得竞争地位，就得运用专而精的经营理念，即将有限的资源用在自身最擅长的核心业务中，为了节约资源，将非核心的业务交由其他企业完成，这样势必造成在实际生产运营中的供应链不只一条，而是有一条主供应链，起领导作用，周边可能还会有一条或多条伴随供应链为主供应链服务。主供应链要将核心业务作为自身主要方向，发展自身专长，因此不能管理供应链上所有的事情。这就要求企业要与市场时刻保持紧密联系，把非核心的业务交给其他供应链来执行，以提高自身的管理水平，充分发挥分工带来的高效性。供应链在某个时刻可能有多个任务，对于每个任务，可能需要供应链各级企业分别组成联盟来完成，从而使供应链总收益最大。这类问题被看作供应链环境下多任务生成机制。

1. 供应链环境下多任务 Agent 并行联盟

单个 Agent 资源和知识是有限的，因而需要引入多 Agent 技术来实现多任务生成机制，多个 Agent 一起组成联盟，联盟中的 Agent 共享目标，共同构造优化求解方案，实现优势互补，共同解决问题，实现目标利益最大化。考虑到一个企业只能加入一个联盟，这种 Agent 的联盟可以认为是多任务并行的情况。

1）模型的建立

A. 问题的探讨

供应链并不是单指一个企业与另一个企业的关系，而是由众多不同的企业，包括供应商、制造商、销售商、分销商和顾客，共同构成的。供应链是众多企业经过联盟后形成的整体系统，因此，每个企业都试图通过供应链使自身的优势充分发挥出来，在有限的资源内获得最大的利润。供应链环境下的多任务不只是由一些独立的企业完成，也不局限于供应链内部，而是会将一些次要的任务分配给另一些专业性强的企业来完成，这些企业又可以重新构成一个新的供应链。在任务分配过程中，一种情况是一个企业只专注处理一项任务，即一个企业只参与其中一条供应链。如图 6.5 所示，S_i、M_i、W_i、R_i、C_i 分别表示供应商、制造商、销售商、分销商和顾客，这样由几条供应链共同组成联盟完成任务，而组成联盟的这几条供应链是并行的，其中没有一个企业形成交叉点，这种组成联盟的形式被看作供应链环境下多任务并行联盟[9]。另一种情况是一个企业同时参与好几个任务，也就是几条供应链同时拥有一个企业，以这个企业为交叉点。如图 6.6 所示，两条供应链共同拥有一个销售商，就是以该销售商为交叉点，这种联盟形式可以看作供应链环境下多任务交叉联盟。为了弄清楚供应链环境下多任务联盟的生成机制，本小节将分别研究多任务并行联盟的情况和多任务交叉联盟的情况。

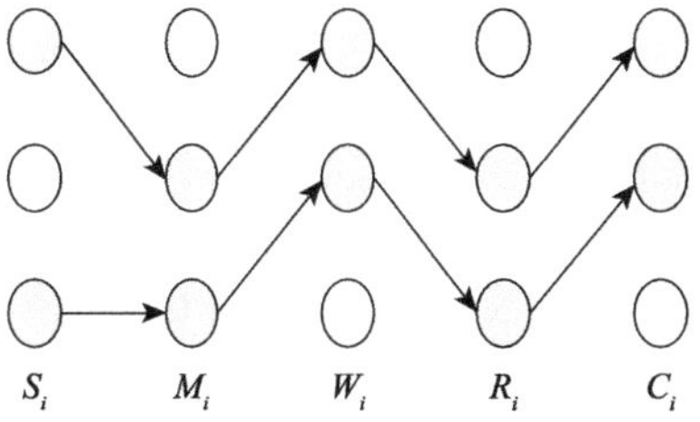

图 6.5　并行联盟

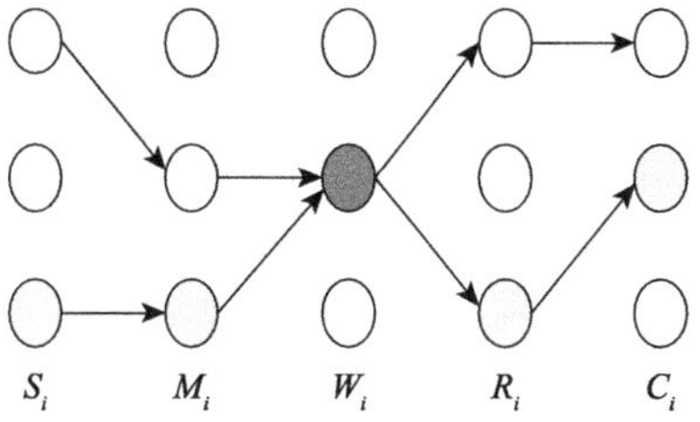

图 6.6　交叉联盟

B. 基于 Agent 的供应链模型

供应链从供应商到最终顾客每一个实体都是供应链运作的主体，这些主体之间相互合作，为了既定的目标共同努力，实现了供应链价值最大化。图 6.7 是一个基于智能体 Agent 的供应链模型，当顾客的需求量非常大，以至于单个或者几个 Agent 不能完成，这时就需要多个 Agent 组成联盟来共同完成任务，假设每个企业都经营自己的核心业务，且每个企业只参与一个任务，这样形成的多任务之间是并行的，是多任务并行联盟，如图 6.7 中粗线条，$S_1 \to M_2 \to W_1 \to R_2 \to C_1$ 和 $S_2 \to M_i \to W_2 \to R_i \to C_2$ 表示企业构成的联盟。

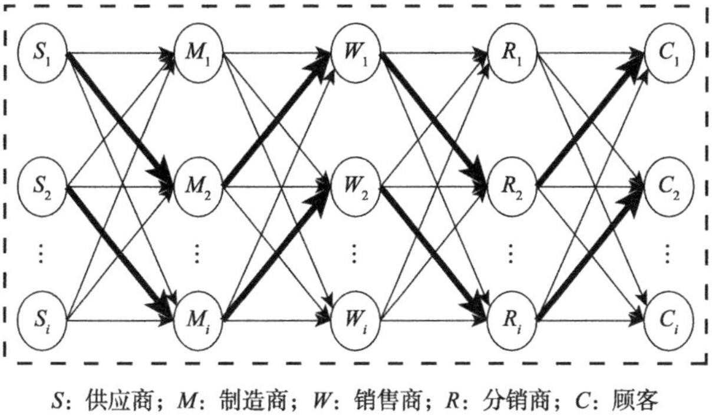

图 6.7　基于 Agent 的供应链模型

C. 模型的公式化描述

供应链环境下的多任务联盟就是要在备选的所有企业中找出一个联盟结构，每一个联盟都完成自己既定的任务，并且使总的联盟结构的收益最大，如果备选企业很多，所组成的联盟个数很大，则问题将得不到有效解，为此，我们借助多 Agent 技术对问题进行一些假设和约束。考虑到一个由供应商、制造商、销售商、分销商和顾客组成的五级供应链，假设 $A_s = \{a_1^s, a_2^s, \cdots, a_n^s\}$ 、 $A_m = \{a_1^m, a_2^m, \cdots, a_n^m\}$ 、 $A_w = \{a_1^w, a_2^w, \cdots, a_n^w\}$ 、 $A_r = \{a_1^r, a_2^r, \cdots, a_n^r\}$ 、 $A_c = \{a_1^c, a_2^c, \cdots, a_n^c\}$ 分别代表供应商 Agent、制造商 Agent、销售商 Agent、分销商 Agent 和顾客 Agent。每个 Agent a_i^T 都有一个能力指标为$B_{a_i^T}=\{t_{a_i^T},q_{a_i^T},c_{a_i^T},r_{a_i^T},\ldots\}$，其中，$t_{a_i^T}$为时间，$q_{a_i^T}$为质量，$c_{a_i^T}$为成本，$r_{a_i^T}$为信任度，每一个 Agent 根据自身的能力指标与任务所需要的能力进行比较，决定是否能够完成任务，Agent 可以根据实际需要增加合适的指标。多任务联盟是一个联盟结构，由多个联盟构成，定义一个联盟$C(C\subseteq A)$，该联盟C是由候选参加联盟的 Agent 中一组相互协作、为了完成某一个给定的任务并共享联盟收益的 Agent 集合。联盟C的能力指标$B_c=\{T_{a_i^T},Q_{a_i^T},C_{a_i^T},R_{a_i^T},\cdots\}$是参加该联盟的所有 Agent 能力指标的并集，即$\sum_{a_i^T\in C}B_{a_i^T}$。由$m$个任务构成的任务集用$T=\{t_1,t_2,\cdots,t_m\}$表示，并且这$m$个任务之间是独立的，即并行任务，完成每个任务$t_i$所需要的能力要求为$B_{t_i}=\{t_{t_i},q_{t_i},c_{t_i},r_{t_i},\ldots\}$。联盟$C$能完成任务$t_i$的必要条件是联盟$C$的能力指标能够达到任务$t_i$所要求的最低标准。联盟的净收益用$V(C)$表示，完成联盟的收益用$T(C)$表示，形成联盟后各 Agent 的总折合成本用$A(C)$表示，用$C(C)$表示联盟中的折合额外成本，通常指通信成本。根据联盟的含义有$V(C)=T(C)-A(C)-C(C)$，在非超加性环境下［超加性是指函数V是$2^N\to R$的映射，如果对N的子集S、T，当$S\cap T=\varnothing$，有$V(S\cup T)\geqslant V(S)+V(T)$］如果联盟$C$不能完成任务$t_i$，则$V(C)=0$。

多任务并行 Agent 联盟就是要在备选的五组 Agent 集中寻找一个联盟结构，使这个联盟结构能够完成所有的任务，并且使总收益$V(C)$最大。

2）算法

为了顺利完成任务集中的所有任务，先对任务进行分类，按照任务的主次和时间的先后顺序，在蚂蚁每一次搜寻的时候为其分配任务，为了体现任务的并行性，每一次分配任务的时候尽量多分配。在蚂蚁搜索最优解的时候尽量节省时间，减少额外成本，将还没有分配的任务推迟到下一轮搜寻过程。

按照图 6.7 随机放置m只蚂蚁到供应商 Agent 上，定义B_a、B_{left}、A_{left}、T_{left}分别为 Agent 集中所有 Agent 的能力指标总和、未分配任务的 Agent 的能力指标总和、未分配任务的 Agent 集合、未经判断的任务集合。

对符号初始化，$A_{\text{left}}=A_s$，$B_{\text{left}}=\sum_{a_i^s\in A_{\text{left}}}B_{a_i^s}$，$T_{\text{left}}=T$，在未分配任务$T_{\text{left}}$中分配一个任务$t_i$。

为了保证完成任务t_i，首先要对未分配任务 Agent 集合A_{left}进行检查，如果检查所有 Agent 的能力指标之和小于t_i所需求的能力指标，则该任务无法完成，系统将放弃该任务；反之，系统可以完成该任务，系统会在A_{left}中寻找联盟$C_{\max}$，使完成任务t_i后收益最大。

随机放置的m只蚂蚁根据信息素和启发因子独立地选择下一类节点某 Agent，

直到走完所有节点为止。$p_{nm}^{k}(t)$ 表示蚂蚁 r 在 t 时刻从节点 $a_{i_0}^{T}$ 转移到下一个节点 a_{i}^{T} 的概率。

$$p_{nm}^{k}(t)=\begin{cases}\dfrac{\left[\tau_{nm}(t)\right]^{\alpha}\times\left[\eta_{nm}(t)\right]^{\beta}}{\sum\limits_{s\in \mathrm{allowed}_k}\left[\tau_{ns}(t)\right]^{\alpha}\times\left[\eta_{ns}(t)\right]^{\beta}}, & a_{i}^{T}\in \mathrm{allowed}_k\\ 0, & a_{i}^{T}\notin \mathrm{allowed}_k\end{cases} \tag{6.10}$$

其中，$\mathrm{allowed}_k=\{A_{\mathrm{left}}-\mathrm{tabu}_k\}$ 表示蚂蚁 r 下一步可以选择的 Agent a_{i}^{T}；tabu_k 表示蚂蚁 r 当前走过的所有节点的集合；$r=\{1,2,3,\cdots,m\}$；α 表示信息启发式因子，代表轨迹的相对重要性，蚂蚁倾向于选择信息素较多的路径，α 值越大，该路径的信息素积累浓度就越大，蚂蚁选择该路径上的 a_{i}^{T} 的概率也越大；β 表示期望值启发因子，代表能见度的相对重要性，反映了蚂蚁选择 a_{i}^{T} 结盟的确定性因素的强弱；$\eta_{nm}(t)$ 表示启发函数，代表在 t 时刻节点 $a_{i_0}^{T}$ 选择 a_{i}^{T} 结盟的期望大小，因为选择结盟时蚂蚁会选择额外成本小的 Agent 结盟，即通信成本较小的 Agent，因此，$\eta_{nm}(t)$ 可表示为 $1/C_{i}^{T}(C)$。

首先，根据公式 $V(C)=T(C)-A(C)-C(C)$ 计算当前的联盟值 $V(C_k)$。

其次，完成一次迭代后，每条待选线路的信息素被更新为

$$\tau_{nm}(t+1)=(1-\rho)\tau_{nm}(t)+\Delta\tau_{nm}(t) \tag{6.11}$$

其中，$\rho\in(0,1)$，$\Delta\tau_{nm}(t)=\sum\limits_{k=1}^{m}\Delta\tau_{nm}^{k}(t)$。

$$\Delta\tau_{nm}^{k}(t)=\begin{cases}V(C_k)/|C_k|, & \text{蚂蚁}k\text{形成的联盟}C_k\text{包含 Agent }a_{i_0}^{T}\text{和}a_{i}^{T}\\ 0, & \text{否则}\end{cases} \tag{6.12}$$

更新 $C_{\max}$ 为当前形成的最大联盟值，接着进行下一轮的任务分配。

3）算法的改进

在多任务联盟中，如果蚂蚁经过 n 次循环后找到了 n 个联盟，那么参与这 n 个联盟的 Agent 之间的合作程度就高。蚂蚁在接下来的搜索过程中可能会对这些 Agent 继续搜索，结果是这些 Agent 又参与新的联盟，导致没有被选择的 Agent 之间的信息素不断挥发，最后为零，这就是“熟人渐忘规则”。当问题的规模较大时，经过一段时间的搜索就会出现停滞现象，陷入局部最优[10-12]。为了避免这种情况的发生，我们考虑到更新信息利用率的规则，在每次循环过程中对信息素启发因子 α 进行更新，使蚂蚁每次留下的信息可以被以后的每次循环充分利用，从而对多次工作产生影响，这一思想也体现了并行性的特点。其主要思想是根据蚂蚁的合作程度值 τ 来改变 α 的值，从而调节它们之间的合作程度。$\tau_{\max}$ 为蚂蚁的最大合作程度值，$\tau_{\min}$ 为最小合作程度值，$\tau_{\max}$ 和 $\tau_{\min}$ 的值反映了蚂蚁选择下一个

Agent 的概率大小。蚂蚁在选择过程中如果 τ_{nm} 的值大于 $\tau_{\max}$，则减小 α 的值使蚂蚁选择其他 Agent 的机率增大，如果 τ_{nm} 的值小于 $\tau_{\min}$，则增大 α 的值，具体流程如图 6.8 所示。

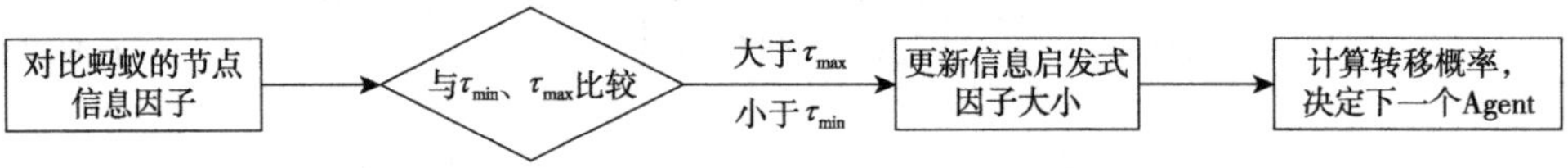

图 6.8　算法改进流程图

4）算法描述

步骤 1：对符号初始化，$A_{\text{left}} = A_s$，$B_{\text{left}} = \sum_{a_i^s \in A_{\text{left}}} B_{a_i^s}$，$T_{\text{left}} = T$，$t = 0$，$\tau_{nm}(0) = t_0$，$\alpha_{nm}(0) = \alpha_0$，循环次数 $N = N_{\max}$。

步骤 2：分配任务。

if ($T \neq \phi$) then do
　$T_{\text{left}} = T$；
　while　$T_{\text{left}} \neq \phi$；
　　在 T_{left} 中取一个任务 t_i；
　　$T_{\text{left}} \leftarrow T_{\text{left}} - \{t_i\}$；
　if ($B_{t_i} > B_A$) then
任务的需求能力指标超出了 Agent 所能提供的指标范围，放弃任务。
　else if　$B_{\text{left}} = B_{t_i}$　then do
　　在 A_{left} 中搜索联盟 $C_{\max}$，并且把任务 t_i 委托给联盟 $C_{\max}$ 去完成。
　　$T_{\text{left}} \leftarrow T_{\text{left}} - \{t_i\}$；
　　转至步骤 6；
　else if　$B_{\text{left}} > B_{t_i}$　then goto　步骤 3；
　　转至步骤 6；
　否则，任务分配完毕

步骤 3：按照图 6.7 随机放置 m 只蚂蚁到供应商 Agent 上，蚂蚁开始向下一个 Agent 并行搜索。

$B_{\text{tabu}_k} = 0$；
while　$B_{\text{tabu}_k} < B_{t_i}$
　if　$\tau_{nm} > \tau_{\max}$，减小当前的 α 值；
else if　$\tau_{\text{nm}} < \tau_{\min}$，增大当前的 α 值；

else 不做处理；

选择下一个 Agent a_i^T 结盟，$\text{tabu}_{k+1} \leftarrow \text{tabu}_k + \{a_i^T\}$；

步骤 4：根据公式$V(C)=T(C)-A(C)-C(C)$计算当前的联盟值$V(C_k)$。

步骤 5：根据式（6.11）和式（6.12）更新信息素$\tau_{nm}(t)$，根据步骤 3 继续更新α值，更新$C_{\max}$为当前最大的联盟值。

步骤 6：由联盟$C_{\max}$去完成任务t_i，$A_{\text{left}} \leftarrow A_{\text{left}} - C_{\max}$，$T \leftarrow T-\{t_i\}$，转至步骤 2，参加下一轮的任务分配。

5）应用实例分析

考虑一个由采购（P）、制造（M）、分销（R）和物流（L）共四个过程组成的供应链，由备选企业根据联盟的任务能力要求来完成三项任务，假定上述每个过程的备选企业数量分别为 3、5、4 和 4 个，要求每一个任务的每个过程只能由一个企业参与，希望找出完成所有任务的最佳伙伴组合方案，形成联盟后的收益值分别为 890、730、743。各备选企业完成任务的性能指标为$t_{a_{ij}}$、$q_{a_{ij}}$、$c_{a_{ij}}$、$r_{a_{ij}}$，各指标的权重分别取 0.28、0.24、0.3 和 0.18。备选企业的能力参数如表 6.2 和表 6.3 所示。

表 6.2　备选企业的采购过程和制造过程能力参数

性能指标	采购过程 1	采购过程 2	采购过程 3	制造过程 1	制造过程 2	制造过程 3	制造过程 4	制造过程 5
$t_{a_{ij}}$	4.9	4.4	3.8	5.4	5.6	4.6	5.2	5.0
$q_{a_{ij}}$	0.42	0.47	0.40	0.38	0.42	0.36	0.34	0.40
$c_{a_{ij}}$	81	84	88	60	68	64	55	61
$r_{a_{ij}}$	0.37	0.42	0.35	0.48	0.53	0.46	0.50	0.44

表 6.3　备选企业的分销过程和物流过程能力参数

性能指标	分销过程 1	分销过程 2	分销过程 3	分销过程 4	物流过程 1	物流过程 2	物流过程 3	物流过程 4
$t_{a_{ij}}$	4.9	4.4	3.8	5.4	5.6	4.6	5.2	5.0
$q_{a_{ij}}$	0.42	0.47	0.40	0.38	0.42	0.36	0.34	0.40
$c_{a_{ij}}$	81	84	88	60	68	64	55	61
$r_{a_{ij}}$	0.37	0.42	0.35	0.48	0.53	0.46	0.50	0.44

三个任务t_1、t_2、t_3的能力要求矩阵分别为

$$t_1=\begin{bmatrix} 7.2 & 5.2 & 5.1 & 4.2 & 3.8 \\ 0.36 & 0.41 & 0.35 & 0.39 & 0.35 \\ 90 & 82 & 62 & 86 & 82 \\ 0.21 & 0.41 & 0.50 & 0.62 & 0.50 \end{bmatrix}, t_2=\begin{bmatrix} 7.0 & 4.2 & 5.1 & 3.5 & 2.8 \\ 0.31 & 0.31 & 0.25 & 0.38 & 0.28 \\ 86 & 78 & 58 & 75 & 83 \\ 0.20 & 0.43 & 0.41 & 0.55 & 0.40 \end{bmatrix},$$

$$
t_3 = \begin{bmatrix} 7.2 & 4.0 & 5.0 & 3.6 & 3.1 \\ 0.37 & 0.36 & 0.31 & 0.40 & 0.28 \\ 91 & 81 & 60 & 81 & 83 \\ 0.22 & 0.32 & 0.44 & 0.56 & 0.38 \end{bmatrix}
$$

问题就是在这 16 个备选企业中找出三个联盟构成一个并行联盟结构，能够完成任务 T，并且使总收益最大。用所提出的模型和算法对其进行实验，结果如图 6.9 所示。

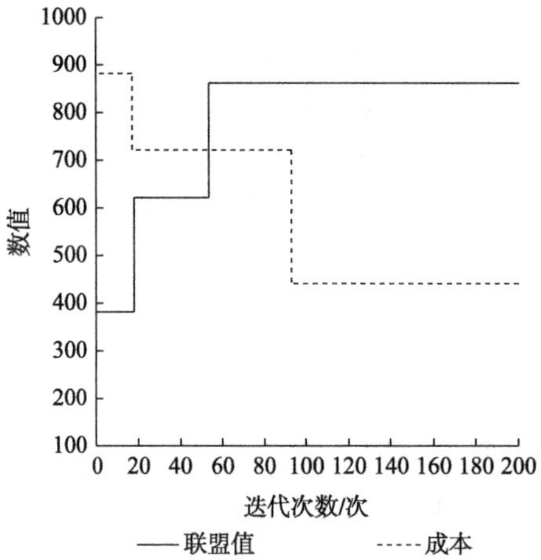

（a）迭代 200 次的曲线图

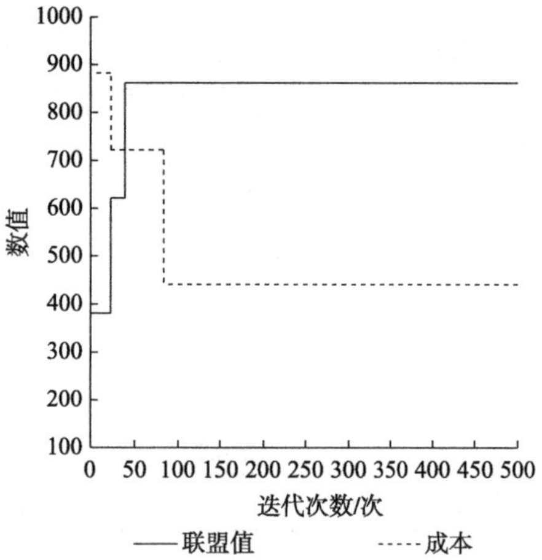

（b）迭代 500 次的曲线图

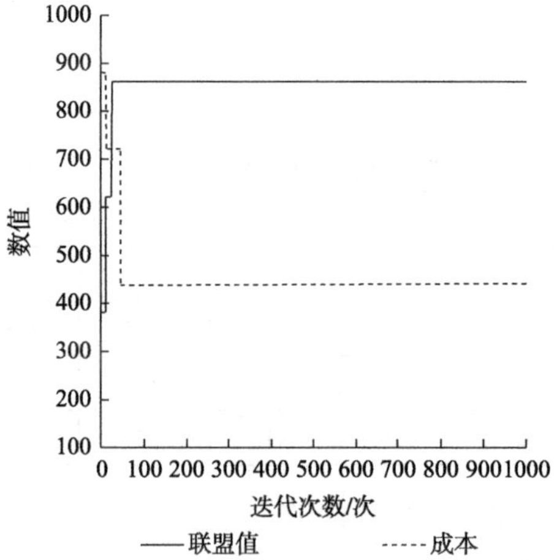

（c）迭代 1000 次的曲线图

图 6.9　任务 t_1 的联盟过程

其中，图 6.9（a）为算法迭代 200 次的曲线图，实线表示算法在迭代过程中的最优联盟值，虚线表示算法在迭代过程中的成本值。算法刚开始时，由于在选择企业时带有一定的“盲目性”，形成的联盟成本值很高，达到了 890 左右，而联盟值仅有 388，随着算法进一步的搜索，信息素不断地更新，在迭代 20 次后，联盟值迅速上升，成本值迅速下降，这表现了算法具有很强的搜索能力，而且没有过早出现停滞状态。在经过 100 次迭代以后，初次判断算法已经达到稳定状态。图 6.9（b）是算法经过 500 次的迭代情况，在 500 次的迭代过程中，算法并没有出现大的波动，图 6.9（c）是算法经过 1000 次的迭代情况，经过 1000 次的迭代，算法始终处于稳定状态，这时可以判断已经形成了任务 t_1 的最佳联盟，运行结果输出为执行任务 t_1 的最佳联盟为 $P_2 \to M_2 \to R_3 \to L_1$，最优联盟值为 830。

同样，得到执行任务 t_2 的最佳联盟为 $P_1 \to M_2 \to R_4 \to L_2$，最优联盟值为 710；得到执行任务 t_3 的最佳联盟 $P_3 \to M_3 \to R_2 \to L_3$，最优联盟值为 725。

2. 供应链环境下多任务 Agent 交叉联盟

一条供应链能完成的任务是有限的，当任务数量比较大或者任务紧迫时由一条供应链很难在规定的时间内完成任务，这就要求供应链将一部分的任务交给其他的供应链完成，这样由几条供应链共同完成几项任务的情况可以看作供应链环境下多任务联盟形成。几条供应链组成联盟时如果互不相交即构成供应链的企业只能加入一条供应链，这种情况为多任务并行联盟。然而构成供应链的企业能力有大有小，如果某个企业的能力很大，而该企业只加入了一条供应链，自己完成该供应链上的任务后还有部分能力闲置，这就造成企业资源的浪费，没能实现企业自身效益最大化，如果将企业剩余的能力再加入另一条供应链，可以充分利用企业资源，这样更为实际，像这样形成的几条供应链在某个企业处会形成交叉点，这种情况为多任务交叉联盟。

1）基于 Agent 的企业能力分解策略

供应链上的某个企业能力足够大时可以同时参与两个或者两个以上的供应链，以完成更多的任务，实现资源的充分利用，下面借助 Agent 进一步描述供应链多任务交叉联盟。

定义 6.1：对于任意两个 Agent 组成的联盟 C_1 和 C_2，如果存在 Agent $A_i \in C_1$ 同时 $A_i \in C_2$，即 $A_i \in (C_1 \cap C_2)$，称 C_1 与 C_2 构成交叉联盟。

如图 6.10 所示，在多任务环境下，Agent A_i 同时参与两个联盟 C_1 和 C_2，在 Agent 技术研究领域中，多 Agent 联盟机制是国内外学者研究的重点内容之一，在多 Agent 系统中，任意的 Agent 之间都存在合作关系，都可能构成联盟，并且构成联盟的数目与 Agent 数目成指数关系。

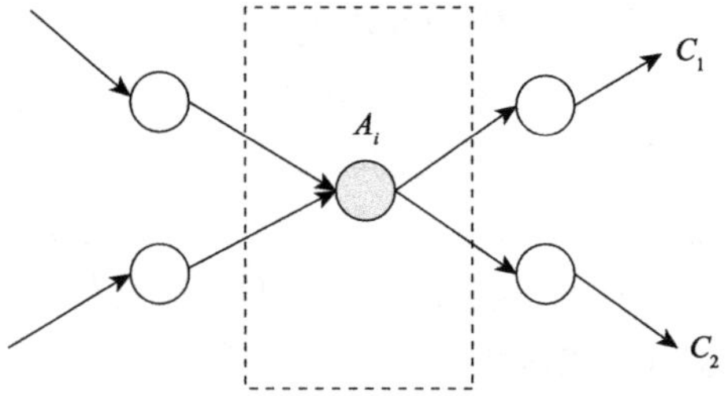

图 6.10　Agent 交叉联盟

如果一个 Agent 的能力是任意可分的，且可以加入任意多个联盟，随着 Agent 数目不断增大，则求解联盟问题将是一个非常复杂的问题，极有可能得不到问题的解。因此，求解规模较大的多 Agent 的联盟[13]问题一直是国内外研究的热点。根据 Agent 的性质，每个 Agent 都有多个能力属性，每个能力属性都反映了 Agent 的某种行为，各个能力属性之间存在着一定的联系但又相互独立。为此，本章将根据任务的不同和 Agent 的能力属性对参与多个联盟的 Agent 进行能力分解。

定义 6.2：如果参与多个联盟的 Agent A 的能力可分成几个 Agent 的组合，则称组成 A 的 Agent 为 A 的子 Agent。用 a_i^j 表示 Agent A_i 的第 j 个子 Agent，如图 6.11 所示，可以将 Agent A_i 分为 a_i^1 和 a_i^2，分别参与组成联盟 C_1 和 C_2，独立地完成任务 T_1 和 T_2。

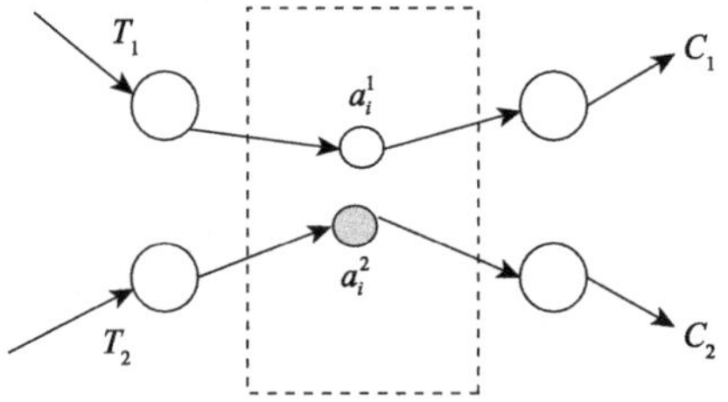

图 6.11　Agent 分解图

显然，Agent A_i 的两个子 Agent a_i^1 和 a_i^2 在完成任务 T_1 和 T_2 时是不相交的，这就将问题转化为多任务并行联盟。然而，Agent A_i 可以分为多少个子 Agent，每个子 Agent 的能力有多大，事先是无法知道的，当参与的联盟生成时才确定。为了研究方便，任意的 Agent A_i 是 k 个子 Agent 的组合，即 $\sum_{j=1}^{k} a_i^j$，并且任意两个子 Agent 之间互不相交。

多任务 Agent 交叉联盟中包括 Agent 之间的交互、Agent 与子 Agent 之间的交互和子 Agent 与子 Agent 之间的交互。因为 Agent 本身就是一个由多个子 Agent 组成的集合，所以 Agent 的交互突出表现为子 Agent 内部之间的交互。

2）多任务 Agent 交叉联盟生成模型

假设 6.1：基于非超加性环境的联盟生成。

联盟的生成会产生联盟成本，在非超加性环境下，其成本随联盟规模的增大而增大，多任务交叉联盟就是在多 Agent 系统中根据任务重要性权重生成由 m 个最优联盟组成的一个联盟结构 C，即 $C=\{C_1,C_2,\cdots,C_m\}$，并且，$C_1\cup C_2\cup\cdots\cup C_m\subseteq N$，则多 Agent 系统的总收益为 $V(C)=\sum_{k=1}^{m}V(C_k)$。

假设 6.2：多任务交叉联盟中子 Agent 与某 Agent 之间的通信费用等于子 Agent 对应的 Agent 与某 Agent 之间的通信费用，且 Agent 包含的子 Agent 集内部的通信费用为 0。

子 Agent 集之间协作完成任务主要是通过对应的 Agent 之间的交互来实现的，表现为 Agent 之间的通信协作开销；处于同一个集合内的子 Agent 同属于一个 Agent，这些子 Agent 之间协作完成任务主要通过对应 Agent 内部进行协调来实现的，需要极少的通信协作成本，因此假设是合理的，下面以任务 T_k 求解联盟 C_k 为例进行说明，即

$$\begin{cases}E\left(\sum\limits_{a_i^j\in b_{ik}}a_i^j,\sum\limits_{a_g^j\in b_{gk}}a_g^j\right)=CA_iA_j\,(i\neq g)\\ \forall(a_i^j,a_i^h\in b_{ik})E(A_i^j,a_i^h)=0\end{cases}\quad(1\leqslant i\leqslant n,1\leqslant g\leqslant n,1\leqslant j\leqslant r,1\leqslant h\leqslant r)\tag{6.13}$$

联盟 C_k 中，Agent 能力消耗的成本为

$$A(C_k)=\sum_{A_i\in C_k}\sum_{a_i^j\in b_{ik}}a_k^j\times b_k^j\tag{6.14}$$

协作成本为

$$\begin{aligned}E(C_k)&=\sum_{A_i\in C_k}\sum_{A_g\in C_k,g<i}\sum_{a_i^j\in b_{ik}}\sum_{a_g^h\in b_{gk}}E(a_i^j,a_i^h)\\&=\sum_{A_i\in C_k}\sum_{A_j\in C,j<i}E\left(\sum_{a_i^j\in b_{ik}}a_i^j,\sum_{a_g^j\in b_{gk}}a_g^j\right)\\&=\sum_{A_i\in C}\sum_{A_j\in C,j<i}CA_iA_j\end{aligned}\tag{6.15}$$

$$V(C_k)=F(T_k)-\sum_{A_i\in C_k}\sum_{a_i^j\in b_{ik}}a_k^j\times b_k^j-\sum_{A_i\in C}\sum_{A_j\in C,j<i}CA_iA_j\tag{6.16}$$

联盟中要满足以下约束条件

$$\forall 1\leqslant j\leqslant r,\sum_{i=1}^{n}\sum_{A_i\in C_k}\sum_{a_i^j\in b_{ik}}a_i^j\geqslant b_k^j\tag{6.17}$$

根据上面的公式推导得到最终的多任务交叉联盟值为

$$V_{\mathrm{MAS}} = \sum_{T \in M} V_{\max}(C_{T_k}) \quad (1 \leqslant k \leqslant m) \tag{6.18}$$

3）多任务 Agent 交叉联盟生成的蚁群算法

首先将生成的 n 只蚂蚁随机放入供应链第一级各节点上，然后每只蚂蚁根据信息素和启发因子独立地选择下一级某一节点，直到走完所有节点为止。$p_{a_{ij}}^{k}(t)$ 表示蚂蚁 k 从节点 $a_{(i-1)j}$ 转移到节点 a_{ij} 的概率。

$$p_{a_{ij}}^{k}(t) = \begin{cases} \dfrac{\left[\tau_{a_{ij}}(t)\right]^{\alpha} \times \left[\eta_{a_{ij}}(t)\right]^{\beta}}{\sum\limits_{a_{ij} \in \mathrm{allowed}_k} \left[\tau_{a_{ij}}(t)\right]^{\alpha} \times \left[\eta_{a_{ij}}(t)\right]^{\beta}}, & \text{若} a_{ij} \in \mathrm{allowed}_k \\ 0, & \text{否则} \end{cases} \tag{6.19}$$

其中，$\mathrm{allowed}_k = \{U - \mathrm{tabu}_k\}$ 表示蚂蚁 k 下一步可以选择的 Agent 的集合；U 表示所有节点的集合；tabu_k 表示蚂蚁 k 当前走过的所有节点的集合；α 表示信息启发式因子，表示轨迹的相对重要性，蚂蚁倾向于选择信息素较多的路径，α 值越大，该路径的信息素积累浓度就越大，蚂蚁选择该路径上的节点的概率也越大；β 表示期望值启发因子，表示能见度的相对重要性，反映了蚂蚁选择节点的确定性因素的强弱；$\eta_{a_{ij}}(t)$ 为启发函数，表示节点 a_{ij} 加入联盟 C_k 对蚂蚁状态转移概率的影响，该节点加入联盟 C_k 的协作成本越小，选择该节点的概率就越大，因此 $\eta_{a_{ij}}(t)$ 用该节点加入联盟的协作成本的倒数表示

$$\eta_{a_{ij}}(t) = 1 / E(C_k) \tag{6.20}$$

完成一次迭代后，每条待选线路的信息素被更新为

$$\tau_{a_{(i+1)j}}(t+1) = (1-\rho)\tau_{a_{ij}}(t) + \Delta\tau_{a_{ij}}(t) \tag{6.21}$$

$$\Delta\tau_{a_{ij}}(t) = Q \times V_{\mathrm{MAS}} \tag{6.22}$$

其中，ρ 表示信息素的挥发系数；$1-\rho$ 表示信息素的残留因子；$\Delta\tau_{a_{ij}}(t)$ 表示本次循环供应链节点上信息素的增量；Q 为信息素强度，其大小影响算法的收敛速度，V_{MAS} 表示当前最好解的联盟值。

4）算法的改进

如果蚂蚁多次循环后找到一组联盟 C_k，蚂蚁在这些构成联盟 C_k 的节点的信息素浓度就高，则在下一次循环蚂蚁仍会倾向于选择这些节点，体现了“熟人机制”，导致没有被选中的节点的信息素不断挥发[14, 15]，最后为零。为了避免在搜索过程中某些节点被“遗忘”，出现算法停滞，我们采取一种“扰动策略”，其主要思想是当算法出现停滞时即认为已经找到最优解，此时的目标函数值 V_{MAS} 最大，被选中的节点上的信息素浓度均高于其他的节点，在蚂蚁下一次循环时减小相应节点的启发式因子 α，因此，状态转移概率更新为

$$p_{a_{ij}}^{k}(t)=\begin{cases}\dfrac{\left[\tau_{a_{ij}}(t)\right]^{\alpha\left[\frac{E(C_k)}{V_{\text{MAS}}}\right]^{\gamma}}\times\left[\eta_{a_{ij}}(t)\right]^{\beta}}{\sum\limits_{a_{ij}\in\text{allowed}_k}\left[\tau_{a_{ij}}(t)\right]^{\alpha\left[\frac{E(C_k)}{V_{\text{MAS}}}\right]^{\gamma}}\times\left[\eta_{a_{ij}}(t)\right]^{\beta}}, & 若 a_{ij}\in\text{allowed}_k \\ 0, & 否则\end{cases} \tag{6.23}$$

$$\gamma=\begin{cases}1, & 算法求得的最优解仍在进化 \\ \gamma+1, & 最优解在N次循环内没有明显改进\end{cases} \tag{6.24}$$

其中，γ 表示扰动因子。当 N 次循环最优解没有明显改进时，$E(C_k)/V_{\text{MAS}}$ 几乎为一定值，此时引入 γ 来改变 $E(C_k)/V_{\text{MAS}}$ 的值，从而改变 α 的值，对信息素进行改变。

5）算法描述

本节采用改进的蚁群算法对其进行求解，具体步骤如图 6.12 所示。

步骤 1：初始化 $t=0$，供应链各节点间连线上的信息素 $\tau_{a_{ij}}(0)=\tau_0$。

步骤 2：如果 $T\neq\varnothing$，则根据各任务的重要性权重对 T 中的任务 T_k 进行排序，并将第一个任务作为当前的任务 T_k，否则终止程序。

步骤 3：如果 $B_{\text{all-agent}}<B_{T_k}$ 则转到步骤 11，否则初始化，$N_{\max}=0$，$\Delta\tau_{a_{ij}}=0$，$U=(1,2,\cdots,m)$。

步骤 4：随机放置 m 只蚂蚁到供应链第一级各节点 Agent 上，将第 k 只蚂蚁对应的 Agent 从 U 中放入 tabu_k 中，并计算当前的联盟值 $V_{\max}(C_{T_k})$。

步骤 5：k 由 1 到 m，直至 $B_{C_k}<B_{T_k}$，当前的联盟值不能完成任务 T_k，需要根据式（6.23）选择下一个节点 Agent j，并将 j 放入 $\left[m\{(T)\},m_{xy}\{(T,-T)\},m_{xy}\{(-T)\}\right]=\left[\dfrac{s+1}{n+2},\dfrac{s_0+1}{n+2},1-\dfrac{s+1}{n+2}-\dfrac{s_0+1}{n+2}\right]$ 中。

步骤 6：k 由 1 到 m，由式（6.18）计算当前的总联盟值 V_{MAS}。

步骤 7：如果最大联盟值等于 N 个循环以前的最大联盟值，则 $\gamma=\gamma+1$。

步骤 8：k 由 1 到 m，由式（6.21）和式（6.22）更新每一条边上的信息素 $\tau_{a_{ij}}(t+1)$。

步骤 9：更新参数 $t=t+1$，$N=N+1$。

步骤 10：如果 $N<N_{\max}$ 并且经过短时间有进化，转到步骤 4，否则输出最大联盟值和联盟节点 agent。

步骤 11：从 T 中删除 T_k，转到步骤 2。

6）算例及分析

为了验证模型和算法的有效性，应用前文的案例，假设三个任务的能力要求矩阵分别为

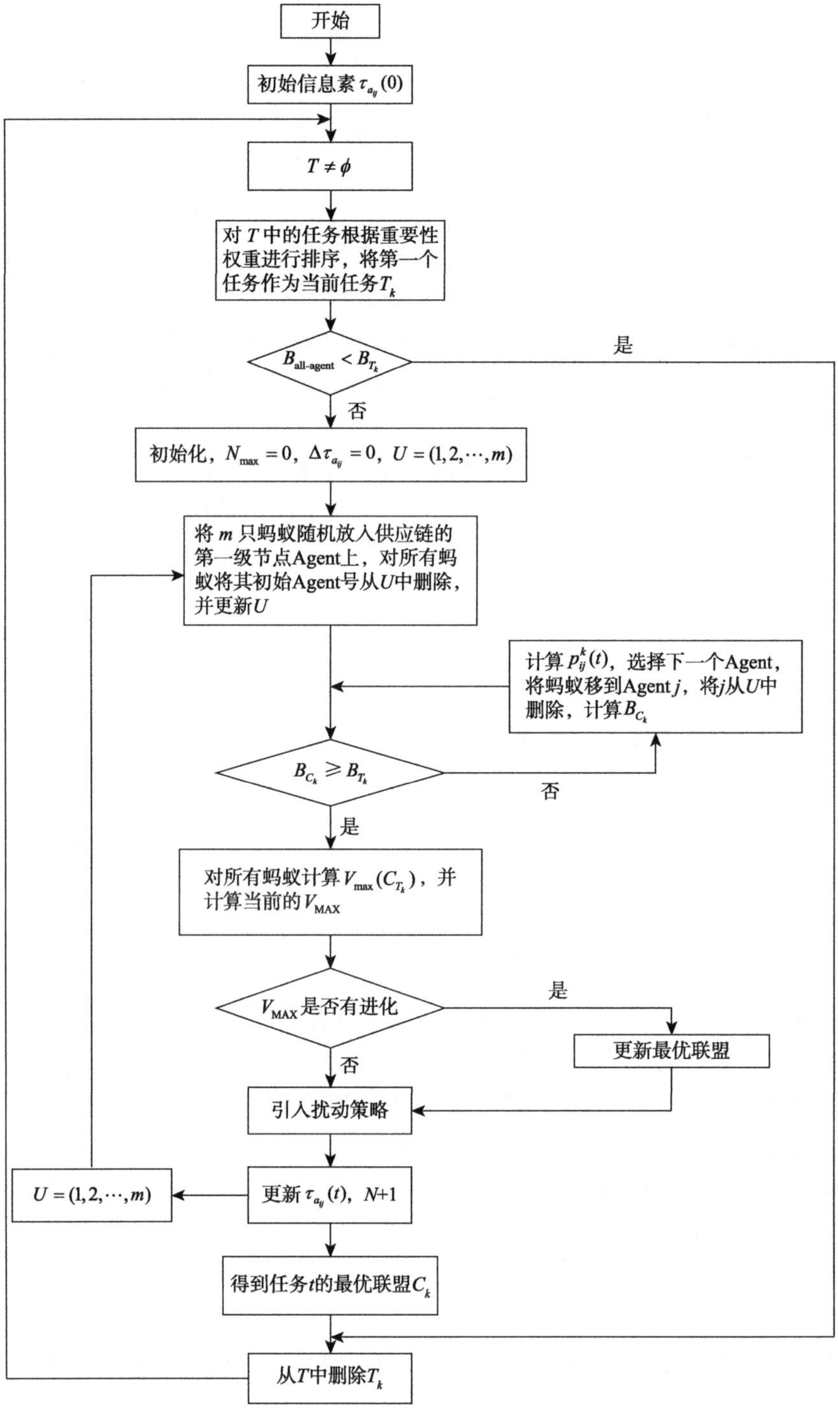

图 6.12　交叉联盟算法流程图

$$\begin{bmatrix} 7.8 & 5.0 & 5.7 & 4.5 & 4.1 \\ 0.47 & 0.48 & 0.43 & 0.46 & 0.37 \\ 98 & 89 & 69 & 90 & 84 \\ 0.26 & 0.49 & 0.54 & 0.63 & 0.51 \end{bmatrix}, \begin{bmatrix} 7.1 & 4.3 & 5.4 & 3.6 & 2.9 \\ 0.32 & 0.32 & 0.29 & 0.39 & 0.29 \\ 87 & 79 & 60 & 76 & 84 \\ 0.21 & 0.44 & 0.42 & 0.56 & 0.41 \end{bmatrix},$$

$$\begin{bmatrix} 7.3 & 4.1 & 5.1 & 3.7 & 3.2 \\ 0.38 & 0.37 & 0.32 & 0.41 & 0.29 \\ 92 & 82 & 61 & 80 & 85 \\ 0.23 & 0.33 & 0.45 & 0.57 & 0.39 \end{bmatrix}$$

采用上述基于多任务交叉联盟的蚁群算法对其进行求解，首先设置实验参数，具体如下：蚂蚁数目 $n=20$，初始熟悉度为 1，$\alpha=4$，$\beta=1$，$\rho=0.9$，最大迭代次数为 200。设性能指标的权重仍是 0.28、0.24、0.3 和 0.18，计算备选企业的能力指标 $B_{a_i^T}$ 和任务所需要的能力要求。

对于任务 1，通过比较 $B_{a_i^T}$ 和任务所需要的能力指标，可以看出每一列的能力要求均大于备选企业的能力指标，无论 Agent 经过怎样的联盟，均达不到任务的能力要求，因此不能形成联盟。

任务 2 和任务 3 较简单，即任务的能力要求较低，如果其中某个企业的能力足够大，参与完成了任务 2 且剩余的能力较多，不参与其他的任务时就可能造成资源的浪费，因此让其再参与到任务 3 中，如图 6.13 所示，制造企业 M_2 既参与完成了任务 2，又参与了任务 3，图 6.14 和图 6.15 的大致含义如同并行联盟里的阐述。运行结果输出为执行任务 t_2 的最佳联盟为 $P_1 \to M_2 \to R_4 \to L_2$，最优联盟值为 650；执行任务 t_3 的最佳联盟为 $P_3 \to M_2 \to R_3 \to L_1$，最优联盟值为 700。由于 M_2 同时参与了两个任务，节约了资源的同时又提高了收益。

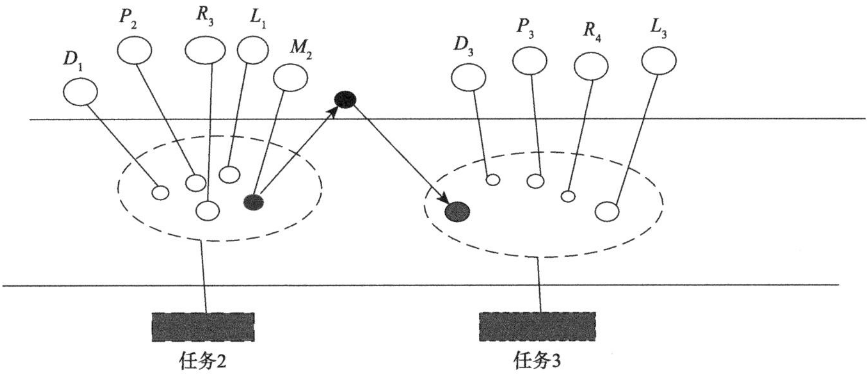

图 6.13　交叉联盟生成结果

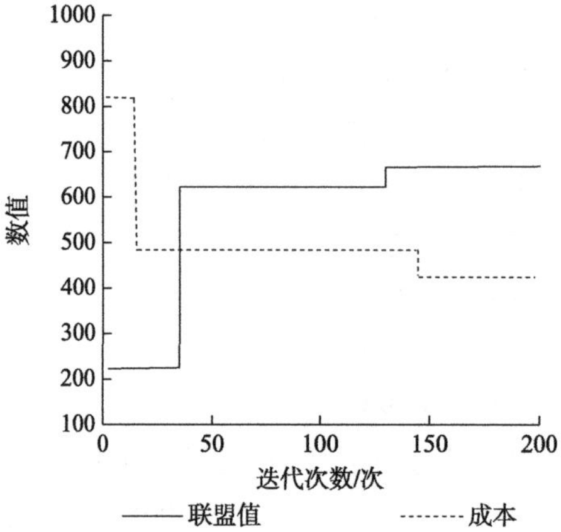

（a）迭代 200 次的曲线图

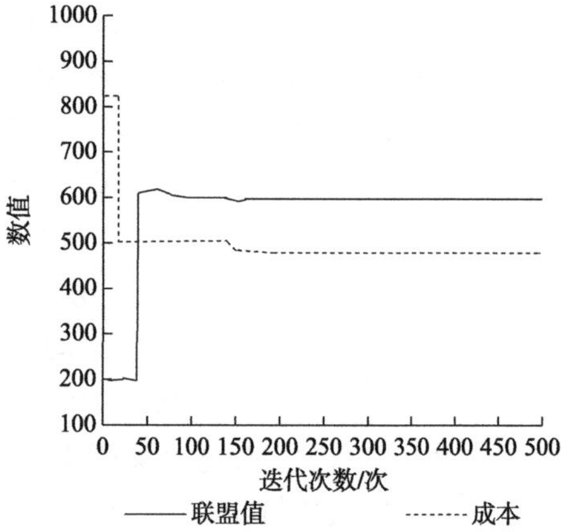

（b）迭代 500 次的曲线图

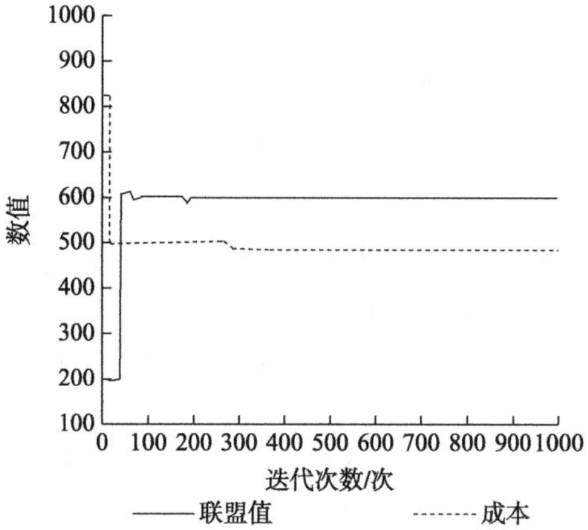

（c）迭代 1000 次的曲线图

图 6.14　任务 t_2 的联盟过程

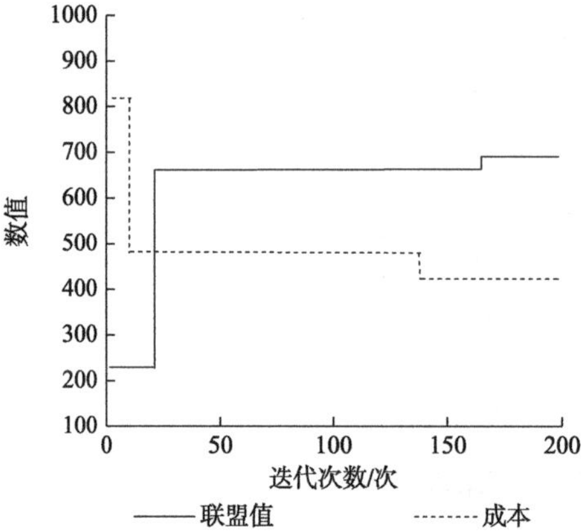

（a）迭代 200 次的曲线图

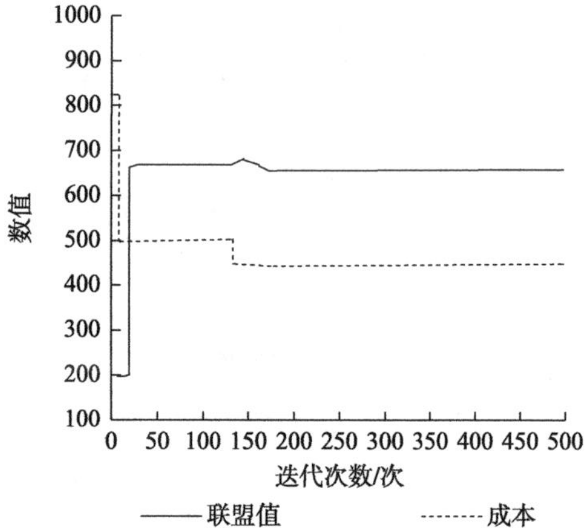

（b）迭代 500 次的曲线图

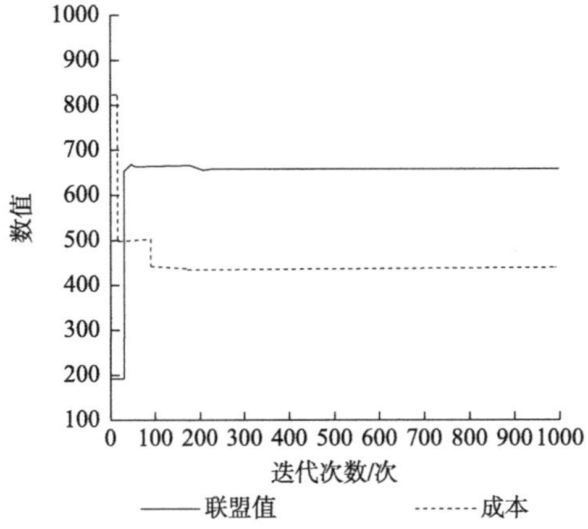

（c）迭代 1000 次的曲线图

图 6.15　任务 t_3 的联盟过程

为了验证本节改进的蚁群算法具有较好的搜索能力和收敛速度，将上述问题用基本的蚁群算法进行求解，同时与本节算法进行比较，同样参数设置为 $\alpha=0.3$、$\beta=10$、$\rho=0.5$，初始放置 20 只蚂蚁，迭代 100 次后的结果如图 6.16 所示。

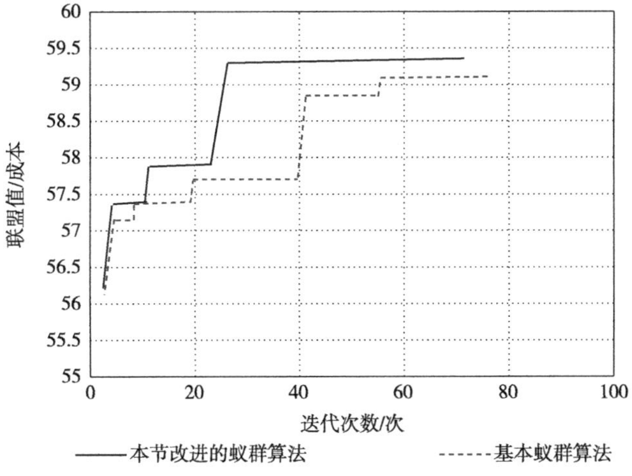

图 6.16　本节算法与基本蚁群算法结果比较图

图 6.16 中，横轴表示迭代次数，纵轴表示联盟值/成本。经过改进的蚁群算法经过 25 次的迭代搜索后基本达到了最优目标值，基本的蚁群算法在寻优过程中始终比改进的算法慢，经过近 55 次的迭代后才基本达到稳定阶段，并且得到的结果低于最优联盟值。从而看出本节经过改进后的蚁群算法是有效的。

6.2 供应链信任机制建模与仿真

6.2.1 供应链信任概述

1. 供应链信任

供应链信任是指供应链节点企业之间的信任，即供应链联盟中的供应商、制造商、客户等各种角色企业之间的信任。

由于供应链的复杂性、不确定市场环境的影响，供应链呈现出动态性，会经常性地产生形成、维持、重构、解体等过程。而信任在各个过程中能减少其隐性成本，增强供应链的可靠性和可信性及协同创新性。信任对于供应链这种企业节点的动态联盟的形成和维持，具有重要的意义。

供应链联盟企业间信任对不同的联盟角色意味着不同的含义，对于什么是供应链信任，国内外学者各有阐述，本书综合前人对供应链信任内涵的阐述，借鉴分布式系统领域关于信任的研究，结合供应链的特殊背景定义供应链环境下的信任，主要包括以下几点。

（1）供应链信任。供应链信任指供应链企业主体对客体在未来进行的交易所能满足交易要求的期望程度。

（2）供应链信任量化。将供应链企业间的信任定量表示，可以表示为信任值、信任级别、信任区间、分配函数等。

（3）供应链企业节点间直接信任。直接信任表示随着交易历史更新，供应链中信任评价的主客体之间根据交易历史对信任度进行动态更新。

（4）供应链企业节点间间接信任。间接信任表示信任评估主体间通过第三方的间接推荐形成的信任度，间接信任可能来自与主、客体都有交易的共同节点，也可能是通过节点多级传递的信任度。

（5）供应链信任的传递。供应链上信任在不同角色的节点之间传递，形成信任链。伴随信任的传递，信任会表现出衰减的现象。

（6）供应链信任的融合。供应链信任的融合包括相同角色节点、不同角色节点、群组内、群组之间及整个供应链上的信任融合，信任的融合包括直接信任的融合、推荐信任的融合、直接与推荐信任的融合。

2. 供应链信任的特点

供应链是一个高度动态、高度变化的复杂系统，与分布式系统有相似之处，但也有自身的特点。供应链网络结构复杂，节点众多，会发生动态的变化。信任机制中信任的影响因素众多，其交互、演化机制复杂，具备时间相关性显著、恶意节点掺杂等特点。供应链信任面临重要的科学挑战，表现出以下几个特点。

（1）冲突性。参与供应链联盟的企业节点都是利益性主体，其目标是企业利润的最大化。而供应链追求的是整体的效能最高、成本最低，强调全局最优，要求统一计划、协调、控制。供应链整体目标和企业目标有可能相冲突，企业的自主逐利行为有可能导致供应链整体效能的降低甚至对其他企业节点产生负效用。

（2）复杂性。供应链系统的复杂性主要体现在供应链结构形态的复杂性和企业节点实体的复杂性。供应链联盟是一个复杂的网链系统，其结构复杂而且具有动态演变的性质。组成供应链联盟的企业主体由于所有制性质、经营目标、规模、环境，正常节点和恶意节点共同构成了供应链联盟，各节点之间存在着复杂性。恶意节点对其他企业的信用评价可能会表现出不同程度的恶意诋毁和恶意夸大行为。甚至少数的企业会通过共谋的形式来抬高共谋组织的信任值，降低竞争对手的信誉评价，进行不正当竞争。

（3）不确定性。供应链信任的不确定性主要表现为供应链结构的不确定性和供应链企业节点行为的不确定性。供应链结构的不确定性主要表现为网络结构的动态演变，包括节点企业的加入、退出，以及供应链联盟的合并和分解甚至解体等。节点企业的不确定性指企业在面对市场的不确定性、经济政策的不确定性时，企业所表现出的行为也具有不确定性。

（4）动态演变性。供应链信任评价是一个动态的过程，随着时间的改变和交易活动的演变，信任会发生相应的演变和衰减，需要对其演变机制和衰减的过程进行研究。二者的结合对供应链系统环境下的信任仿真提出了极大的挑战。要求信任模型具备以下特性：①动态性。包括供应链结构的动态调整和信任值的动态演化更新以适应供应链结构的动态性要求，同时供应链建模的技术要具有动态性，能很好地表达节点的动态加入、退出等供应链结构的动态演化。信任的动态化更新要求构建的数学模型信任值能随着企业节点间的交易而进行动态更新。②时间相关性。能反映出信任值的时间价值，体现出信任值随时间变化而衰减的特性。某些企业的节点间由于交易次数少，相邻两次交易间隔时间较长，信任值随着时间的延长会发生不同程度的衰减，其衰减的机理需要进行研究。③低算法复杂性。供应链结构复杂，组成联盟的企业节点规模庞大，因此目前的分布式信任模型主要采用直接交互和间接评价的形式。推荐信任的节点众多可能带来较大的计算成本。这要求信任模型要有较低的算法复杂度，避免指数灾难，能够支持大规模节点环境下的信任计算同时能满足基本计算性能环境下的仿真和工程实施。④可信性和可靠性。供应链联盟由众多节点构成，节点决策复杂，包括大量的恶意节点，会对信任的评价做出干扰，这就要求信任能自主检测出信任链节点中恶意的夸大、诋毁、共谋等非法交互。

3. 供应链信任影响因素

供应链自身的系统开放性、多层次性、结构多样性与动态不确定性，市场环境的不确定性，供应链联盟伙伴间的企业结构、组织和文化的差异，这些使供应链环境下的信任表现出极大的不确定性。供应链信任影响因素众多，主要包括三个一级指标：预期收益、风险成本、第三方推荐。设定供应链信任的因素集合为$D=(D_1,D_2,\cdots,D_n)$，其中D_i代表企业声誉、预期合作收益、资源投入程度和转移成本、信息共享、商品质量、资金流动、技术成熟度、信任推荐等因素。

6.2.2 供应链环境下供应链信任模型

1. 基于贝叶斯网的供应链信任建模

首先将供应链企业节点间的信任归结为直接信任和间接信任的融合。

直接信任的计算采用贝叶斯网建模的方法进行计算。可以根据影响因素集合D建立其朴素贝叶斯网。不同行业、不同地域、不同企业对信任的影响因素的选择也会表现出差异性。所选择的每个因素的条件概率也不尽相同，因此每个企业节点间的贝叶斯网也会表现出差异性。可根据专家判断或企业调查的方式，进行供应链企业节点信任的贝叶斯网的建模。

间接信任表现为推荐信任的融合，即采取与信任评价客体有交互经验的企业节点的推荐的办法获得。其他企业节点将自己对客体企业的直接交互信任作为推荐信任推荐给信任评价的主体。信任评价主体将来自第三方的间接信任和本身对企业的直接交互信任按比重进行融合，得到信任评价主体对客体的综合信任值。提出基于相似支持度迭代的方法进行推荐信任值融合。对直接信任和推荐信任按照公式综合后得到综合信任。

$$T=\alpha\times \mathrm{DT}+\beta\times \mathrm{UT},\alpha+\beta=1 \tag{6.25}$$

1）直接信任的计算

根据影响因素集合D建立其朴素贝叶斯网，根节点表示节点间的总的信任值，叶子节点表示某个因素上的信任值，令$X_1,X_2,\cdots,X_n$为两个企业节点的交易历史，每次交易的结果表示为$P(X=x|\theta)=C_n^x\theta^x(1-\theta)^{n-x}\begin{cases}1, & \text{交易成功}\\0, & \text{交易失败}\end{cases}$，则$X_1,X_2,\cdots,X_n\sim$ $\mathrm{Bernoulli}(p)$，即$P(X=x|\theta)=C_n^x\theta^x\ (1-\theta)^{n-x}$，$x=1,2,\cdots,n$。在没有任何先验信息的情况下，我们采用贝叶斯的“同等无知”的原则假设先验为$(0,1)$上的均匀分布$\mu(0,1)$，根据贝叶斯公式后验为

$$f(p\mid x^n)=\int\theta f(\theta|x^n)\mathrm{d}\theta=\frac{\int\theta f(x^n\mid\theta)\mathrm{d}\theta}{\int\theta f(x^n\mid\theta)f(\theta)\mathrm{d}\theta}=\frac{\int\theta\prod_{i=1}^{n}f(x_i\mid\theta)f(\theta)\mathrm{d}\theta}{\int\prod_{i=1}^{n}f(x_i\mid\theta)f(\theta)\mathrm{d}\theta} \quad (6.26)$$

$$=\frac{\Gamma(n+2)}{\Gamma(s+1)\Gamma(n-s+1)}p^{(s+1)-1}(1-p)^{(n-s+1)-1}$$

解析计算发现其后验恰好为 Beta 分布，其中参数$\beta=n-s+1$，$\alpha=s+1$，期望$E=p(\mathrm{DT}=1)=(s+1)/(n+2)$，该期望即为根节点的信任值（其中 s 为交易成功的次数，n 为交易的总次数）。

每个企业记录与该节点有交易的节点列表，对于每一个交易节点，都存储相应的贝叶斯信任网络信息，并建立每个节点的条件概率表，用 US 表示交易未成功的次数，S 表示交易成功的次数，具体公式如表 6.4 所示。

表 6.4　节点 D_i 的条件概率表

条件	DT=1	DT=0
满足	$P(D_i=\text{"}S\text{"}\mid \mathrm{DT}=1)$	$P(D_i=\text{"}S\text{"}\mid \mathrm{DT}=0)$
不满足	$P(D_i=\text{"US"}\mid \mathrm{DT}=1)$	$P(D_i=\text{"US"}\mid \mathrm{DT}=0)$

每次交易完成后，节点信任值和条件概率都会发生改变，对该交互节点的条件概率表要进行动态更新。更新公式如下：

$$P(\mathrm{DT}=1\mid D_i=\text{"}S\text{"})=\frac{P(D_i=\text{"}S\text{"}\mid \mathrm{DT}=1)P(\mathrm{DT}=1)}{P(D_i=\text{"}S\text{"})} \quad (6.27)$$

$$P(D_i=\text{"}S\text{"}\mid \mathrm{DT}=1)=\frac{\mathrm{sum}}{n} \quad (6.28)$$

可以根据式（6.27）进行某一因素下的交易成功率的预测，也可以根据式（6.28）进行在某一条件下交易成功的概率的预测，还可以根据目前掌握的多因素条件按式（6.29）进行贝叶斯融合多因素条件下的交易成功率的预测。

$$P(\mathrm{DT}\left|D_1,D_2,\cdots,D_m\right.)=\frac{P(\mathrm{DT})\times\prod_{k=1}^{m}P(D_k\left|\mathrm{DT}\right.)}{\sum_{i=1}^{n}P(\mathrm{DT})\times\prod_{k=1}^{m}P(D_k\left|\mathrm{DT}\right.)} \quad (6.29)$$

联盟中一些恶意的节点会通过不正当的方法提高自己的信任值或减损其他节点的信任值，为防止一些恶意节点通过小金额的成功交易来抬升直接信任值，然后在大金额交易时进行欺骗，我们对大金额交易时附加了奖励和惩罚机制，引入因子$1/\Delta(\Delta>1)$进行奖惩。

令$\Delta = \lfloor \text{amount}_i / \text{ave(amount)} \rfloor = \left\lfloor \text{amount}_i / (\sum_{i=1}^{n} \text{amount}_i / n) \right\rfloor$，$\Delta$表示第$i$次交易的资金量是过往交易资金量平均值的倍数，若交易成功则交易成功数为$s+1+(1-1/\Delta)$，若交易失败则交易成功数为$s-(1-1/\Delta)$。

在考虑信任的时间衰减性质时我们引入时间衰减因子$\delta = e^{-\left[\frac{t_i - t_{i-1}}{365}/\lambda\right]}$，其中，$t_i$表示第 i 次交易发生时的时间，λ表示衰减系数，可以根据行业和交易性质自主设计，本模型中令$\lambda=4$，其信任值衰减效果如图 6.17 所示。当改变衰减系数，衰减值变化情况如表 6.5 所示。

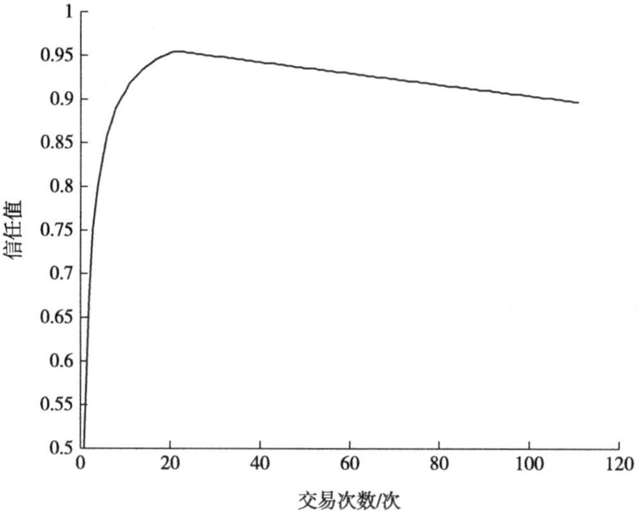

图 6.17　连续成功交易 20 次后，λ=4 时单位时间内信任值的衰减

表 6.5　不同衰减系数对应的衰减效果值

衰减系数	1	2	3	4	5	6	7	8
衰减值	0.3679	0.6065	0.7165	0.7788	0.8187	0.8465	0.8669	0.8825

2）间接信任的计算

间接信任的来源通常采用第三方企业对被评估节点企业的信任推荐，选取被评估节点的邻居节点为推荐信任源，对其推荐信任采用基于相似支持度迭代的方法进行融合，算法如下。

根据距离度量可以计算出n个推荐信任值两两之间的距离$\text{dist}_{i,j}$，$\text{dist}_{i,j}$量化了i和j两个信任值的冲突程度。

$$\text{dist}_{i,j} = \text{sqrt}(t_{i,u}^2 + t_{j,u}^2 - 2t_{i,u}t_{j,u}) \tag{6.30}$$

其中，$t_{i,u}$、$t_{j,u}$ 分别表示节点 i 和节点 j 对节点 u 的推荐信任值。

节点 u 通过式（6.31）可计算任意两个推荐值的相似支持度。

$$\mathrm{sup}_{i,j}=1-\mathrm{dist}_{i,j} \tag{6.31}$$

将所有的推荐信任两两计算其相似支持度，表示为

$$\mathrm{Sup}_u=\begin{pmatrix} 1 & \cdots & \mathrm{sup}_{1n} \\ \vdots & & \vdots \\ \mathrm{sup}_{n1} & \cdots & 1 \end{pmatrix}_{n\times n} \tag{6.32}$$

算法步骤如下。

步骤 1：根据式（6.30）计算两两推荐值之间的冲突距离 $\mathrm{dist}_{i,j}$。

步骤 2：根据式（6.31）计算两两推荐值的相似支持度 $\mathrm{sup}_{i,j}$。

步骤 3：根据式（6.32）写出其相似支持度矩阵 Sup_u。

步骤 4：分别计算每个推荐值的综合支持度 sup_u 和相对权重 ω_u，见式（6.33）和式（6.34）。

$$\mathrm{sup}_u=\sum_{v=1}^{q+1}s_{u,v}(u\neq v) \tag{6.33}$$

$$\omega_u=\frac{\mathrm{sup}_u}{\max(\mathrm{sup}_v)},(1\leqslant v\leqslant q+1) \tag{6.34}$$

步骤 5：对每个推荐信任值进行修正，$t'_{i,u}=t_{i,u}\times\omega_u$，$i=0,1,2,\cdots,n$。

步骤 6：将修正后的推荐值进行加权平均，记为 st_i。

步骤 7：判断若计算的 $(\mathrm{st}_i-\mathrm{st}_{i-1})$ 的浮点数绝对值 $>10^{-6}$ 则转向步骤 1，否则得到的 st_i 即为推荐信任融合值，算法结束。

2. 基于证据理论的供应链信任建模

模型将供应链企业节点间的信任归结为直接信任和间接信任的证据融合。直接信任的计算采用概率分配函数的方法进行计算。采用贝叶斯规则对直接信任进行初始化并设计了其动态更新的公式，间接信任来源于多源推荐信任的融合，节点将直接信任直接作为推荐信任推荐给其他节点。最后采用基于相似度的证据理论合成的方法进行多源证据的融合，获得全局信任。

1）直接信任的计算

分别对节点间信任的概率分配函数 $(m(\{T\}),m(\{T,-T\}),m(\{-T\}))$ 中的 $m(\{T\})$ 进行初始化和设计动态更新公式。对于 $m(\{T\})$ 在没有任何先验信息的情况下，我们采用贝叶斯的“同等无知”的原则假设先验为（0,1）上的均匀分布 $\mu(0,1)$，根据贝叶斯公式，解析计算发现其后验恰好为 Beta 分布，其中参数 $\alpha=s+1$，

$\beta = n+2$， $E = p(\text{DT}=1) = (s+1)/(n+2)$ 。对证据源进行初值设定 $m(\{T\}) = (s+1)/(n+2)$， $m(\{T,-T\}) = (s_0+1)/(n+2)$，其中 s 为交易评价为满意的次数之和， s_0 为评价为不确定的次数之和。

由 $\sum m(A)=1$ 可知 $m(\{-T\}) = 1-(s_0+1)/(n+2)-(s+1)/(n+2)$，综上我们将直接信任量化为

$$\left(m_{xy}(\{T\}),m_{xy}(\{T,-T\}),m_{xy}(\{-T\})\right) = \left[\frac{s+1}{n+2},\frac{s_0+1}{n+2},1-\frac{s+1}{n+2}-\frac{s_0+1}{n+2}\right] \quad (6.35)$$

2）间接信任的计算

间接信任的来源是第三方企业对被评估节点企业的信任推荐，推荐信任源可能是主客体节点共同的邻居节点的直接推荐，也可能是其他节点通过多级传递而来，对推荐信任采用基于相似支持度的证据理论合成的方法进行融合算法，求得支持向量 ω_u，然后根据 ω_u 进行证据源的修正，修正公式为

$$\begin{cases} m'_{u,j}(\{T\}) = 1 - m'_{u,j}(\{T,-T\}) - m'_{u,j}(\{-T\}) \\ m'_{u,j}(\{T,-T\}) = \omega_u \times m_{u,j}(\{T,-T\}) \\ m'_{u,j}(\{-T\}) = \omega_u \times m_{u,j}(\{-T\}) \end{cases} \quad (6.36)$$

将修正后的证据源进行证据理论合成。

3）信任的传递

信任的传递推荐可能经过一个节点，也可能经过多个节点传递，传递的过程中会发生信任的衰减，我们采用以下传递公式进行计算。

$$m_{xz}(\{T\}) = m_{xy}(\{T\}) \times m_{yz}(\{T\}) \quad (6.37)$$

$$m_{xz}(\{-T\}) = m_{xy}(\{-T\}) \times m_{yz}(\{-T\}) \quad (6.38)$$

上述信任公式传递的效果是信任和不信任的值均降低，信任的不确定性增大，能很好地反映信任的传递效用。其证明如下：

$$\begin{aligned} &m_{xz}(\{T\}) = m_{xy}(\{T\}) \times m_{yz}(\{T\}) < m_{xy}(\{T\})\text{或者}m_{yz}(\{T\}) \\ &m_{xz}(\{-\text{T}\}) = m_{xy}(\{-T\}) \times m_{yz}(\{-T\}) < m_{xy}(\{-T\})\text{或者}m_{yz}(\{-T\}) \\ &m_{xz}(\{T,-T\}) = 1 - m_{xz}(\{T\}) - m_{xz}(\{-T\}) \\ &\qquad = 1 - m_{xy}(\{T\}) \times m_{yz}(\{T\}) - m_{xy}(\{-T\}) \times m_{yz}(\{-T\}) \end{aligned} \quad (6.39)$$

$$\begin{cases} > 1 - m_{xy}(\{T\}) - m_{xy}(\{-T\}) \\ > 1 - m_{yz}(\{-T\}) - m_{yz}(\{-T\}) \end{cases}$$

传递后的 $m(\{T\})$ 和 $m(\{-T\})$ 均减小， $m(\{T,-T\})$ 增大，说明信任和不信任的值均变小，不确定性增大。证明完毕。

6.2.3　数值仿真

本节主要针对供应链信任模型的直接信任模型和间接信任模型及综合信任进行仿真，主要对其动态性和鲁棒性进行检验，动态性检验主要检验信任值随交互活动的动态演化的过程，鲁棒性检验主要检验模型的抗攻击能力，分别对重度、中度、轻度的恶意攻击进行模拟，并进行对比分析。采用的仿真工具为普通计算机、Windows 7 操作系统、MATLAB 2008 beta 版。

1. 基于贝叶斯网的仿真

实验中某供应链上影响企业节点信任的因素主要选取产品质量、准时配送和信息共享。建立供应链信任的朴素贝叶斯网模型如图 6.18 所示。

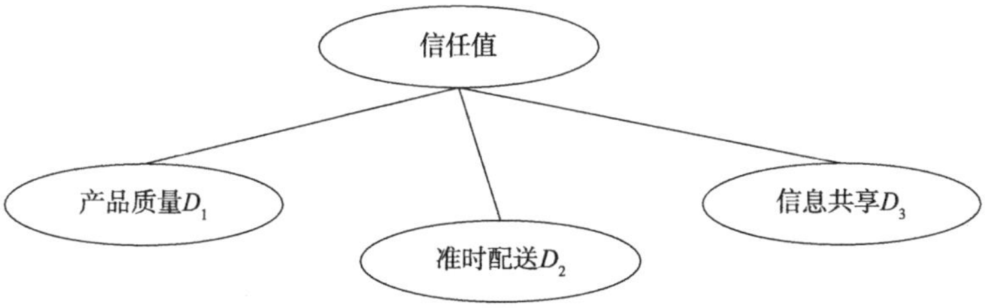

图 6.18　供应链信任的朴素贝叶斯网模型

仿真实验采用 VC6.0 和 MATLAB 混合编程分别对直接信任、推荐信任融合、综合信任融合进行了仿真。并添加了奖惩因子 delta 的数值模拟，分别设定不同数目的恶意节点对不同恶意节点率环境下模型的容错性能进行了实验测试。

1）直接信任仿真

直接信任仿真分别对全部交易成功、部分交易成功及有大金额交易三种情况对直接信任的交互性和动态性进行了仿真，具体实验情节如下。

假设每次交易的结果都是满意，模拟了全部交易成功交易环境下信任的动态演变的规律，对信任的积累的过程进行了模拟和分析。

在加入失败交易及评价为不满意时的信任的减损情况进行了分析，并加入了奖惩因子为 2 时的信任的积累和减损的模拟和分析。

分别对恶意节点率为 5%到 65%的环境下模型的容错能力进行了数值模拟，以此来检测模型的抗攻击性。

仿真结果如图 6.19 所示。表明交易成功初期信任的增长迅速，随着交易次数的增加“全部交易成功”曲线的上升斜率越来越小，表明每一次交易的成功只能增加很小的信任值，而当出现交易失败时“部分交易失败”曲线的下降斜率很大表明信任降低的弥补成本非常大，在图中增加一条水平线后可以清晰地看出仅一次（第八次）交易失败信任值的降低却要用连续八次交易成功来弥补，得到信任具有“难建立，易摧毁，难弥补”的性质。

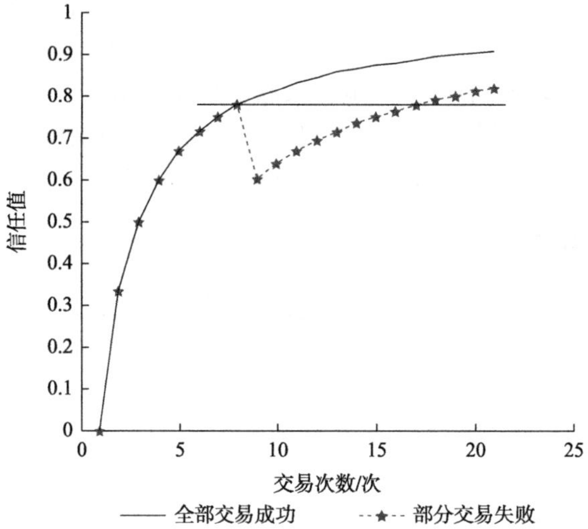

图 6.19　信任动态演变

增加 delta = 2 时的大金额交易，发现第八次交易成功时所获得的信任增长及交易失败时信任的降低都表现出显著的差别，如图 6.20 所示，表明在进行大额的交易时供应链联盟企业节点中的直接企业要特别重视，交易的成功和失败对信任值的动态演变影响较大。

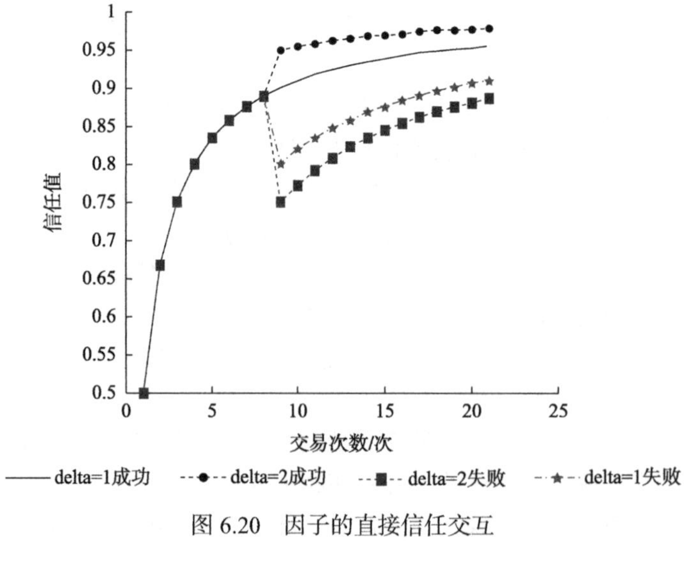

图 6.20　因子的直接信任交互

2）推荐信任融合

推荐信任融合的仿真分别就正常推荐、带有恶意节点的推荐（夸大或诋毁）进行仿真。我们假设三个节点推荐的信任值为可信信任值，其数据为（0.48,0.50,0.51），其迭代结果为 0.499 994，加入一个夸大节点后迭代（0.48,0.5,0.51,0.95），加入一个诋毁节点迭代（0.48,0.5,0.51,0.1）及在不同恶意节点率环境下多节点共谋的攻击，我们设计 20 个推荐数，设定恶意节点率为 25%，仿真数据如下：（0.48,0.50,0.51,0.51,0.49,0.48,0.49,0.51,0.52,0.512,0.521,0.514,0.53,0.495,0.53,0.99,0.99,0.98,0.99,0.985），其中前 15 个为正常推荐节点，后 5 个为虚高推荐，其融合效果如表 6.6 所示。

表 6.6　信任融合效果

推荐信任值	融合信任值	标准信任值	误差
（0.48,0.50,0.51）	0.499 994	0.499 994	0
（0.48,0.5,0.51,0.95）	0.506 706	0.499 994	1.34%
（0.48,0.5,0.51,0.10）	0.493 509	0.499 994	1.30%
仿真数据	0.510 026	0.491 387	3.70%

模拟结果显示模型具有较好的抗攻击能力，在有夸大和诋毁节点时信任融合的结果和标准值误差在 5%以内，模型的鲁棒性较好。

通过改变恶意节点个数调整联盟中恶意节点率，对不同恶意节点率对模型的抗攻击能力进行了全面的检验，结果如图 6.21 所示。

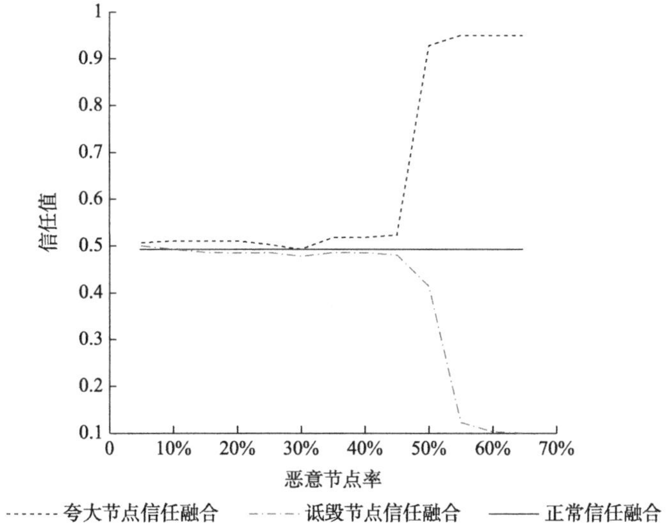

图 6.21　信任融合效果图

在恶意节点规模较小时，能很好地进行信任的融合和综合。恶意节点率低于50%时，综合信任值与标准信任值非常接近，但当恶意节点率超过 50% 时，综合信任值偏离正常信任值较大，说明模型在恶意节点率为 50% 以内时具有良好的抗攻击性，当恶意节点率超过 50%时抗攻击效果不理想。

3）综合信任融合

在间接信任仿真的基础上对参数进行赋值 $\alpha=0.5$ 、$\beta=0.5$ 、$n=20$ 、$s=13$ ，选取 20 个推荐节点，对不同的恶意节点率进行仿真，结果如图 6.22 所示。

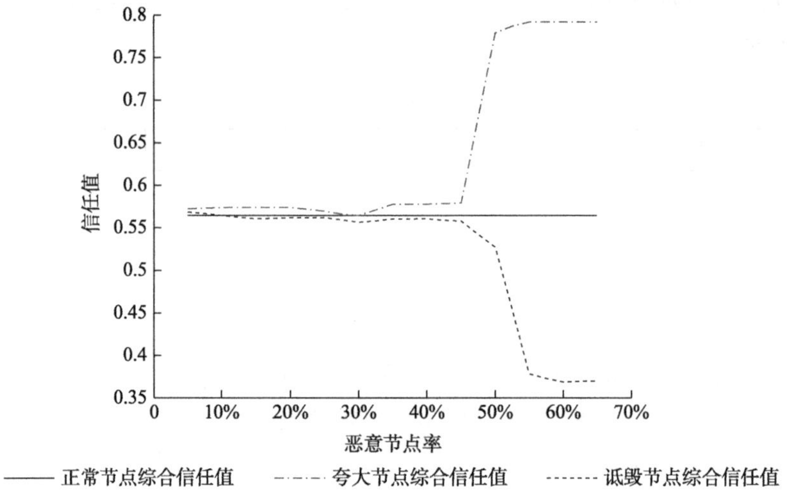

图 6.22　综合信任值随恶意节点率的变化

在综合信任值的仿真中，因为综合信任是直接信任和间接信任的加权集结，结合图 6.21，结果表现出的规律和推荐信任的融合相似，从仿真结果看，基于贝叶斯网的模型在恶意节点率低于 50%时具有较好的动态性和鲁棒性。

2. 基于证据理论的供应链信任模型的仿真

对上述模型建立仿真试验检验其性能，实验采用 MATLAB 工具，分别对直接信任和间接信任进行数值仿真试验，检验模型的动态性和对恶意节点的容错性能。

1）动态性检验

试验设计了供应链企业 11 次的交易历史并在每次交易结束后产生相应的评价，及时更新信任值的分配函数，得到如图 6.23 所示的结果。

随着次数的增加 $m(\{T\})$ 曲线的上升斜率越来越小，表明每一次交易的成功只能增加很小的信任值，而当交易结果为模糊或不信任时，$m(\{T\})$ 曲线的下降斜率很大，每失败一次信任值都有很严重地降低。得到信任具有“难建立，易摧毁”

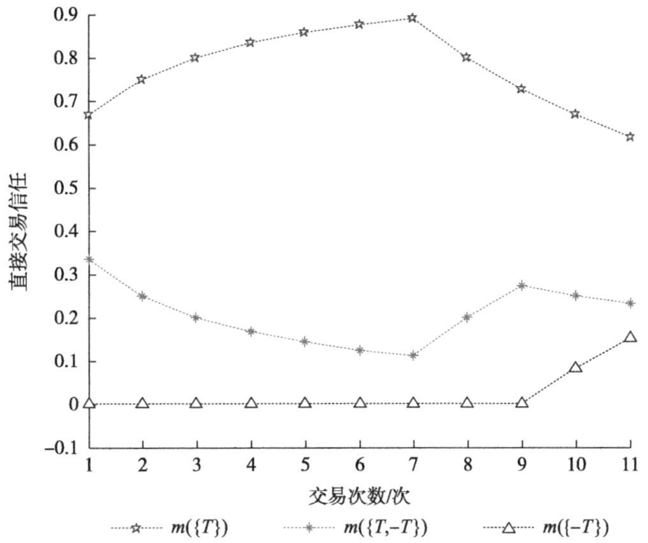

图 6.23　直接信任更新

的性质。当非正常交易出现时，$m(\{T,-T\})$ 和 $m(\{-T\})$ 的值迅速升高，表明模型对恶意节点检测非常敏感，模型具有良好的动态性，能及时、有效地检测出节点的恶意行为。

2）鲁棒性检验

A. 检验标准

相似性系数用 NC 表示，用来衡量信号受到干扰后与原来信息相似程度的量。用 W 代表原始信号，用 W' 代表受到攻击后的信号。

$$w=\{w(i,j)1\leqslant i\leqslant M_1,1\leqslant j\leqslant M_2\},w'=\{w'(i,j)1\leqslant i\leqslant M_1,1\leqslant j\leqslant M_2\} \quad (6.40)$$

其中，M_1、M_2 分别表示信号矩阵的长和宽。

$$\mathrm{NC}=\frac{\sum_{i=1}^{M_1}\sum_{j=1}^{M_2}w(i,j)\times w'(i,j)}{\sqrt{\sum_{i=1}^{M_1}\sum_{j=1}^{M_2}w(i,j)\times w(i,j)}\times\sqrt{\sum_{i=1}^{M_1}\sum_{j=1}^{M_2}w'(i,j)\times w'(i,j)}} \quad (6.41)$$

这里将原来的没有恶意节点时合成的信任值看作源信号，将受攻击后的信任值作为干扰后的信号。计算两者的相似程度，如果两者的相似程度高说明模型的鲁棒性较好，如果相似程度较低说明鲁棒性较差。

B. 攻击模拟

假设一共有三条推荐路径，加上直接信任，总计对四个信任证据源进行合成，为了检测模型的鲁棒性设计了一个恶意节点。假设直接信任为 DT（0.7,0.2,0.1），通过三条推荐路径的推荐信任值分别为 UT_1（0.7,0.15, 0.15），UT_2（0.8,0.1,0.1），

UT_3（0.01,0.05,0.94），显然 UT_3 为恶意节点。利用原始的证据理论合成的结果为（0.7153,0.0274,0.2573），去除恶意节点合成剩下的三个信任证据源为（0.9887,0.0076,0.0038），结果显示恶意节点的推荐影响了合成的效果，减小了信任的分配函数 $m(\{T\})$，增加了 $m(\{-T\})$，利用基于权重的证据理论计算其相似度矩阵为

$$s=\begin{bmatrix}1.0000 & 0.9500 & 0.9000 & 0.2240\\ 0.9500 & 1.0000 & 0.9134 & 0.2549\\ 0.9000 & 0.9134 & 1.0000 & 0.1839\\ 0.2240 & 0.2549 & 0.1839 & 1.0000\end{bmatrix}$$

相似支持权重为 $\omega=(0.9791,1.0000,0.9428,0.3129)$，显然 UT_3 的权重只有 0.3129，进行合成后的结果为（0.9984,0.0002,0.0015），模型的结果和去除恶意节点的合成结果基本相同，结果表明模型很好地屏蔽了恶意节点的影响。按照上述的过程本书对重度的诋毁和夸大、中度的诋毁和夸大、轻度的诋毁和夸大进行了仿真，分别测试了模型在不同攻击程度下的容错能力，得到如下结果。

$$m_2=\begin{bmatrix}0.7000 & 0.2000 & 0.1000\\ 0.7000 & 0.1500 & 0.1500\\ 0.8000 & 0.1000 & 0.1000\\ 0.1000 & 0.0500 & 0.8500\end{bmatrix}\quad m_3=\begin{bmatrix}0.7000 & 0.2000 & 0.1000\\ 0.7000 & 0.1500 & 0.1500\\ 0.8000 & 0.1000 & 0.1000\\ 0.3500 & 0.0500 & 0.6000\end{bmatrix}$$

$$m_4=\begin{bmatrix}0.7000 & 0.2000 & 0.1000\\ 0.7000 & 0.1500 & 0.1500\\ 0.8000 & 0.1000 & 0.1000\\ 0.9800 & 0.0100 & 0.0100\end{bmatrix}\quad m_5=\begin{bmatrix}0.7000 & 0.2000 & 0.1000\\ 0.7000 & 0.1500 & 0.1500\\ 0.8000 & 0.1000 & 0.1000\\ 0.9200 & 0.0400 & 0.0400\end{bmatrix}$$

$$m_6=\begin{bmatrix}0.7000 & 0.2000 & 0.1000\\ 0.7000 & 0.1500 & 0.1500\\ 0.8000 & 0.1000 & 0.1000\\ 0.9000 & 0.0600 & 0.0400\end{bmatrix}$$

分别计算其相似支持度为

$$s_2=\begin{bmatrix}1.0000 & 0.9500 & 0.9000 & 0.3126\\ 0.9500 & 1.0000 & 0.9134 & 0.3443\\ 0.9000 & 0.9134 & 1.0000 & 0.2737\\ 0.3126 & 0.3443 & 0.2737 & 1.0000\end{bmatrix}\quad s_3=\begin{bmatrix}1.0000 & 0.9500 & 0.9000 & 0.5556\\ 0.9500 & 1.0000 & 0.9134 & 0.5907\\ 0.9000 & 0.9134 & 1.0000 & 0.5230\\ 0.5556 & 0.5907 & 0.5230 & 1.0000\end{bmatrix}$$

$$w_2=(0.9796\quad 1.0000\quad 0.9454\quad 0.4215)\quad w_3=(0.9802\quad 1.0000\quad 0.9520\quad 0.6802)$$

$$s_4 = \begin{bmatrix} 1.0000 & 0.9500 & 0.9000 & 0.7524 \\ 0.9500 & 1.0000 & 0.9134 & 0.7575 \\ 0.9000 & 0.9134 & 1.0000 & 0.8441 \\ 0.7524 & 0.7575 & 0.8441 & 1.0000 \end{bmatrix} \quad s_5 = \begin{bmatrix} 1.0000 & 0.9500 & 0.9000 & 0.8030 \\ 0.9500 & 1.0000 & 0.9134 & 0.8095 \\ 0.9000 & 0.9134 & 1.0000 & 0.8961 \\ 0.8030 & 0.8095 & 0.8961 & 1.0000 \end{bmatrix}$$

$$w_4 = (0.9793 \quad 0.9862 \quad 1.0000 \quad 0.8858) \quad w_5 = (0.9792 \quad 0.9865 \quad 1.0000 \quad 0.9259)$$

$$s_6 = \begin{bmatrix} 1.0000 & 0.9500 & 0.9000 & 0.8222 \\ 0.9500 & 1.0000 & 0.9134 & 0.8265 \\ 0.9000 & 0.9134 & 1.0000 & 0.9128 \\ 0.8222 & 0.8265 & 0.9128 & 1.0000 \end{bmatrix}$$

$$w_6 = (0.9802 \quad 0.9867 \quad 1.0000 \quad 0.9396)$$

诋毁和夸大在数学计算中本质上是相同的，我们仅对诋毁攻击时模型的鲁棒性进行了数值模拟，其中 r_i 代表标准值，r_{i1} 代表原始证据理论合成的信任值，r_{i2} 代表改进的证据理论合成的信任值，分别计算两种合成信任值与标准信任值的相似度，得到的结果如表 6.7 所示。

表 6.7　合成信任相似度检验

攻击种类	合成结果	相似性系数 1	相似性系数 2
重度诋毁	$r_1 = (0.9887, 0.0076, 0.0038)$ $r_{11} = (0.7135, 0.0274, 0.2573)$ $r_{12} = (0.9984, 0.0002, 0.0015)$	0.9419	1.0000
中度诋毁	$r_2 = (0.9887, 0.0076, 0.0038)$ $r_{21} = (0.9649, 0.0037, 0.0314)$ $r_{22} = (0.9978, 0.0002, 0.0020)$	0.9996	1.0000
轻度诋毁	$r_3 = (0.9887, 0.0076, 0.0038)$ $r_{31} = (0.9924, 0.0011, 0.0065)$ $r_{32} = (0.9970, 0.0004, 0.0026)$	1.0000	1.0000

结果显示在重度诋毁程度攻击时按照原始证据理论合成的综合信任值与标准信任值的相似度为 0.9419，表明在重度诋毁攻击模式下综合信任值发生了较大程度的失真，而按照改进证据理论合成的综合信任值与标准信任值相似度为 1.0000，表明基于改进证据理论的信任计算模型有效地屏蔽了冲突证据带来的失真的影响，其信任评估信息得到很好的保留；在中度诋毁攻击环境下，原始证据理论合成结果相似度为 0.9996，改进证据理论合成的结果为 1.0000，中度诋毁攻击环境下证据之间的冲突度较小，原始证据理论的合成结果也得到了较好的改善；在轻度诋毁攻击环境下，原始证据理论和改进证据理论的合成结果相似度均为 1.0000，在轻度诋毁攻击环境下，证据源之间的冲突可认为为正常距离，冲突证据源也可以认为是正常评价证据源。

仿真结果表明基于改进证据理论的信任计算模型具有极强的鲁棒性，能够有效地屏蔽冲突证据源对综合信任失真的影响。在重度、中度、轻度攻击模式下，基于改进的证据理论的合成结果与标准信任值相似度均为 1.0000，达到了很好的保真的效果。

6.3 基于多 Agent 系统的汽车供应链协商机制研究

6.3.1 多 Agent 系统的协商

1. 多 Agent 系统的协商的定义与关键技术

作为多 Agent 系统技术的主要问题之一，协商是从不同角度进行研究的，不同的领域有不同的解释，时至今日协商都没有形成一个统一的明确的定义。

从合同网角度，刘刚等[16]将协商看成是一种任务与问题求解相匹配的有效组织原则，并认为系统中的协商由信息交互、信息评估及信息选择三个要素构成。

从社会心理学角度，Maester 等认为协商是从冲突开始的，是一个由双方或多方联合决策的相互妥协的过程，即针对协商出现的矛盾进行让步、交互、达成一致意见[17]。

从问题的协作求解角度，康振科等认为协商是双方通过结构化的信息交换，不断修正和改进相关共同知识的过程[18]，即为达成共识而不断降低协作双方的不一致性或不确定性的过程。

根据不同领域的研究问题，需要选择和定义符合实际需要的协商机制。一般根据协商 Agent 数量和协商议题数量的不同，将 Agent 协商分为以下几种。

（1）双边单议题协商：两个 Agent 就一个议题进行的一对一协商。

（2）多边单议题协商：两个以上的 Agent 就一个议题进行协商。

（3）双边多议题协商：两个 Agent 基于对多个（≥2）议题的不同偏好程度进行协商，有某个问题或任务的多属性协商和多问题的协商两种。

（4）多边多议题协商：两个以上的 Agent 就多个（≥2）议题进行的复杂协商，其更能反映实际问题。

其中，多边并发协商是目前协商研究的热点，包括多对一协商和多对多协商。本节主要研究多边多议题并发协商。

在多 Agent 系统中，Agent 间的协商作为一种交互机制，是以 Agent 通信语言为基础的。多 Agent 系统协商的关键技术主要有协商协议、协商策略和协商处理三个内容。

（1）协商协议。协商协议涉及 Agent 通信语言的定义、表示、处理及语义解释，主要处理协商过程中 Agent 间的交互。协商协议的简单形式可描述为（<协商原语>，<消息内容>）。其中，前者即为消息类型，一般基于言语行为理论进行定义，后者则包含消息的发送者、接收者、发送时间、消息号等固定信息及对协商具体内容的描述。

（2）协商策略。协商策略是指 Agent 决策和选择协商协议与通信消息的策略，即 Agent 的决策和控制过程，包含对应与协商协议的元级协商策略和策略选择机制或函数。

协商策略基本分为五类：竞争型策略、协作型策略、单方让步策略、破坏协商策略和拖延协商策略。其中，因后两类不利于协商的推进，单方让步策略对协商没有意义或使协商陷入僵局，所以具有实际意义的只剩竞争型策略和协作型策略。竞争型策略是指在协商过程中，参与协商的 Agent 因坚持立场不同而表现出竞争行为，促使协商结果利于自身利益的协商对策，如基于博弈论的协商。协作型策略是指参与协商的 Agent 基于全局利益在协商过程中相互协作，并采取利于协商共赢的协商策略。

（3）协商处理。协商处理主要是描述和分析单 Agent 和多 Agent 协商系统的整体协商行为，包括协商算法和系统分析两部分。协商算法用于描述系统中协商 Agent 的通信交互、决策、规划及知识库操作等行为；系统分析则是对协商 Agent 的行为与性能进行分析和评价，阐明协商过程中任务求解质量、算法复杂度、系统的公平性和死锁等问题。

2. 多 Agent 系统的结构与协商机制

多 Agent 系统是由多个 Agent 主体或 Agent 组基于复杂目标而采用任意一种组合方式（集中式或分布式）所组成的一个相互协作的系统。具体如图 6.24 所示。

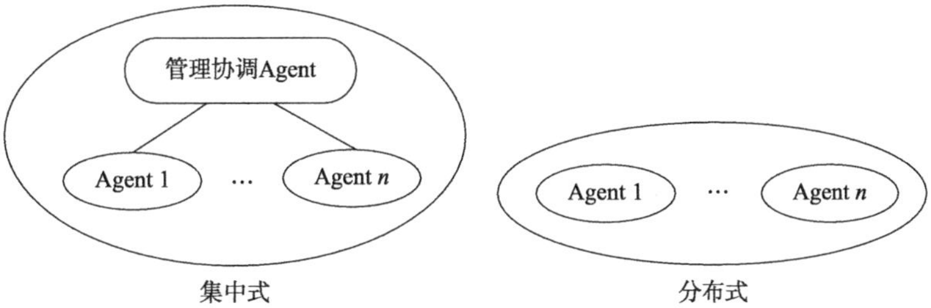

图 6.24　Agent 的基本组合方式

集中式多 Agent 系统中，Agent 成员的行为、协商、任务分配及资源共享等通过管理协调 Agent 以某种方式进行统一协调和管理，其上下级 Agent 间保持一种管理与被管理的关系。

分布式多 Agent 系统中，具有平等关系的 Agent 成员在一定社会规则和约束的限制下，通过共享资源的管理策略，根据自身知识和能力感知环境并进行合理的判断、推理、决策及交互以分配任务、管理资源、协调冲突等。

基于 Agent 的不同组合方式，形成多 Agent 系统的不同类型，如图 6.25 所示。

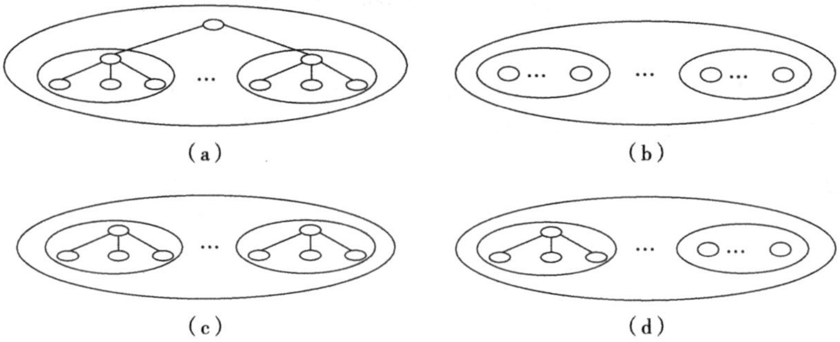

图 6.25　多 Agent 系统的结构

其中，图 6.25（a）为完全集中式多 Agent 系统，图 6.25（b）为完全分布式多 Agent 系统，图 6.25（c）、图 6.25（d）都是混合式多 Agent 系统。图 6.25（c）是由多个集中式 Agent 组构成的分布式多 Agent 系统，而图 6.25（d）为多个分布式 Agent 组与多个集中式 Agent 组构成的分布式多 Agent 系统。同时，混合式的多 Agent 系统较符合分布式复杂系统的实际运行。

分布式 Agent 组具有规模大、开放及整体行为灵活复杂等特点，它通常不与其他 Agent 组构成集中式结构，因而，一般由两种不同的 Agent 组或多个集中式 Agent 组采用分布式而构成一个混合式多 Agent 系统。

不管上述哪种类型的多 Agent 系统都存在 Agent 间的交互和协调问题，以及各种矛盾和冲突。多 Agent 系统的协商机制主要用于 Agent 间任务、资源的合理分配，尤其是在那些属于不同利益集团的 Agent 间，通过协商共同参与任务的执行、解决有限资源引起的冲突。Agent 协商与协调的目的就是解决矛盾和冲突。

复杂系统的 Agent 间通过协商交互，不断地从参与协商的其他 Agent 学习和推理，对其目标、资源等进行合理地安排以协调各自的行为，最大限度地实现自身和全局的任务目标。

在基于多 Agent 的复杂供应链系统中，Agent 间的组合方式、交互、协调、协作等均会显得异常复杂，因此，应该针对复杂分布式供应链的多 Agent 系统运行效率和响应敏捷性等要求建立更为有效的协商机制，以支持 Agent 的协作、协调及任务资源的合理分配，尽力调节和缓和系统中的冲突与矛盾。

3. 多 Agent 系统和汽车供应链

在全球化制造战略的发展背景下，分布式复杂供应链是由具有明显地域分布性的众多供应链成员企业为有效实现最终客户价值而不断发挥其核心能力所形成的一个优势互补的扩大化的供应链网络[19]。汽车供应链作为分布特性显著的异地、异构分布式系统，与多 Agent 系统存在天然的联系。

经济的全球化发展使全球汽车供应链体系呈现出新的态势，国际上的大汽车厂商及其零部件厂商纷纷落户中国，在中国投资建厂。我国的汽车行业应利用这一发展机遇，提高科技自主创新能力和汽车供应链的效率，在国际市场上争取更大的生存空间和发展空间，完成从汽车制造大国向强国的转变。

目前，世界各大汽车集团都以全球化供应链管理模式为主，以降低成本、提高效率、增强企业核心竞争力为目的，形成跨国家、跨地域和跨文化的全球供应链管理系统，使得供应链网络进一步扩大化[20]。我国汽车行业应利用全球化供应链管理这一特殊新型模式，有效地挖掘、争取、计划和管理遍布全球的供应链成员及其产生的物流、资金流和信息流，为提高我国汽车行业的核心竞争力创造机会。针对汽车行业这一成员企业关系密切且上下游数目繁多的供应链群，如何尽快地提高我国汽车行业的全球协作管理水平，是应对国际竞争的关键步骤。

在分布性复杂且突出的汽车供应链中，企业获取资源依赖于遍及全球的供应商、制造商、运输商、仓储商、零售商等外部企业，而成员企业间的紧密联系使交互的复杂性、成本和时间增加，因而，需要有效地共享知识资源、有效地协调与协商以共同优化和解决供应链问题。一般来讲，分布式复杂供应链的问题求解即为分布式的约束满足问题，目前研究者用多 Agent 技术来解决此类分布式约束满足问题。多 Agent 系统作为有效的分布式求解工具和一种新的系统模拟工具，在供应链领域的应用范围逐渐扩大。

多 Agent 系统为分布式复杂供应链系统提供了一种抽象的分析方法，通过 Agent 之间的通信、交互、合作、协商、协调及控制来表达系统的结构、功能及行为特性，将供应链成员间的交互、协同等活动描述为 Agent 间的自主作业。从 Agent 的角度，可以把汽车供应链视作由具有一定功能的多个协作 Agent 组成的网络，与其他 Agent 协商合作完成系统目标。

多 Agent 系统能够监视环境状况，自动与其他 Agent 合作来解决复杂问题，同时能根据供应链结构的调整进行动态重构，为动态、混合环境中供应链的设计和分析提供了可能。此外，同一个多 Agent 系统的 Agent 可以异构，因此，多 Agent 系统对于分布式汽车供应链这种复杂系统的描述和求解具有无可比拟的表达力，是研究其建模和优化等问题的最佳工具。

6.3.2 博弈论中协商研究

1. 博弈论基本概念

博弈论又称对策论，是研究理性决策者之间冲突及合作中的策略选择理论，即研究使参与人之间的冲突和矛盾向统一与协调转化过程中的条件、方式及结果等问题的一门颇具数量分析特色的理论。这个理论始于冯·诺依曼与莫根施特恩在 1944 年合作的 *Theory of games and economic behavior*（《博弈论与经济行为》），并且在经济学领域取得了广泛的发展与应用。参与博弈的 Agent 之间是相互依存的关系，这种依存性使博弈结果与 Agent 自身的决策和其他 Agent 的决策均相关，任何 Agent 个体都不是孤立的存在，也不能单独控制博弈的过程。博弈论主要解释了理性自利 Agent 的决策和相互作用，它主要以效用函数为核心，以最大化自身效用为目的。

博弈论的基本概念包括参与人、行动、信息、战略、效用、结果和均衡。这里从多 Agent 博弈的角度分析，参与人是指博弈中以实现自身效用最大化而选择行动的决策 Agent 主体；行动是博弈 Agent 在某个时点的决策变量；信息是 Agent 关于博弈的知识信息，如其他 Agent 的特征、行动、交易历史等；战略是 Agent 在给定信息集下的行动规则，即 Agent 所选行动的时间和内容；效用是指一个特定的战略组合下 Agent 的效用水平，即所有博弈 Agent 战略选择和行动的函数；结果是 Agent 博弈结束时的均衡战略组合、均衡支付组合等；均衡是所有博弈 Agent 的最优战略组合。其中，参与人、行动和结果统称为“博弈规则”，博弈分析的目的是使用博弈规则预测均衡。

在博弈中，基于参与人的行动顺序有静态博弈与动态博弈。前者是先行动者的行动对后行动者不可见，或参与人同时选择行动；后者是参与人的行动分先后，先行动者的行动对后行动者可见。根据博弈 Agent 之间的信息了解程度有完全信息博弈和不完全信息博弈。完全信息指自然的行动不存在事前的不确定性；完全信息指参与博弈的 Agent 准确了解相互选择的行动；不完全信息即为不完美信息，逆定理不成立。假定参与博弈的 Agent 是理性的，其中理性是指 Agent 能在给定约束下最大化自己的偏好。理性 Agent 可以是利己者，也可以是利他者，但无论怎样，理性 Agent 在最大化自身偏好时，需要与其他 Agent 进行协商、合作等社会活动，冲突、矛盾随之产生。为更好地实现合作的潜在利益并解决冲突和矛盾，需要理性 Agent 的有效协商。

博弈论中一类重要的博弈为协商博弈，也称讨价还价博弈。本节就是基于 Agent 讨价还价博弈来研究并发协商，进而讨论合作伙伴的选择的。

2. 协商博弈

在博弈论领域，研究者建立了很多协商博弈模型，有合作和非合作、完全信息和不完全信息下的协商博弈，单议题和多议题协商博弈等。

博弈论中，协商问题是指参与协商的两个或多个参与人共有一个可能达成一致的结果空间，且参与人有达成一致的意愿及彼此不完全相同的利益和偏好。针对协商问题的求解和协商解的确定，Rubinstein 提出轮流出价的协商模型，试图模型化“出价-还价”过程，即讨价还价协商模型，并用子博弈完美均衡的概念证明该协商模型存在唯一解。

合作博弈论从博弈的具体规则中抽象而来，略去了理性参与人如何达成合作的过程，集中研究如何在可能结果集中找出一个合理的博弈解。合作博弈论研究的一个重要题目是多人博弈中联盟的形成，合作协商理论运用公理化的方法描述参与人在协商中最终结果的各种性质。

非合作博弈论主要研究所有参与人在共有良好规则和策略下的具体博弈过程。在利用策略方法研究协商问题的讨价还价过程时，协商问题被描述成多对策过程，既而得到协商过程的重要模型及协商参与人的让步原理等。均衡策略作为博弈的理性结果，在非合作博弈论中显然是一个重要概念。

在协商问题的规范化建模中，博弈论专家省去了对具体协商过程与环境的描述，把各种各样的实际协商问题抽象成如下的合作博弈：两个以上的参与人面对一系列可能结果和一个冲突解，如果所有参与人同意接受某一个可能结果，则它为协商问题的最终解，否则接受冲突解为最终解。

博弈论中，对协商的研究主要涉及多个参与人之间的冲突和矛盾，以及参与人通过相互妥协与合作达成一致意见的方法和规律。在实际协商中，参与人的私有信息如保留价格、对议题的偏好程度、风险态度、时间偏好等对其他参与人是保密的，参与人在强化自身协商地位和争取更好的协商结果时仅通过对自己掌握的其他参与人的不完全信息进行推理、估计和判断。

虽然源于市场讨价还价交易的协商理论与方法在实际应用研究和发展中占据越来越重要的地位，但已有的成果还不能充分满足实际需要，很多问题值得进一步探讨。因此，将协商理论的原理、方法和结论应用于供应链、虚拟企业、电子商务等复杂系统结构中的竞价、拍卖或其他形式的讨价还价过程是非常重要的应用课题。

3. 协商的计算模型

合同网协商模型是通过招标—投标—中标的过程进行多 Agent 系统的任务分配，并解决资源、知识的冲突。合同网协议是分布式问题求解系统中使用的经典协议。Agent 协商达成一致后，以合同作为 Agent 对协商结果进行承诺的表现形式，通过执行合同来约束协商双方的行为。

合同网协议是由角色动态变化的一组节点 Agent 构成，任意节点 Agent 或以合同者角色负责实际任务的执行和问题求解；或以管理者角色负责监视任务、问题求解的进行和处理任务的解结果。协商始于某一节点 Agent 生成新任务并以管理者身份向其他节点 Agent 宣布任务和发布任务消息，其他节点 Agent 若执行任务，则作为合同候选者向管理者投标，给出任务的执行能力。管理者根据标书内容针对一个任务的多个投标进行选择，选中的成为执行该任务的合同者，而合同者可继续分解任务后成为多个子任务的管理者，并约束合同，合同者则告知管理者任务执行中的部分或全部状态。合同网协议的性质包括：合同是协商双方的承诺；用协商协议形式化表示协商过程，合同的达成是双方相互选择的过程；协议是对称的，使用相同的通信语言。

合同网协议基于分布式问题求解系统的限制，仅在任务的管理者和合同者之间进行简单协商。非合作领域中，协商 Agent 可能需要信息的反复交换以找到彼此接受的合同，特别是在开放、动态的不确定系统环境下，协商是可以从不同角度反复搜索可能的合同空间以寻找满意的协商结果和达成一致的方法和规则的一个过程。

6.3.3 汽车供应链的多 Agent 建模

1. 汽车供应链多 Agent 建模可行性分析

1）汽车供应链的协商特性分析

汽车供应链是围绕核心汽车企业，控制和管理“原材料采购—产品制造和加工—最终产品运输和消费”过程所涉及的信息流、物流、资金流等，将销售网络上所有的供应商、制造商、分销商、零售商及最终用户相连形成的一个网链结构模式，其规模庞大的零部件和设备供应群体及相应的物流运输、配送等诸多环节，构成了交互频繁、层次繁多的复杂分布式协商供应体系。在这种分布式供应链环境下，成员企业之间的协商具有显著的分布式特性，而且成员企业为了及时地获得所需资源或服务，可以同时与多个拥有该类资源或服务的成员企业进行并发协商，从中选择最令自己满意的合作伙伴。

面对由整车制造商、原材料及零部件供应商、整车与设备分销商等环节构成的汽车供应链结构，世界各大汽车集团基于汽车制造企业在产品设计、制造、装配等方面的强大优势，构建汽车行业的供应链管理模式，以有效地促进上下游企业的材料供应、产品分销、客户服务及各厂商间复杂、频繁的交互，合理地解决供应链企业的资源分配和冲突矛盾等问题。

此外，开放的国际市场环境使汽车供应链管理面临跨地区、跨国界的协作挑战和发展机会。同时，汽车产业规模的迅速扩大使分布在全球的各厂商之间的交互越来越复杂，而且成本呈递增趋势，因此，必须对汽车供应链中的冲突矛盾、调度等问题进行解决。

由此可见，有必要建立整个汽车行业基于 Agent 的供应链系统，对基于客户要求的特定产品的生产组装所涉及的所有企业或组织的行为决策进行分析和研究，并构建博弈协商模型。在多 Agent 汽车供应链中，资源需求企业和资源提供企业间的协商即代表不同成员企业主体的多 Agent 间的并发协商，协商 Agent 在具有不同偏好的协商议题间进行权衡，不需要对所有的议题都达到最优效益，而只需寻找使其双赢的方案。最终通过协商达到利润最大化，快速响应客户需求，提高汽车供应链的整体效益的目的。

在汽车大规模定制生产的整个过程中，基于客户个性化需求（即按订单）的定制生产速度越来越快，而且由各种因素（信息不完全、市场需求变化、国家政策改变等）引起的不同冲突和矛盾对整个供应链的正常运行和供应链成员企业的收益所产生的影响范围越来越大。为此，本书试图通过汽车供应链中协商模型的研究来解决此类问题，从而使得协商参与 Agent 维持柔性稳定的伙伴关系以优化供应链流程，提高供应链竞争力，扩大国际市场上的发展空间。

2）供应链上柔性合作关系的必要性分析

随着汽车产业的大规模定制生产趋势越来越明显，管理者对供应链在汽车行业发展中所起作用的重视程度递增，建立供应链成员企业间灵活柔性的合作伙伴关系在供应链管理中的地位也不断攀升。供应链管理作为企业间协调管理模式，重点进行节点间的交互连接和有效协作及各节点在设计、运行、计划、生产等方面的协调，以增强节点间的信息共享，降低供应链的整体库存和总成本，形成更大的竞争优势。

因为目前管理者对供应链全局认识存在较大偏差，以及实际运作中上下游企业并没着眼于整个供应链的共赢目标而是追求自己的盈利，所以，用博弈论观点分析汽车供应链成员企业间的交互、协商及合作伙伴关系等问题是有必要的。

在由设备供应商、核心汽车企业、装配厂三方构成的上游供应链上，核心汽车企业将设备供应商供应的零部件检验合格后提供给装配厂，由装配厂加工组装成整车。传统的供需模式使核心汽车企业基于一定设备质量优先考虑能实现自身利益最大的供应价格，很少关心其设备供应商的利润和效益；基于合作伙伴关系的供应链模式，能使企业认识到自身利益与其和上下游企业间的配合密切相关。通过博弈分析与计算，当核心汽车企业与其上游及下游企业建立合作的供应链关系后，整体效益明显优于各厂商分别考虑自身利益时的总利益；当在核心汽车企业和销售商的下游供应链上建立供应链合作伙伴关系后，整体利润大于各种不合作状态下的利润总和。

综上所述，当对汽车供应链上包含供应商、核心汽车企业、组装厂及销售商等在内的所有供应链成员企业建立一个柔性合作关系的网络时，所带来的供应链整体效益明显优于核心汽车企业和各厂商只考虑自身利益最大带来的利润总和。可见，有必要建立连接整个汽车行业的供应链，维持一种以合作伙伴关系为核心的供应链成员伙伴关系，达到利润的最大化。因此，在汽车供应链的多 Agent 模型上，深入研究和探讨成员企业间的协商、协调对实现供应链合作伙伴关系的建立有着重要的意义和价值。

2. 汽车供应链的多 Agent 建模步骤

多 Agent 建模的核心思想可以概括为以下几点。

（1）系统的 Agent 抽象。基于系统目标的要求把系统的相应实体或特定功能抽象为 Agent，即系统的 Agent 划分。

（2）Agent 的交互。组成系统的 Agent 要与相关的其他 Agent 交换信息或彼此提供服务以实现自身或系统的特定功能，故必须要进行交互、协商及协同等。

（3）Agent 的智能。根据实际问题研究和技术的需要，可赋予 Agent 诸如理性、诚实、学习、推理等智能特征。

基于多 Agent 的建模思想，汽车供应链的多 Agent 建模步骤如下。

（1）汽车供应链的个体 Agent 划分。根据汽车供应链的目标和功能，分析其总目标与各级子目标之间、各级子目标之间的层次关系，以确定系统中各 Agent 的作用和功能，即对组成系统整体的 Agent 主体进行角色划分以体现系统建模过程中目标驱动的思想，并针对汽车供应链的实际运行设计符合实际应用的 Agent 功能和结构。

（2）静态结构的建模。汽车供应链的 Agent 静态结构建模主要对供应链成员 Agent 的角色关系所反映的静止、稳定的组织结构进行描述，如控制关系的等级结构、平等关系的扁平结构等，Agent 关系结构能对交互中 Agent 可能采取的行为模式产生影响。

（3）动态行为的确定。动态行为主要是对汽车供应链中成员 Agent 的交互行为（Agent 间的协商、协作、冲突消解等）和 Agent 内部思维状态（信念、意图等）进行描述。

（4）系统的组成。在汽车供应链中，基于 Agent 的角色划分定义了分散的自主决策 Agent 主体，通过研究供应链实体之间的协商交互和协作任务求解过程，采用自底向上的设计方法完成整个汽车供应链的多 Agent 系统建模。

3. 模型设计

1）汽车供应链的 Agent 角色划分

汽车供应链的 Agent 角色划分是在系统整体目标需求下通过分析目标的完成

过程和各实体的功能结构，明确 Agent 与实体的对应关系以确定各 Agent 功能的系统分析过程[21]。在尽可能不增加系统分析与设计复杂性的情况下，根据现实环境的具体结构和系统运行的实际需要，明确所要构建的汽车供应链成员企业的数量和范围，将 Agent 主体与实际供应链涉及的企业类型（如制造商、供应商、分销商等）及其包含的企业实体相对应，从系统整体的研究目的出发做进一步地集成和简化处理。

汽车供应链作为一种复杂的分布式供应链，是一种异地、异构的弱耦合系统，在 Agent 角色划分时分为两方面：一方面是要求汽车供应链中每个相对独立的供应链成员企业承担各自的 Agent 角色，与其上下游的直接供应链伙伴相连构成供应链层面的角色划分，即在功能上将整个供应链的运行过程分解为订单处理、原料采购、生产计划、物流管理等一系列串行和并行的功能实体；另一方面是参考供应链运作模型，将汽车供应链的成员企业划分为若干具有不同角色职能的子系统并分解为一系列流程模块组合以构成供应链成员企业内部的角色划分。通过汽车供应链的多 Agent 建模方法，把供应链成员企业的内部 Agent 角色划分嵌入到汽车供应链的模型框架中，内外层 Agent 相结合可以清晰有效地解决供应链问题。

根据上述的汽车供应链 Agent 角色划分和建模思想，本节所构建的汽车供应链的多 Agent 模型将集中于整个供应链和成员企业内部结构的分解与 Agent 模块化及供应链成员企业 Agent 之间的交互协商关系的设计与研究。

2）汽车供应链成员 Agent 协商关系

根据汽车供应链成员企业的特点及成员之间交互、协商、协作等过程的分析，建立汽车供应链成员企业 Agent 间的协商交互关系，如图 6.26 所示。这里从制造商 Agent 与供应商 Agent 协商交互的任务职能角度，较为详细地分析了其内部组织职能结构。

汽车供应链的成员企业 Agent 交互时，协商过程主要涉及制造商 Agent、供应商 Agent、采购管理 Agent、供应商管理 Agent、供应商接口 Agent 及销售管理 Agent 和客户接口 Agent 等，采购管理 Agent 和供应商管理 Agent 属于协调 Agent，所有的接口 Agent 包含协商 Agent 和决策 Agent，并通过协商管理服务中心和信息服务中心查询并进行信息交换。

A. 采购管理 Agent

采购管理 Agent 的职能是基于用户订单，制订生产计划、协调资源采购任务。生产计划 Agent 在接到订单后，综合库存 Agent 与制造 Agent 的反馈信息及生产调度、设备运行等能力和资源信息生成生产计划，由采购管理 Agent 分解整理成一系列资源需求规范并作为子任务分配给相应的供应商管理 Agent。根据采购管理 Agent 的职能描述，其功能模块的描述如表 6.8 所示。

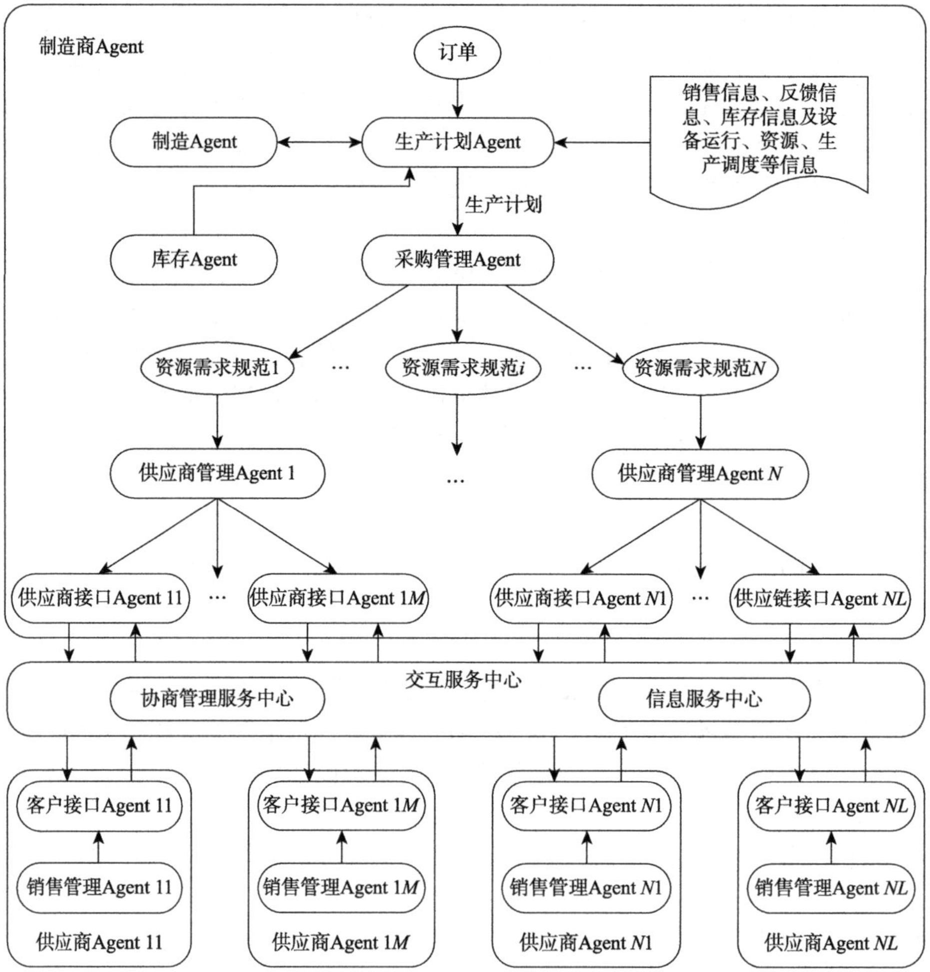

图 6.26　供应链成员企业 Agent 的协商交互关系

表 6.8　采购管理 Agent 各功能模块

模块	功能
任务生成器	将用户订单生成的生产计划分解成一系列资源需求规范任务
初始化部件	为每一个资源需求规范任务初始化一个供应商管理 Agent
协商协调器	管理多重的并发协商过程，同步化并发协商的结果
约束规则库	存储资源需求规范的约束集
接口	接收生产计划，是协商过程信息交换的通道

协商时，采购管理 Agent 根据各并发协商过程中资源需求属性的变化及资源

需求规范间的约束关系适时地指导后续协商过程，将新约束信息传递给供应商管理 Agent。

B. 供应商管理 Agent

供应商管理 Agent 的职能是根据任务分解后接受的子任务信息发出通告，执行招标工作，并与投标的有一定能力和资源的候选供应商进行并发协商，为所有的子任务选择最优供应商。供应商管理 Agent 为每个协商线程的候选供应商创建供应商接口 Agent，每个供应商接口 Agent 与相应的客户接口 Agent 就协商议题达成一致，形成关于此次协商的报告。根据供应商管理 Agent 的职能描述，其功能模块的描述如表 6.9 所示。并发协商结束时，汇总所有协商线程的报告送至供应商管理 Agent，由它进行综合评价并从中选出最佳供应商，再经过采购管理 Agent 全局性的终极筛选，向系统中最佳供应商发布中标消息。

表 6.9　供应商管理 Agent 各功能模块

模块	功能
接口 Agent 生成器	为每个资源需求规范所涉及的若干个供应商创建相应的供应商接口 Agent，并初始化其参数值
标书评价器	分析所有协商线程得到的标书，并根据一定的评价规则选择其中的最优者

C. 供应商接口 Agent

供应商接口 Agent 作为协商进行的纽带，由供应商管理 Agent 初始化后通过交互服务中心模块与各自相应的客户接口 Agent 相连，以完成 Agent 之间讨价还价的协商过程。每个对应子任务的协商线程中，协商 Agent 根据初始参数为资源需求规范任务发送一个提议，即为子任务涉及的每个协商议题（或资源属性）确定一个值，并确定该提议值协商下的效用。通过不断交互，具有推理进化能力的供应商接口 Agent 从彼此的行为和历史信息中进行学习并调整协商策略，为 Agent 交互提供了一定的决策支持。根据供应商接口 Agent 的职能描述，其功能模块的描述如表 6.10 所示。在协商过程中，供应商接口 Agent 完成了制造商与供应商之间信息的双向传递和利益协调的双向选择，并对彼此的协商意愿做出评价。

表 6.10　供应商接口 Agent 各功能模块

模块	功能
交互器	各 Agent 简单的信息交互
提议生成器	就给定的目标任务生成每轮协商中关于协商议题的提议
推理器	对提议进行评价，并从对手行为中学习以调整协商策略
数据库	存储有关任务的目标、约束、协商策略、交互历史等信息，以支持 Agent 协商推理过程
接口	提供用户界面

3）汽车供应链中协商 Agent 的基本体系

通过汽车供应链成员 Agent 间的协商特点和交互过程的分析，构建汽车供应链中针对不同问题或任务进行协商的 Agent 的基本体系，如图 6.27 所示。

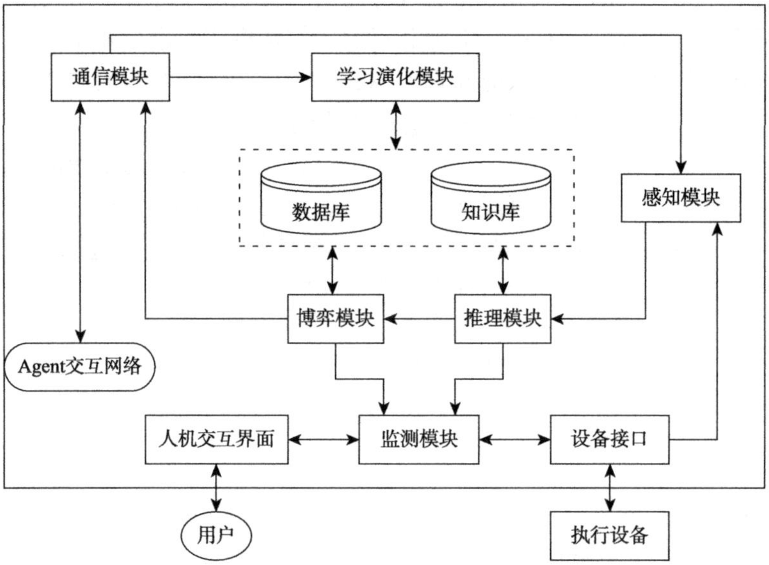

图 6.27　协商 Agent 的基本结构

Agent 交互网络：Agent 与周围环境中其他相关 Agent 进行交互、协商、协同等行为的活动场所。基于任务需求中能力和资源的限制，Agent 与交互网络中相关的 Agent 进行协商以协作完成目标，实现资源和知识的充分利用。

学习演化模块：Agent 的行为适应模块。Agent 为更好地适应环境，在交互过程中不断地通过一定的规则对已有知识和新事物信息进行学习并不断进化。

感知模块：Agent 对外部世界的环境信息如环境中其他 Agent 的通信交互信息、用户输入信息、设备运行状态、环境变化等进行感知的通道。

推理模块：Agent 根据自身知识和学习所得的经验对外部感知信息及其他 Agent 信息进行推理、学习和预测，并将推理结果交给博弈模块进行策略选择和综合评价。

博弈模块：基于 Agent 的频繁协商与协作，利用已有知识和各种状态数据对推理结果进行评价和博弈决策，当具备任务执行能力时，交由监测模块完成，否则，启动通信模块与其他 Agent 进行协商、合作以协作完成任务。

监测模块：通过设备接口把任务交给执行设备，并通过人机交互界面向用户反馈信息、发送决策请求、接收用户输入信息等，对整个执行过程状态进行收集、监测和控制。

通信模块：根据博弈模块下达的指令，通过 Agent 交互网络寻找与任务要求的能力资源相匹配的相关 Agent，与其建立通信连接进行交互，接收、发送相应的协商信息，以保证整个协商交互过程的适时完成。

设备接口：连接外部环境中任务执行设备的接口，Agent 由这个接口全程控制和监测执行设备，并收集设备运行的各种状态信息送往感知模块和用户，辅助用户的实际操作。

人机交互界面：辅助用户与 Agent 进行信息交互的通道，如运行状态的显示、知识库和数据库的操作、规则的设定等，通过用户的间接决策或信息支持能更好、更快地完成目标任务。

知识库和数据库：用于存储有关 Agent 的约束、目标、规则等知识及 Agent 所具有的能力、资源、状态等数据。一般不仅包含 Agent 本身的信息，还包含系统总目标和周围环境中其他 Agent 的名称、地址、历史交易等通用信息。

4. 多 Agent 汽车供应链系统框架

关于多 Agent 汽车供应链的系统框架是对系统分析所得的供应链角色的整合，将抽象的角色具体化为能承担一个或多个相关供应链角色并具有服务和交互功能的 Agent 模型，并基于供应链成员 Agent 的交互与协作完成任务的需要，结合 Agent 和 Agent 间的交互结构模型建立有效的多 Agent 汽车供应链系统框架。

多 Agent 汽车供应链系统框架的构建主要涉及两方面内容：第一，将汽车供应链解析为职能相对独立的实体，如供应商、制造商、零售商、第三方物流商、终端客户等，将其称为供应链 Agent；第二，在每一类供应链 Agent 内部参考供应链运作参考模型，将计划、采购、制造、发运四个流程所涉及的角色职能分配给内部 Agent，将其定义为组织职能 Agent。不同的供应链 Agent 类型涵盖不同的组织职能 Agent，例如，制造商 Agent 涵盖所有与计划、采购、制造、发运过程有关的组织职能 Agent，而分销商 Agent 则不涉及与制造过程有关的组织职能 Agent。但无论哪类供应链 Agent，其内部的同种组织职能 Agent 的细节结构都具有相似性，在设计上存在通用性。

根据系统中 Agent 之间的交互和任务求解需要而构建的多 Agent 汽车供应链系统框架结构如图 6.28 所示。

（1）生产管理 Agent。生产管理 Agent 主要从制造商 Agent 拥有的客户文件数据库提取订单信息，并结合系统的制造能力、库存水平、原材料可用性等信息生成的生产计划、采购计划等进行管理和协调。

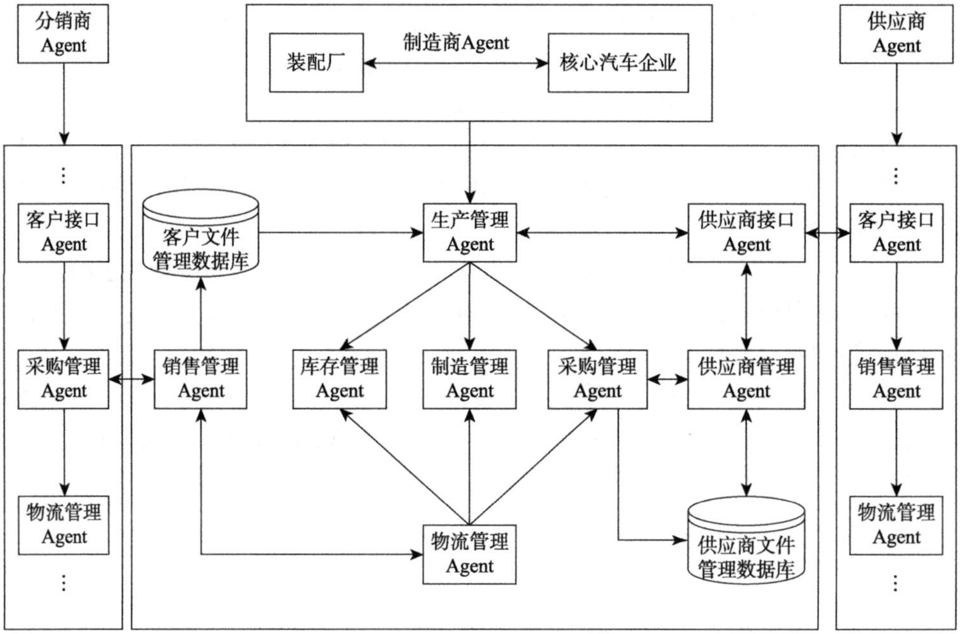

图 6.28　多 Agent 汽车供应链系统框架

（2）销售管理 Agent。销售管理 Agent 主要是负责将订单整理后的客户信息输入客户文件数据库及客户订单的达成与处理，包括修改或取消订单、Agent 交互协商的价格与交货期等，还可以定期进行需求预测，影响库存管理 Agent 的信息。

（3）库存管理 Agent。库存管理 Agent 主要是负责与库存相关的职能，如跟踪原材料、在制品、中成品及成品的库存信息，决定订货点，并向生产管理 Agent 传递库存信息，以使生产管理 Agent 合理安排产品的生产管理过程。

（4）制造管理 Agent。制造管理 Agent 主要是收集来自车间及物资需求系统的制造资源与能力信息，与生产管理 Agent 交互协调生成更符合实际的生产计划，并将生产任务分配给车间来协作完成生产计划。

（5）物流管理 Agent。物流管理 Agent 主要处理来自销售管理 Agent、库存管理 Agent、制造管理 Agent、采购管理 Agent 的物流信息，并与第三方物流服务提供商交互以准时发运、优化成本等。

（6）采购管理 Agent。采购管理 Agent 主要是按照生产计划制订详细的原材料采购计划，并将复杂任务分解成一系列的子任务细目，便于之后工作中与候选供应商 Agent 的有效交互及协商。

（7）供应商管理 Agent。供应商管理 Agent 主要对候选供应商的投标信息进行分析、管理、评价以选择最合适的供应商，关于供应商的相关信息都存储于供应商文件数据库。

（8）供应商接口 Agent。供应商接口 Agent 与其客户接口 Agent 展开并发协商过程，并将协商结果传递给供应商管理 Agent。

在汽车供应链中，可以对核心汽车企业接收的某个客户订单根据其复杂度分解成多个不同的任务模块，即任务分解，再将各个模块作为一项子任务来分别完成，同时子任务同步进行以便灵活快速地响应市场需求。对任务完成中所涉及的协商议题（价格、成交量、交货时间等）属性值的决策是协商的关键问题。

6.3.4　面向汽车供应链基于博弈的并发协商模型

1. 并发协商原理

1）并发协商研究分析

通过分析上述汽车供应链的多 Agent 结构框架及协商博弈在供应链成员交互过程中的应用，成员 Agent 间的多议题并发协商是降低企业成本、提高企业竞争力、扩大利润空间的有效方法，也是建立供应链合作关系的途径。多 Agent 多议题协商中，并发协商作为一种灵活性强、适用广的协商模型，受到国内外诸多学者的重视。在分布式供应链环境下，成员企业为了在复杂的交互活动中达到更好的效果，获得更好的产品或服务和更多的利益，需方希望与多个产品或服务的提供方（或者提供方希望与多个需方）进行并发协商以完成供应链合作伙伴的选择，及时满足客户需求，提高供应链敏捷性。

有学者提出协商策略和一对多协商模型框架，即并发协商过程[22]。买方与多个卖方同时进行提议交换，根据协商策略的不同，卖方有强硬和让步两类，由贝叶斯方法确定卖方类型并从中选择该类卖方基于不同策略的最大期望效用值策略用于对手[23]。也有学者将 Agent 协商作为一种将多订单适时分配给多个参与者的方法，研究了基于 Agent 协商的供应链，从供应链整体角度提供了一个 Pareto 最优解[24]（帕累托效率）。另外，许多学者结合不同的应用场景从电子商务活动和消费者的角度研究并发协商[25-27]，分别通过相似度函数、模糊约束方法讨论对手的偏好类型，选择相应的协商策略，以使 Agent 的并发协商更为有效。

上述并发协商都是基于买卖两方进行，而且众多的一对多协商模型主要是基于拍卖协议构建的竞争性协商，限制了许多偏好信息的交互、协商策略的灵活性及协商效率等。而在供应链的实际运营中，并发协商关注的是参与者通过协商得到帮助并及时达成同一个共识，是协商参与者的双赢或多赢博弈，并在有效时间内找到协商均衡解，而不是一种具有竞争性的协商[17]。为此，本节在 6.3.3 节建立的汽车供应链中，以不完全信息动态博弈理论为基础，研究多 Agent 多议题的讨价还价并发协商模型，建立多个连续的合作性协商线程，使参与协商的 Agent 在有限时间内达到共赢，获得协商均衡解，并通过评价解的优劣性及时选择最佳的合作交易伙伴。

2）并发协商模式

本节的协商协议对博弈论中 Rubinstein 的讨价还价协商模型及并发协商的协商策略进行了相应修改和完善，是一种在不完全信息的多Agent系统环境下实现Agent交互、协调及协作的控制模型，并设计灵活简单的协商策略充分利用多议题协商的优势，有效完成任务。

并发协商中，Agent 基于协商策略和对各议题的偏好程度不断让步而交换提议，协商双方的效用在让步协商的过程中不断增多以达到协商成功时 Agent 共赢的目的[18]。协商 Agent 关于协商议题的偏好和保留值是隐藏信息，协商 Agent 根据协商环境、自身资源和对方 Agent 的交易历史等信息选择协商策略以进行轮流提议，直至协商终止时选出联合效益最大的均衡解，不仅考虑了 Agent 自身效用最大化，还保证了全局的联合效用最大。

在复杂分布式汽车供应链中，所有的任务都是基于客户需求而设置，按一定的任务分解规范对不同复杂程度的任务实行不同的任务分解和相应的任务再分配，可降低任务复杂度及问题求解速度。因而，本书中将任务理解为需求资源的组合，任务分解即需求资源组合分解[28]。汽车供应链成员企业为适应大规模定制生产趋势及需求、库存所带来的不确定性，在全球范围内寻求资源，形成供应链网络的动态配置，所以在任务分解中以物料清单为基础，按订单进行资源需求的动态配置，如图 6.29 所示。

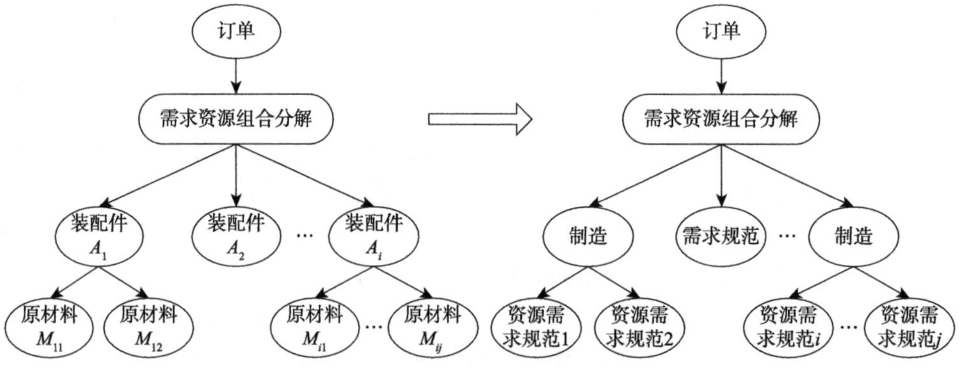

图 6.29 资源需求配置的分解过程

在汽车制造商接收到客户产品需求的订单后，根据物料清单将订单要求的产品即需求资源组合分解为装配件 $A_1, A_2, \cdots, A_i$，且 A_1 和 A_i 可继续分解为原材料 M_{11}, M_{12} 与 $M_{i1}, \cdots, M_{ij}$。制造商综合自身的库存、生产调度等能力和资源信息，分析整理出资源需求规范。对既能自行制造又能外包给其他供应商的产品资源，需要做出明确的决策。在整个资源需求的分解过程中，制造商和供应商要针对许多不同的问题进行并发协商，构成一个需求驱动的供应链并发协商网络。

汽车供应链的并发协商机制是多个 Agent 在讨价还价协议基础上进行多议题协商的过程。并发协商模式是以需求资源的订单分解规范为基础，协调多个与系统总目标相一致的并发协商过程，从而基于用户订单的需求驱动构造出由多个并发协商过程合成的并发协商系统，如图 6.30 所示。

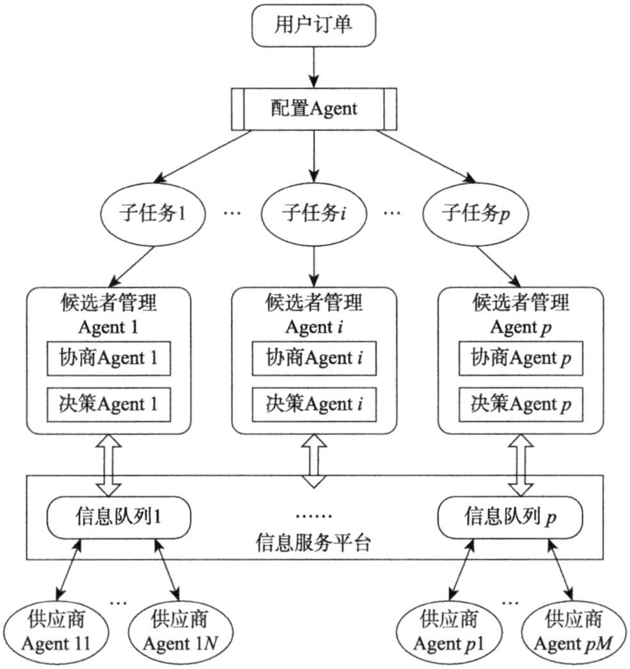

图 6.30　并发协商系统模式

在并发协商模式下，客户订单（需求）被配置 Agent 分解为一系列的资源需求规范，即子任务，然后系统通过候选者管理 Agent 为每个子任务寻找合适的委托者。针对每一个资源需求规范，系统中存在若干满足需求的供应商，其与管理 Agent 展开一轮并发协商，并选定最佳供应商成为任务委托者，完成交易。当每一个资源需求规范都完成了交易任务后，由配置 Agent 组合完成最终目标，并发协商结束。在这一过程中，资源需求规范的优先级保证了协商过程最优地实现系统总目标。

2. 讨价还价的并发协商

1）讨价还价的协商协议

在协商过程中，协商 Agent 可以从买方或卖方的角度不断地参与讨价还价的交互过程。这里的讨价还价协商协议描述为整个并发协商由多个协商线程组成，而且协商线程由多轮协商顺序进行，作为协商发起者的 Agent 的选择具有随机性；一方给出的初始提议由另一方接收提议并根据各议题的约束条件进行约束检验，如果存在与约束条件不符的，则根据协商策略直接生成反提议发送给对方 Agent；否则对该提议进行效用评估，若该提议能使自己达到期望效用水平，则接受该提议，协商初步成功，否则，向对方 Agent 发送反提议并进入下一轮协商过程。其中，若是协商超出 Agent 的最大协商时间，则退出协商过程，协商以失败结束。如此不断往复，协商 Agent 间不断进行提议与反提议的交换直至双方达成一致，或是有一方退出协商，或是超出协商 Agent 允许的时间范围。

讨价还价的协商协议也可以用有限的状态转换图表示，如图 6.31 所示。

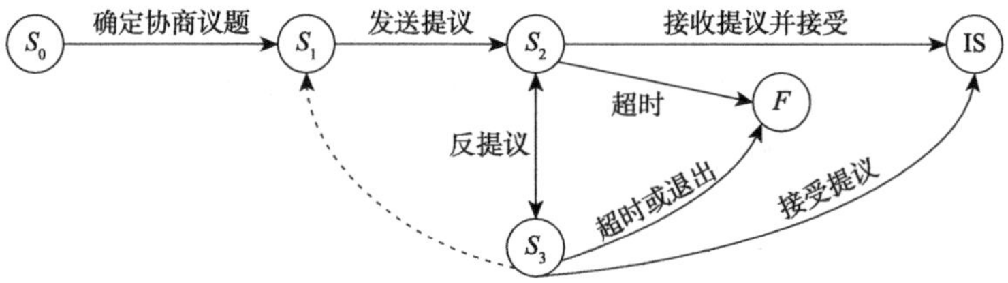

图 6.31　协商协议的状态转换

其中，S_0、S_1、S_2、S_3 分别用于描述协商过程的不同状态。S_0 为协商最初的状态，IS 为协商 Agent 通过让步达成初步协商的成功状态，F 为协商失败状态。协商 Agent 确定协商议题集合 G 是在协商开始之前进行，此时协商状态从 S_0 转到状态 S_1。

当 Agent a 作为协商的发起者向 Agent $\hat{a}$ 发送提议时，从状态 S_1 转到状态 S_2。Agent $\hat{a}$ 接收到此提议后对其进行约束检验和效用评估以判断是否接受该提议，若接受，则向 Agent a 发送接收消息，并在 Agent a 收到接收消息后从状态 S_2 转到状态 IS，初步协商成功；否则，在协商时间超出 Agent $\hat{a}$ 所允许范围时，向 Agent a 发送失败消息，在 Agent a 接收到失败消息后终止协商，协商失败，并从状态 S_2 转到状态 F，或者对 Agent a 给出反提议，Agent a 收到反提议后从状态 S_2 转到状态 S_3。Agent a 对收到的反提议进行评估，若接受，则向 Agent $\hat{a}$ 发送接收消息，从状态 S_3 转到状态 IS，终止协商；否则，向 Agent $\hat{a}$ 发送反提议，从状态 S_3 转到状态 S_2，即回到状态 S_1，继续新一轮回的协商过程。

2）协商提议评估

协商 Agent 基于讨价还价协商协议和一定的约束条件进行交互时，Agent 根据协商策略对接收到的提议进行决策和评估，以使协商结果在有利于自身利益基础上实现协商 Agent 的共赢。协商策略，即 Agent 在对方 Agent 的协商策略和交易历史基础上采取的一系列协商行为，包含提议评估策略和生成策略。其中，提议评估策略是对接收的对方提议进行约束检验和效用评估以确定是否接受该提议；生成策略即各个协商 Agent 在每轮协商中基于对方提议和自身期望效用生成反提议。依据讨价还价协商过程中提议的评估和生成过程，Agent 协商的提议评估流程图如图 6.32 所示。

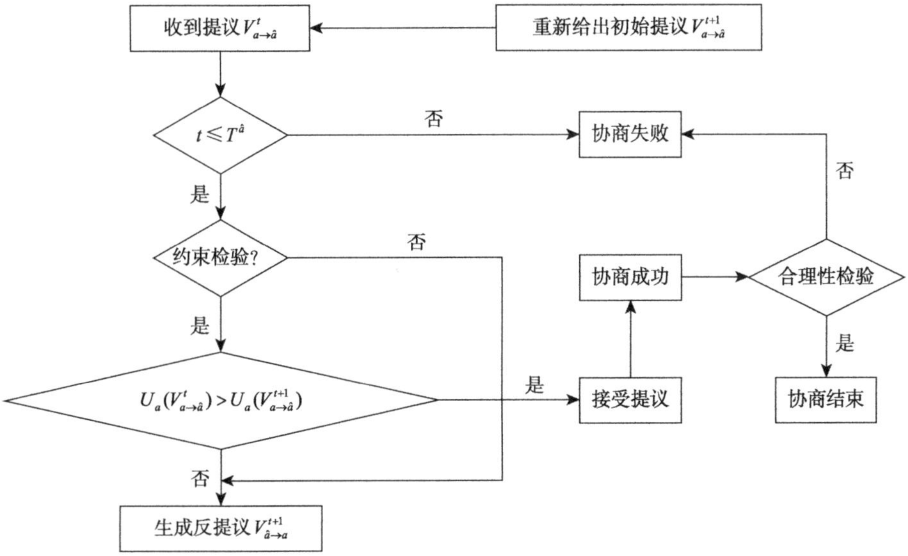

图 6.32　协商过程中 Agent 协商的提议评估流程图

当 Agent $\hat{a}$ 在时刻 t 接收到 Agent a 的提议 $V^t_{a\to\hat{a}}$ 时，在其协商时间 $T^{\hat{a}}$ 范围内基于约束检验对提议进行效用评估，评估策略形式化为

$$\text{Evaluate}_a(V^t_{a\to\hat{a}})=\begin{cases}\text{accept}\left\langle a,\hat{a},V^t_{a\to\hat{a}}\right\rangle, & U_a(V^t_{a\to\hat{a}})>U_a(V^{t+1}_{\hat{a}\to a})\\ \text{fail}\left\langle a,\hat{a}\right\rangle, & V^t_{a\to\hat{a}}=V^{t-2}_{a\to\hat{a}}\text{或}t=t^a_{\max}\\ \text{proposal}\left\langle a,\hat{a},V^{t+1}_{\hat{a}\to a}\right\rangle, & \text{其他}\end{cases}\quad(6.42)$$

协商线程中，如果 Agent $\hat{a}$ 在时刻 t 接收提议 $V^t_{a\to\hat{a}}$ 的效用 $U_a(V^t_{a\to\hat{a}})$ 大于 Agent $\hat{a}$ 在时刻 $t+1$ 新生成反提议 $V^{t+1}_{\hat{a}\to a}$ 的效用 $U_a(V^{t+1}_{\hat{a}\to a})$，则 Agent $\hat{a}$ 接受 Agent a 的提议，协商初步成功，达成一致。否则，如果超过 Agent $\hat{a}$ 协商时间或收到 Agent a 的相同提议，即未超过 Agent $\hat{a}$ 的协商时间但 Agent a 并无让步，Agent $\hat{a}$ 终止协商；

否则 Agent $\hat{a}$ 向 Agent a 发送反提议。

当协商线程的 Agent 均达到初步协商成功时，运用博弈软件 Gambit 进行均衡解的求解过程。对系统中所有协商线程输出的均衡解，由协调 Agent 根据协商 Agent 接受提议的满意条件进行解的合理性检验。合理性检验的函数表示为

$$\begin{cases} \xi_1 = \left| U_{\hat{a}}(V_{a\to\hat{a}}^t, r) - U_{\hat{a}}(V_{\hat{a}\to a}^t, r-1) \right| \\ \xi_2 = \left| U_a(V_{a\to\hat{a}}^{t'}, r) - U_a(V_{\hat{a}\to a}^{t'}, r) \right| \end{cases} \tag{6.43}$$

在协商线程中，协商 Agent a 和 Agent $\hat{a}$ 达成初步一致，通过 Gambit 软件输出该线程的均衡解，并根据合理性检验进一步确定均衡解的最优性和稳定性，同时，将最优协商均衡解作为该协商线程的最优解输出。利用 Agent $\hat{a}$ 计算 $\xi_1 = \left| U_{\hat{a}}(V_{a\to\hat{a}}^t, r) - U_{\hat{a}}(V_{\hat{a}\to a}^t, r-1) \right|$，当 $\xi_1 \leqslant k_{\hat{a}}$ 时，Agent $\hat{a}$ 接受 Agent a 的提议 $V_{a\to\hat{a}}^t$；否则，Agent a 计算 $\xi_2 = \left| U_a(V_{a\to\hat{a}}^{t'}, r) - U_a(V_{\hat{a}\to a}^{t'}, r) \right|$，当 $\xi_2 \leqslant k_a$ 时，Agent $\hat{a}$ 接受 Agent a 的提议 $V_{a\to\hat{a}}^t$（其中，$k_{\hat{a}}$、k_a 为协商过程中设定的阈值）。同时，将接受的提议输出，成功结束协商过程。否则协商失败，重新给出 Agent $\hat{a}$ 新的初始提议 $V_{a\to\hat{a}}^{t+1}$，从而进行第二次协商直至协商结束。协商 Agent 间进行的是重复协商的过程。

当所有的协商线程都结束时，需要在所有的均衡解中筛选最优的，从而确定相应最佳的合作交易伙伴，这也是系统中协商最优解的计算过程。本书主要根据之前定义的信誉评价来选择最优解和最佳伙伴，将综合信誉评价值最高的协商线程的均衡解作为此并发协商的最优解输出，同时判定协商 Agent 的最佳合作伙伴。

3）多 Agent 并发协商过程

本节所建的协商模型将需要购买产品或服务的一方称为买方 Agent B，而提供产品或服务的一方称为卖方 Agent $a_i (i=1,2,\cdots,m)$，模型实现的是一对多的并发协商，即一个买方与多个卖方进行并发协商，所建模型可以扩展成多对多形式的并发协商。买方由一个协调 Agent 及其创建的 m 个子买方 Agent 组成，m 个卖方 Agent 与对应数量的 m 个子买方 Agent 就议题向量 G 进行协商，形成 m 个连续进行的协商线程。然后由协调 Agent 对所有协商线程的协商结果进行评价。

在买方与卖方博弈的 m 个协商线程中（图 6.33），不同的时刻均进行提议与反提议的交替，直至双方都接受提议。Gambit 作为一种博弈均衡求解软件，主要是根据博弈双方的策略选择计算每一种策略组合下的联合效益，并由博弈矩阵或博弈树显示其过程，最后计算得出所有可能的均衡解。该模型中，利用 Gambit 软件建立协商线程的博弈矩阵，从而由博弈矩阵计算出最优的均衡解，选择相应的策略作为均衡提议。然后由协调 Agent 检验 Gambit 软件输出的均衡解是否满足协商 Agent 接受提议的条件，并最终确定综合信誉评价值最高的协商线程均衡解作为并发协商的最优解输出，判定买方 Agent B 的最佳合作伙伴。

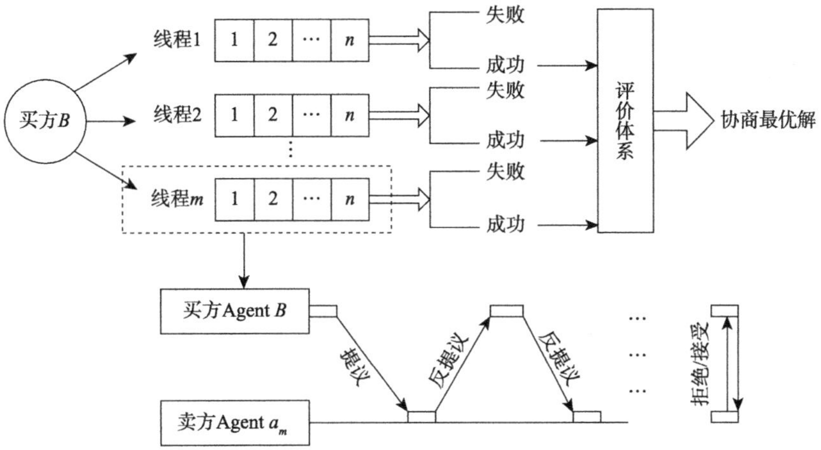

图 6.33　并发协商模型框架

所有协商线程连续进行，在协商的整个过程中，协商算法的执行和 Gambit 软件相辅相成，共同保证博弈均衡解的有效性和稳定性。当执行线程 m 时，Agent B 与 Agent a_m 就议题 G 进行协商时 Agent B 向 Agent a_m 发出提议，然后由 Agent a_m 向 Agent B 发出反提议，则在第 r $(r=1,2,\cdots)$ 回合的协商中，双方进行讨价还价的协商算法如下。

步骤 1：Agent a_m 接收到 Agent B 的提议 $V_{B\to a_m}^t$，当 $t\leqslant T^{a_m}$ 时，如果 $A^{a_m}=\text{accept}$，则 Agent a_m 接受提议 $V_{B\to a_m}^t$，协商达成一致，转入步骤 3；否则，Agent a_m 不接受 Agent B 的提议 $V_{B\to a_m}^t$，则 $A^{a_m}=\text{proposal}$，转入步骤 2；当 $t>T^{a_m}$ 时，$A^B=\text{fail}$，转入步骤 5。

步骤 2：Agent a_m 向 Agent B 发出反提议 $V_{a_m\to B}^t$，Agent B 接收到 Agent a_m 的提议 $V_{a_m\to B}^t$ 时，如果 $t\leqslant T^B$ 且 $A^B=\text{accept}$，则 Agent B 接受 Agent a_m 的提议 $V_{a_m\to B}^t$，协商达成一致，转入步骤 3；否则，Agent B 再向 Agent a_m 发出反提议，返回步骤 1；当 $t>T^B$ 时，$A^B=\text{fail}$，转入步骤 5。

步骤 3：协商初步达成一致时，由 Gambit 软件将各提议和协商 Agent 对提议的效用转化为博弈矩阵，并计算出协商均衡解；由协调 Agent 检验均衡解的合理性，利用 Agent a_m 计算 $\xi_1=\left|U_{a_m}(V_{B\to a_m}^t,r)-U_{a_m}(V_{a_m\to B}^t,r-1)\right|$，当 $\xi_1\leqslant k_{a_m}$ 时，Agent a_m 接受提议 $V_{B\to a_m}^t$；否则，Agent B 计算 $\xi_2=\left|U_B(V_{B\to a_m}^{t'},r)-U_B(V_{a_m\to B}^{t'},r)\right|$，当 $\xi_2\leqslant k_B$ 时，Agent B 接受 Agent a_m 的提议 $V_{a_m\to B}^t$（其中，k_{a_m}、k_B 为协商设定的阈值）。

步骤 4：协商线程 m 输出均衡提议 (V_{mj},t_m)，$t\in[0,\min(T^{a_m},T^B)]$。

步骤 5：协商结束。

当所有协商线程结束后，由买方的协调 Agent 通过综合信誉评价函数 F 对 m 个协商均衡解 $\langle (V_{1j_1},t_1),(V_{2j_2},t_2),\cdots,(V_{mj_m},t_m)\rangle$ 进行解的优劣性排序，最后输出并发协商系统的最优均衡解，获得最佳交易伙伴。

3. 并发协商模型实例分析

1）协商任务分解

为验证协商模型的可行性和有效性，下面将假定一个具体实例对多 Agent 协商模型的实施过程加以分析模拟。假设制造商与供应商就客户需求产品 X 进行一系列的并发协商行为，把制造该产品的复杂任务作为客户订单 Order001。其中，X 分为部件 A 和 D，D 分为零件 B 和 C。这时，采购管理 Agent 根据客户订单 Order001 的生产计划首先进行资源需求任务分解，如图 6.34 所示。

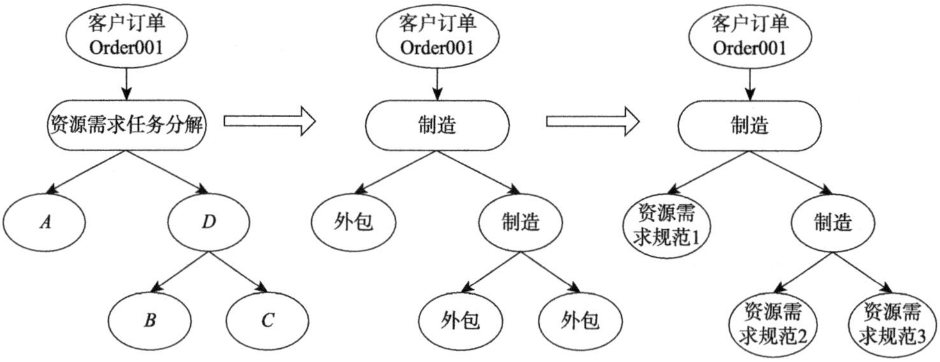

图 6.34　产品 X-Order001 资源需求任务分解

协商的任务分解阶段，采购管理 Agent 将客户订单 Order001 分解为一系列的资源需求规范，即子任务，并根据信息服务平台提供的供应商注册信息分配资源需求规范子任务给相应的供应商管理 Agent 且进行初始化，以判定和选择其中最优秀的候选供应商完成子任务。并发进行的所有相互联系的子任务都完成后，由制造商 Agent 最终组装和装配，将符合客户要求的产品送至客户手中，完成整个产品的制造过程。

供应商管理 Agent 将需求信息发布给系统中的若干个候选供应商，并对每个候选供应商创建一个对应的供应商接口 Agent，分别与相应的供应商的客户接口 Agent 进行协商、决策，并将各自协商结果发送给供应商管理 Agent。所有供应商管理 Agent 从各自拥有的并发协商线程结果中选择最优者，即综合效用评价最大者为交易伙伴。

通过以上多 Agent 并发协商的过程，多 Agent 汽车供应链中制造商 Agent 可以与所选的供应商 Agent 完成交互协商，并能选择出使系统目标最优的供应商组合顺利有效地完成复杂任务，快速满足客户需求。

2）协商的博弈分析

这里主要对多 Agent 供应链系统中任务需求涉及的某一个并发协商过程进行分析。假设在任务分解的某一个子任务中，买方 Agent B 与卖方 Agent a_1、Agent a_2、Agent a_3 就汽车制造过程中所需的某零件的价格、交货日期、售后服务和支付方式四个议题进行协商，分别用 g_1、g_2、g_3、g_4 表示。其中，支付方式包括立即支付、短期支付、中期支付和长期支付，分别用 p_1、p_2、p_3、p_4 表示，且 $p_1 \leqslant 1d(\text{day})$，$1d < p_2 \leqslant 10d$，$10d < p_3 \leqslant 20d$，$p_4 > 20d$。设买方 Agent B 和卖方 Agent a_1、Agent a_2、Agent a_3 的初始提议分别是 $X_0 = (700,18,3,p_4)$，$Y_{10} = Y_{20} = Y_{30} = (1300,6,14,p_1)$，其保留提议分别是 $X^* = (1100,10,10,p_2)$，$Y_1^* = (900,15,7,p_3)$，$Y_2^* = (1000,12,7,p_2)$，$Y_3^* = (900,12,7,p_2)$，且 Agent B 的保留效用 $\text{RU}(X^*) = 0.3336$，$D_1 = [700,1300]$，$D_2 = [6,18]$，$D_3 = [3,14]$，$D_4 = [p_1,p_4]$。同时，将参与协商的 Agent 对协商议题 g_4 的效用函数通过下式给出：$u_4^B = (x-1)/3$，$u_4^a = (4-x)/3$，$a \in \{a_1,a_2,a_3\}$，$x = 1,2,3,4$，且 $f(r) = 1 - 0.03(r-1)$。

根据本书提出的方法建立汽车供应链协商博弈模型进行优化计算的步骤可分为：①在所建模型的基础上，利用 Gambit 软件求得三个协商线程的均衡解，并在协商阈值 $W_{a_1} = (0.50,0.25,0.10,0.15)$ 的情况下检验其合理性；②基于步骤①所计算的结果，根据综合信誉评价函数 F 求得协商最优解，确定最佳交易伙伴。

A. 均衡解计算

基于 Agent 协商博弈模型和 Gambit 软件的运用，Agent B 与 Agent a_1、Agent a_2、Agent a_3 的协商策略变化、并发协商过程及均衡提议如下。

线程 1：买方提议 $k_B = k_{a_1} = 0.2$，卖方评价 $W_B = (0.50,0.25,0.10,0.15)$，卖方提议 $W_{a_1} = (0.50,0.25,0.10,0.15)$。

$r = 1$ 时，$X_{11} = (700,18,5,p_4), U_s(X_{11},1) = 0.0218, Y_{11} = (1300,9,12,p_2), U_B(Y_{11},1) = 0.1307$。

$r = 2$ 时，$X_{12} = (800,16,5,p_3), U_s(X_{12},2) = 0.1989, Y_{12} = (1200,12,10,p_2), U_B(Y_{12},2) = 0.2859$。

$r = 3$ 时，$X_{13} = (800,14,7,p_2), U_s(X_{13},3) = 0.3074, Y_{13} = (1000,12,7,p_2), U_B(Y_{13},3) = 0.4593$。

求得的均衡提议为 $U_s(Y_{13}) = 0.8649, Y_{13} = (1000,12,7,p_2), U_B(Y_{13}) = 0.4593$，$r = 3$ 时协商达到均衡，并有 $\left|U_{a_1}(X_{13},3) - U_{a_1}(Y_{12},2)\right| = 0.3917 > 0.2$，$\left|U_B(X_{13},3) - U_B(Y_{13},3)\right| = 0.1958 < 0.2$，因此，Agent B 和 Agent a_1 协商成功，Y_{13} 是协商均衡解。

线程 2：买方提议 $k_B = k_{a_2} = 0.2$，卖方评价 $W_B =$（0.50,0.25,0.10,0.15），卖方提

议$W_{a_2}=(0.50,0.20,0.15,0.15)$。

$r=1$时， $X_{21}=(700,18,5,p_3),U_s(X_{21},1)=0.0773,Y_{21}=(1300,9,12,p_1),U_B(Y_{21},1)=0.0807$。

$r=2$时，$X_{22}=(800,16,7,p_3),U_s(X_{22},2)=0.2146,Y_{22}=(1200,9,10,p_2),U_B(Y_{22},2)=0.2252$。

$r=3$时，$X_{23}=(900,14,7,p_2),U_s(X_{23},3)=0.3645,Y_{23}=(1100,12,7,p_2),U_B(Y_{23},3)=0.3810$。

求得的均衡提议为$U_s(Y_{23})=0.9277,Y_{23}=(1100,12,7,p_2),U_B(Y_{23})=0.3810$，$r=3$时协商达到均衡。

线程 3：买方提议$k_B=k_{a_3}=0.2$，卖方评价$W_B=(0.50,0.25,0.10,0.15)$，卖方提议$W_{a_3}=(0.50,0.18,0.10,0.22)$。

$r=1$时， $X_{31}=(700,16,5,p_3),U_s(X_{31},1)=0.1215,Y_{31}=(1300,6,12,p_1),U_B(Y_{31},1)=0.0182$。

$r=2$时，$X_{32}=(800,16,7,p_2),U_s(X_{32},2)=0.2875,Y_{32}=(1200,9,12,p_2),U_B(Y_{32},2)=0.2012$。

$r=3$时，$X_{33}=(900,12,7,p_2),U_s(X_{33},3)=0.4134,Y_{33}=(1100,12,10,p_2),U_B(Y_{33},3)=0.3554$。

求得的均衡提议为$U_s(Y_{33})=0.9818,Y_{33}=(1100,12,10,p_2),U_B(Y_{33})=0.3554$，$r=3$时协商达到均衡。

所以，得出 Agent B 和 Agent a_1、Agent a_2、Agent a_3 进行协商涉及的所有协商线程的均衡解为$Z=\{Y_{13},Y_{23},Y_{33}\}$。

B. 最优解计算

令$t=2s$，得 Agent B 对 Agent a_1、Agent a_2、Agent a_3 的满意度评价矩阵、直接信任度矩阵和信誉等级矩阵分别为

$$\begin{bmatrix} d_{B_1}^1 & d_{B_1}^2 & d_{B_1}^3 \\ d_{B_2}^1 & d_{B_2}^2 & d_{B_2}^3 \\ d_{B_3}^1 & d_{B_3}^2 & d_{B_3}^3 \end{bmatrix}=\begin{bmatrix} 0.2 & 0.5 & 0.9 \\ 0.3 & 0.6 & 0.9 \\ 0.3 & 0.7 & 1 \end{bmatrix},\quad \begin{bmatrix} R_{B_1} \\ R_{B_2} \\ R_{B_3} \end{bmatrix}=\begin{bmatrix} 0.6 \\ 0.65 \\ 0.72 \end{bmatrix},\quad \begin{bmatrix} \mathrm{TD}^{a_1} \\ \mathrm{TD}^{a_2} \\ \mathrm{TD}^{a_3} \end{bmatrix}=\begin{bmatrix} 0.3046 \\ 0.3299 \\ 0.3655 \end{bmatrix}$$

根据函数$F=\max\{0.0374,0.0147,0.069\}=0.0374$，得出结论，该并发协商系统的最优解为$Y_{13}$，且 Agent a_1 为买方 Agent B 的最佳合作交易伙伴。

同时，从该结论可以看出，Agent 间的信任关系与伙伴选择没有严格显著的正比关系。在双方交易历史不多（或初次交易）的情况下，若不考虑其他因素的影响，Agent 的信誉等级越高，其综合评价不一定高，则选择该 Agent 作为交易伙伴的概率并不一定就大。

通过综合信誉评价不仅可以提高并发协商系统均衡解的稳定性和选择最佳交易伙伴的概率，还降低了 Agent 间的交易风险。本书的协商模型与一般的协商模型相比更具有优越性，当参与协商的 Agent 数量逐渐增多时，一般的协商模型需要对参与协商的 Agent 进行总效用评价，然后买方 Agent 与各卖方 Agent 再分别进行协商，重复执行该过程直至找到最优解，其算法时间复杂度最小为 $O(m^2 \times (m/2) \times (m/4) \times \cdots \times (1/2))$。而本节设计的并发协商系统模型仅需时间复杂度最大为 $O(m^2)$。

6.3.5　多 Agent 汽车供应链的仿真平台

1. 仿真平台 JADE

目前对多 Agent 开发工具的研究已有诸多成果。其中，JADE 是基于 Java 语言开发多 Agent 系统和符合智能 Agent 标准的智能主体应用程序的一个软件开发框架，是现在使用最广泛的开放源代码多 Agent 系统开发工具。考虑汽车供应链多 Agent 系统的功能及特性,本书选择 JADE 作为多 Agent 汽车供应链研究的开发平台。

意大利电信实验室开发 Agent 仿真平台 JADE 的目的在于协助构建复杂分布式的多 Agent 系统及其相关的应用程序，而且完全基于 Java 语言进行开发的 JADE 包含各种不同的 Java 包，不仅为应用程序员提供了能完成一定任务功能的现成片段，还为自定义的应用程序任务提供抽象接口。通过JADE这一中间件开发与实现Agent 平台和框架，即使是不同的作业系统也可以良好运作，并可以通过远程管理方式提供在线修改组态设定以改变与控制 Agent 的运行。

JADE 是一个分布式 Agent 平台，Agent 可以分布在只有一个 Java 应用程序运行的不同宿主机上，通过 Java 线程的控制运行实现 Agent 之间的交互。JADE 提供 Agent 活动的运行环境，即容器，一个容器可容纳多个 Agent，分布在多处的容器由主容器进行管理。JADE 开发工具的特性包括以下几点。

（1）分布式 Agent 平台：一个 Agent 平台可被分割为分布于多个主机的多个 Agent 容器，其通过远程方法调用来实现容器间的通信。

（2）图形用户界面：协助用户监测、控制、追踪远程主机上的多个 Agent 容器及其行为，并对多 Agent 系统的整个生命周期的状态动作进行管理。

（3）Agent 管理系统：自动协助 Agent 注册，并通过行为模式支持 Agent 活动的多重执行（并行或同时进行）。

（4）相同 Agent 平台内 Agent 通信语言消息的有效传递：Agent 通信语言消息作为 Java 对象而非字符串进行传递，并具有内部平台的 Agent 状态及程序代码的移动能力。

（5）符合智能 Agent 规范的命名服务：当 Agent 平台启动时，每个 Agent 从 Agent 平台中取得其全局唯一标识符。同时，Agent 管理系统、目录服务和 Agent 通信信道三种元件也自动启动。

（6）提供调试工具：用于开发基于 JADE 的多 Agent 和移动 Agent 系统，支持应用程序自定义的内容语言和知识本体，内部处理接口可以使外部应用程序能够发布自治的 Agent。

2. 实施结构

多 Agent 汽车供应链具有显著的分布式特性，其实施结构由随机分布在供应链网络中的分散 JADE 平台共同搭建组成。供应链成员企业拥有各自的 JADE 平台，包含一个 JADE 主容器和若干个 Agent 容器。每个 JADE 平台由通过局域网相连的若干主机构成，不同供应链成员的 JADE 平台通过互联网相连，实现汽车供应链成员 Agent 间的远程访问和交互协商。图 6.35 为多 Agent 汽车供应链的分布式实施结构。

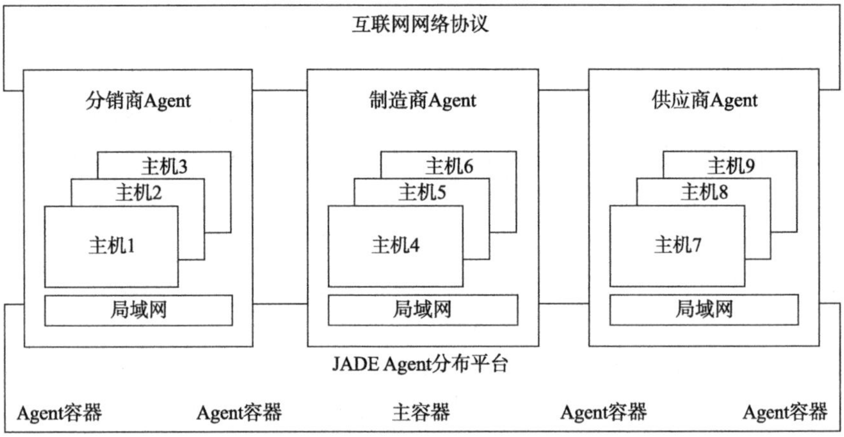

图 6.35　多 Agent 汽车供应链分布式实施结构

对于汽车供应链这类复杂分布式系统而言，空间地域上分散的供应链成员基于 JADE 平台，通过互联网网络协议实现了彼此之间的交互、协商、访问等社会活动，分布在供应链成员内部各宿主机上的 Agent 容器基于各自企业内部的局域网完成信息交互和协同工作等。同时，JADE 平台包含支持 Agent 运行活动的一系列 Java 包和类，在系统开发过程中可以直接继承这些属性和方法，在很大程度上简化了 Agent 开发过程。

分布式实施结构中，各类汽车供应链成员 Agent 的基本结构及 Agent 间的协商关系都依据前文所介绍的汽车供应链的关系结构和模型框架，而且 Agent 之间的协商交互都是在由互联网或局域网连接的分布式网络环境下通过 Agent 通信语言进行，从而能更高效地利用系统内的资源、信息及各类的运行状态数据等，为完成系统目标和 Agent 的共赢创造了更好的条件。

在对多属性复杂任务的 Agent 协商以实现多 Agent 协作的过程中，整个系统和所有决策主体 Agent 运行于互联网/局域网网络环境。

3. JADE 程序开发

在 JADE 平台上进行 Agent 开发时，需要对涉及的任务和任务目标的各种属性约束、任务分解后 Agent 交互的协商议题信息及各 Agent 对协商议题不同程度的偏好等进行表示，以便系统程序的整体编写和系统的顺利运行。

这里采用面向对象方法中的类对任务执行过程中 Agent 协商所涉及的产品或服务进行表示（包括属性及属性间的约束）。

一般情况下，产品或服务形式化表示为

```
Class Product
{
   ATTRIBUTE-CONSTRAINT
   Attribute1 {String|integer|float|char}
   {ENUMERATION|UNSTERTLED|RANGE} {weight number};
   Attribute2 {String|integer|float|char}
   {ENUMERATION|UNSTERTLED|RANGE} {weight number};
   ……
   Attribute N {String|integer|float|char}
   {ENUMERATION|UNSTERTLED|RANGE} {weight number};
   INTER-ATTRIBUTE-CONSTRAINT
   Constraint1 if condition2 then action1;
   Constraint2 if condition2 then action2;
   ……
   Constraint N if condition N then action N;
}
```

协商的买卖方 Agent 关于汽车制造过程中某零件的信息可以将其表示为

```
Class Part
{
   ATTRIBUTE-CONSTRAINT
   part_size String ENUMERATION{small, medium, large} weight 5;
   quantity Integer RANGE[300,650] weight 2;
   unit_price Integer RANGE[700,1300] weight 2;
```

```
    deliver_day Integer RANGE[6,18] weight 1;
    after_sales_service Integer RANGE[3,14] weight 3;
    payment String ENUMERATION{p1,p2,p3,p4} weight 2;
    INTER-ATTRIBUTE-CONSTRAINT
    payment_day day<1d means payment=p1 weight 2;
    payment_day day>20d means payment=p4 weight 2;
    payment_day 1d<day<=10d means payment=p2 weight 2;
    payment_day 10d<day<=20d means payment=p3 weight 2;
    quantity_deliver_day quantity>450 means deliver_day>15 weight 1;
    part_size size="medium" means quantity>=300 weight 2;
}
```

该过程分别定义了协商涉及的某零件的各种属性和约束，而且参与协商的 Agent 对此零件的信息也可以类似地进行表示。

在对某零件的各种属性进行协商时，要完成约束检验。约束检验，即在协商 Agent 接收到提议后，根据产品或服务的属性和约束，对议题值进行检查。如果检查中存在提议不满足约束条件，则通过协商策略进行松弛约束或是人工干预并修改协商策略。在并发协商的整个过程中，决策需要对提议做出接受或拒绝，还需对多个提议组合进行评估，基于协商时间限制和协商对手的行为，选择最佳的提议并生成新的反提议。

在并发协商模型中，一个提议是 Agent 在产品或服务的各属性上偏好的常量值，如对订单的价格、售后服务等都定义为某一段区间上的值。协商 Agent 交互所产生的提议应是买卖双方在协商过程中定义的产品或服务的实例化表示。下面给出买方 Agent *B* 对所要购买产品零件的提议进行的表示。

```
Class Proposal
{
    ATTRIBUTE-CONSTRAINT
    part_size String ENUMERATION{small, medium};
    quantity Integer RANGE[300,500];
    unit_price Integer RANGE[700,1100];
    deliver_day Integer RANGE[10,18];
    after_sales_service Integer RANGE[3,10];
    payment String ENUMERATION{p1,p2,p3,p4};
    INTER-ATTRIBUTE-CONSTRAINT
    Constraint1 if part_size="small" then quantity<=400;
}
```

Agent B 给出的提议定义了其对零件的属性及其约束条件，属性的约束条件定义了对零件属性可接受的取值范围，属性间的约束定义了多个属性之间的依赖关系。协商 Agent 间交互时，对提议定义一定的属性及其之间的约束，可以增加提议的信息量和灵活性，降低了 Agent 间的通信费用，同时使 Agent 间的协商效率有了一定的提高，能够快速地响应用户需求。

在上述程序框架基础上，可以基于实例运行在 Java 环境下实现 Agent 的职能及协商交互设计。

4. 运行结果与结论

依据本章建立的汽车供应链模型框架和并发协商模型，基于上述程序设计，在 JADE 开发环境中模拟多 Agent 汽车供应链系统，并通过实例运行多个 Agent 间的并发协商过程，分析比较本书建立的并发协商模型与其他协商模型之间的关系。同时，考虑协商过程中 Agent 在信誉影响下所采取的协商行为的异同。

在汽车供应链的分布式实施结构下，根据客户订单进行产品制造任务的分解，将分解的一系列资源需求规范的子任务作为不同模块分配给不同的管理者于不同的主机上并行完成，并由制造商 Agent 组装完成最终产品。某个子任务是买方制造商 Agent B 与卖方供应商 Agent a_1、Agent a_2、Agent a_3 就任务完成过程中所需的某零件的价格、交货日期、售后服务和支付方式四个议题进行的并发协商。

基于并发协商模型将 Agent 间的并发协商过程分为三个相对独立的协商线程。协商线程 1、协商线程 2、协商线程 3 分别是 Agent B 与 Agent a_1、Agent a_2 及 Agent a_3 的协商过程。

协商线程 1 中，根据 Agent B 与 Agent a_1 的提议交换和提议生成，利用博弈均衡软件 Gambit 求解协商线程的均衡解时，Gambit 的均衡计算如图 6.36 所示（软件截图）。

根据软件计算结果，可以得出第三轮 $r=3$ 时，Agent B 与 Agent a_1 达到协商均衡，形成 Agent B 与 Agent a_1 的共赢，即初步达到协商成功。然后，利用协商 Agent 的提议接收条件，在协商阈值 $k_B=k_{a_1}=0.2$ 的情况下检验均衡解的合理性。检验之后，将合理的最佳均衡解及其所对应的均衡提议下 Agent B 与 Agent a_1 的效用值输出给协商线程 1。

由 $\left|U_{a_1}(X_{13},3)-U_{a_1}(Y_{12},2)\right|=0.3917>0.2$，$\left|U_B(X_{13},3)-U_B(Y_{13},3)\right|=0.1958<0.2$，得出 Agent B 与 Agent a_1 协商成功，而且 Y_{13} 是协商均衡解，Agent B 与 Agent a_1 在此均衡提议下的效用值分别是 $U_B(Y_{13})=0.4593$，$U_S(Y_{13})=0.8649$。同时，将最佳均衡解 $Y_{13}=(1000,12,7,p_2)$ 和 Agent B 与 Agent a_1 的效用值 $U_B(Y_{13})=0.4593$，$U_S(Y_{13})=0.8649$ 输出给协商线程 1。

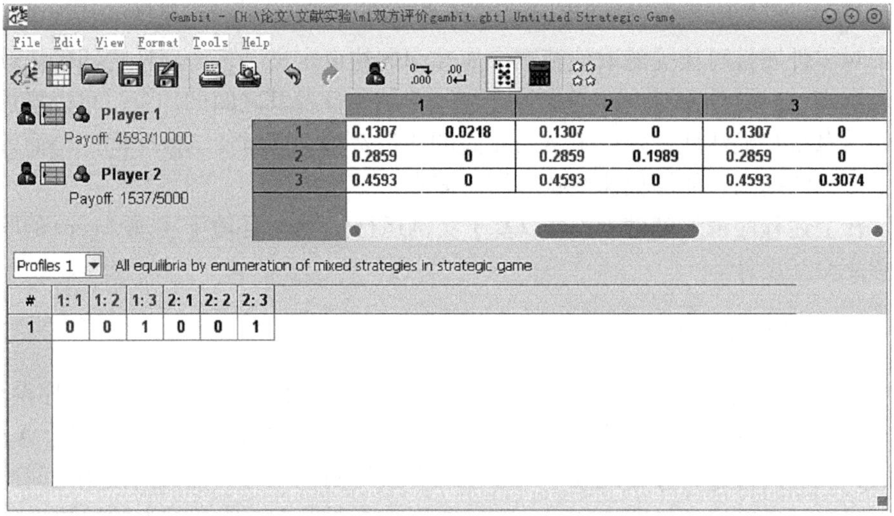

图 6.36　协商线程 1 均衡解计算

同样，根据线程 2 中 Agent B 与 Agent a_2 的提议交换和提议生成，由 Gambit 软件计算协商线程的均衡解过程如图 6.37 所示（软件截图）。

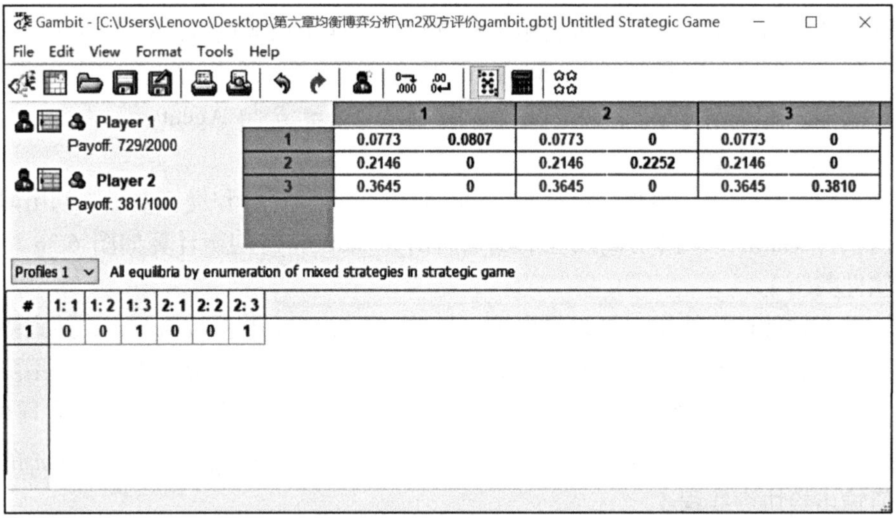

图 6.37　协商线程 2 均衡解计算

由计算结果得出，$r=3$ 时 Agent B 与 Agent a_2 协商均衡，达到 Agent B 与 Agent a_2 的共赢，初步协商成功。在协商阈值 $k_B = k_{a_2} = 0.2$ 情况下合理性检验为 $\left|U_{a_2}(X_{23},3) - U_{a_2}(Y_{22},2)\right| > 0.2$，$\left|U_B(X_{23},3) - U_B(Y_{23},3)\right| < 0.2$，得出 Agent B 与 Agent a_2 协商成

功，而且 Y_{23} 是协商均衡解，Agent B 与 Agent a_2 的效用值分别是 $U_B(Y_{23})=0.3810$，$U_S(Y_{23})=0.9277$，并将 $Y_{23}=(1100,12,7,p_2)$ 和 Agent B 与 Agent a_2 的效用值 $U_B(Y_{23})=0.3810$，$U_S(Y_{23})=0.9277$ 输出协商线程 2。

通过线程 3 中 Agent B 与 Agent a_3 的提议交互过程，利用博弈均衡软件 Gambit 求解协商线程的均衡解的计算过程如图 6.38 所示（软件截图）。

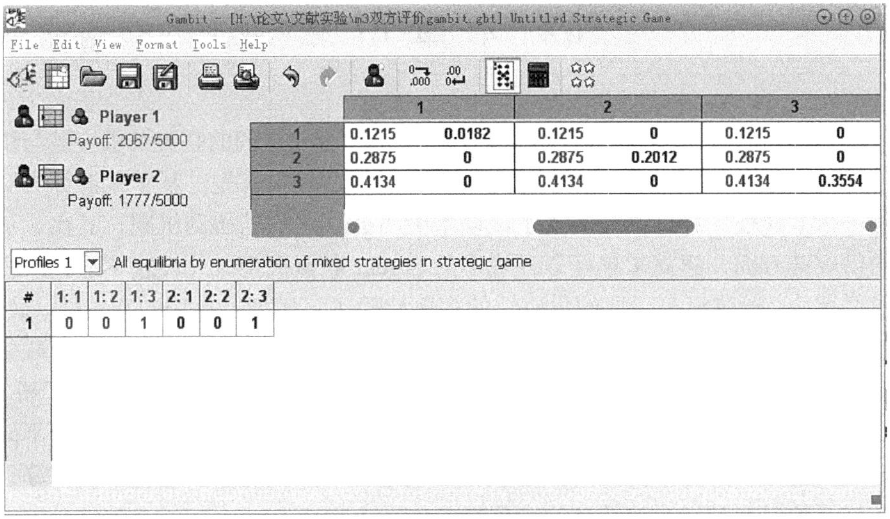

图 6.38　协商线程 3 均衡解计算

由计算结果，得出第三轮 $r=3$ 时 Agent B 与 Agent a_3 达到协商均衡，形成 Agent B 与 Agent a_3 的共赢，初步协商成功。在协商阈值 $k_B=k_{a_2}=0.2$ 的情况下合理性检验为 $\left|U_{a_3}(X_{33},3)-U_{a_3}(Y_{32},2)\right|>0.2$，$\left|U_B(X_{33},3)-U_B(Y_{33},3)\right|<0.2$，得出 Agent B 与 Agent a_3 协商成功，Y_{23} 是协商均衡解，Agent B 与 Agent a_3 的效用值分别是 $U_B(Y_{33})=0.3554$，$U_S(Y_{33})=0.9818$。并将 $Y_{33}=(1100,12,10,p_2)$ 和 Agent B 与 Agent a_3 的效用值 $U_B(Y_{33})=0.3554$，$U_S(Y_{33})=0.9818$ 输出给协商线程 3。

在三个协商线程都结束后，基于所有协商线程的输出结果，以及 Agent B 对 Agent a_1、Agent a_2 及 Agent a_3 的满意度评价矩阵、直接信任度矩阵和信誉等级矩阵三个计算结果，由综合信誉评价函数 $F=\max(U_B(V_{ij})-\mathrm{RU}_B)\times \mathrm{TD}^{a_i}$ 计算出并发协商的最优解为 $Y_{13}=(1000,12,7,p_2)$，并确定 Agent a_1 为买方 Agent B 的最佳交易伙伴。

并发协商实例的实施过程说明并验证了本书提出的并发协商模型的有效性和可行性。与多阶段协商模型比较，该模型具有如下优点：①有效地降低了协商的交易时间和交易成本；②良好地保持了并发协商系统最优解的稳定性；③提高了协商效率及整个供应链的敏捷性，能够快速有效地响应需求。通过实例分析验证，该模型能够满足汽车供应链系统对客户需求的快速、及时响应的要求，符合国内汽车供应链管理未来的发展趋势。同时，该模型也反映了 Agent 间信任关系对协商均衡解的影响，适用于分布式复杂供应链系统。

6.4 本章小结

6.1 节借助 Agent 的相关技术集中对供应链中企业之间的联盟及供应链与供应链之间的联盟进行了研究。主要研究内容有以下三点：首先，基于蚁群算法对供应链进行了建模，并详细地描述了该模型中 Agent 之间的协调机制。其次，从单一的供应链方面，建立了单任务环境下的 Agent 联盟模型，并设置了适合该模型的蚁群算法，通过汽车行业的供应链的实例检验了该模型及算法的有效性。最后，从单一任务推广到多任务环境下，从企业 Agent 联盟推广到供应链之间的联盟。在多任务环境下根据任务的特点，分别从并行任务和交叉任务两个方面做了研究，建立了多任务环境下并行 Agent 联盟和交叉联盟模型，根据这两种模型的不同特点分别设置了蚁群算法，并对两种模型分别进行了实例验证，通过实例计算，验证了这两种模型和设置的算法的合理性。

6.2 节首先对供应链的结构和供应链的信任的内涵进行了研究，借鉴社会学和心理学的相关知识，分析了供应链联盟企业间信任的内涵、维持和传递等方式及其影响因素等，并对它们进行了相应的定义。其次，具体分析了供应链联盟的网链式结构，采用 Agent 建模的技术对供应链联盟的结构进行建模，在此模型的基础上借鉴社会学的知识将供应链企业节点间的信任计算模型看作直接信任和间接信任的融合，分别建立了基于贝叶斯网络和证据理论的供应链信任计算模型。最后，对信任模型的动态性和鲁棒性进行了数值模拟，分别模拟了正常交易和高、中、低三种不同程度的恶意攻击，仿真结果表明模型具有很好的动态性和鲁棒性。

6.3 节主要研究了以下内容：首先，分析汽车供应链成员企业间的协商特性和柔性合作关系建立的必要性，基于现有的多 Agent 系统建模思想，构建汽车供应链的多 Agent 系统模型框架。通过参考供应链运作模型进行汽车供应链的 Agent 角色划分，阐述成员 Agent 间的协商联系及 Agent 基本体系，以完成供应链建模；其次，在已构建的多 Agent 汽车供应链模型基础上，基于讨价还价博弈提出供应链环境下多边多议题的并发协商模型，并详细讨论并发协商模型中 Agent 的协商协议和提议的评估策略，明确协商 Agent 讨价还价的博弈过程，并通过具体实例分析验证并发协商模型；最后，基于 Agent 仿真平台 JADE，讨论汽车供应链多 Agent 系统的分布式实施结构，以上述实例分析汽车供应链中并发协商模型的运行过程。

参 考 文 献

[1] 李宪港，李中学，靳国栋. 基于信任度的军用 Agent 联盟形成策略[J]. 后勤工程学院学报，2008，24（2）：85-88.

[2] 陈莉，陈晓云，胡山立. 一种基于按劳分配原则的联盟形成策略[J]. 计算机工程与应用，2007，43（17）：63-65.

[3] Frankovič B, Dang T, Budinská I. Agents' coalitions based on a dynamic programming approach [J]. Acta Polytechnica Hungarica，2008，5（2）：5-21.

[4] Song M，Rui-Xue F U，Zhu C，et al. Study on the agile supply chain management based on agent[J]. Journal of China Universities of Posts & Telecommunications，2007，14：115-118.

[5] 马良，朱刚，宁爱兵. 蚁群优化算法[M]. 北京：科学出版社，2007.

[6] 黄世杰. 基于供应链集成的战略联盟与竞争优势研究[D]. 大连理工大学硕士学位论文，2008.

[7] 张丽红. 一种改进的移动 Agent 通信机制研究[D]. 兰州大学硕士学位论文，2007.

[8] 许波，余建平. 基于 QPSO 的单任务 Agent 联盟形成[J]. 计算机工程，2010，36（19）：168-170.

[9] Dickson G W. An analysis of vendor selection systems and decisions[J]. Journal of Purchasing，1966，2（1）：5-17.

[10] 罗翊，石纯一. Agent 协作求解中形成联盟的行为策略[J]. 计算机学报，1997，20（11）：961-965.

[11] 孙力娟，王良俊，王汝传. 改进的蚁群算法及其在 TSP 中的应用研究[J]. 通信学报，2004，25（10）：111-116.

[12] 马溪骏，凌海峰，刘业政，等. 基于蚁群算法的群体用户兴趣导航路径发现[J]. 中国管理科学，2006，14（3）：56-59.

[13] 童向荣. 多 Agent 合作求解中的信任与协商研究[D]. 北京交通大学博士学位论文，2010.

[14] 涂爱玲，王开池，王锦彪. 蚂蚁聚类算法的无信息素模型综述[R]. 南京：全国第十五届离散数学学术研讨会，2010.

[15] 蒋建国，夏娜，张国富，等. 基于蚁群算法的敏捷供应链伙伴选择[J]. 系统仿真学报，2006，18（12）：3377-3379.

[16] 刘刚，王瑛，张发，等. 合同网协议协商机制收敛性与收敛速率分析[J]. 控制与决策，2014，（6）：1027-1034.

[17] Maester J M，Camacho E F，Alamo T. Distributed model predictive control based on agent negotiation[J]. Journal of Process Control，2010，21（5）：685-697.

[18] 康振科，董东，王艳侠. 多 Agent 多阶段一对多协商模型[J]. 计算机工程与设计，2010，31（18）：4072-4075，4081.

[19] 范旭，马军海，修妍. 复杂供应链网络中的不确定性分析[J]. 复杂系统与复杂性科学，2006，

3（3）：20-25.

[20] 张潜，赵菊红. 中国汽车供应链管理发展现状与趋势探讨[J]. 宏观经济研究，2010，（4）：48-52，75.

[21] 胡睿. 基于多 Agent 的供应链系统建模与实现[D]. 武汉理工大学硕士学位论文，2007.

[22] Rahwan I，Kowalczyk R，Pham H H. Intelligent agents for automated one-to-many e-commerce negotiation[J]. Australian Computer Science Communications，2002，24（1）：197-204.

[23] Nguyen T D，Jennings N R. Managing commitments in multiple concurrent negotiations[J]. Electronic Commerce Research and Applications，2005，4（4）：362-376.

[24] Kim H S，Cho J H，Choi H R，et al. Optimal supply chain formation using agent negotiation in a SET model-based make-to-order[C]. Proceedings of the 8th International Conference on Electronic Commerce：the New E-Commerce-Innovations for Conquering Current Barriers，Obstacles and Limitations To Conducting Successful Business on the Internet，2006.

[25] 张谦，邱玉辉. 一种基于相似度方法的并发协商策略[J]. 计算机科学，2005，32（12）：206-209.

[26] 张谦，邱玉辉. 一种具有自主学习能力的并发协商模型[J]. 计算机应用，2006，26（3）：663-665.

[27] 陈璐，邱玉辉，张谦. 一种基于模糊约束的多并发双边自动协商模型[J]. 计算机应用，2007，27（12）：2906-2909，2912.

[28] 郁文枢. 面向任务的业务流程建模与验证方法研究[D]. 南京航空航天大学硕士学位论文，2015.

第 7 章　供应链环境下基于智能决策方法的复杂决策问题的分析与求解

汽车制造网格的目的是通过网格的开放性和灵活性，为汽车制造业提供一个可扩展的资源共享和协同工作的环境，实现分布、异构的制造资源的共享和协同工作，从而达到快速响应市场、降低制造成本、提高资源竞争力的目的。然而，汽车制造网格环境中的制造资源具有分布性与异构性、动态性与多样性、抽象性和相似性等复杂特性，这使得汽车制造网格中资源管理比其他网格应用项目困难得多。

基于汽车制造网格中资源的复杂性，资源管理必须解决单元自制、异类构造、协同工作、在线控制、策略扩展等一系列问题。因此，针对汽车制造网格环境中制造资源的特征，制造网格资源管理的目的是要屏蔽汽车制造网格中底层物理资源的分布特性、异构特性和动态特性；连接、管理分散的资源节点，将整个汽车制造网格的资源在逻辑层上连接成一个有机的整体，实现高效的资源查找和定位，为需要资源的用户提供简单的、透明一致的共享使用接口，为用户提供经过抽象的逻辑资源；收集、整理制造网格中资源的状态，提供可用资源的信息，把制造网格中的资源和申请使用资源的用户进行匹配，协调资源的共享使用，方便资源的优化、配置、调度和评估。

7.1　基于蚁群算法的汽车零部件循环取货车辆路径优化决策

7.1.1　引言

在传统运输方式中，生产企业和供应商拥有大量的运输车辆，运输成本居高不下，造成企业物流成本不断增加，这些增加的物流成本又会转嫁到产品的价格上，导致企业产品的市场竞争能力不断减弱，难以满足企业大规模生产的需要，因此迫切需要提高企业的物流管理水平。

由于生产、流通环节企业竞争的不断加剧，越来越多的企业将物流业务剥离出来，采用循环取货的供应模式来改进企业的物流水平。循环取货不仅是企业与供应商之间的一种运输方式，它涉及配送中心、第三方物流、供应商等各个环节，贯穿整个物流过程之中，因此在每个环节都有特别的条件和要求。当前我们的物流研究起步比较晚，很多制造企业对循环取货和自身条件的认识不足，导致运作循环取货模式时常常步履维艰，遇到很多问题，甚至失败，因此，如何顺利的运作循环取货模式，有效地改进企业的物流水平，成为众多企业面临的主要问题。

随着现在汽车制造业的不断发展，以及汽车企业之间竞争的日益激烈，为了降低企业的物流成本，提高企业的物流水平，越来越多的汽车企业通过改变传统的物流模式，引入循环取货的物流方式。

本章正是基于上述研究背景，以汽车零部件的循环取货车辆路径规划为研究对象，以循环取货车辆路径最优化为讨论目标，对汽车零部件循环取货的关键问题——路径优化问题进行系统研究。汽车零部件车辆路径规划关系到企业物流成本、产品的生产周期、对市场和顾客的服务质量，所以它实施的好坏也成为影响企业竞争能力的重要因素。因此，引入蚁群算法，通过建立循环取货车辆路径问题的数学模型，着力解决带有时间窗限制的循环取货路线优化的问题，在满足限制的条件下，寻求最优的取货线路，从而降低成本。

7.1.2 循环取货模式及运作流程

1. 循环取货的概念

循环取货原指送牛奶的运输方式，很多售货点需要牛奶，每个售货点都需要不多，采用一辆车配送，一条线路覆盖各个售货点，给每个售货点送牛奶的同时将各个售货点处的空瓶子带走这样的一个过程，应用到供应链物流管理后，被相继翻译成了“循环取货”“集货配送”等。

随着汽车制造业的发展，这种模式逐渐被应用到零部件的取货中来，具体是指同一货运车辆从多个供应商处取零配件的操作模式，具体运作方式是每天固定的时刻，卡车从制造企业工厂或者集货、配送中心出发，到第一个供应商处装上准备发运的原材料，然后按事先设计好的路线到第二家、第三家，以此类推，直到装完所有安排好的材料再返回。这样做省去了所有供应商空车返回的浪费，同时使物料能够及时供应，发运货物少的供应商不必等到货物积满一卡车再发运，可保持较低的库存，最大限度地实现了准时供应[1]。

设集合 $V=\{i|i=0,1,2,\cdots,n\}$ 表示 n 个供应商和配送中心，V_0 表示配送中心；$E=\{(v_i,v_j)|v_i,v_j\in V,i\neq j\}$ 表示配送点之间车辆行驶路线，每条线路 (v_i,v_j) 都赋予一定的权值 d_{ij}。则一个配送中心、一个主机厂、八个供应商、三条路线的循环取货车辆路径问题如图 7.1 所示。

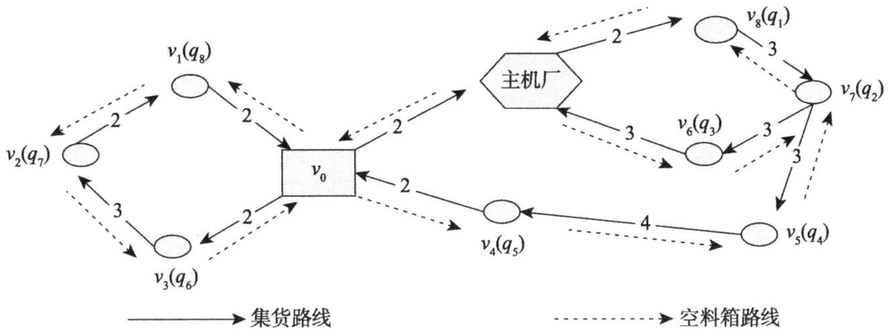

图 7.1 循环取货结构图

2. 循环取货模式

1）以汽车制造商为主导的循环取货模式

汽车制造商主要考虑零部件的特点和供应商的地理位置分布，选取组装车间附近的供应商来试试循环取货；零部件供应商则依据制造商订单进行备件；第三方物流商接收制造商的取货指令，按照预先设计的取货路线到达各个零部件供应商处，卸下空的零部件包装容器，与此同时进行零部件集货，然后返回至厂边仓库，根据汽车制造商的需求计划将零部件送至装配车间。具体如图 7.2 所示。

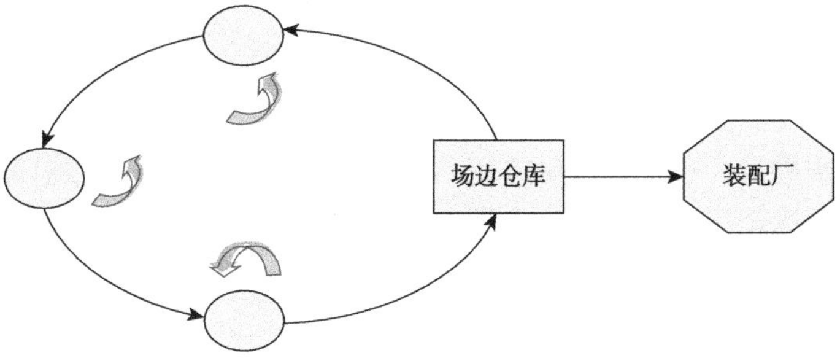

图 7.2 汽车制造商主导下的循环取货的逻辑结构

2）基于第三方物流的循环取货模式

汽车零部件供应商的数量多，而且供应商的距离、实力和规模也是不同的，因此要求在规划、执行和控制循环取货时应该由实力比较完备的第三方物流来完成。尽管国内很多汽车制造商在实施循环取货时或多或少的使用了第三方物流，但实际上第三方物流充当的角色仅仅是执行汽车制造商的取货计划，并未发挥其整合资源、统筹规划和专业化运作等的优势[2]。同时，伴随着汽车制造商业务范围的不断增加及企业规模的壮大，更需要远距离的供应商来配合企业的准时生产实施和准时配送。因此，本书针对汽车制造业发展的需要和现行循环取货模式存在的问题，提出了基于第三方物流的汽车零部件物流循环取货模式。

针对大批量、远距离的供应商，可将配件直送至相对较近的集配中心，集装后由第三方物流干线运输运至厂边仓库，同时更新集配中心库存，运至目的地后，由第三方物流更新厂边仓库库存信息（图 7.3）。

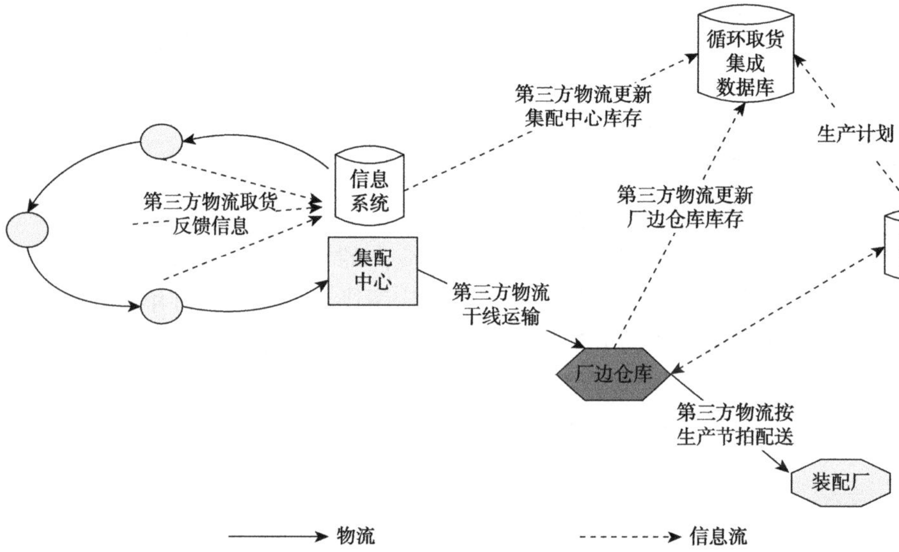

图 7.3　针对大批量、远距离的供应商的循环取货逻辑结构

如果是小批量、远距离的供应商，由第三方物流取货送至相对合适的集配中心，集配后再运至厂边仓库；如果是大批量、近距离的供应商，则直运至厂边仓库；如果是小批量、近距离的供应商则由第三方物流取货运至厂边仓库。

3）两种循环取货模式的比较分析

相比现行的由汽车制造商主导的循环取货模式，基于第三方物流的循环取货模式具有非常明显的优势，见表 7.1。

表 7.1　不同循环取货模式的比较分析

比较因素	基于第三方物流的循环取货模式	以汽车制造商为主导的循环取货模式
目标	整体绩效最优	制造商绩效最优
实施范围	近距离、远距离部分供应商	装配厂附近的供应商
计划制定者	供应链	制造商
供应链资源整合程度	通过第三方物流整合供应商、制造商的物流资源，实现利益共享	受到制造商、供应商物流资源的限制，第三方物流资源未充分利用
供应链运作协调程度	供应商参与积极性提高，第三方物流运作效率提高，供应链各方信任度提高	供应商有抵触情绪且风险较大，第三方物流运作效率低，供应链各方信任度低

3. 循环取货模式运作流程

循环取货不单是企业和供应商之间的一种运输方式，同时还涉及运输商、配送中心和第三方物流等环节，其取货流程如图 7.4 所示[3]。

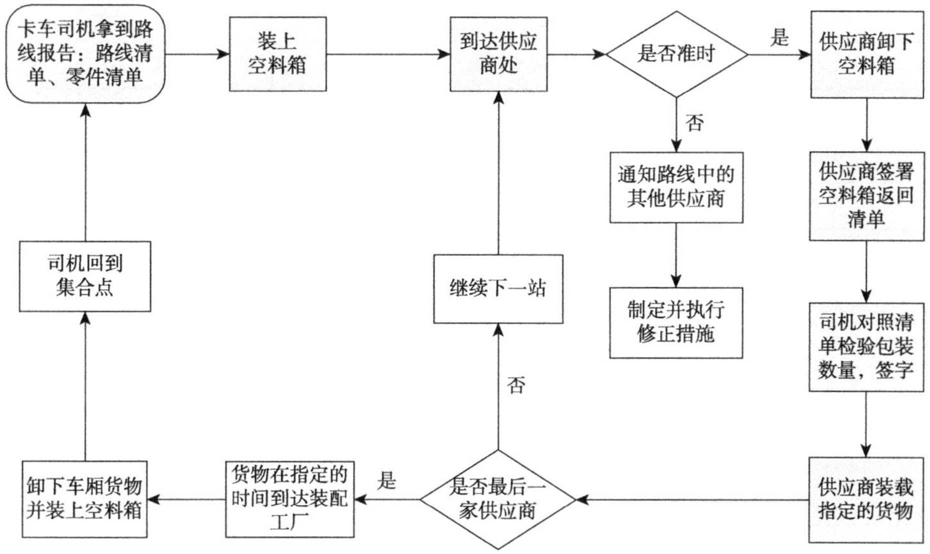

图 7.4　循环取货流程

（1）卡车司机拿到路线报告（包括路线清单、零件清单和空料箱清单），装上空料箱后，将车开往第一个供应商处。

（2）等到站后，如果卡车准时到达则在供应商处卸下空料箱，如果卡车没有准时到达，卡车司机需要通知路线中的其他供应商，然后让承运商来调查延误的原因，为以后的修改措施留下依据，同时卡车在供应商处卸下空料箱。

（3）空箱卸下后由供应商签署空料箱返回清单，如果是整车运输，则司机检查包装标签和货物清单是否匹配；如果不是整车运输，则司机检查标准包装数量是否匹配，如果匹配则签字，否则致电承运商代表请求进一步的指示。

（4）装完之后，判断是否是最后一家供应商，如果是，则返回企业；如果不是，继续下一站。

（5）取完最后一家供应商的货后，在指定地点卸下货物并装上空箱，司机回到集合点，进入下一次取货循环。循环取货是个闭循环集货系统，主要由企业、运输商、供应商共同组建而成、各成员承担相应的职责和完成相应的任务，循环取货责任分配表如表 7.2 所示。

表 7.2　循环取货责任分配表

责任	运输商	供应商
跟踪物流	设备、工具和司机	提供物料
管理供应商	物流成本分析	物品堆放
培训供应商	设计路线、维护路线	报告违规情况
空箱回收	管理承运商、验证取货	料箱卸载
收货	日常运输、安全保障	料箱装载
安排生产	偏差报告	集货窗口时间
生产计划	事先培训供应商	资源质量
通知改变	按报告操作	精确数量
向供应商付款	绩效评定、监控绩效	收款

7.1.3　循环取货车辆路径模型

数学模型是研究车辆路径问题使用最多的一种，它主要是运用数学语言将车辆路径问题的约束条件和求解抽象概括出来，从定性和定量的角度来表述车辆路径问题，使得问题的思路更加清晰，条件关系更加明确，特别是对于供应商较多的问题，通过建立数学模型可以让求解更加方便。由于车辆路径问题的复杂性和多样性，车辆路径问题的数学模型也是多种多样。最常见的模型主要有容量约束的车辆路径问题模型和时间约束的车辆路径问题模型[4]。

1. 循环取货模式下考虑容量约束的车辆路径问题模型

循环取货模式下考虑容量约束的车辆路径问题可以表述为车辆从集货中心出发，依次对多个供应商进行集货服务，要求对每个供应商有且仅有一辆车对其进行服务，车辆完成集货任务后回到集货中心。假设车辆型号是一样的，零部件的种类没有区别而且每个供应商处的集货量不超过车辆的最大容量。集货中心和供应商的位置、供应商之间的距离、车辆的容量、供应商处的集货量都是已知的，求使总费用最少的行驶路径。

设有一个集货中心，n 个供应商，供应商 i 和供应商 j 之间的距离是 d_{ij}，供应商 i 的需求量是 q_i，车辆的容载量为 Q，车辆数是 m，供应商的编号为 $1,2,\cdots,n$，集货中心的编号为 0，定义以下变量。

$$x_{ijk}=\begin{cases}1, & \text{车辆}k\text{经过路径}(i,j)\\ 0, & \text{其他}\end{cases} \tag{7.1}$$

$$y_{ki}=\begin{cases}1, & \text{车辆}k\text{到供应商}i\text{取货}\\ 0, & \text{其他}\end{cases} \tag{7.2}$$

目标函数 Z 可以表示为

$$\min Z=\sum_{i=0}^{n}\sum_{j=0}^{n}\sum_{k=1}^{m}d_{ij}x_{ij} \tag{7.3}$$

$$\text{s.t.}\begin{cases}\sum_{i}d_{i}y_{ki}\leqslant D, & \forall k & (1)\\ \sum_{k=1}^{m}y_{ki}=1, & i=1,2,\cdots,n & (2)\\ \sum_{i=0}^{n}\sum_{k=1}^{m}x_{ijk}=y_{kj}, & j=1,2,\cdots,n,\forall k & (3)\\ \sum_{j=0}^{n}\sum_{k=1}^{m}x_{ijk}=y_{ki}, & i=1,2,\cdots,n,\forall k & (4)\\ \sum_{i=1}^{n}\sum_{k=1}^{m}x_{0ik}=\sum_{j=1}^{n}\sum_{k=1}^{m}x_{j0k} & & (5)\end{cases} \tag{7.4}$$

目标函数式（7.3）是车辆成本最低；式（7.4）是约束条件，其中，约束条件（1）表示每个供应商的取货量都不得超过车辆的容载量；约束条件（2）保证每个供应商只被访问一次；约束条件（3）～约束条件（5）保证所有的车辆从集货中心出发，最后回到集货中心。

2. 循环取货模式下考虑时间约束的车辆路径问题模型

循环取货模式下考虑时间约束的车辆路径问题的描述和考虑容量约束的车辆路径问题相似，不同的是约束条件发生了变化，约束条件不再是运载能力的限制，而是时间约束。

$G=(V,E)$，集合 $V=\{i|i=0,1,2,\cdots,n\}$ 表示 n 个供应商和一个配送中心，$i=0$

表示集货中心；$E=\{k\mid k=1,2,3,\cdots,m\}$表示有$m$辆可用车辆的集合；$Q$表示车辆的最大运载能力；$S$表示供应商，是$V$的任意子集，$|S|$为集合$S$中所含的供应商个数；$d_i$表示供应商单个时间窗的集货量，由于对零部件不进行区分，有$\mathrm{Max}\,d_i<D$；d_{ij}表示从供应商i到供应商j之间的距离；t_{ij}表示车辆从供应商i到供应商j的行驶时间；se_i表示对供应商i服务的开始时间，sl_i表示供应商i服务的终止时刻，供应商i服务时间$s_i=sl_i-se_i$；供应商i的任务必须在时间窗$[se_i,sl_i]$内完成；C_{ij}为目标函数的成本，目标是使车辆的总运行距离最短。为获得循环取货路径优化模型，定义以下变量。

$$x_{ijk}=\begin{cases}1, & \text{车辆}k\text{经过路径}(i,j)\\ 0, & \text{其他}\end{cases} \tag{7.5}$$

$$y_{ki}=\begin{cases}1, & \text{车辆}k\text{到客户}i\text{取货}\\ 0, & \text{其他}\end{cases} \tag{7.6}$$

则目标函数表示为

$$\min Z=\left\{\sum_i\sum_j\sum_k d_{ij}x_{ijk},\sum_j\sum_k x_{ojk}\right\} \tag{7.7}$$

$$\text{s.t.}\begin{cases}\sum_i d_i y_{ki}\leqslant D, & \forall k & (1)\\ \sum_k y_{ki}=1, & i\in V & (2)\\ \sum_i x_{ijk}=y_{kj}, & j\in V,\forall k & (3)\\ \sum_j x_{ijk}=y_{ki}, & i\in V,\forall k & (4)\\ \sum_{i,j}\sum_{\in S\times S} x_{ijk}\leqslant |S|-1, & S\subseteq V & (5)\\ sl_i+t_{ij}\leqslant se_j, & i,j\in V,\forall k & (6)\\ e_i\leqslant se_i\leqslant l_i, & i\in V & (7)\\ x_{ijk},y_{ki}\in\{0,1\}, & i,k\in V,\forall k, & (8)\end{cases} \tag{7.8}$$

目标函数式（7.7）是总运输成本和运输车辆最少；式（7.8）是约束条件，其中约束条件（1）为卡车的负载限制；约束条件（2）保证每辆卡车对每个供应商只访问一次；约束条件（3）～约束条件（5）保证形成可行回路；约束条件（6）表示一条线上两邻接任务并存的条件；约束条件（7）为时间窗约束；通过将以上两种模型结合在一起，建立既有负载约束，又有时间窗约束的模型，使得模型的求解更加接近实际的情况。

7.1.4　循环取货车辆路径问题蚁群算法设计

1. 蚁群算法基本原理

蚁群在寻找食物时，它们总能找到一条从食物到巢穴之间的最优路径。这是因为蚂蚁寻径的过程中能够释放一种被称为蚂蚁素的物质。这样在碰到路口时，蚂蚁就可以根据蚂蚁素的浓度高低来判断下一条要走的路径，同样后面的蚂蚁选择这条路径的可能性也比较大。正是这种正反馈性质，可以保证最优路径上的蚂蚁素越来越多，最终的结果是蚂蚁群体都会找到最优的路径，如图 7.5 所示。

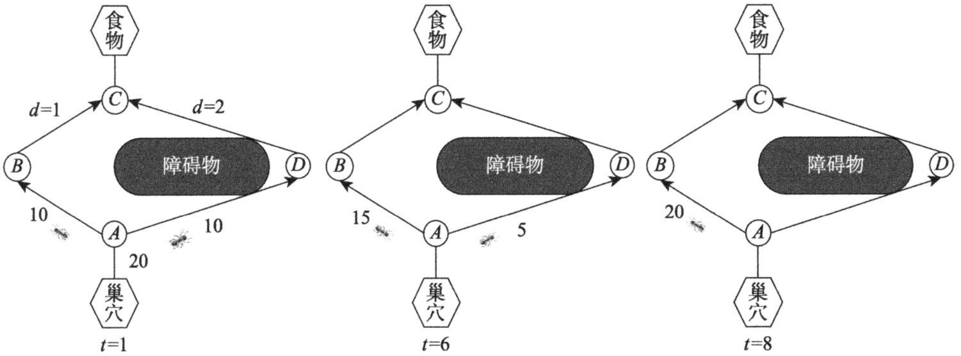

图 7.5　蚁群算法基本原理

假设蚂蚁有两条路径可以到达目的地：巢穴—*ABC*（路径）—食物和巢穴—*ADC*（路径）—食物，两条路径的长度分别是 4 个单位长度和 8 个单位长度，每只蚂蚁的移动速度是相同的。初始化所有路径。*AB* 段和 *BC* 段分别是 1 单位长度；*AD* 段和 *CD* 段分别是 2 单位长度。

在 t=1 时刻，20 只蚂蚁从巢穴到达 *A* 点，每只蚂蚁具有相同的可能性，可以选择右侧道路也可以选择左侧道路。

在 t=6 时刻，较短路径 *ABC* 上留下的蚂蚁素浓度要高于同时刻较长路径 *ADC* 上的蚂蚁素浓度，从而有更多的蚂蚁选择 *ABC* 这样的一条路径，该时刻选择路径 *ABC* 的蚂蚁数量是 15 只，而选择路径 *ADC* 的蚂蚁数量是 5。

在 t=8 时刻，所有的蚂蚁都会选择较短路径 *ABC*。

这里借助更为形象的图示来理解蚁群算法的机制，如图 7.6 所示。通过将具体的组合优化问题描述为具体的规范格式，利用蚂蚁在“选择”和“利用”信息素这一反馈载体来确定决策点，同时利用信息素的更新规则来构建单个蚂蚁信息素的增量，然后从整体角度来规划蚁群活动的行为方向。

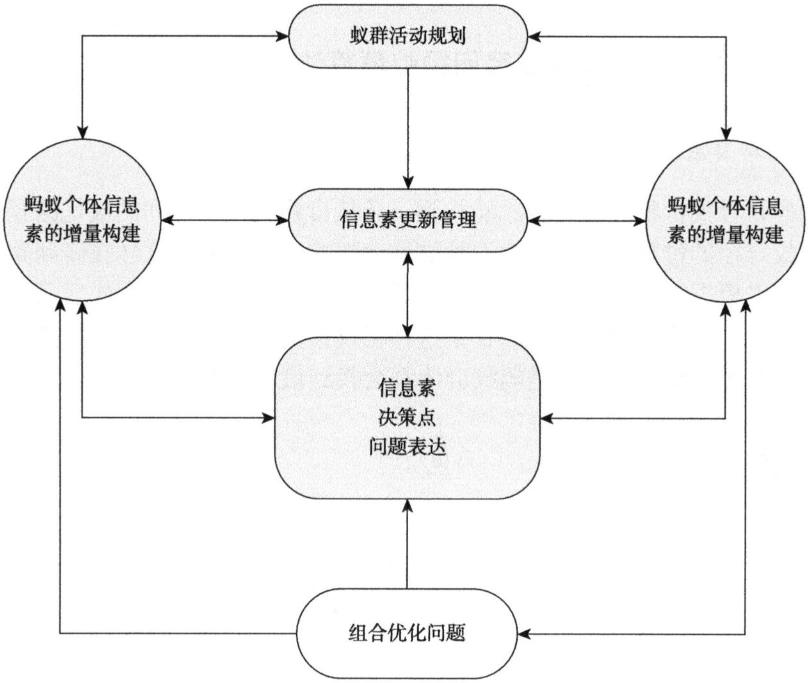

图 7.6 蚁群算法逻辑结构图[5]

2. 蚁群算法的描述及模型

蚂蚁主要是根据路径上的信息素浓度来决定其转移的方向，在进行搜索过程中，蚂蚁通过路径上的启发式信息和信息素含量来计算转移概率，$P_{ij}(t)$ 表示在 t 时刻蚂蚁 k 由元素（城市）i 转移到城市 j 的状态转移概率[6]。

$$P_{ij}(t)=\begin{cases}\dfrac{[\tau_{ij}(t)]^{\alpha}\times[\eta_{ij}]^{\beta}}{\sum\limits_{j\in \text{allowed}_k}[\tau_{ij}(t)]^{\alpha}\times[\eta_{ij}]^{\beta}}, & 若 j\in \text{allowed}_k\\ 0, & 其他\end{cases} \tag{7.9}$$

其中，$\text{allowed}_k=\{C-\text{tabu}_k\}$ 表示蚂蚁 k 下一步允许选择的城市；α 为信息启发式因子，表示轨迹的相对重要性，反映了蚂蚁在运动过程中所积累的信息在蚂蚁运动时所起的作用，其值越大，则蚂蚁越倾向于选择其他蚂蚁经过的路径，蚂蚁间协作性越强；β 为期望启发式因子，反映蚂蚁对启发式信息的重视程度，其值越大，蚁群越容易陷入局部最优的状况；$\eta_{ij}(t)$ 表示启发函数，其表达式为 $\eta_{ij}(t)=1/d_{ij}$。对蚂蚁 k 而言，d_{ij} 越小，则 $\eta_{ij}(t)$ 越大，$P_{ij}^{k}(t)$ 的值越大。

在信息素不断增多的过程中，原来的信息素会被覆盖或淹没，所以需要对蚂蚁留下的信息素进行更新。由此，$t=n$ 时刻在路径 (i,j) 上的信息量可按如下规则进行调整。

$$\tau_{ij}(t+n)=(1-\rho)\tau_{ij}(t)+\Delta\tau_{ij}(t) \tag{7.10}$$

$$\Delta\tau_{ij}(t)=\sum_{k=1}^{m}\Delta\tau_{ij}^{k}(t) \tag{7.11}$$

其中，ρ 表示信息素挥发系数，则 $1-\rho$ 表示信息素残留因子；为了防止信息的无限积累，ρ 的范围通常为 $\rho\in[0,1]$；$\Delta\tau_{ij}(t)$ 表示蚂蚁进行一次搜索中留在路径 (i,j) 上的信息素的增加量；初始时刻 $\tau_{ij}(0)=0$，$\Delta\tau_{ij}^{k}(t)$ 表示第 k 只蚂蚁进行一次搜索中留在路径 (i,j) 上的信息量。

Dorigo 和 Gambardella 给出了三种模型（详见 6.1.2 节），主要区别在于 $\Delta\tau_{ij}^{k}(t)$ 的求法不同[7]。在 ant-cycle 模型和 ant-quantity 模型中，$\Delta\tau_{ij}^{k}(t)$ 表示更新的信息是局部的，即蚂蚁走完一步后更新路径上的信息素；在 ant-density 模型中，$\Delta\tau_{ij}^{k}(t)$ 表示对整体信息进行更新，即蚂蚁完成一次循环后更新所有路径上的信息素。

3. 求解循环取货车辆路径问题蚁群算法设计

假设有一个集货中心，车辆从集货中心出发，依次对多个供应商进行单一货物的集货，各个供应商的位置是已知的，车辆必须在时间窗允许的范围内对所有的供应商进行服务。在集货的过程中，每个供应商有且仅有一辆车对其进行服务，车辆完成任务后，要返回到集货中心。集货中心和供应商的位置，供应商之间的距离是已知的，每个供应商集货的数量，被允许访问的时间，所需要服务的时间，车辆的容载能力都是已知的。

1）循环取货模式下考虑容量约束的车辆路径问题求解算法设计

A. 转移规则

本书采用自适应随机比率作为蚁群选择的规则，即对位于城市 r 的蚂蚁 k 按照如下的方式选择下一个城市[8]。

$$P_k(i,j)=\begin{cases}\dfrac{\tau(i,u)^{\alpha}\eta(r,u)^{\beta}}{\sum\limits_{u\in J_k(r)}\tau(i,u)^{\alpha}\eta(r,u)^{\beta}}, & j\in J_k(r)\\ 0, & \text{其他}\end{cases} \tag{7.12}$$

其中，$J_k(r)$ 表示待选择的城市集合；$\eta(r,u)$ 表示启发式信息；τ 表示信息量。

B. 信息素的更新

在进行信息素局部更新时，因为每只蚂蚁都释放一定的信息素，则有向弧段 (i,j) 上信息素越多，经过弧段 (i,j) 的蚁群数量也就越多。随着时间的推移，不同路径之间的信息素浓度差距会很大，这就影响了蚂蚁算法的全局搜索能力，因此信息素浓度应不断地调整。我们用 Q 表示信息素的浓度，其调整的原则是路径的蚂蚁吸引力越大，则 $Q(t)$ 越小[6]。令 r 表示被吸引蚂蚁释放的信息素，R 表示该路径上所有蚂蚁释放的信息素，用 $Q(t)=Q(1-r/R)$ 表示 $Q(t)$ 的调整规划。

$$\tau_{ij}^{\text{new}}=(1-\rho)\tau_{ij}^{\text{old}}+\Delta\tau_{ij},\forall i,j,且i\neq j \tag{7.13}$$

$$\Delta\tau_{ij}=\sum_{k=1}^{m}\Delta\tau_{ij}^{k} \tag{7.14}$$

$$\Delta\tau_{ij}^{k}=\begin{cases}Q_1\left(1-\dfrac{r_k}{R_k}\right), & i\xrightarrow{k}j\\ 0, & 其他\end{cases} \tag{7.15}$$

C. 近似解的获取

记 $\text{CNT}(\text{Tabu}_k)$ 为 Tabu_k 中的节点数，近似解是指这样的一种集合，在该集合中的元素是两两不同的子回路，并包括所有的节点。

D. 近似解可行化

获得近似解以后，接下来就是将近似解转变为可行解，本书采用节约法[8]，其基本思想是首先将各点单独与源点相连，构成一条仅含一个点的路径；然后按照式（7.16）计算点 i 与点 j 在满足车辆约束基础上链接在同一路径上的费用节约值[9]用 s 表示，用 c 表示节点之间的费用。

$$s(i,j)=s(i,i)=c_{i0}+c_{j0}-c_{ij} \tag{7.16}$$

可见，$s(i,j)$ 越大，说明将点 i 与点 j 链接起来的总路程节约越多。

E. 蚁群算法求解步骤

步骤 1：初始化各参数，输入初始数据，计数器 $0\leftarrow N_c$（为迭代次数），$\tau_{ij}\leftarrow$ 常数c(较小的正数)；$\Delta\tau_{ij}\leftarrow 0$；$\text{ca}\leftarrow D$（ca 为车辆的剩余载重量，$D$ 为载重限额）。

步骤 2：将顶点 j 放入当前禁忌表中。

While（不满足停机规则）do

对每个蚂蚁 i：根据状态转移概率 P_{ij}^{k} 和车辆的载重量选择下一个城市 j；将蚂蚁 k 从顶点 i 移至顶点 j；将顶点 j 置于当前禁忌表中。

步骤 3：当所有顶点都放入当前禁忌表中，则计算目标函数值，并将当前的最好解放入禁忌表中。

步骤 4：for $k\leftarrow 1$ to m do

对各边 (i,j)，计算 $\Delta\tau_{ij}\leftarrow\Delta\tau_{ij}+\Delta\tau_{ij}^{k}$（增加单位信息素）。

步骤 5：对各边 (i,j)，计算 $\tau_{ij}\leftarrow\rho\tau_{ij}+\Delta\tau_{ij}^{k}$（轨迹更新）；对各边 (i,j)，置 $\Delta\tau_{ij}\leftarrow 0$；$N_c\leftarrow N_c+1$；若 $N_c<$ 预定的迭代数，则转至步骤 2。

步骤 6：输出当前最好解。

2）循环取货模式下考虑时间约束的车辆路径问题求解算法设计

A. 蚁群路径构造

每只蚂蚁通过状态转移概率来构造取货路径。假定蚂蚁 k 现在的位置是在 i 处，则选择移动到下一个位置 j 的转移概率如式（7.17）所示。

$$P_k\left(i,j\right)=\begin{cases}\dfrac{\tau(i,u)^{\alpha}\eta(r,u)^{\beta}}{\sum\limits_{u\in J_k(i)}\tau(i,u)^{\alpha}\eta(r,u)^{\beta}}, & 若 j\in J_k(i)\\ 0, & 其他\end{cases} \tag{7.17}$$

其中，$J_k(i)$ 表示待选择的城市集合；$\eta(r,u)$ 表示启发式信息，$\eta(r,u)=1/d_{iu}$；τ 表示信息量。

B. 转移规则改进

在车辆路径实际问题中，车辆路径的长度不仅取决于供应商之间的长度，还取决于各供应商和配送中心的距离[9]。该算法初始化时，对式（7.16）变形来计算节约量。

$$s\left(i,j\right)=d\left(i,0\right)+d\left(0,j\right)-d\left(i,j\right) \tag{7.18}$$

其中，$d\left(i,j\right)$ 表示供应商 i 和供应商 j 之间的距离；0 表示仓库；$s\left(i,j\right)$ 表示节约量。

如果节约量 $s\left(i,j\right)$ 比较高的话，那么车辆在访问 i 后访问 j 就是比较好的选择，因此引入节约量可以改进蚁群算法的求解质量，转移概率分布公式可以扩展为

$$P_k(i,j)=\begin{cases}\dfrac{[\tau(i,u)][\eta(i,u)]^{\beta}[s(i,u)]^{\alpha}}{\sum\limits_{u\in J_k(i)}[\tau(i,u)][\eta(i,u)]^{\beta}[s(i,u)]^{\alpha}}, & 若 j\in J_k(i)\\ 0, & 其他\end{cases} \tag{7.19}$$

其中，参数 α 和 β 分别表示节约量和距离这两个启发信息的相对重要性。

C. 信息素的更新

本书采用 ant-cycle 模型，则 $t+n$ 时刻在路径 (i,j) 上的信息量可按照以下两个公式进行调整。

$$\tau_{ij}\left(t+n\right)=\left(1-\rho\right)\tau_{ij}\left(t\right)+\Delta\tau_{ij}\left(t\right) \tag{7.20}$$

$$\Delta\tau_{ij}\left(t\right)=\sum_{k=1}^{m}\Delta\tau_{ij}^{k}\left(t\right)$$

$$\Delta\tau_{ij}^{k}(t)=\begin{cases}\dfrac{Q}{L_k}, & \text{若第}k\text{只蚂蚁在本次循环中经过}(i,j)\\ 0, & \text{其他}\end{cases} \tag{7.21}$$

其中，Q 表示信息素浓度；ρ 表示信息素挥发系数；L_k 表示目前得到的全局最优解的路径长度。

D. 初始解的构造

由于循环取货模式下考虑时间约束的车辆路径问题的复杂性，产生一个可行解并不是一件容易的事，本书采用一种基于供应商时间窗下限较小优先的快速产生初始解的算法，从目前路径最后一个供应商出发，对时间窗要求最早的那个供应商进行访问，如果访问时间不在这个供应商时间窗口内，则需要重新开始一条路径，重复以上步骤[10]。

E. 求解算法步骤

步骤 1：初始化路径。

步骤 2：将未被访问过的供应商放入集合 C 中。

步骤 3：C 中的元素按照如下规则排列：对任意的 $i\leqslant j$，满足 $W(c_i)\leqslant W(c_j)$。

步骤 4：如果集合 C 为空，则算法终止。

步骤 5：如果 $W(c_k,c_m)=T$，保存当前路径 R；重新开辟一条路径，从当前未访问过的供应商中随机选择一个客户 C_r 作为新路径的出发点；用 $C-C_r$ 更新 C；跳转到步骤 3。

步骤 6：如果供应商 C_k 为目前路径 R 的合法供应商，将 C_k 加入到 R 中；用 $C-C_r$ 更新 C 同时更新 $k=k+1$；返回到步骤 4。

步骤 7：算法终止，并输出结果。

其中，$W(c_k,c_m)$ 的返回值如下：“max(c_m的开始服务时间+c_m的服务所需时间+c_m到c_k的行驶时间)”。若到达 C_k 的时间在最晚服务时间 sl_k 之后，则 $W(c_k,c_m)$ 返回一个很大的 T 值，表示该供应商不能加入该路径。

4. 蚁群算法参数设置

蚁群算法的主要参数包括：启发式因子 α、期望启发因子 β、信息素挥发系数 ρ、蚂蚁数量 m、信息素浓度 Q 等。参数的选取直接影响蚁群算法的收敛性和解的效率。各参数的作用也是紧密联系的，对算法起关键性作用的是 ρ、m、α、β 四个参数，因此，探究这四个参数的最佳组合配置有着非常重要的意义。

1）信息残留因子

在蚁群算法模型中信息素挥发系数用 ρ 来表示，它的大小主要影响算法的收敛速度和全局搜索能力；$1-\rho$ 表示信息残留因子，它的大小则表示蚁群个体之间的相互影响。当 ρ 太大时，曾经被搜索过的路径被再次搜索的可能性就很大，这就降低了蚂蚁算法的全局搜索能力；如果 ρ 太小，就会影响到蚂蚁算法的收敛速度[11]。

基于上述分析，本节在国际 TSP 数据库旅行商问题的标准数据集大量仿真实验的基础上对蚁群算法中信息素残留因子 $1-\rho$ 的选择问题做了进一步探讨。实验采用 ant-cycle 模型，设置 M=30、α=1、β=3、$N_{C_{\max}}=200$，节点总数为 45。实验所得的 $1-\rho$ 与最优路径长度之间的对应关系如图 7.7 所示。

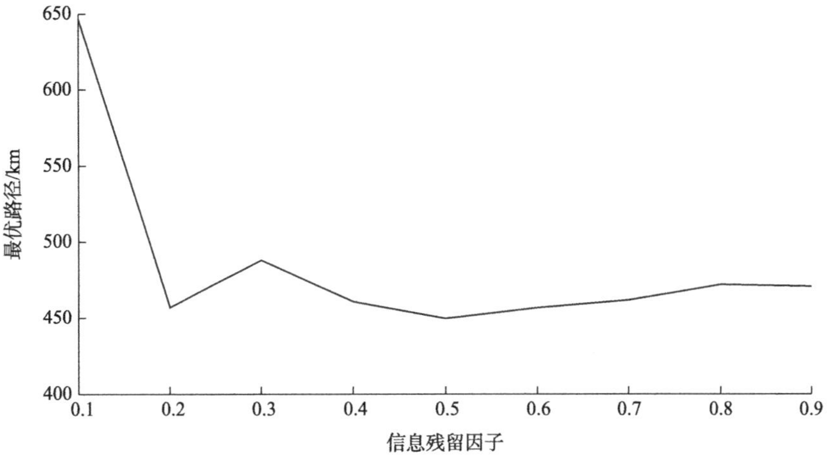

图 7.7　信息残留因子与最优路径的关系

实验得知，$1-\rho\approx 0.5$ 时，蚁群算法的收敛速度和全局收敛性都比较好。

2）蚁群数量

单只蚂蚁在一次循环中所经过的路径，表现为问题可行解集中的一个解；m 只蚂蚁在一次循环中所经过的路径，则表现为问题可行解集中的一个子集。子集大（即蚂蚁数量多），可以提高算法的全局搜索能力和算法的稳定性，但在实际中，当蚂蚁数量过多时，也会使曾被搜索过的解上的信息量的变化趋于平均，信息正反馈作用减弱，虽然这时全局搜索的随机性得到了加强，但是收敛速度会减慢。相反，当问题规模较大时，蚂蚁数量较少会导致部分路径上面的信息量很少甚至趋近于 0，也会导致蚂蚁算法在求解过程中出现过早停滞现象。

本实验仍采用 ant-cycle 模型，设置 $\rho=0.5$、$\alpha=1$、$\beta=3$、$N_{C_{\max}}=200$、$Q=100$，实验所得蚁群数量 m 和最优路径之间的关系如图 7.8 所示。

可以看出，当放置的蚂蚁数量设置为 30 只时，路径达到最优，此时问题规模与蚂蚁数量成 1.5∶1，算法的收敛速度和收敛性都比较好。

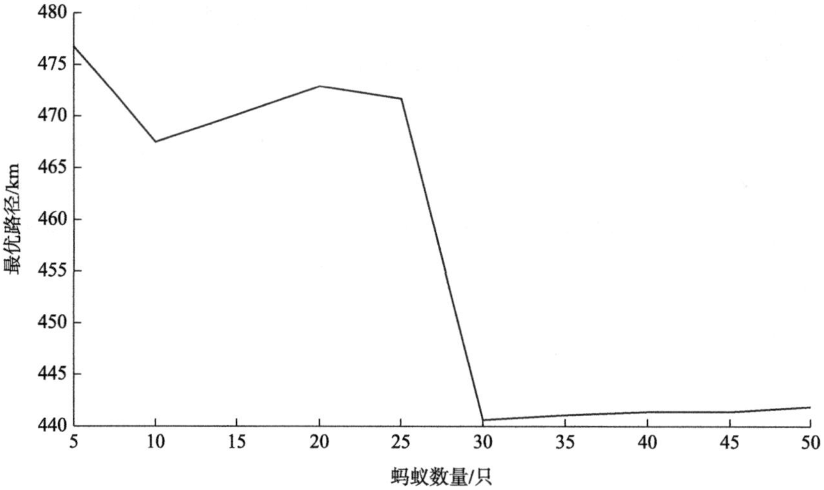

图 7.8　蚂蚁数量与最优路径关系

3）启发式因子

启发式因子α反映了信息量在指引蚁群搜索时的重要程度，值越大，蚂蚁选择曾经走过的路径的可能性就越大，搜索的随机性也就越差；当α较小时，则容易使蚁群陷入局部最优解。我们通过仿真实验，来分析和确定α对算法性能的影响及其在实际应用中的选择。还是以上个问题中的例子作为仿真对象，采用 ant-cycle 模型，设置$\rho = 0.5$、$m = 30$、$\beta = 3$、$N_{C\max} = 200$、$Q = 100$，实验结果如图 7.9 所示。

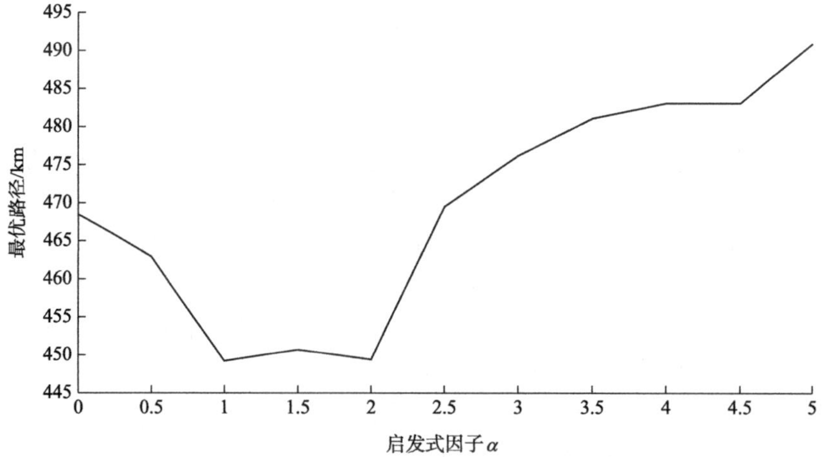

图 7.9　启发式因子与最优路径关系

从实验结果不难看出，启发式因子α对算法性能有很大的影响，α过小，容易导致收敛速度慢，而且很容易让求解陷入局部最优；α过大，意味着足够重视信息素，则导致局部最优路径上的正反馈作用很强，求解过程中也容易出现过早收敛现象，从实验可以看出，当 $\alpha \in [1,2]$ 时，算法的求解效果比较好。

4）期望启发因子

期望启发因子 β 主要影响蚁群的随机搜索性能，β 过大，算法的收敛速度增快，但其收敛性能有变差的趋势；β 过小，将导致蚂蚁群体陷入纯粹的随机搜索，在这种情况下很难找到最优解。还以上述实验为例，本实验仍采用蚁群算法中 ant-cycle 模型。设置 $\rho = 0.5$ 、$m = 30$ 、$\alpha = 1$ 、$N_{C\max} = 200$ 、$Q = 100$ ，实验结果如图 7.10 所示。

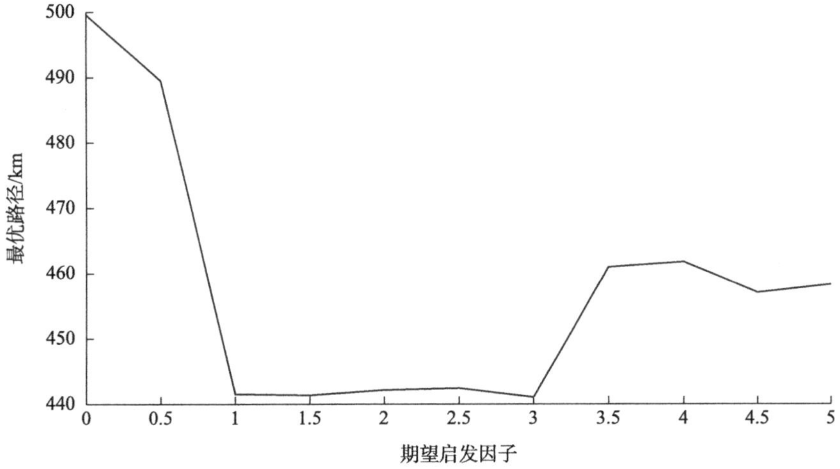

图 7.10　期望启发因子与最优路径关系

上述实验表明 $\beta \in [1,3]$ 时，算法的综合求解性能较好。

5）参数组合对算法性能的影响

如果 ρ、α、β 的组合参数选择配置不当，就会严重影响算法求解的质量和求解速度。因此，研究关键参数 ρ、α、β 的最佳组合配置有着非常重要的意义。

实验时仍采用改变一个参数来分析参数组合对蚂蚁算法性能的影响。这里用 200 次循环作为算法终止的条件。默认设置 $\rho = 0.3$ 、$\alpha = 1$ 、$\beta = 3$ 和 Q=100 ，蚂蚁随机的选择下一个要到达的城市。每组数据实验 5 次，取平均值，实验中的数据来源于旅行商问题的标准数据集。ant-cycle 模型的实验结果如表 7.3 所示。

表 7.3　ant-cycle 模型的实验结果

参数名称	参数值	平均值	最优解	最差解	差值
α	0	687.8127	660.7149	714.9105	54.1956
	0.5	534.6392	505.3659	563.9125	58.5466

续表

参数名称	参数值	平均值	最优解	最差解	差值
α	1	429.7264	426.7546	432.6982	5.9436
	2	447.6790	432.6993	462.6587	29.9594
	5	687.4714	660.6892	714.2536	53.5644
β	0	855.2942	814.2230	896.3654	82.1424
	1	461.4646	443.0369	479.8923	16.8554
	2	432.5363	428.0369	437.0356	8.9987
	3	428.3034	426.0369	430.5698	4.5329
	5	429.4653	426.0369	432.8936	6.8567
ρ	0.1	433.7034	429.0369	438.3698	9.3329
	0.3	431.8634	426.0369	437.6898	11.6529
	0.5	428.1921	426.0256	430.3586	4.3330
	0.7	431.7027	428.3568	435.0486	6.6918

分析表 7.3 所示的结果，可以得知，如果β和ρ取默认值的话，$\alpha=1$时所得到的最优值比取其他值时更好而且其最优值和最差值的差也最小，这说明解的质量和稳定性是最好的，所以α最佳设置应为 1；当β的取值大于 3 时，解的质量开始下降，所以β的最佳设置是 3；ρ的最佳设置为 0.5。ant-cycle 模型中最佳参数组合是：$\rho=0.5$、$\alpha=1$、$\beta=3$。

由上可知，信息挥发系数ρ、信息启发因子α及期望启发因子β对算法的影响都是非常重要的。因此，要想得到较优的解，就需要对这三个参数的取值进行比较合理的设置。

7.1.5　循环取货车辆路径优化仿真实验

1. MATLAB 仿真软件简介

MATLAB 是美国 MathWorks 公司出品的商业数学软件，是一种用于算法开发、数据可视化、数据分析及数值计算的高级技术计算语言和交互式环境，主要包括 MATLAB 和 Simulink（动态仿真）两大部分，由于 MATLAB 友好的用户界面为蚁群算法的仿真实现提供了很好的平台。

2. 蚁群算法 MATLAB 语言基本元素

（1）$N_{C\max}$ 表示最大代数。
（2）α 表示信息启发式因子，用来分析信息素对蚁群选择路径的影响。
（3）β 表示期望启发式因子，用来分析路径长度对蚁群选择路径的影响。
（4）ρ 表示信息素挥发系数，主要用来说明信息素挥发的快慢。
（5）λ 表示节约量的相对重要性。
（6）$M(1,2,\cdots,k)$ 表示蚂蚁的数量。
（7）Q 表示信息素增加强度系数。
（8）R_best 表示各代最佳路线。
（9）L_best 表示各代最佳路线的长度。
（10）Tau 即 η 函数，是距离的倒数。

3. 循环取货模式下考虑容量约束的车辆路径问题仿真实验

1）蚁群算法仿真实验设计

变量初始化，部分程序如下。

```
k=0;
for i=1:n;
for j=1:n;
if i! =j;
D(i,j)=((C(i,1)−C(j,1)^2+(C(i,2)−C(j,2))^2)^0.5NC=1;
NC=1;
R_best=zeros(NC_max,n);
L_best=inf.*ones(NC_max,1);
while NC<=NC_max//停止条件之一：达到最大迭代次数;
```

计算待选城市的概率分布，部分程序如下。

```
for k=1:length(J);
P(k)=(Tau(visited(end),J(k))^ )*(Eta(visited(end),J(k))^ );
End;
P=P/(sum(P));
```

按概率原则选取下一个城市，部分程序如下。

```
Pcum=cumsum(P);
Select=find(Pcum>=rand);
to_visit=J(Select(1));
Tabu(i,j)=to_visit;
```

```
if NC>=2;
Tabu(1,:)=R_best(NC−1,:);
```
记录本次迭代最佳路线，部分程序如下。
```
for i=1:m;
R=Tabu(i,:);
for j=1:(n−1);
L(i)=L(i)+D(R(j),R(j+1));
L(i)=L(i)+D(R(1),R(n));
L_best(NC)=min(L);
pos=find(L==L_best(NC));
R_best(NC,:)=Tabu(pos(1),:);
NC=NC+1;
```
更新信息素，部分程序如下。
```
for i=1:m;
for j=1:(n−1);
Delta_Tau(Tabu(i,j),Tabu(i,j+1))=Delta_Tau(Tabu(i,j),Tabu(i,j+1))+Q/L(i);
Delta_Tau(Tabu(i,n),Tabu(i,1))=Delta_Tau(Tabu(i,n),Tabu(i,1))+Q/L(i);
Tau=(1-Rho).*Tau+Delta_Tau;
```
禁忌表清零，部分程序如下。
```
Tabu=zeros(m,n);
```
输出结果，部分程序如下。
```
Pos=find(L_best==min(L_best));
Shortest_Route=R_best(Pos(1),:);
Shortest_Length=L_best(Pos(1))
DrawRoute(C,Shortest_Route);
```
2）算例分析

设有 19 个客户随机地分布在弧段长度为 10 千米的正方形区域内。集货中心的坐标为 (0,0)。供应商处的集货量已知，这里用 C_i（i=0，1，…，19）表示供应商，其中 C_0 表示集货中心，车辆的载重量为 8t，实验数据如表 7.4 所示。

表 7.4 实验基础数据表

客户编号	0	1	2	3	4	5	6	7	8	9
横坐标/km	0	1	1	−1	−2	4	−3	−3	2	2
纵坐标/km	0	0	4	−1	−2	0	1	0	−1	0
集货量/t	0	2	2.3	2.5	1.3	2	1.5	3	3.5	2.2

续表

客户编号	10	11	12	13	14	15	16	17	18	19
横坐标/km	2	4	−2	3	2	3	3	2	−2	1
纵坐标/km	4	5	1	1	−2	0	2	−3	3	1
集货量/t	1.1	0.7	2.9	2.4	2.5	1.2	1	2.7	4	0.6

设置参数 $M=16$、$N_{C_{\max}}=1000$、$\alpha=1$、$\beta=3$、$\rho=0.5$、$Q=100$，运行 5 次得到结果如图 7.11～图 7.15 所示（软件截图），实时实验数据如表 7.5 所示。

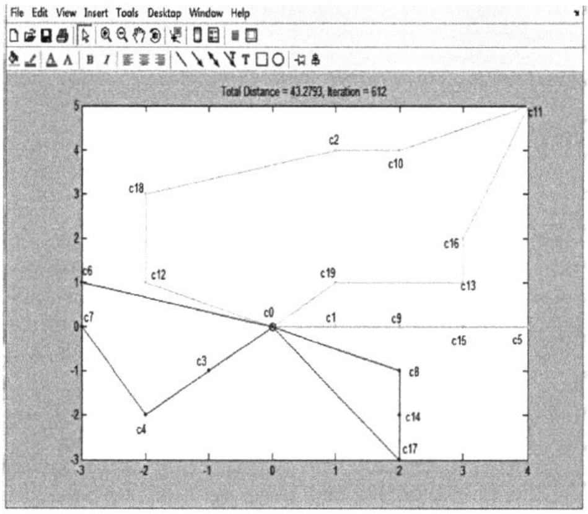

图 7.11　运行第一次结果图

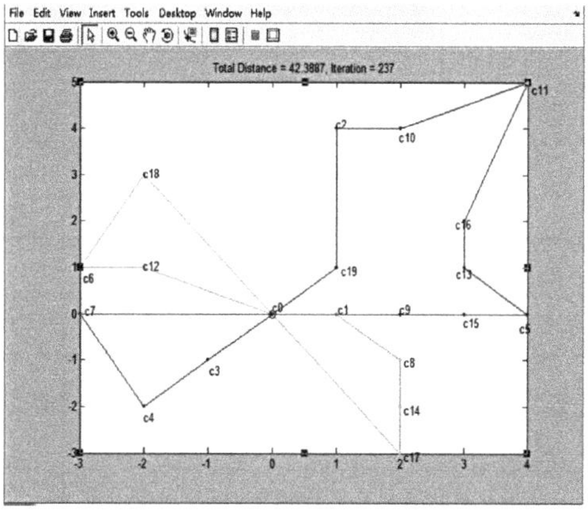

图 7.12　运行第二次结果图

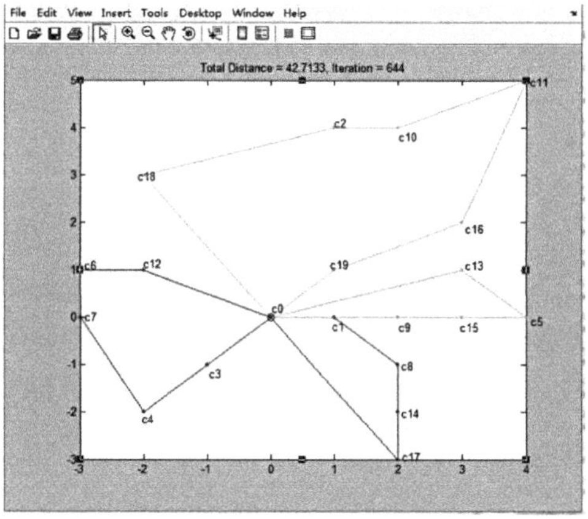

图 7.13　运行第三次结果图

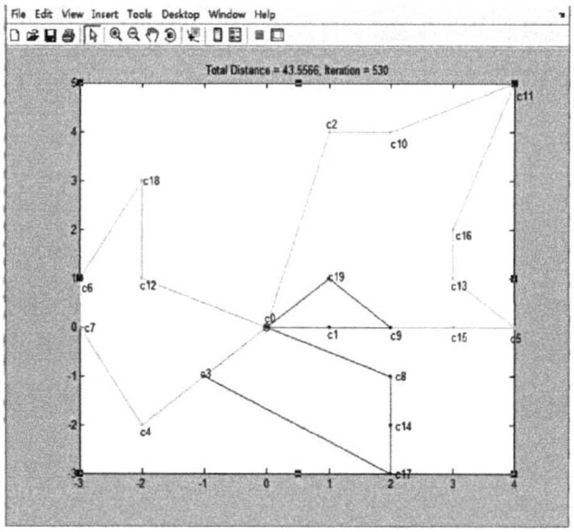

图 7.14　运行第四次结果图

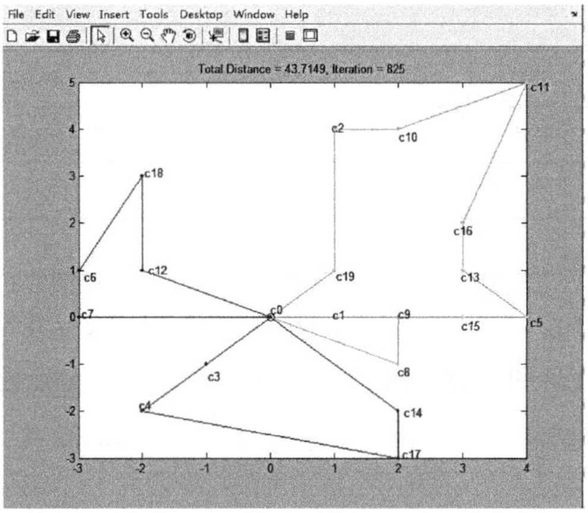

图 7.15　运行第五次结果图

表 7.5　实验计算结果

计算次序	1	2	3	4	5	平均值
最短路径/km	43.2793	42.3887	43.5566	42.7133	43.7149	43.1299
车辆数目/辆	4	4	4	4	4	4
迭代次数/次	612	237	530	644	825	570
与最小差值	0.8906	0	1.1678	0.3262	1.3262	0.7423

由表 7.5 可知，蚁群算法在五次求解后都得到了较好的解，所找到的最好解为 42.3887km，对应的四条配送线路为

路线 1：$C_0 \to C_{13} \to C_{18} \to C_7 \to C_{19} \to C_{11} \to C_{10} \to C_1 \to C_0$。

路线 2：$C_0 \to C_7 \to C_4 \to C_3 \to C_0$。

路线 3：$C_0 \to C_{17} \to C_{14} \to C_8 \to C_1 \to C_0$。

路线 4：$C_0 \to C_{19} \to C_2 \to C_{10} \to C_{11} \to C_{16} \to C_{13} \to C_5 \to C_{15} \to C_9 \to C_1 \to C_0$。

改进后的蚁群算法计算结果也很稳定，五次求解中，最差的路径只比最好的路径多 3.13%，而且最优路径的迭代次数也比较低，这说明算法在计算效率方面还是比较有效的，同时说明用蚁群算法求解循环取货车辆路径问题是可行的。

4. 循环取货考虑时间约束的车辆路径问题仿真实验

1）蚁群算法仿真实验设计

利用节约法来构造问题的初始解，部分程序如下。

```
k=0;
for(i=1;i<m);
```

```
for(j=i;j<n);
if(i!=j)
save[k][2]=a(dis[i][0]+dis[j][0]−dis[i][j]);
save[k][0];
save[k][1]=j;
```

计算待选城市的概率分布，部分程序如下。

```
for k=1:length(J);
P(k)=(Tau(visited(end),J(k))^ α )*(Eta(visited(end),J(k))^ β );
( s(i, j) ,J(k))^ λ );
```

按概率原则和时间窗约束选取下一个城市，部分程序如下。

```
Pcum=cumsum(P);
Select=find(Pcum>=rand);
to_visit=J(Select(1));
Tabu(i,j)=to_visit;
for i=1 to m do for j=1 to n do
t[i,j]=ruo*t[i,j]+dt[i,j];
tmax=1/(tweight*(1−ruo));tmin=tmax/5;
if(t[i,j]>tmax ) then t[i,j]=tmax;
if(t[i,j]<tmax) then t[i,j]=tmin;
if NC>=2;
Tabu(1,:)=R_best(NC−1,:);
```

记录本次迭代最佳路线，部分程序如下。

```
for i=1:m;
R=Tabu(i,:);
for j=1:(n−1);
L(i)=L(i)+D(R(j),R(j+1));
L(i)=L(i)+D(R(1),R(n));
L_best(NC)=min(L);
pos=find(L==L_best(NC));
R_best(NC,:)=Tabu(pos(1),:);
NC=NC+1;
```

更新信息素，部分程序如下。

```
for i=1:m;
for j=1:(n−1);
Delta_Tau(Tabu(i,j),Tabu(i,j+1))=Delta_Tau(Tabu(i,j),Tabu(i,j+1))+Q/L
```

```
Delta_Tau(Tabu(i,n),Tabu(i,1))=Delta_Tau(Tabu(i,n),Tabu(i,1))+Q/L(i);
```

禁忌表清零，部分程序如下。

```
Tabu=zeros(m,n);
```

输出结果，部分程序如下。

```
Pos=find(L_best==min(L_best));
Shortest_Route=R_best(Pos(1),:);
Shortest_Length=L_best(Pos(1))
DrawRoute(C,Shortest_Route);
```

2）算例分析

2004 年，东风日产引入调达物流模式：主要针对装配厂 8km 以外的汽车零部件供应商，如武汉、上海、广州等地的供应商采用循环取货模式对零部件进行集货[12]。本书主要针对东风日产武汉的供应商进行循环取货车辆路径进行优化分析。

东风日产武汉生产基地主机厂只有一个集货中心，25 辆车，车辆的最大容载能力是 200t，车辆的规格是统一的；25 个零部件供应商，这里用 C_i（i=0，1，…，25）来表示供应商，其中 C_0 表示集货中心，供应商的位置坐标 $[x,y]$、时间窗要求、服务时间、集货量如表 7.6 和图 7.16 所示。

表 7.6　东风日产基础数据表

供应商编号	横坐标/km	纵坐标/km	集货量/t	se_i	sl_i	服务时间/小时
0	35	35	0	0	230	0
1	41	49	10	0	204	10
2	35	17	7	0	202	10
3	55	45	13	0	197	10
4	55	20	19	139	169	10
5	15	30	26	0	169	10
6	25	30	3	0	208	10
7	20	50	5	0	198	10
8	10	43	9	85	115	10
9	55	60	16	87	117	10
10	30	60	16	0	194	10
11	20	65	12	57	87	10
12	50	35	19	0	205	10

续表

供应商编号	横坐标/km	纵坐标/km	集货量/t	se_i	sl_i	服务时间/小时
13	30	25	23	149	179	10
14	15	10	20	0	187	10
15	30	5	8	51	81	10
16	10	20	19	0	190	10
17	5	30	2	0	189	10
18	20	40	12	0	204	10
19	15	60	17	0	187	10
20	45	65	9	0	188	10
21	45	20	11	0	201	10
22	45	10	18	0	193	10
23	55	5	29	58	88	10
24	65	35	2	0	190	10
25	65	20	6	156	186	10

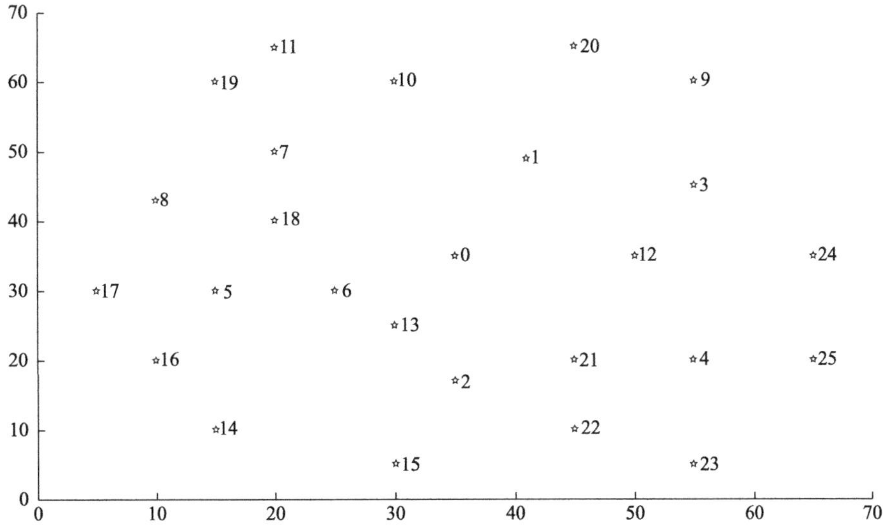

图 7.16　东风日产各供应商编号示意图

求解参数设置：设置参数 $M=16$，$N_{C_{\max}}=1000$，$\alpha=1$，$\lambda=1$，$\beta=3$，$\rho=0.5$。运行 5 次，所得结果如图 7.17～图 7.21 所示，五次求解的结果见表 7.7。

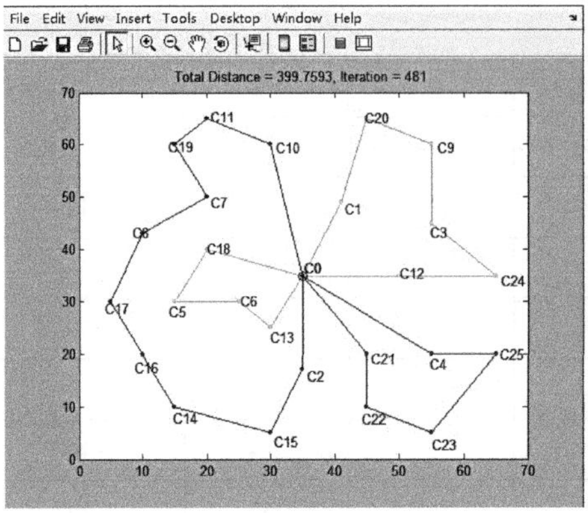

图 7.17　运行第一次结果图

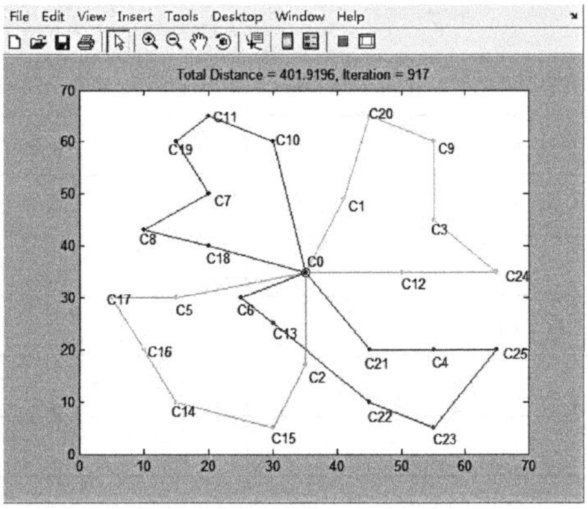

图 7.18　运行第二次结果图

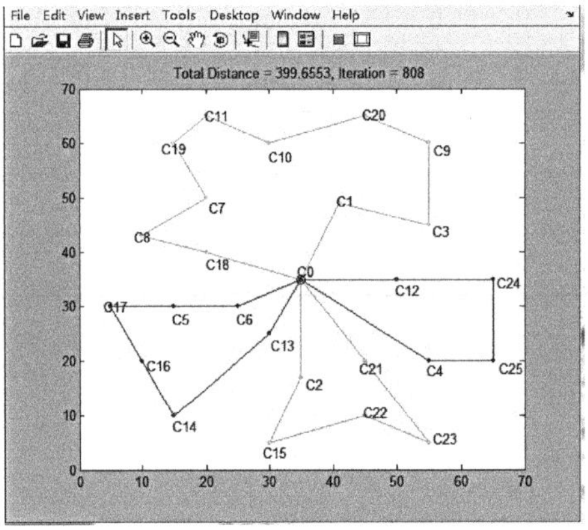

图 7.19　运行第三次结果图

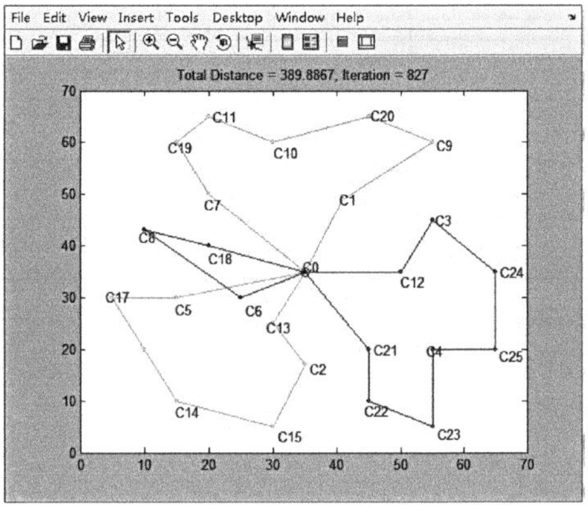

图 7.20　运行第四次结果图

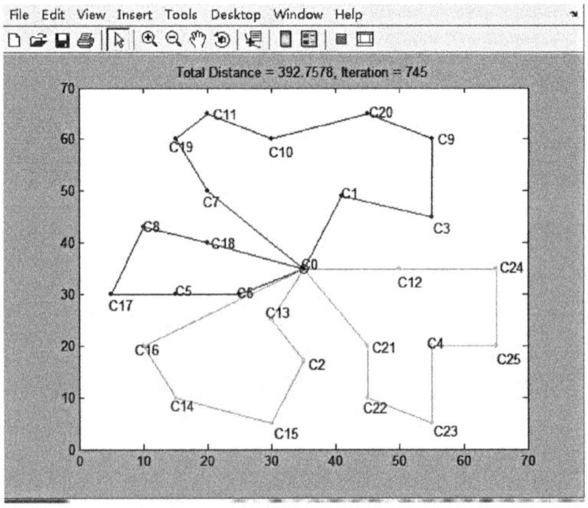

图 7.21　运行第五次结果图

表 7.7　五次求解结果

类别	求解次序				
	1	2	3	4	5
车辆/辆	4	4	4	4	4
路径长度/km	399.7593	401.9196	399.6553	389.8867	392.7578

通过试验分析，在第 4 次试验时得到最优路径长度是 389.8867km，具体路径如下。

路线 1：$C_0 \to C_{18} \to C_8 \to C_6 \to C_0$。

路线 2：$C_0 \to C_5 \to C_{17} \to C_{14} \to C_{15} \to C_2 \to C_{13} \to C_0$。

路线 3：$C_0 \to C_1 \to C_9 \to C_{20} \to C_{10} \to C_{11} \to C_{19} \to C_7 \to C_0$。

路线 4：$C_0 \to C_{21} \to C_{22} \to C_{23} \to C_4 \to C_{25} \to C_{24} \to C_3 \to C_{12} \to C_0$。

为了便于比较分析，运用遗传算法对上述问题进行求解，所得最短路径如下。

路线 1：$C_0 \to C_1 \to C_{20} \to C_{29} \to C_3 \to C_{12} \to C_0$。

路线 2：$C_0 \to C_{18} \to C_8 \to C_{19} \to C_{11} \to C_{10} \to C_7 \to C_0$。

路线 3：$C_0 \to C_{21} \to C_{22} \to C_{23} \to C_4 \to C_{25} \to C_{24} \to C_{12} \to C_0$。

路线 4：$C_0 \to C_{13} \to C_6 \to C_5 \to C_{17} \to C_{16} \to C_{14} \to C_{15} \to C_2 \to C_0$。

最短路径 398.29km。

为进一步分析实验结果，再运用启发式算法对问题进行求解，所得最短路径如下。

路径 1：$C_0 \to C_8 \to C_0$。

路径 2：$C_0 \to C_2 \to C_{22} \to C_{23} \to C_4 \to C_{25} \to C_{12} \to C_0$。

路径 3：$C_0 \to C_{17} \to C_{16} \to C_{14} \to C_{15} \to C_5 \to C_6 \to C_0$。

路径 4：$C_0 \to C_{13} \to C_{18} \to C_7 \to C_{19} \to C_{11} \to C_{10} \to C_1 \to C_0$。

最短路径是 488.69km。

为了评价本书所设计的蚁群算法的性能，将其与遗传算法和启发式算法的实验进行比较，所得结果见表 7.8，可以看出蚁群算法的计算结果明显优于遗传算法和最邻近启发式算法。

表 7.8　本书蚁群算法与其他算法比较

算法	蚁群算法	遗传算法	启发式算法
车辆/辆	4	4	4
最优路径/km	389.8867	398.29	488.69

本书针对循环取货车辆路径问题的蚁群算法在进行初始化的时候引进了节约法的思想，使得求解的结果得到了较好的解。通过对表 7.8 的分析，可以看出蚁群

算法在求解循环取货车辆路径问题时优点是很明显的，这是因为在客户点转移上有一个转移概率模式可以有目的地选择下一个客户，而以往的搜索算法采用盲目的选择，蚂蚁算法具有更明显的优越性和稳定性。

7.2　汽车服务备件的多级库存建模与优化决策

7.2.1　引言

由于汽车市场的波动性因素及一些汽车服务备件自身的特点，对汽车服务备件的管理和控制远比一般商品复杂。因此，对汽车服务备件库存的管控应有别于一般的产品。汽车服务备件一方面可以直接销售，另一方面汽车在整车售后维修时也需要，多方面的需求导致了近年来汽车服务备件业务量的迅速增长，随着业务量的增长，导致了供给和需求的不稳定。通常主要以汽车服务备件库存的形式来应对供给和需求的变化。库存控制良好才能使售后运作更有效，从而提高顾客满意度。库存控制对汽车服务商的经济效益的影响是显而易见的：库存量过多，会增加库存费用和备件成本，降低企业的经济效益，造成资源配置的浪费；库存量过少，又难以满足汽车维修的需求，也难以满足顾客对服务质量的要求，市场反应速度减慢，影响服务商的信誉；库存会占用服务商一定的资金，影响了服务商资金的流动性，限制了服务商的资金周转周期；库存时间过长会造成汽车服务备件的损耗，影响维修质量，不仅损害了服务商的经济效益，也损害了服务商的声誉。纵观国内企业，大部分还采用传统的库存管理模式，而传统的服务备件的库存管理存在诸多问题，一方面汽车服务备件占用的流动资金较大，影响了企业现金的回笼，有严重的“死库存”现象，另一方面现在经常会发生服务备件的缺货现象，从而减慢了响应速度，导致企业服务水平大幅度降低。

本节主要研究基于自适应遗传算法的汽车服务备件的两级库存优化问题，在给定的约束条件下，寻求最优库存成本。在已有研究成果的基础上，提出汽车不可修备件和可修备件的库存管理模型，建立相应的数学模型，用自适应遗传算法对模型进行求解，并设计算例进行验证。

7.2.2　库存控制与自适应遗传算法理论

1. 库存控制理论

1）基本库存控制理论

基本的库存控制理论可以分为两种，即定量订货模型和定期订货模型。定量订货模型的基本特点为通常订货批量 Q 是固定的值，批量 Q 的大小主要考虑库存总成本；一般相邻两次订货的时间间隔是变化的，需求变化的情况决定订货间隔的大小；订货提前期基本是不变的，与物资需求没有直接关系，主要由供应商的运输能力和生产等来决定。定期订货模型的基本特点：每次对库存的盘点所间隔的时间是固定的，如每周一次或每月一次；每次的订货量是不相同的，根据库存的使用率来确定订货量的大小。上述两种模型的特点非常明显，一般定量订货模型是由“事件驱动”的，而定期订货模型是由“时间驱动”的。定量订货模型需要随时监控物资库存的变化，对于物品种类多，占用资金少的物资库存来说是不经济的，定期订货模型可以弥补其不足。定量订货模型和定期订货模型的区别如表 7.9 所示。

表 7.9　定量订货模型和定期订货模型的区别

特点	定量订货模型	定期订货模型
订货量	Q 是固定的	Q 是变化的
订货点	固定	可变
何时订货	当库存量降低到 R 时发出订货	订货的时间间隔是固定的
盘点周期	可变	固定
库存记录	每次出库做记录	在盘点期做记录
需求率	可变/固定	可变/固定
订货提前期	可变/固定	可变/固定
存货类型	价格昂贵、关键或者重要物资	价格较低的物资

2）多级库存控制理论

由于人们对供应链的普遍关注，供应链中的多级库存控制也越来越受重视。在现实中，多级库存涉及的节点比较多，而且它们相互影响和关联，要比单级库存复杂得多。在实际应用中，尽管假设需求确定，在多级库存中确定订货批量也是非常困难的，一般只能用近似的方法来求解。多级库存优化的目标主要包括：①基于成本优化的多级库存优化。它实际是确定库存中的盘点周期、订货点、订货量等有关参数。交易成本、维持库存费用和缺货成本是供应链库存优化中主要的成本结构，一般总成本为三个成本的和，使总库存成本最小是基于成本的多级库存优化的主要目标。②基于时间优化的多级库存控制。随着敏捷制造思想的提出，传统的基于简单的成本优化的模式已经逐渐转化为时间优先的竞争模式。在供应链环境下，通常把平均上市时间、供应提前期优化和库存周转率的优化等作为时间优化的关键点。例如，合理地缩短订货提前期不仅能够维持更少的库存，减少库存成本，更有利于库存控制。

多级库存的控制策略主要有中心化库存和非中心化库存控制策略，这两种库存控制策略的特点分别如下。

A. 中心化库存控制策略

采用中心化库存控制策略主要是在供应链上有一个核心企业，这个核心企业就是供应链上的数据中心，具有计划协调、需求预测和数据集成等功能。主要运作方式如图 7.22 所示。中心化库存控制的优势在于能够从整体上掌握供应链系统的运作，协调好各节点的库存活动。其主要的控制中心放在核心企业制造商处，由它对供应链的上游和下游的库存活动进行协调。

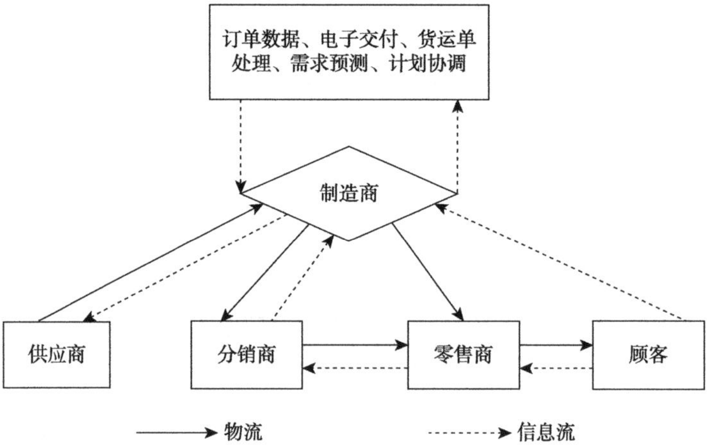

图 7.22　中心化库存控制

B. 非中心化库存控制策略

供应链的库存控制按照非中心化库存控制策略来说，主要分为三个部分，分别为制造商成本中心、分销商成本中心和零售商成本中心，也就是三个成本归结中心。它们做出优化控制策略的依据是使自己的库存成本达到最优。非中心化控制策略通常普遍用于分销系统，而不是生产系统。在分销系统中，各种设施位于不同地点、相距较远，各自独立进行库存补充策略[13]。

2. 自适应遗传算法理论

1）遗传算法的基本原理

遗传算法产生于 20 世纪 60 年代末到 70 年代初，是由美国密歇根大学著名的学者 John Holland 等提出，他们经过一系列的研究形成了一套成熟的方法和理论。他们对自然界系统中生物的复杂适应过程进行了研究，模仿生物进化的机制来构造人工系统的模型。图 7.23 为生物进化的过程，从中可以看出，以群体为一个起点，经过激烈的竞争，如争夺食物水源等，会淘汰一部分弱势群体，剩下的另一部分则会成为新的种群，种群个体之间经过交配会产生子群，由于环境等的变化，子群个体还有可能产生变异，新的子群日益成熟则会代替旧的群体成为新循环的开始。

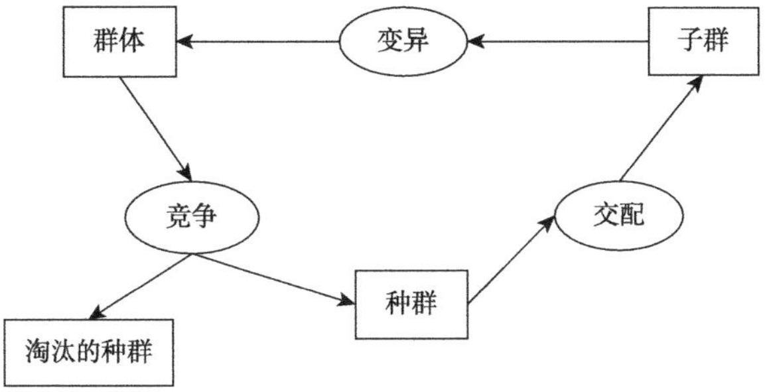

图 7.23 生物进化循环图

种群是染色体带有特征的个体的集合，集合内部的个体数量则称为群体的大小。有时个体的集合也称为个体群。

进化是生物在生命周期过程中，逐渐适应其生存环境，使得品种不断得到改良，这种生命现象被生物学家称为进化。生物进化是以种群的形式进行的。

适应度是在研究自然界中生物的遗传和进化现象时，被生物学家用来度量某物种对周边的生存环境的一种适应程度。某些物种对环境的适应度较高，则这些物种就可能获得更多的繁殖机会，而另一些物种对环境适应度较低，其繁殖机会也相对较小，甚至会被淘汰。

选择是从种群中以合适的概率选择若干个体，选择是优胜劣汰的过程，这个过程是以适应度为基础的。

复制是细胞在分裂时，通过一种复制的方式，遗传物质 DNA 转移到新产生的细胞中，新的细胞就继承了旧细胞的基因。

交叉是在繁殖下一代过程中，有性生殖生物的两个同源染色体之间通过相互交叉而重组，也就是在组成新的染色体前，父代的两个染色体的某一相同位置处 DNA 被切断，前后两串分别交叉。

变异是生物的细胞进行复制时可能会使 DNA 发生某种变异，产生新的染色体，变异发生是因为细胞在复制时可能会出现很小概率的复制差错。

编码是 DNA 中的遗传信息在一个长链上按照某种特定的模式排列。

2）自适应遗传算法的基本原理

影响遗传算法性能的关键是遗传算法的参数中的交叉概率和变异概率的选择，它们将直接影响算法的收敛性。交叉概率越大，产生新个体的速度就越快，当其过小时又会使搜索比较缓慢，停止不前，过大时遗传模式被破坏的可能性就越大，会把高度适应的个体破坏掉。变异算子取值过大时，就会使算法变成随机搜索的模式，过小又不易产生新的个体。所以，交叉概率和变异概率都是很难确定的值。Srinvivas 和 Patnaik 提出了一种自适应的遗传算法，交叉概率和变异概率能够随适应度自动改变[14]。当种群适应度趋于一致时，交叉概率和变异概率增加，当其适应度比较分散时，其交叉概率和变异概率减少。在自适应遗传算法中，交叉概率和变异概率按以下公式进行自适应调整。

$$p_c=\begin{cases}\dfrac{k_1(f_{\max}-f')}{f_{\max}-\bar{f}}, & f\geqslant\bar{f}\\ k_2, & f<\bar{f}\end{cases} \tag{7.22}$$

$$p_m=\begin{cases}\dfrac{k_3(f_{\max}-f)}{f_{\max}-\bar{f}}, & f\geqslant\bar{f}\\ k_4, & f<\bar{f}\end{cases} \tag{7.23}$$

其中，p_c 表示交叉概率；p_m 表示变异概率；$f_{\max}$ 表示群体中最大的适应值；$\bar{f}$ 表示每代群体的平均适应值；f 表示要变异的个体适应值；f' 表示要交叉的两个个体中较大的适应值；k_1、k_2、k_3、k_4 表示常数。

从式（7.22）和式（7.23）可以看出，当适应度低于平均适应度时，说明个体的性能不好，要增大交叉概率和变异概率；反之如果适应度高于平均适应度时，说明个体性能优良，取相应的交叉概率和变异概率。经过大量试验表明，这种调整方法对于处于交叉后期的群体比较适宜，但不利于交叉前期，为了保证每一代的优良个体不被破坏，可采用精英选择策略，使它们直接复制到下一代中。改进后的表达式如下：

$$p_c=\begin{cases}p_{c1}-\dfrac{(p_{c1}-p_{c2})(f'-\bar{f})}{f_{\max}-\bar{f}}, & f'\geqslant\bar{f}\\ p_{c1}, & f'<\bar{f}\end{cases} \tag{7.24}$$

$$p_m=\begin{cases}p_{m1}-\dfrac{(p_{m1}-p_{m2})(f-\bar{f})}{f_{\max}-\bar{f}}, & f\geqslant\bar{f}\\ p_{m1}, & f<\bar{f}\end{cases} \tag{7.25}$$

其中，p_{c1} 和 p_{c2} 表示交叉算子控制参数；p_{m1} 和 p_{m2} 表示变异算子控制参数；$f_{\max}$ 表示种群中最大的适应值；$\bar{f}$ 表示每代群体的平均适应值；f 表示变异的个体适应值；f' 表示两个交叉的个体中较大的适应值。从式（7.24）和式（7.25）中可以看出，做了进一步的改进后，群体中具有最大适应度值的个体的交叉概率和变异概率不再为零，分别提高到 p_{c2} 和 p_{m2}，使得它们不会处于近似停滞不前的状态。这种策略模型具有更好的全局搜索能力，能够以较大的概率避免计算结果限于局部最优解，能明显提高搜索效率。

3）自适应遗传算法的具体描述（算法流程如图 7.24 所示）

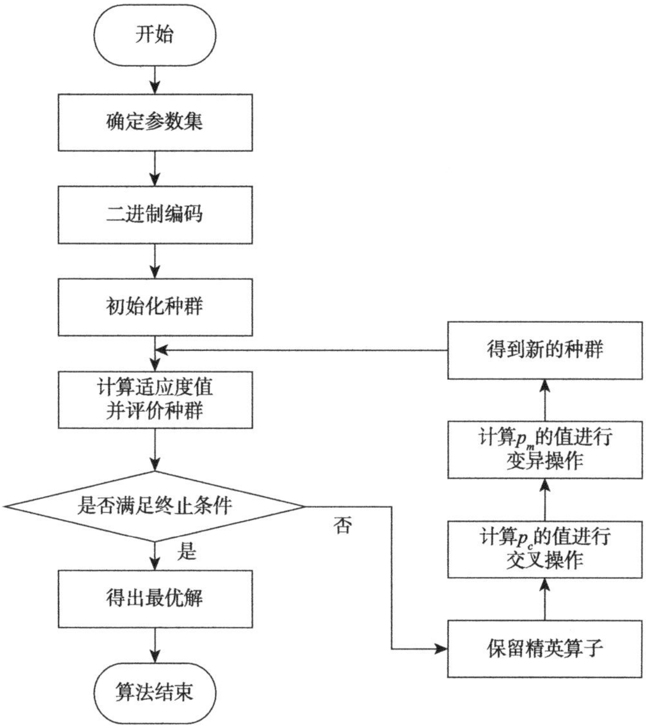

图 7.24　自适应遗传算法流程图

A. 准备工作

首先编码。编码的目的就是把解空间的近似数据表示成遗传空间的基因型串结构的数据，这些串结构数据的不同组合便构成了不同的点。本书采用的是二进制编码，即用一个二进制矢量来代表一个染色体，在多维空间中对应一个点，这个染色体代表变量的一个实数值。

其次设置初始化参数，包括群体大小、最大遗传代数、代沟。

B. 初始种群产生

在给出的变量可行域中，随机产生 N 个初始串结构的数据，每个数据称为一个个体，N 个个体称为一个种群，检查满足率，形成 N 个初始种群，作为初始点开始迭代。

C. 选择复制

以适应性强的个体能为下一代做出的贡献大为原则，找出当前种群中优良的个体，让它们作为父代繁衍下一代。按照适应度函数计算种群个体的适应度，适应度值越大的个体被选中的概率越大，即有更大的机会繁殖后代，保留父代的优良特性。本书采用轮盘赌方法选择算子，选择 N 次，复制出 N 个个体。

D. 交叉和变异

基本的遗传算法的交叉概率和变异概率是一个固定的参数，而自适应的遗传算法是对交叉概率和变异概率进行自适应调整，使每个个体选择不同的交叉概率和变异概率，这种选择以适应度大小为依据，自适应交叉概率和变异概率分别由式（7.24）和式（7.25）表示。如果某个个体的适应值等于最大适应值，则保留该个体，否则由式（7.24）计算交叉概率，进行交叉操作，再计算变异概率，进行变异操作。

E. 判断终止条件

判断是否达到最大遗传代数，如果没有转到步骤 C，满足终止条件则输出各变量值及最终的函数值。

4）自适应遗传算法的应用

自适应遗传算法对优化函数本身没有特殊要求，不需要优化函数连续或者可微，因此，其应用十分广泛，在模式识别、函数优化和参数辨识等领域都有应用，此算法还特别适用于处理传统搜索方法难以解决的复杂的非线性问题。

在模糊识别方面，王国利等把放电识别系统检测到的几种放电类型进行了模式识别，自适应遗传算法可以解决 BP 神经网络的局部收敛等问题，因此它可以很好地应用到变压器超高频局部放电的模式识别中[15]。王晓鹏把自适应遗传算法应用到飞行器气动参数辨识中，克服了传统识别参数的缺点，可以对非线性参数进行识别[16]，叶甲秋和楼佩煌从交叉和变异概率方面改进了自适应遗传算法，将其应用在系统的参数识别中，得到了更高的辨识精度[17]。在求解函数优化方面，陈明杰和刘胜对种群的适应度的集中程度进行改进，并应用到函数优化中，提高了收敛速度[18]。吴志远等把自适应遗传算法应用到求解多峰值的函数优化中[19]。

7.2.3 汽车不可修服务二级库存模型

1. 问题描述

汽车产品的售后服务是汽车企业服务的一项重要内容，售后所需的备件种类繁多，购置和存储费用越来越高，存储过多会占用大量流动资金，存储过少很难快速响应用户变化的需求。因此，对服务备件库存进行有效的管理是做好售后服务的重要保证。目前，汽车服务备件的研究主要集中在分类、需求预测、库存控制策略等方面，而针对汽车企业的服务备件级库存的研究较少。

针对服务备件需求不确定的特点，考虑多个不同的区域分拨中心和多个 4S

店的库存系统，以年库存成本为目标函数，在区域分拨中心和 4S 店的年订货次数、期望缺货量和各仓库的年库存预算的约束下，建立汽车服务备件的二级年库存成本优化模型。自适应遗传算法具有更好的全局搜索能力，能以较大的概率避免算法陷于局部最优解，稳定性好，因此本书利用自适应遗传算法分别求解 4S 店和区域分拨中心的最优订货量和订货点。

2. 汽车不可修服务备件的二级库存模型建立

1）物理模型

一个供应商，一个中心仓库和多个相同的零售商的不可修备件库存系统的物理模型如图 7.25 所示。

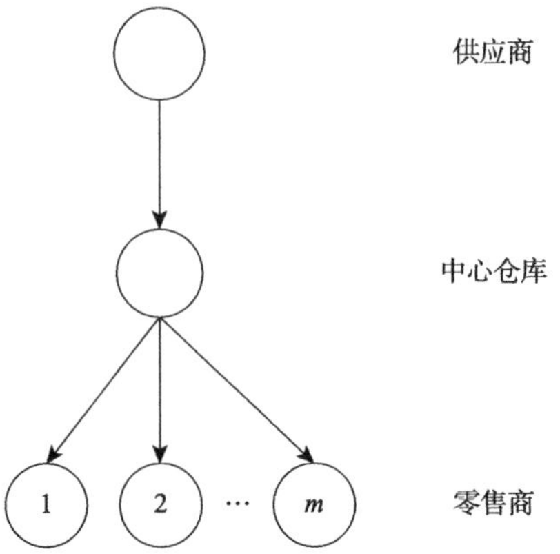

图 7.25　不可修服务备件二级库存模型

针对汽车服务备件的特点，以及汽车企业的实际情况，在上述物理模型的基础上构建的多供应商，多中心仓库和多个 4S 店的物理模型如图 7.26 所示，以及问题的具体描述如下。

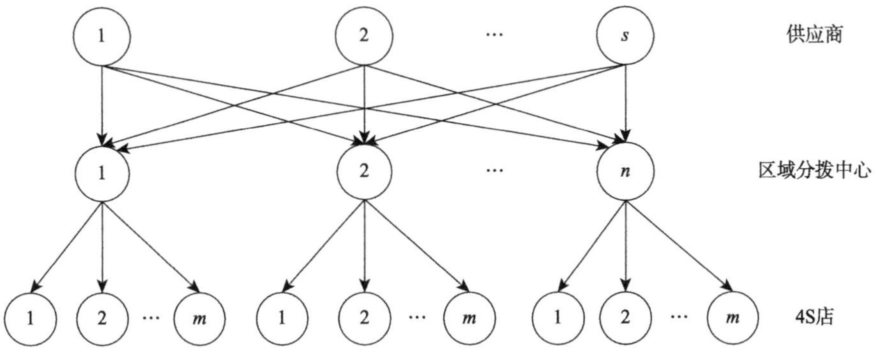

图 7.26　汽车不可修服务备件二级库存模型

汽车服务备件分为进口件、国产件和自制件，其中的国产件是区域分拨中心订货后，供应商直接发货给区域分拨中心，区域分拨中心再发货给 4S 店，而不经过中心备件库，这里只考虑国产件的库存优化。假设在考虑范围内，某汽车制造企业有 s 个供应商，且供应能力无限，有 n 个不同的区域分拨中心，每个区域分拨中心为 m 个相同的 4S 店提供服务备件。4S 店对服务备件的需求服从泊松分布，区域分拨中心的需求要依据 4S 店的需求，所以每个区域分拨中心的需求是 4S 店订货过程的叠加。

2）假设条件

（1）供应商供货给区域分拨中心 j 的备件 k 的订货提前期 L_{jk} 和区域分拨中心 j 供货给其服务的 4S 店 i 的备件 k 的订货提前期 L_{ijk} 都是固定的值。

（2）供应商对汽车服务备件的供应能力为无限，即供应商不存在缺货现象。

（3）区域分拨中心和 4S 店的订货策略都为（Q，R），即连续盘查库存，当库存水平下降到订货点 R 时进行订货，订货量为固定值 Q。

（4）区域分拨中心和 4S 店都允许缺货。

（5）区域分拨中心 j 对备件 k 的年平均订货次数 N_{jk} 和区域分拨中心 j 服务的 4S 店 i 对备件 k 的年平均订货次数 N_{ijk} 是有限的。

（6）区域分拨中心年缺货期望和区域分拨中心服务的 4S 店的年缺货期望是有限的。

（7）区域分拨中心年预算和区域分拨中心服务的 4S 店对所有产品的年预算是有限的。

3）数学模型

符号定义主要包括以下内容。

h：库存服务备件种类数。

m：每个区域分拨中心服务的 4S 店的数量。

n：区域分拨中心的数量。

k：第 k 种服务备件，$k=(1,2,\cdots,h)$。

i：第 i 个 4S 店，$i=(1,2,\cdots,m)$。

j：第 j 个区域分拨中心，$j=(1,2,\cdots,n)$。

C_k：服务备件的单价（元）。

λ_{ijk}：第 j 个区域分拨中心服务的第 i 个 4S 店对第 k 种服务备件的年需求率。

λ_{jk}：第 j 个区域分拨中心对第 k 种备件的年需求率（单位为 Q_{ijk} 的倍数）。

N_{ijk}：第 j 个区域分拨中心服务的第 i 个 4S 店对第 k 种服务备件的年订货次数。

N_{ij}：第 j 个区域分拨中心服务的第 i 个 4S 店年最大订货次数。

N_{jk}：第 j 个区域分拨中心服务备件 k 的年订货次数。

N_j：第 j 个区域分拨中心年最大订货次数。

I_{jk}：第 j 个区域分拨中心备件 k 的库存量（单位为 Q_{ijk} 的倍数）。

I_{ijk}：第 j 个区域分拨中心服务的第 i 个 4S 店对服务备件 k 的库存量。

Q_{ijk}：第 j 个区域分拨中心服务的第 i 个 4S 店对服务备件 k 的订货批量，为随机变量。

Q_{jk}：第 j 个区域分拨中心备件 k 的订货批量（单位为 Q_{ijk} 的倍数），为随机变量。

R_{ijk}：第 j 个区域分拨中心服务的第 i 个 4S 店对第 k 种服务备件的订货点，为随机变量。

R_{jk}：第 j 个区域分拨中心备件 k 订货点（单位为 Q_{ijk} 的倍数），为随机变量。

L_{ijk}：第 j 个区域分拨中心服务的第 i 个 4S 店对第 k 种服务备件的订货提前期（年）。

L_{jk}：第 j 个区域分拨中心备件 k 订货提前期（年）。

D_{ijk}：第 j 个区域分拨中心服务的第 i 个 4S 店对第 k 种服务备件的提前期需求。

D_{jk}：第 j 个区域分拨中心对备件 k 的提前期需求。

B_{ij}：第 j 个区域分拨中心服务的第 i 个 4S 店的最大缺货期望。

B_j：第 j 个区域分拨中心的最大缺货期望（单位为 Q_{ijk} 的倍数）。

$\text{Max}\,C_{ij}$：第 j 区域分拨中心服务的第 i 个 4S 店的年预算。

$\text{Max}\,C_j$：第 j 个区域分拨中心的年预算。

利用上面的符号建立汽车不可修服务备件的库存成本模型，模型的目标函数为服务备件库存成本，包括所有区域分拨中心和其服务的 4S 店的订货费用，约束条件包括区域分拨中心和其服务的 4S 店的年订货次数、缺货期望和年预算。

区域分拨中心服务的 4S 店对第 k 种服务备件的年订货次数可以表示为

$$N_{ijk} = \frac{\lambda_{ijk}}{Q_{ijk}} \tag{7.26}$$

区域分拨中心的年需求量为其服务的 4S 店需求的叠加，得

$$V\left[D_{ijk}\right] = \frac{m\lambda_{ijk}L_{jk}}{Q_{ik}^2} + \frac{m}{Q_{ik}^2}\sum_{p=1}^{Q_{ik}-1}\frac{1-\exp(-\alpha_p\lambda_{ijk}L_{jk})\cos(\beta_p\lambda_{ijk}L_{jk})}{\alpha_p} \tag{7.27}$$

其中，p 表示常数；$\alpha_p = 1-\cos(2\pi\rho/Q_{ijk})$；$\beta_p = \sin(2\pi\rho/Q_{ijk})$。

区域分拨中心 j 服务的 4S 店的提前期内的需求均值为

$$E\left[D_{ijk}\right] = V\left[D_{ijk}\right] = \lambda_{ijk}L_{ijk} \tag{7.28}$$

区域分拨中心和 4S 店的缺货期望为

$$E\left[B_k(R_k,Q_k)\right]=\frac{1}{Q_k}\left[\beta(R_k)-\beta(R_k+Q_k)\right] \tag{7.29}$$

其中，$\beta(x)=\frac{\sigma^2}{2}((z^2+1)[1-\Phi(z)]-z\phi(z))$，$z=\frac{x-\theta}{\sigma}$；$\Phi(z)$ 表示标准正态分布的概率分布函数；$\phi(z)$ 表示标准正态分布的概率密度函数。

在（Q，R）的库存策略下，库存量期望为[20]

$$E\left[I_k(R_k,Q_k)\right]=E\left[B_k(R_k,Q_k)\right]+R_k+\frac{Q_k+1}{2}-E(D_k) \tag{7.30}$$

由式（7.29）可知区域分拨中心的库存量期望为

$$E\left[I_{jk}(R_{jk},Q_{jk})\right]=E\left[B_{jk}(R_{jk},Q_{jk})\right]+R_{jk}+\frac{Q_{jk}+1}{2}-E(D_{jk}) \tag{7.31}$$

区域分拨中心服务的 4S 店的库存量期望为

$$E\left[I_{ijk}(R_{ijk},Q_{ijk})\right]=E\left[B_{ijk}(R_{ijk},Q_{ijk})\right]+R_{ijk}+\frac{Q_{ijk}+1}{2}-E(D_{ijk}) \tag{7.32}$$

由式（7.30）和式（7.31）得到汽车不可修服务备件的库存成本为

$$\min \mathrm{TC}=\sum_{j=1}^{n}\sum_{k=1}^{h}C_kQ_{ijk}E\left[I_{jk}(R_{jk},Q_{jk})\right]+\sum_{j=1}^{n}\left(m\sum_{k=1}^{h}C_kE\left[I_{ijk}(R_{ijk},Q_{ijk})\right]\right) \tag{7.33}$$

$$\text{s.t.}\begin{cases}\frac{1}{h}\sum_{k=1}^{h}\frac{\lambda_{jk}}{Q_{jk}}\leqslant N_j & (1)\\ \frac{1}{h}\sum_{k=1}^{h}\frac{\lambda_{ijk}}{Q_{ijk}}\leqslant N_{ij} & (2)\\ \sum_{k=1}^{h}E\left[B_{jk}(R_{jk},Q_{jk})\right]\leqslant B_j & (3)\\ \sum_{k=1}^{h}E\left[B_{ijk}(R_{ijk},Q_{ijk})\right]\leqslant B_{ij} & (4)\\ \sum_{k=1}^{h}C_kQ_{jk}Q_{ijk}\leqslant \max C_j & (5)\\ m\sum_{k=1}^{h}C_kQ_{ijk}\leqslant \max C_{ij} & (6)\end{cases} \tag{7.34}$$

约束条件（1）为区域分拨中心的年订货次数小于等于最大订货次数；约束条件（2）为区域分拨中心 j 服务的 4S 店 i 的订货次数小于等于最大订货次数；约束条件（3）为区域分拨中心 j 的缺货期望小于等于最大缺货期望；约束条件（4）为区域分拨中心 j 服务的 4S 店 i 的缺货期望小于等于最大缺货期望；约束条件（5）为区域分拨中心 j 的订货费用小于等于预算；约束条件（6）为区域分拨中心 j 服务的 4S 店 i 的订货费用小于等于预算。

3. 模型求解

1）求解思路

汽车不可修服务备件的二级库存的数学模型，以最小化库存成本为目标函数。区域分拨中心和 4S 店在其约束条件的范围内，订货点和订货量有成千上万种组合，有的组合使库存成本很高，有的低些，最优化的目的是得到费用最低的方案。直观的理解是可以采用枚举的方式把各种方案列出做比较然后得到最优结果。但一般的解析方法比较难求解，而自适应遗传算法是一种基于枚举的方法，利用此算法进行全局搜索，求解目标函数具有一定的优势，下面利用此算法求解模型中的区域分拨中心和 4S 店的最优订货量和订货点。求解模型时，主要包括染色体编码设计、初始化种群设计、适应度函数设计、交叉算子设计和变异算子设计等。

2）模型求解

步骤 1：准备。决策变量和约束条件的确定：区域分拨中心的订货量和订货点的变量表述如下。

$$Q_{jk}=\begin{bmatrix} Q_{11} & Q_{12} & \cdots & Q_{1k} \\ Q_{21} & Q_{22} & \cdots & Q_{2k} \\ \vdots & \vdots & & \vdots \\ Q_{j1} & Q_{j2} & \cdots & Q_{jk} \end{bmatrix} \tag{7.35}$$

$$S_{ijk}=\begin{bmatrix} S_{i11} & S_{i12} & \cdots & S_{i1k} \\ S_{i21} & S_{i22} & \cdots & S_{i2k} \\ \vdots & \vdots & & \vdots \\ S_{ij1} & S_{ij2} & \cdots & S_{ijk} \end{bmatrix} \tag{7.36}$$

4S 店的订货量和订货点的变量表述如下。

$$Q_{ijk}=\begin{bmatrix} Q_{i11} & Q_{i12} & \cdots & Q_{i1k} \\ Q_{i21} & Q_{i22} & \cdots & Q_{i2k} \\ \vdots & \vdots & & \vdots \\ Q_{ij1} & Q_{ij2} & \cdots & Q_{ijk} \end{bmatrix} \tag{7.37}$$

$$R_{ijk}=\begin{bmatrix} R_{i11} & R_{i12} & \cdots & R_{i1k} \\ R_{i21} & R_{i22} & \cdots & R_{i2k} \\ \vdots & \vdots & & \vdots \\ R_{ij1} & R_{ij2} & \cdots & R_{ijk} \end{bmatrix} \tag{7.38}$$

采用二进制编码，得到种群。初始化参数，包括群体大小 N、最大遗传代数、代沟。

步骤 2：初始种群产生。在给出的变量可行域中，随机产生 N 个个体，检查满足率，形成 N 个初始种群。

步骤 3：计算适应度函数。以 7.2.2 节模型中的目标函数的适应度函数 f 为基础，所建模型的约束条件采用罚函数法处理，得到的调整的适应度函数[21]为

$$Fit(f(x)) = \frac{1}{f(x) + M\sum_{i=1}^{6}(\max[0, E_i])^2} \tag{7.39}$$

其中，M 表示一个无穷大的常数；$E_i(i=1,2,\cdots,6)$ 分别表示 $\frac{1}{h}\sum_{k=1}^{h}\frac{\lambda_{jk}}{Q_{jk}} - N_j$ 、$\frac{1}{h}\sum_{k=1}^{h}\frac{\lambda_{ijk}}{Q_{ijk}} - N_{ij}$ 、$\sum_{k=1}^{h}E[B_{jk}(R_{jk},Q_{jk})] - B_j$ 、$\sum_{k=1}^{h}E[B_{ijk}(R_{ijk},Q_{ijk})] - B_{ij}$ 、$\sum_{k=1}^{h}C_k Q_{jk} Q_{ijk} - \text{Max}\,C_j$ 、$m\sum_{k=1}^{h}C_k Q_{ijk} - \text{Max}\,C_{ij}$ 。如果某个染色体的适应度值越大则适应度越高。

步骤 4：选择算子。按照适应度函数计算种群个体的适应度，采用轮盘赌方法选择算子。选择 N 次，复制出 N 个个体。

步骤 5：交叉和变异。基本的遗传算法的交叉概率和变异的概率都是一个固定的参数，而自适应的遗传算法是对交叉和变异概率进行自适应调整，使每个个体按照适应度大小，选择不同的交叉概率和变异概率。如果某个个体的适应值等于最大适应值，则保留个体，否则由式（7.24）计算交叉概率，进行交叉操作，再计算变异概率，进行变异操作。

步骤 6：判断终止条件。判断是否达到最大遗传代数，如果没有达到，则转到步骤 4，满足终止条件则输出各变量值及最终的函数值。

4. 实例分析

某汽车销售公司有三个区域分拨中心，每个区域分拨中心服务四个 4S 店，订购的备件有六种，每个 4S 店的年需求率 λ_{ijk} ，订货提前期 L_{ijk} ，每个区域分拨中心的订货提前期 L_{ijk} 及六种服务备件价格如表 7.10～表 7.12 所示。每个 4S 店和区域分拨中心的年最大订货次数分别为 $N_{ij}=12$ 、$N_j=20$ ；每个 4S 店和区域分拨中心的年缺货期望分别为 $B_{ij}=4$ 、$B_j=8$ ；每个 4S 店和区域分拨中心的年预算分别为 $\text{Max}\,C_{ij}=60\,000$ 元、$\text{Max}\,C_j=800\,000$ 元。用自适应遗传算法求解出区域分拨中心和 4S 店的最优订货量和订货点。

表 7.10　区域分拨中心 1 和其服务的 4S 店

备件	λ_{ijk}	L_{ijk}	L_{jk}	C_k
轮胎	20	0.21	0.10	230
冷凝器	14	0.10	0.08	334
电瓶	40	0.24	0.10	300
大灯	60	0.30	0.08	265
保险杠	30	0.50	0.05	214
玻璃	15	0.56	0.08	370

表 7.11　区域分拨中心 2 和其服务的 4S 店

备件	λ_{ijk}	L_{ijk}	L_{jk}	C_k
轮胎	28	0.26	0.10	230
冷凝器	25	0.11	0.10	334
电瓶	45	0.21	0.08	300
大灯	70	0.40	0.07	265
保险杠	35	0.48	0.05	214
玻璃	25	0.50	0.08	370

表 7.12　区域分拨中心 3 和其服务的 4S 店

备件	λ_{ijk}	L_{ijk}	L_{jk}	C_k
轮胎	18	0.20	0.10	230
冷凝器	20	0.14	0.09	334
电瓶	38	0.25	0.09	300
大灯	55	0.40	0.07	265
保险杠	30	0.45	0.06	214
玻璃	18	0.48	0.07	370

1）自适应遗传算法求解

先确定区域分拨中心和 4S 店的订货量、订货点变量，表示如下。

$$Q_{jk}=\begin{pmatrix} Q_{11} & Q_{12} & \cdots & Q_{16} \\ Q_{21} & Q_{22} & \cdots & Q_{26} \\ Q_{31} & Q_{32} & \cdots & Q_{36} \end{pmatrix}, R_{jk}=\begin{pmatrix} R_{11} & R_{12} & \cdots & R_{16} \\ R_{21} & R_{22} & \cdots & R_{26} \\ R_{31} & R_{32} & \cdots & R_{36} \end{pmatrix}$$

$$Q_{ijk}=\begin{pmatrix} Q_{i11} & Q_{i12} & \cdots & Q_{i16} \\ Q_{i21} & Q_{i22} & \cdots & Q_{i26} \\ Q_{i31} & Q_{i32} & \cdots & Q_{i36} \end{pmatrix}, R_{ijk}=\begin{pmatrix} R_{i11} & R_{i12} & \cdots & R_{i16} \\ R_{i21} & R_{i22} & \cdots & R_{i26} \\ R_{i31} & R_{i32} & \cdots & R_{i36} \end{pmatrix}$$

再初始化种群大小为 10、遗传代数为 200、代沟为 0.3。按照适应度函数计算种群个体的适应度，选择算子，算子选择 10 次，复制出 10 个个体。交叉算子控制参数为 $P_{c1}=0.9, P_{c2}=0.6$，变异算子控制参数为 $P_{m1}=0.03, P_{m2}=0.001$，代入计算交叉变异概率，进行交叉变异操作。最后判断是否达到最大遗传代数 200，如果没有，则转到选择算子步骤，否则输出各变量值及最终的函数值。

2）计算结果

区域分拨中心的订货量和订货点的计算结果如下。

$$Q_{jk}=\begin{pmatrix} 10 & 8 & 12 & 14 & 10 & 11 \\ 18 & 12 & 16 & 15 & 12 & 13 \\ 9 & 13 & 9 & 9 & 13 & 11 \end{pmatrix}, R_{jk}=\begin{pmatrix} 2 & 4 & 5 & 2 & 1 & 2 \\ 3 & 5 & 2 & 4 & 2 & 2 \\ 1 & 1 & 2 & 2 & 3 & 1 \end{pmatrix}$$

4S 店的订货量和订货点计算结果如下。

$$Q_{ijk}=\begin{pmatrix} 10 & 5 & 10 & 8 & 10 & 14 \\ 11 & 9 & 8 & 6 & 6 & 10 \\ 10 & 6 & 8 & 6 & 9 & 10 \end{pmatrix}, R_{ijk}=\begin{pmatrix} 0 & 3 & 2 & 1 & 3 & 2 \\ 3 & 2 & 2 & 4 & 3 & 0 \\ 1 & 3 & 0 & 3 & 2 & 2 \end{pmatrix}$$

总的库存成本为 TC=23.223 万元，自适应遗传算法的实验结果如图 7.27 所示，可以看出种群进化到 70 代左右的时候搜索到最优解或近似最优解。

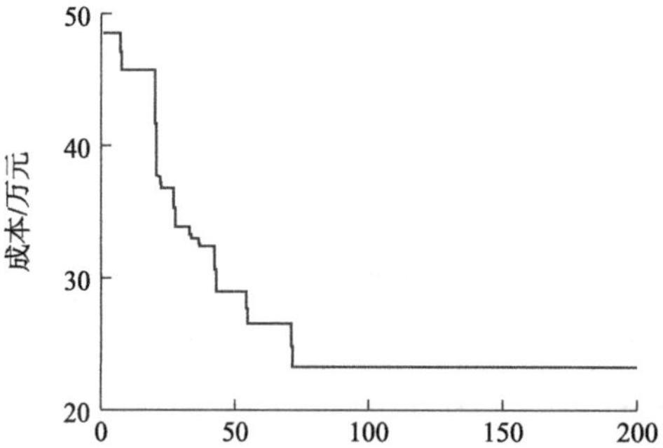

图 7.27　区域分拨中心年预算为 80 万元的总成本

3）结果分析

在文献[22]的二级库存系统的基础上扩展到了多个区域分拨中心和多个 4S 店的二级库存系统，求解出了区域分拨中心和 4S 店的订货量和订货点。现订货量和原订货量的比较如表 7.13 所示，因为 4S 店的备件是从区域分拨中心订购的，所以订货量只计算区域分拨中心的。在达到库存成本最小的基础上，现订货量有一定的减少。现库存成本和原库存成本比较如表 7.14 所示，总库存成本为公司订购六种备件的库存费用之和，经过对比可以看出，总库存成本较以前有明显的减少。

表 7.13　原订货量和现订货量对比

备件	原订货量/件	现订货量/件	减少百分比
轮胎	400	388	3.0%
冷凝器	250	226	9.6%
电瓶	350	320	8.5%
大灯	280	256	8.4%
保险杠	300	289	3.7%
玻璃	400	394	1.5%

表 7.14　总成本对比

对比项	数值
原库存总成本/元	248 000
现库存总成本/元	232 230
减少百分比	6.36%

当 4S 店的年预算不改变，区域分拨中心的年预算费用约束的初始值取 60 万元，步长为 $\delta = 100\,000$，其他参数值保持不变，经过多次试验，目标函数 f 的值会随着遗传代数的增加而减小，最后能够趋于稳定的结果。当区域分拨中心的年预算费用为 60 万元的时候，成本值达到 32.2 万元，如图 7.28 所示；随着年预算的增加，年库存成本值相对减少，如图 7.29～图 7.31 所示，可见，当年预算到达 100 万元时，年库存成本值可以减少到 19.2 万元。

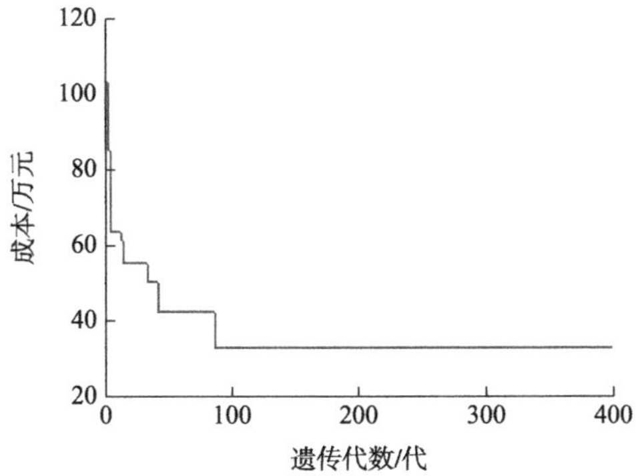

图 7.28　区域分拨中心年预算为 60 万元的总成本

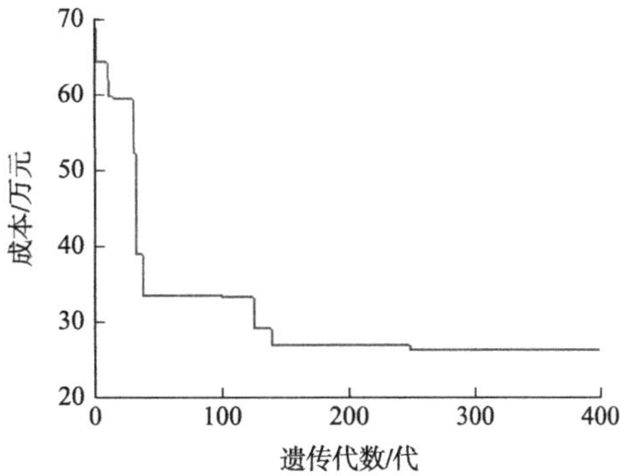

图 7.29　区域分拨中心年预算为 70 万元的总成本

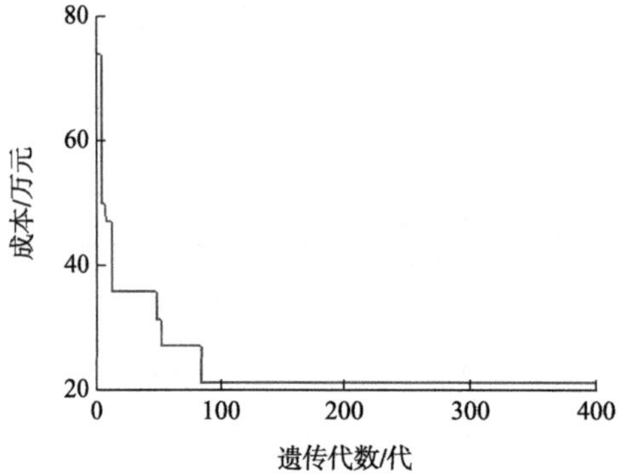

图7.30 区域分拨中心年预算为90万元的总成本

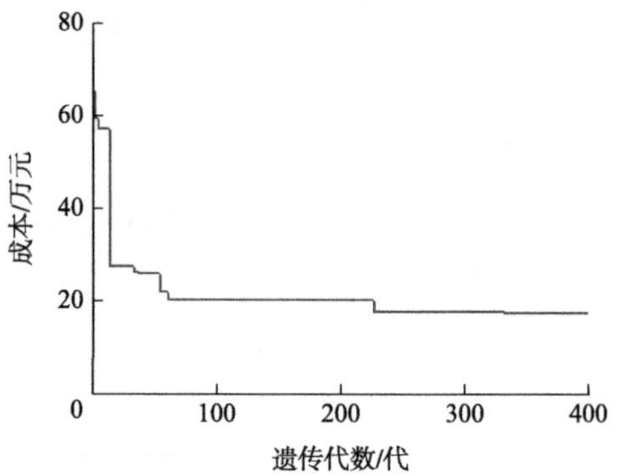

图7.31 区域分拨中心年预算为100万元的总成本

随着区域分拨中心的年预算变化而库存成本发生相应变化的曲线如图7.32所示，横坐标为区域分拨中心的年预算约束，分别为60万元、70万元、80万元、90万元、100万元，从图中可以看出当区域分拨中心的约束在60万元～80万元时，成本值下降较快，约束在80万元～100万元时，成本值下降较慢。

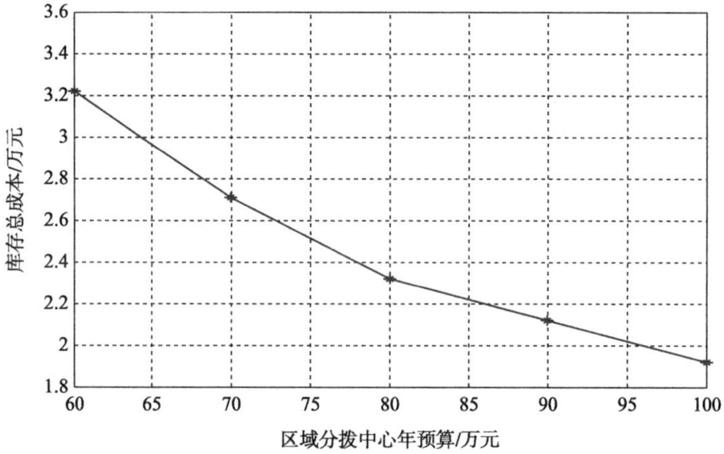

图7.32 年库存成本变化

7.2.4 汽车可修服务二级库存模型

1. 问题描述

汽车的维修服务是汽车售后服务的重要环节，及时提供高效的服务不仅可以给企业带来丰厚的利润还可以提高企业的形象，而汽车故障的不确定性导致服务备件需求的不确定性，进而给服务备件库存的控制带来困难。可修的服务备件具有价格昂贵，对顾客来说重要程度较高等特点，如果发生缺货，就会导致十分严重的经济和名誉损失，因此对汽车可修服务备件库存进行有效的管理是非常必要的。

针对可修服务备件需求不确定的特点，考虑多个不同的区域维修中心和多个 4S 店的库存系统，以年缺货期望为目标函数，以区域维修中心和 4S 店的年库存预算为约束条件，在 Metric 模型基础上建立汽车可修服务备件的二级年库存优化模型。自适应遗传算法具有更好的全局搜索能力，能以较大的概率避免算法陷于局部最优解，稳定性好，所以本书利用自适应遗传算法分别求解 4S 店和区域维修中心的最优库存量。

2. 汽车可修服务备件的二级库存模型建立

1）物理模型

汽车可修服务备件修理的物理过程可以简述如下：当基层的 4S 店遇到故障备件后，由基层级修理机构进行相对简单的维修；当 4S 店不能完成修理任务时，将故障备件送至区域维修中心进行修理，同时请求区域维修中心进行备件供应；区域维修中心对其所属的 4S 店送修备件进行修理，修理完毕的备件转为当地库存或者返回给 4S 店；不能修理的备件返回供应商修理，当区域维修中心的备件不能满足需求时，请求供应商进行供应。供应商对区域维修中心的需求备件进行修理，并保持一定的库存水平，以便对区域维修中心进行供应保障。当供应商和区域维修中心收到供应请求时，订货和运输时间被设定为下一级发出供应请求到从上一级获得备件的时间。假设在考虑范围内，某汽车制造企业有 s 个供应商，且供应能力无限，有 n 个不同的区域维修中心，每个区域维修中心为 m 个相同的 4S 店提供服务备件。构建多供应商、多区域维修中心和多个 4S 店的物理模型如图 7.33 所示。

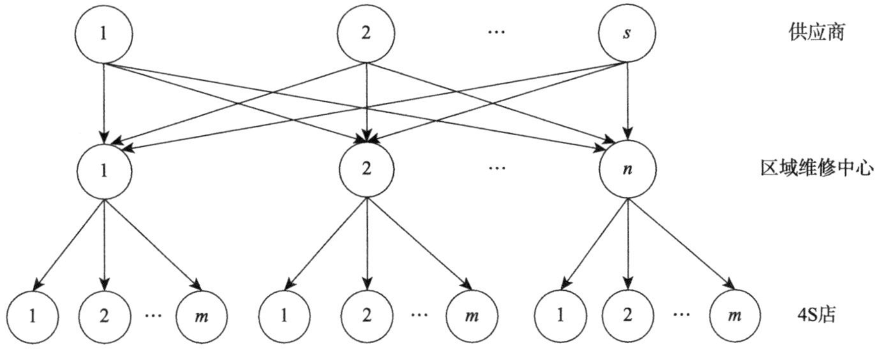

图 7.33　汽车可修服务备件二级库存模型

2）假设条件

（1）汽车可修服务备件库存适用（$s-1$，s）策略。即汽车可修服务备件的库存减少一个便补货一个，这意味着对贵重备件不会进行成批修理，按发生故障的顺序，零部件将一个接一个地被修理。

（2）假定基层 4S 店有修理能力。在不考虑劳动量的前提下，对于一定概率的修理任务，4S 店是有能力完成的。

（3）4S 店的可修服务备件只能从区域维修中心得到供应，而不是从其他同级 4S 店中横向供应，也不从间接上级如供应商那得到供应。

（4）因为可修备件的订购费用较高，所以本节研究的备件费用现只考虑零部件本身的订购价值，库存费用、运输费用和相关管理费用忽略不计。

3）数学模型

符号定义主要包括以下内容。

h：库存汽车可修服务备件种类数。

m：每个区域维修中心服务的基层 4S 店的数量。

n：区域维修中心的数量。

k：第 k 种服务备件（$k=1,2,\cdots,h$）。

i：第 i 个 4S 店（$i=1,2,\cdots,m$）。

j：第 j 个区域维修中心（$j=1,2,\cdots,n$）。

C_k：可修服务备件 k 的单价（元）。

λ_{ijk}：第 j 个区域维修中心服务的基层第 i 个 4S 店对第 k 种服务备件的年平均需求量。

λ_{jk}：第 j 个区域维修中心对第 k 种服务备件的年平均需求量。

X_{ijk}：第 j 个区域维修中心服务的基层第 i 个 4S 店对第 k 种服务备件的需求量。

X_{jk}：第 j 个区域维修中心对第 k 种服务备件的需求量。

S_{jk}：第 j 个区域维修中心第 k 种备件的库存量。

S_{ijk}：第 j 个区域维修中心服务的基层第 i 个 4S 店第 k 种备件的库存量。

r：服务备件 k 在 4S 店被维修的概率，相对应的送到区域维修中心维修的概率是 $1-r$。

L_{ijk}：服务备件 k 在第 j 个区域维修中心服务的基层第 i 个 4S 店的平均修理时间。

L_{jk}：服务备件 k 在第 j 个区域维修中心的平均修理时间。

μ_{ijk}：第 j 个区域维修中心服务的基层第 i 个 4S 店的服务备件 k 供应渠道平

均数，是用来计算期望缺货数的泊松分布均值。

μ_{jk}：第 j 个区域维修中心中服务备件 k 的供应渠道平均数。

B_{jk}：第 j 个区域维修中心中服务备件 k 的缺货量。

B_{ijk}：第 j 个区域维修中心服务的基层第 i 个 4S 店中服务备件 k 的缺货量。

O_{ijk}：第 j 个区域维修中心服务的第 i 个 4S 店之间从订购第 k 种服务备件到交货的平均时间（年）。

$\mathrm{Max}\, C_{ij}$：第 j 个区域维修中心服务的第 i 个 4S 店的年预算。

$\mathrm{Max}\, C_{j}$：第 j 个区域维修中心的年预算。

区域维修中心的 λ_{jk} 的值是其服务的基层 4S 店年平均需求量 λ_{ijk} 的和。

$$\lambda_{jk} = \sum_{k=1}^{h} \lambda_{ijk}(1-r) \tag{7.40}$$

根据 Palm 定律，若一项备件的需求服从年需求均值为 f 的泊松过程，且每一故障件的修理时间相互独立，并服从均值为 L 年的同一分布，则在修理件的稳态概率分布服从均值为 λL 的泊松分布[23]。

区域维修中心的供应渠道平均数为

$$\mu_{jk} = \lambda_{jk} L_{jk} \tag{7.41}$$

所以区域维修中心可提供 X_{jk} 个可修备件的概率为

$$P(X_{jk} \mid \lambda_{jk} L_{jk}) = \frac{(\mu_{jk})^{X_{jk}} e^{-\mu_{jk}}}{X_{jk}!} \tag{7.42}$$

可得区域维修中心的缺货期望为

$$E[B_{jk}] = \sum_{X_{jk}=S_{jk}+1}^{\infty} [(X_{jk} - S_{jk}) \times P(X_{jk} \mid \lambda_{jk} L_{jk})] \tag{7.43}$$

4S 店的供应渠道平均数为

$$\mu_{ijk} = \lambda_{ijk}(rL_{ijk} + (1-r)\{O_{ijk} + E[B_{jk}] / \lambda_{jk}\}) \tag{7.44}$$

4S 店可提供 X_{ijk} 个可修备件的概率为

$$P(X_{ijk} \mid \mu_{ijk}) = \frac{(\mu_{ijk})^{X_{ijk}} e^{-\mu_{ijk}}}{X_{ijk}!} \tag{7.45}$$

4S 店的缺货期望为

$$E[B_{ijk}] = \sum_{X_{ijk}=S_{ijk}+1}^{\infty} [(X_{ijk} - S_{ijk}) \times P(X_{ijk} \mid \mu_{ijk})] \tag{7.46}$$

目标函数为区域维修中心和 4S 店的最小期望缺货量，由式（7.47）和式（7.48）得到；约束条件为区域维修中心和 4S 店的对 k 种可修服务备件的年库存总预算。

目标函数设置为

$$\min E[B]=\sum_{j=1}^{n}\sum_{k=1}^{h}E[B_{jk}]+\sum_{j=1}^{n}(m\sum_{k=1}^{h}E[B_{ijk}]) \tag{7.47}$$

$$\text{s.t.}\begin{cases}\sum_{k=1}^{h}C_k S_{jk}\leqslant \max C_j\\ \sum_{k=1}^{h}C_k S_{ijk}\leqslant \max C_{ij}\end{cases} \tag{7.48}$$

3. 模型求解

1）求解思路

区域维修中心和4S店在其约束条件的范围内，订货量有成千上万种组合，有的组合使缺货期望很高，有的低些，最优化的目的是得到缺货期望的方案。直观的理解是可以采用枚举的方式把各种方案列出做比较然后得到最优结果。但一般的解析方法比较难求解，而自适应遗传算法是一种基于枚举的方法，利用此算法进行全局搜索，求解目标函数具有一定的优势，下面利用此算法求解模型中的区域维修中心和4S店的最优订货量。求解模型时，主要包括染色体编码设计、初始化种群设计、适应度函数设计、交叉算子设计和变异算子设计等。

2）模型求解

步骤1：准备。

决策变量的确定：区域维修中心的库存量变量表述如下。

$$S_{jk}=\begin{bmatrix}S_{11} & S_{12} & \cdots & S_{1k}\\ S_{21} & S_{22} & \cdots & S_{2k}\\ \vdots & \vdots & & \vdots\\ S_{j1} & S_{j2} & \cdots & S_{jk}\end{bmatrix} \tag{7.49}$$

4S店的库存量的变量表述如下：

$$S_{ijk}=\begin{bmatrix}S_{i11} & S_{i12} & \cdots & S_{i1k}\\ S_{i21} & S_{i22} & \cdots & S_{i2k}\\ \vdots & \vdots & & \vdots\\ S_{ij1} & S_{ij2} & \cdots & S_{ijk}\end{bmatrix} \tag{7.50}$$

采用二进制编码，得到种群。初始化参数：包括群体大小N，最大遗传代数，代沟。

步骤2：初始种群产生。在给出的变量可行域中，随机产生N个个体，检查满足率，形成N个初始种群。

步骤3：计算适应度函数。以7.2节模型中的目标函数的适应度函数为基础，

把所建模型的约束条件采用罚函数法处理，得到的适应度函数为

$$Fit(f(x))=\frac{1}{f(x)+M_1(\max[0,\sum_{k=1}^{h}C_kS_{jk}-\max C_j])^2+M_2(\max[0,\sum_{k=1}^{h}C_kS_{ijk}-\max C_{ij}])^2} \tag{7.51}$$

其中，M_1、M_2 表示无穷大的常数。如果某个染色体的适应度值越大则适应度越高。

步骤 4：选择复制。按照适应度函数计算种群个体的适应度，采用轮盘赌方法选择算子。选择 N 次，复制出 N 个个体。

步骤 5：交叉和变异。基本的遗传算法的交叉和变异的概率是一个固定的参数，而自适应的遗传算法是对交叉和变异概率进行自适应调整，使每个个体按照适应度大小，选择不同的交叉和变异概率，求出自适应交叉和变异概率。如果某个个体的适应值等于最大适应值，则保留个体，否则由式（7.24）计算交叉概率，进行交叉操作，再计算变异概率，进行变异操作。

步骤 6：判断终止条件。判断是否达到最大遗传代数，如果没有转到步骤 4，满足终止条件则输出各变量值及最终的函数值。

4. 实例分析

取某汽车企业的三个区域维修中心，每个区域维修中心服务四个 4S 店，订购的备件有六种，每个 4S 店的年需求率 λ_{ijk}、六种服务备件价格等相关参数如表 7.15 所示。区域维修中心与 4S 店之间从订货到交货的平均时间 $O_{ijk}=0.01$ 月，区域维修中心和其服务的 4S 店的可修服务备件库存年预算分别为 $\text{Max}\,C_j=500\,000$ 元，$\text{Max}\,C_{ij}=150\,000$ 元。用自适应遗传算法求解出区域维修中心和 4S 店的可维修备件的最优库存量。

表 7.15　区域维修中心和其服务的 4S 店的相关参数

可修备件种类	区域维修中心 1 和其服务的 4S 店				区域维修中心 2 和其服务的 4S 店				区域维修中心 3 和其服务的 4S 店				备件单价/元
	λ_{ijk}	L_{ijk}	L_{jk}	r	λ_{ijk}	L_{ijk}	L_{jk}	r	λ_{ijk}	L_{ijk}	L_{jk}	r	C_k
备件 1	10	0.020	0.028	0.5	11	0.016	0.020	0.5	12	0.018	0.020	0.6	9800
备件 2	12	0.036	0.046	0.4	14	0.026	0.042	0.4	8	0.030	0.046	0.5	14000
备件 3	20	0.010	0.018	0.4	21	0.016	0.018	0.4	16	0.016	0.020	0.4	3600
备件 4	5	0.030	0.050	0.2	8	0.036	0.042	0.1	5	0.031	0.042	0.2	9000
备件 5	10	0.028	0.036	0.3	8	0.020	0.040	0.4	12	0.030	0.040	0.3	24000
备件 6	14	0.030	0.040	0.3	12	0.028	0.040	0.3	6	0.026	0.036	0.4	15000

1）自适应遗传算法求解

先确定区域维修中心和 4S 店库存量的变量表示如下。

$$S_{jk}=\begin{pmatrix} S_{11} & S_{12} & \cdots & S_{16} \\ S_{21} & S_{22} & \cdots & S_{26} \\ S_{31} & S_{32} & \cdots & S_{36} \end{pmatrix}, S_{ijk}=\begin{pmatrix} S_{i11} & S_{i12} & \cdots & S_{i16} \\ S_{i21} & S_{i22} & \cdots & S_{i26} \\ S_{i31} & S_{i32} & \cdots & S_{i36} \end{pmatrix}$$

再初始化种群大小为 100，遗传代数为 400，代沟为 0.3。按照适应度函数计算种群个体的适应度，选择算子，算子选择 100 次，复制出 100 个个体。交叉算子控制参数为 $P_{c1}=0.9$ 、$P_{c2}=0.6$ ，变异算子控制参数为 $P_{m1}=0.03$ 、$P_{m2}=0.001$ ，分别代入式（7.24）和式（7.25）中计算交叉变异概率，进行交叉变异操作。最后判断是否达到最大遗传代数 400，如果没有，转到选择复制，否则输出各变量值及最终的函数值。

2）计算结果

区域维修中心的库存量计算结果为 $S_{jk}=\begin{pmatrix} 7 & 4 & 8 & 7 & 6 & 7 \\ 8 & 6 & 7 & 5 & 6 & 7 \\ 6 & 6 & 7 & 5 & 6 & 5 \end{pmatrix}$

4S 店的库存量计算结果为 $S_{ijk}=\begin{pmatrix} 2 & 1 & 4 & 2 & 1 & 1 \\ 2 & 1 & 2 & 3 & 2 & 1 \\ 3 & 1 & 3 & 2 & 1 & 1 \end{pmatrix}$

最小的缺货期望为 $E[B]=9.11$，自适应遗传算法的实验结果图如图 7.34 所示。

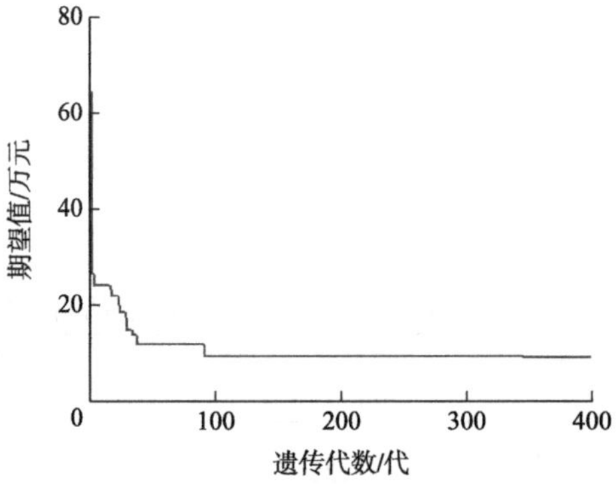

图 7.34　区域维修中心年预算为 50 万元的缺货期望

3）结果分析

当 4S 店的年预算不改变，区域维修中心的年预算费用约束的初始值取 10 万元，步长为 $\delta=100\,000$ ，其他参数值保持不变，经过多次实验，目标函数 f 的值会随着遗传代数的增加而减小，最后趋于稳定。当区域维修中心的年预算费

用为 10 万元的时候，库存费用的最小值如图 7.35 所示，区域维修中心的库存量计算结果为

$$S_{jk}=\begin{pmatrix}1&1&3&2&0&1\\2&1&4&3&0&0\\2&1&4&2&0&0\end{pmatrix}$$

从结果可以看出备件 5 和备件 6 在 3 个区域维修中心的库存非常少，从而使缺货期望也达到 22.15 个，缺货风险较大，随着区域维修中心的年预算的增加，缺货期望相对减少，如图 7.35～图 7.38 所示，当预算到达 50 万元时，缺货期望可以减少到 9.11 个，如图 7.39 所示。随着区域维修中心的年预算变化而缺货期望发生相应变化的曲线如图 7.40 所示，横坐标表示区域维修中心的年预算的约束，分别为 10 万元、20 万元、30 万元、40 万元、50 万元，纵坐标表示缺货期望值的变化。

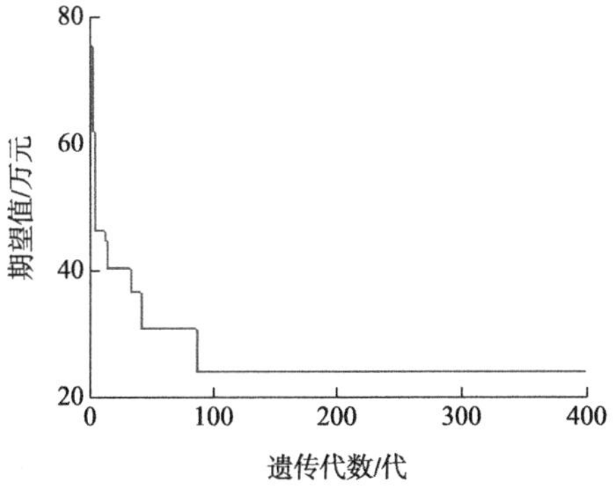

图 7.35　年预算为 10 万元的缺货期望

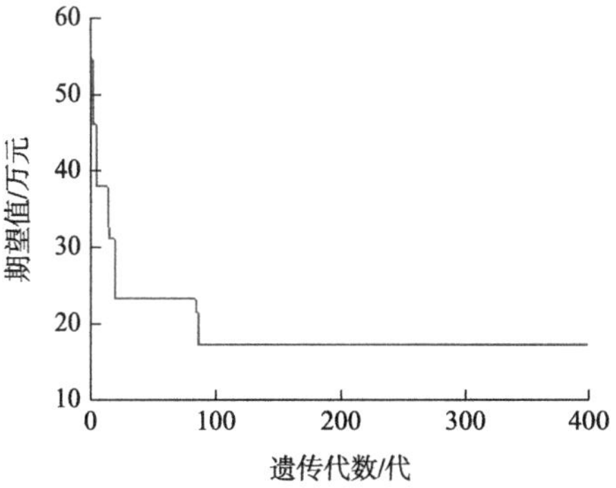

图 7.36　年预算为 20 万元的缺货期望

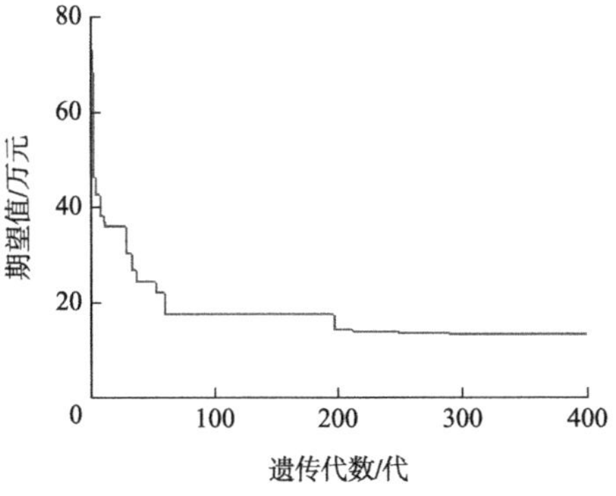

图 7.37　年预算为 30 万元的缺货期望

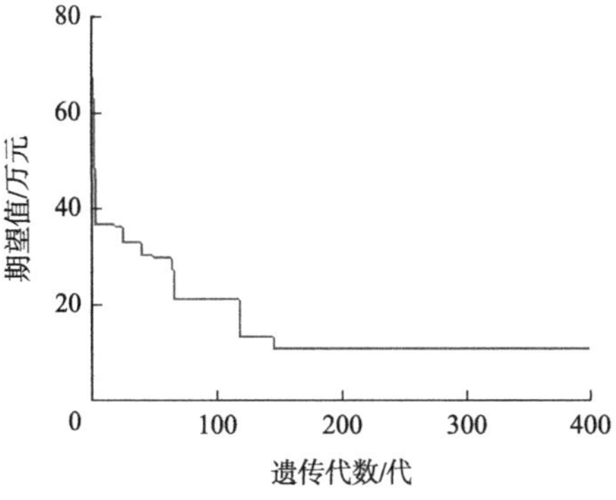

图 7.38　年预算为 40 万元的缺货期望

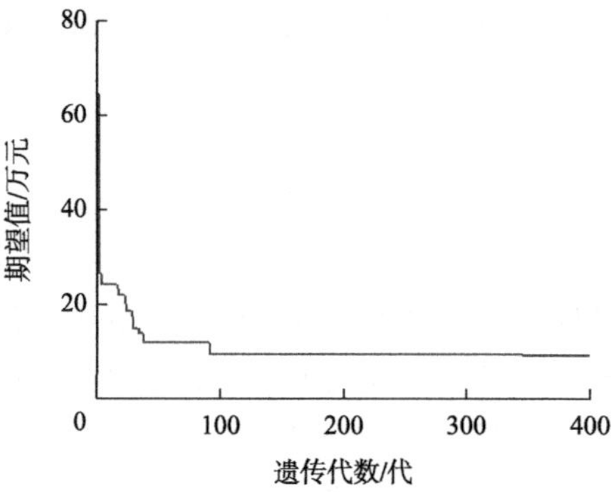

图 7.39　年预算为 50 万元的缺货期望

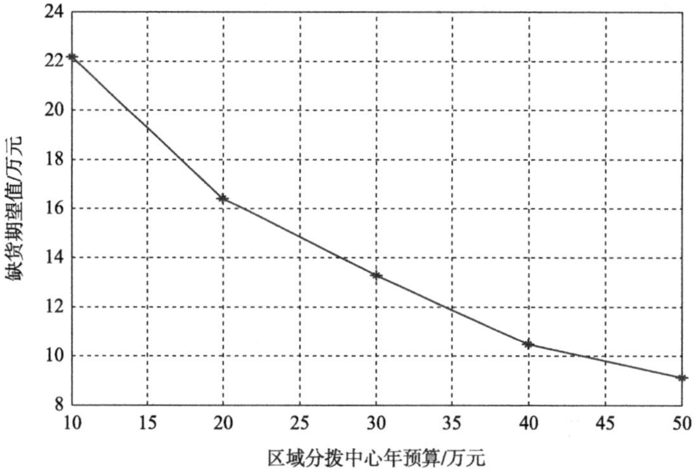

图 7.40　缺货期望变化

交叉算子控制参数的初始值设置为 $P_{c1}=0.9, P_{c2}=0.6$，当同时以步长 0.1 减小，其他参数不变时，收敛速度明显下降。变异算子控制参数为 $P_{m1}=0.03$、$P_{m2}=0.001$，P_{m1}、P_{m2} 分别以 0.01 和 0.001 的步长增加，可以看出 P_{m1} 提高了种群的多样性，而 P_{m2} 对结果的影响不明显。经过大量实验证明，交叉算子控制参数范围为 $P_{c1}\in(0.7, 0.9)$，$P_{c2}\in(0.4,0.6)$，变异算子控制参数范围为 $P_{m1}\in(0.02,0.04)$，$P_{m2}\in(0.001, 0.005)$，在此范围比较适合解决此问题。

7.3　本章小结

本章选取两个实例，介绍了供应链环境下基于智能决策方法的复杂决策问题的分析与求解。首先，以汽车零部件循环取货车辆路径的优化决策问题为例，介绍了循环取货模式及运作流程、建立了循环取货车辆路径模型、设计了循环取货车辆路径问题的蚁群算法，并通过仿真实验验证了本书提出的方法；接着选择汽车服务备件的多级库存建模与优化决策问题为例，并建立了汽车不可修服务二级库存模型和汽车可修服务二级库存模型，并采用自适应遗传算法进行仿真求解，验证了书中提出的方法，对复杂决策问题的求解有一定的借鉴意义。

参考文献

[1] 耿少辉，曾敏刚. 东风日产的入厂物流运作[J]. 物流技术与应用，2008，13（10）：42-48.

[2] 王树华. 第三方物流是汽车零部件产业发展的必然选择[J]. 汽车与配件，2006，（38）：20-21.

[3] 徐秋华. Milkrun—循环取货方式在上海通用汽车的实践和应用[J]. 汽车与配件，2003，（3）：21-24.

[4] 龙汀. 基于蚁群算法的车辆路径研究[D]. 合肥工业大学硕士学位论文，2008.

[5] 段海滨. 蚁群算法原理及其应用[M]. 北京：科学出版社，2005.

[6] 冯月华，陈州吉. 基于群体智能的蚁群算法原理及应用研究[J]. 兰州文理学院学报（自然科学版），2014，28（2）：58-62.

[7] Dorigo M，Gambardella L M. Ant colonies for the travelling salesman problem[J]. Bio Systems，1997，43（2）：73-81.

[8] 秦玲. 蚁群算法的改进与应用[D]. 扬州大学硕士学位论文，2004.

[9] 杨善林，凌海峰，刘业政. 基于蚁群算法的混合方法求解车辆路径问题[J]. 福州大学学报（哲学社会科学版），2005，（3）：14-17.

[10] 李相勇，田澎. 带时间窗和随机时间车辆路径问题：模型和算法[J]. 系统工程理论与实践，2009，29（8）：81-90.

[11] 王颖，谢剑英. 一种自适应蚁群算法及其仿真研究[J]. 系统仿真学报，2002，14（1）：31-33.

[12] 赵艳丰. 循环取货物流模式如何“拯救”汽车零部件厂商[J]. 汽车与配件，2016（11）：70-73.

[13] 白少布，薛恒新. 随机需求下树形供应链网络库存控制策略研究[J]. 中国机械工程，（22）：31-34.

[14] Srinivas M，Patnaik L M. Adaptive probabilities of crossover and mutation in genetic algorithms[J]. IEEE Transactions on Systems，Man and Cybernetics，1994，24（4）：656-667.

[15] 王国利，郑毅，沈嵩. 神经网络用于变压器超高频局部放电模式识别[J]. 电工电能新技术，2003，2（22）：6-10.

[16] 王晓鹏. 基于自适应遗传算法的飞行器气动参数辨识[J]. 宇航学报，2003，24（3）：303-308.

[17] 叶甲秋，楼佩煌. 改进的自适应遗传算法及其在系统参数辨识中的应用[J]. 电工电气，2010，（3）：29-32.

[18] 陈明杰，刘胜. 改进自适应遗传算法在函数优化中的应用研究[J]. 哈尔滨工程大学学报，2007，（08）：875-879.

[19] 吴志远，邵惠鹤，吴新余. 一种新的自适应遗传算法及其在多峰值函数优化中的应用[J]. 控制理论与应用，1999，16（1）：127-129.

[20] Al-Rifai M H，Rossetti M D. An efficient heuristic optimization algorithm for a two-echelon（R，Q）inventory system[J]. International Journal of Production Economics，2006，（1）：195-213.

[21] 张晶，翟鹏程，张本源. 惩罚函数法在遗传算法处理约束问题中的应用[J]. 武汉理工大学学报，2002，24（2）：56-59.

[22] Pasandideh S H R，Niaki S T A，Tokhmehchi N. A parameter-tuned genetic algorithm to optimize two-echelon continuous review inventory systems[J]. Expert Systems with Applications，2011，38（9）：11708-11714.

[23] 亨塞尔曼. 精通 Matlab7[M]. 朱仁峰译. 北京：清华大学出版社，2006.